中华国学文库

四书章句集注

〔宋〕朱 熹 撰

中华书局

图书在版编目(CIP)数据

四书章句集注/(宋)朱熹撰.—北京:中华书局,2011.1
(2025.9重印)
(中华国学文库)
ISBN 978-7-101-07460-4

Ⅰ.四… Ⅱ.朱… Ⅲ.①儒家②四书-注释 Ⅳ.B222.12

中国版本图书馆 CIP 数据核字(2010)第 108707 号

书　名	四书章句集注
撰　者	〔宋〕朱　熹
丛书名	中华国学文库
责任编辑	高　天
责任印制	管　斌
出版发行	中华书局
	(北京市丰台区太平桥西里38号　100073)
	http://www.zhbc.com.cn
	E-mail:zhbc@zhbc.com.cn
印　刷	河北新华第一印刷有限责任公司
版　次	2011年1月第1版
	2025年9月第20次印刷
规　格	开本/880×1230毫米　1/32
	印张 11¾　插页 2　字数 270 千字
印　数	220001-226000 册
国际书号	ISBN 978-7-101-07460-4
定　价	52.00元

中华国学文库出版缘起

《中华国学文库》的出版缘起,要从九十年前说起。

1920年,中华书局在创办人陆费伯鸿先生的主持下,开始编纂《四部备要》。这套汇集三百三十六种典籍的大型丛书,精选经史子集的"最要之书",校订成"通行善本",以精雅的仿宋体铅字排印。一经推出,《四部备要》即以其选目实用、文字准确、品相精美、价格低廉的鲜明特点,最大限度地满足了国人研治学问、阅读典籍的需要,广受欢迎。丛书中的许多品种,至今仍为常用之书。

中华人民共和国成立之后,党和国家倡导系统整理中国传统文献典籍。六十馀年来,在新的学术理念和新的整理方法的指导下,数千种古籍得到了系统整理,并涌现出许多精校精注整理本,已成为超越前代的新善本,为学界所必备。

同时,随着中华民族以前所未有的自信快速发展,全社会对中国固有的学术文化——国学,也表现出前所未有的关注和重视。让中华文化的优秀成果得到继承和创新,并在世界范围内进行传播和弘扬,普惠全人类,已经成为中华民族的历史使命。当此之时,推出符合当代国民阅读需要的权威的国学经典读本,实为当务之急。于是,《中华国学文库》应运而生。

《中华国学文库》是我们追慕前贤、服务当代的产物,因此,它

自当具备以下三个基本特点:

一、《文库》所选均为中国学术文化的"最要之书"。举凡哲学、历史、文学、宗教、科学、艺术等各类基本典籍,只要是公认的国学经典,皆在此列。

二、《文库》所选均为代表当代学术水平的"最善之本",即经过精校精注的整理本。其中既有传统旧注本的点校整理本,如朱熹《四书章句集注》,也有获得学界定评的新校新注本,如余嘉锡《世说新语笺疏》。总之,不以新旧为别,惟以善本是求。

三、《文库》所选均以新式标点、简体横排刊印。中国古籍向以繁体竖排为标准样式。时至当代,繁体竖排的标准古籍整理方式仍通行于学术界,但绝大多数国人早已习惯于现代通行的简体横排的图书样式。《文库》作为服务当代公众的国学读本,标准简体字横排本自当是恰当的选择。

中华书局自1912年成立,至今已近百岁。我们将《中华国学文库》当作向中华书局百年诞辰敬献的一份贺礼,更是向致力于中华民族和平崛起、实现复兴大业的全国人民敬献的一份厚礼。我们自当努力,让《中华国学文库》当得起这份重任,这份荣誉。

中华书局编辑部
2010年12月

前　言

　　四书章句集注是朱熹(一一三〇——一二〇〇年)最有代表性的著作之一。朱熹祖述二程的观点和做法,特别尊崇孟子和礼记中的大学、中庸,使之与论语并列。认为大学中"经"的部分是"孔子之言而曾子述之","传"的部分是"曾子之意而门人记之",中庸是"孔门传授心法"而由"子思笔之于书以授孟子"。四者合起来,代表了由孔子经过曾参、子思传到孟子这样一个儒家道统,而二程和自己则是这一久已中断的道统的继承、发扬者。他为四者分别作了注释,对大学还区分了经传并重新编排了章节,作为一套书同时刊行,称为四子(朱文公文集卷八二有书临漳所刊四子后一篇,又朱子语类卷一〇五云"四子,六经之阶梯")。大学、中庸的注释称"章句",论语、孟子的注释因引用二程、程门弟子及其他人的说法较多,称"集注"。后人合称之为四书章句集注,简称四书集注。

　　朱熹在其后半生中用了大量心血撰写和反覆修改四书的注释。据他自己说,对语、孟"自三十岁便下工夫",六十七八岁还

"改犹未了"(年谱宁宗庆元三年引),前后经过"四十余年理会"(语类卷一九)。他在七十一岁临死前一天(一说三天)还在修改大学诚意章的注,确实做到了他自己说的"毕力钻研,死而后已"(文集卷五九答余正叔)。他注释四书,主要目的当然是为了借此宣扬程朱派的理学思想,因此他的注释毫无疑问对原意有不少歪曲,特别是把理学家特有的许多概念和思想强加给四书。在大学中,他按照自己的意思杜撰了他认为原文阙佚的格物传一章补进去,更是突出的例子。这是在阅读和研究时首先必须注意的。但是另一方面也应看到,程朱理学是在新的历史条件下对先秦儒学的继承与发展,两者之间在理论逻辑上有着共同性和内在的联系。从这一方面说,朱熹的解释又并不完全是曲解。其次,朱熹固然注重义理的解释与发挥,但对文字训诂也并非不注意。他说过:"某所解语、孟,和训诂注在下面,要人精粗本末,字字为咀嚼过。"(年谱宁宗庆元三年引)。他字斟句酌,反覆修改,也说明了这一点。他在训诂上的若干错误,时代条件的限制也是一个重要原因;而清朝的汉学家能够纠正朱熹的许多错误,也和当时语言文字学、考据学的空前发达分不开。此外,朱熹较之清朝的汉学家,更多地注意从整体上去探求与把握原书的思想体系,而不斤斤于字义、名物、制度等的孤立烦琐的考证,这使他对古代儒家思想的理解较之汉学家往往有更深入之处,加上他的文字很洗练,因此四书章句集注特别是论、孟的注在旧注本中仍不失为较好的读本之一。

据朱熹的书临漳所刊四子后一文,本书最早是朱熹在知漳州任上用官帑于南宋绍熙元年(一一九〇年)首次刊印的。此本现已不可见,而且刊出后朱熹自己又多次做过修改,并非最后定本。据元陈栎四书发明引朱熹嫡孙朱鉴的话说,定本在朱熹死后曾刊于兴国（今江西省兴国县），但此本现在也不可得见。朱熹死后，此书逐渐风行，特别是元朝延祐间被悬为功令以后，翻刻者不可胜计，为之作疏释者也愈益增多。明初官修的四书大全，全录朱熹的注，为此后坊间各本所宗依，其实并非善本。清嘉庆间吴县吴英、吴志忠父子用多种古本和宋元人所作疏释本相校，力求恢复朱熹定本的原貌，纠正流传中的错误，于嘉庆十六年（一八一一年）刊出，是现存各本中较好的，我们这次整理就用它做底本。但此本在刊刻中也有一些新的错误，我们用我局图书馆所藏清康熙内府仿刻的宋淳祐二年（一二四二年）大字本（简称清仿宋大字本）进行了校勘，改正了若干错误并写了校记，个别有参考价值的异文也予指出。两通或大字本避宋讳的字（如匡作正、恒作常、慎作谨、惇作厚、扩作拓）一律不从，也不出校。大字本论语序说之后较底本多读论语孟子法一篇，全系引用二程有关论、孟之语，据朱熹曾说"考旧闻为之音训以便观者，又悉著凡程子之言及此者附于其后，以为读之之法"（书临漳所刊四子后），可知此篇实系朱熹本人所辑集，故予以补录。底本避孔丘及清讳的字（如丘、宁、弘缺笔，玄作元、淳作渟等），迳改不出校。原书章节之间用圆圈隔开，现改为每章另起行。

底本原附有吴志忠撰四书章句附考四卷，吴英撰四书家塾读本句读一卷，因参考价值不大，均删去。但吴英所作附考序及四书章句集注定本辨仍予保留，以资参考。

中华书局编辑部
一九八二年四月

目　录

大学章句
　　大学章句序 ……………… 2
　　大学章句 ………………… 4

中庸章句
　　中庸章句序 ……………… 16
　　中庸章句 ………………… 19

论语集注
　　论语序说 ………………… 44
　　读论语孟子法 …………… 47
　　　卷一
　　学而第一 ………………… 49
　　为政第二 ………………… 55
　　　卷二
　　八佾第三 ………………… 61

里仁第四 …… 68

卷三

公冶长第五 …… 74

雍也第六 …… 81

卷四

述而第七 …… 90

泰伯第八 …… 98

卷五

子罕第九 …… 104

乡党第十 …… 111

卷六

先进第十一 …… 117

颜渊第十二 …… 125

卷七

子路第十三 …… 133

宪问第十四 …… 140

卷八

卫灵公第十五 …… 151

季氏第十六 …… 158

卷九

阳货第十七 …… 163

微子第十八 …… 170

卷十

子张第十九 …… 175

尧曰第二十 …… 180

孟子集注

- 孟子序说 …………… 184
  - 卷一
- 梁惠王章句上 …………… 187
  - 卷二
- 梁惠王章句下 …………… 198
  - 卷三
- 公孙丑章句上 …………… 211
  - 卷四
- 公孙丑章句下 …………… 224
  - 卷五
- 滕文公章句上 …………… 234
  - 卷六
- 滕文公章句下 …………… 246
  - 卷七
- 离娄章句上 …………… 257
  - 卷八
- 离娄章句下 …………… 270
  - 卷九
- 万章章句上 …………… 282
  - 卷十
- 万章章句下 …………… 293
  - 卷十一
- 告子章句上 …………… 304

卷十二
　　告子章句下 …………… 316
卷十三
　　尽心章句上 …………… 327
卷十四
　　尽心章句下 …………… 341

附录

四书章句附考序 …………… 356
四书章句集注定本辨 ………… 358

大学章句

大学章句序

大学之书,古之大学所以教人之法也。盖自天降生民,则既莫不与之以仁义礼智之性矣,然其气质之禀或不能齐,是以不能皆有以知其性之所有而全之也。一有聪明睿智能尽其性者出于其间,则天必命之以为亿兆之君师,使之治而教之,以复其性。此伏羲、神农、黄帝、尧、舜所以继天立极,而司徒之职、典乐之官所由设也。

三代之隆,其法寖备,然后王宫、国都以及闾巷,莫不有学。人生八岁,则自王公以下,至于庶人之子弟,皆入小学,而教之以洒扫、应对、进退之节,礼乐、射御、书数之文;及其十有五年,则自天子之元子、众子,以至公、卿、大夫、元士之適子,与凡民之俊秀,皆入大学,而教之以穷理、正心、修己、治人之道。此又学校之教、大小之节所以分也。

夫以学校之设,其广如此,教之之术,其次第节目之详又如此,而其所以为教,则又皆本之人君躬行心得之余,不待求之民生日用彝伦之外,是以当世之人无不学。其学焉者,无不有以知其性分之所固有,职分之所当为,而各俛焉以尽其力。此古昔盛时所以治隆于上,俗美于下,而非后世之所能及也!

及周之衰,贤圣之君不作,学校之政不修,教化陵夷,风俗颓败,时则有若孔子之圣,而不得君师之位以行其政教,于是独取先王之法,诵而传之以诏后世。若曲礼、少仪、内则、弟子职诸篇,固小学之支流余裔,而此篇者,则因小学之成功,以著大学之明法,外有以极其规模之大,而内有以尽其节目之详者也。三千之徒,盖莫不闻其说,而曾氏之传独得其宗,于是作为传义,以发其意。及孟子没而其传泯焉,则其书虽存,而知者鲜矣!

自是以来,俗儒记诵词章之习,其功倍于小学而无用;异端虚无寂灭之教,其高过于大学而无实。其他权谋术数,一切以就功名之说,与夫百家众技之流,所以惑世诬民、充塞仁义者,又纷然杂出乎其间。使其君子不幸而不得闻大道之要,其小人不幸而不得蒙至治之泽,晦盲否塞,反覆沉痼,以及五季之衰,而坏乱极矣!

天运循环,无往不复。宋德隆盛,治教休明。于是河南程氏两夫子出,而有以接乎孟氏之传。实始尊信此篇而表章之,既又为之次其简编,发其归趣,然后古者大学教人之法、圣经贤传之指,粲然复明于世。虽以熹之不敏,亦幸私淑而与有闻焉。顾其为书犹颇放失,是以忘其固陋,采而辑之,间亦窃附己意,补其阙略,以俟后之君子。极知僭逾,无所逃罪,然于国家化民成俗之意、学者修己治人之方,则未必无小补云。

  淳熙己酉二月甲子,新安朱熹序

大学章句_{大,旧音泰,今读如字。}

子程子曰:"大学,孔氏之遗书,而初学入德之门也。"于今可见古人为学次第者,独赖此篇之存,而论、孟次之。学者必由是而学焉,则庶乎其不差矣。

大学之道,在明明德,在亲民,在止于至善。程子曰:"亲,当作新。"○大学者,大人之学也。明,明之也。明德者,人之所得乎天,而虚灵不昧,以具众理而应万事者也。但为气禀所拘,人欲所蔽,则有时而昏;然其本体之明,则有未尝息者。故学者当因其所发而遂明之,以复其初也。新者,革其旧之谓也,言既自明其明德,又当推以及人,使之亦有以去其旧染之污也。止者,必至于是而不迁之意。至善,则事理当然之极也。言明明德、新民,皆当止于至善之地而不迁。盖必其有以尽夫天理之极,而无一毫人欲之私也。此三者,大学之纲领也。**知止而后有定,定而后能静,静而后能安,安而后能虑,虑而后能得。**后,与後同,后放此。○止者,所当止之地,即至善之所在也。知之,则志有定向。静,谓心不妄动。安,谓所处而安。虑,谓处事精详。得,谓得其所止。**物有本末,事有终始,知所先后,则近道矣。**明德为本,新民为末。知止为始,能得为终。本始所先,末终所后。此结上文两节之意。古之欲明明德于天下者,先治其国;欲治其国者,先齐其家;欲齐其家者,先修其身;欲修其身者,先正其心;欲正其心者,先诚其意;欲诚其意者,先致其知;致知在格物。治,平声,后放此。○明明德于天下者,使天下之人皆有以明其明德也。心者,身之所主也。诚,实也。意者,心之所发也。实其心之所发,欲其一于善而无自欺也。致,推极也。知,犹识也。推极吾之知识,欲其所知无不尽也。格,至也。物,犹事也。穷至事物之理,欲其极处无不到也。此八者,大学之条目也。物格而后知至,知至而后意诚,意诚而后心正,心正而后身修,身修而后家齐,家齐而后国治,国治而后天下平。治,去声,后放此。○物格者,物理之极处无不到也。知至者,吾心之所知无不尽也。知既尽,则意可得而实矣;意既实,则心可得而正矣。修身以上,明明德之事也。齐家以下,新民之事也。物格知至,则知所止矣。意诚以下,则皆得所止之序也。自天子以至于庶人,壹是皆以修身为本。壹是,一切也。正心以上,皆所以修身也。齐家以下,则举此而措之耳。其本乱而末治者否矣,其所厚者薄,而其所薄者厚,未之有也!本,谓身也。所厚,谓家也。此两节结上文两节之意。

右经一章,盖孔子之言,而曾子述之。凡二百五字。其传十章,则曾子之意而门人记之也。旧本颇有错简,今因程子所定,而更考经文,别为序次如左。凡千五百四十六字。○凡传文,杂引经传,若无统纪,然文理接续,血脉贯通,深浅始终,至为精密。熟读详味,久当见之,今不尽释也。

康诰曰:"克明德。"康诰,周书。克,能也。大甲曰:"顾諟天之明命。"大,读作泰。諟,古是字。○大甲,商书。顾,谓常目在之也。諟,犹此也,或曰审也。天之明命,即天之所以与我,而我之所以为德者也。常目在之,则无时不明矣。帝典曰:"克明峻德。"峻,书作俊。○帝典,尧典,虞书。峻,大也。皆自明也。结所引书,皆言自明己德之意。

右传之首章。释明明德。此通下三章至"止于信",旧本误在"没世不忘"之下。

汤之盘铭曰:"苟日新,日日新,又日新。"盘,沐浴之盘也。铭,名其器以自警之辞也。苟,诚也。汤以人之洗濯其心以去恶,如沐浴其身以去垢,故铭其盘,言诚能一日有以涤其旧染之污而自新,则当因其已新者,而日日新之,又日新之,不可略有间断也。康诰曰:"作新民。"鼓之舞之之谓作,言振起其自新之民也。诗曰:"周虽旧邦,其命惟新。"诗大雅文王之篇。言周国虽旧,至于文王,能新其德以及于民,而始受天命也。是故君子无所不用其极。自新新民,皆欲止于至善也。

右传之二章。释新民。

诗云:"邦畿千里,惟民所止。"诗商颂玄鸟之篇。邦畿,王者之都也。止,居也,言物各有所当止之处也。诗云:"缗蛮黄鸟,止于丘隅。"子曰:"于止,知其所止,可以人而不如鸟乎!"缗,诗作绵。○诗小雅绵蛮之篇。缗蛮,鸟声。丘隅,岑蔚之处。子曰以下,孔子说诗之辞。言人当知所当止之处也。诗云:"穆穆文王,於缉熙敬止!"为人君,止于仁;为人臣,止于敬;为人子,止于孝;为人父,止于慈;与国人交,止于信。於缉之於,音乌。○诗文王之篇。穆穆,深远之意。於,叹美辞。缉,继续也。熙,光明也。敬止,言其无不敬而安所止也。引此而言圣人之止,无非至善。五者乃其目之大者也。学者于此,究其精微之蕴,而又推类以尽其余,则于天下之事,皆有以知其所止而无疑矣。诗云:"瞻彼淇澳,菉竹猗猗。有斐君子,如切如磋,如琢如磨。瑟兮僩兮,赫兮喧兮。有斐君子,终不可谖兮!"如切如磋者,道学也；如琢如磨者，自修也；瑟兮僩兮者，恂栗也；赫兮喧兮者，威仪也；有斐君子，终不可谖兮者，道盛德至善，民之不能忘也。澳，于六反。菉，诗作绿。猗，叶韵音阿。僩，下版反。喧，诗作咺；谖，诗作谖，并况晚反。恂，郑氏读作峻。○诗卫风淇澳之篇。淇，水名。澳，隈也。猗猗，美盛貌。兴也。斐，文貌。切以刀锯，琢以椎凿，皆裁物使成形质也。磋以鑢锡，磨以沙石，皆治物使其滑泽也。治骨角者，既切而复磋之。治玉石者，既琢而复磨之。皆言其治之有绪，而益致其精也。瑟，严密之貌。僩，武毅之貌。赫喧，宣著盛大之貌。谖，忘也。道，言也。学，谓讲习讨论之事。自修者，省察克治之功。恂栗，战惧也。威，可畏也。仪，可象也。引诗而释之，以明明明德者之止于至善。道学自修，言其所以得之之由。恂栗、威仪，言其德容表里之盛。卒乃指其实而叹美之也。

诗云："於戏前王不忘！"君子贤其贤而亲其亲，小人乐其乐而利其利，此以没世不忘也。於戏，音呜呼。乐，音洛。○诗周颂烈文之篇。於戏，叹辞。前王，谓文、武也。君子，谓其后贤后王。小人，谓后民也。此言前王所以新民者止于至善，能使天下后世无一物不得其所，所以既没世而人思慕之，愈久而不忘也。此两节咏叹淫泆，其味深长，当熟玩之。

右传之三章。释止于至善。此章内自引淇澳诗以下，旧本误在诚意章下。

子曰："听讼，吾犹人也，必也使无讼乎！"无情者不得尽其辞。大畏民志，此谓知本。犹人，不异于人也。情，实也。引夫子之言，而言圣人能使无实之人不敢尽其虚诞之辞。盖我之明德既明，自然有以畏服民之心志，故讼不待听而自无也。观于此言，可以知本末之先后矣。

右传之四章。释本末。此章旧本误在"止于信"下。

此谓知本, 程子曰:"衍文也。" **此谓知之至也。** 此句之上别有阙文,此特其结语耳。

右传之五章,盖释格物、致知之义,而今亡矣。此章旧本通下章,误在经文之下。閒尝窃取程子之意以补之曰:"所谓致知在格物者,言欲致吾之知,在即物而穷其理也。盖人心之灵莫不有知,而天下之物莫不有理,惟于理有未穷,故其知有不尽也。是以大学始教,必使学者即凡天下之物,莫不因其已知之理而益穷之,以求至乎其极。至于用力之久,而一旦豁然贯通焉,则众物之表里精粗无不到,而吾心之全体大用无不明矣。此谓物格,此谓知之至也。"

所谓诚其意者,毋自欺也,如恶恶臭,如好好色,此之谓自谦,故君子必慎其独也! 恶、好上字,皆去声。谦读为慊,苦劫反。○诚其意者,自修之首也。毋者,禁止之辞。自欺云者,知为善以去恶,而心之所发有未实也。谦,快也,足也。独者,人所不知而己所独知之地也。言欲自修者知为善以去其恶,则当实用其力,而禁止其自欺。使其恶恶则如恶恶臭,好善则如好好色,皆务决去,而求必得之,以自快足于己,不可徒苟且以徇外而为人也。然其实与不实,盖有他人所不及知而己独知之者,故必谨之于此以审其几焉。**小人閒居为不善,无所不至,见君子而后厌然,掩其不善,而著其善。人之视己,如见其肺肝然,则何益矣。此谓诚于中,形于外,故君子必慎其独也。** 閒,音闲。厌,郑氏读为黡。○閒居,独处也。厌然,消沮闭藏之貌。此言小人阴为不善,而阳欲掩之,则是非不知善之当为与恶之当去也;但不能实用其力以至此耳。然欲掩其恶而卒不可掩,欲诈为善而卒不可诈,则亦何益之有哉!此君子所以重以为戒,而必谨其独也。**曾子曰:"十目所视,十手所指,其严乎!"** 引此以明上文之意。言虽幽独之中,而其善恶之不可掩如此。可畏之甚也。**富润屋,德润身,心广体胖,**

故君子必诚其意。胖,步丹反。○胖,安舒也。言富则能润屋矣,德则能润身矣,故心无愧怍,则广大宽平,而体常舒泰,德之润身者然也。盖善之实于中而形于外者如此,故又言此以结之。

右传之六章。释诚意。经曰:"欲诚其意,先致其知。"又曰:"知至而后意诚。"盖心体之明有所未尽,则其所发必有不能实用其力,而苟焉以自欺者。然或已明而不谨乎此,则其所明又非己有,而无以为进德之基。故此章之指,必承上章而通考之,然后有以见其用力之始终,其序不可乱而功不可阙如此云。

所谓修身在正其心者,身有所忿懥,则不得其正;有所恐惧,则不得其正;有所好乐,则不得其正;有所忧患,则不得其正。程子曰:"身有之身当作心。"忿,弗粉反。懥,敕值反。好、乐,并去声。○忿懥,怒也。盖是四者,皆心之用,而人所不能无者。然一有之而不能察,则欲动情胜,而其用之所行,或不能不失其正矣。心不在焉,视而不见,听而不闻,食而不知其味。心有不存,则无以检其身,是以君子必察乎此而敬以直之,然后此心常存而身无不修也。此谓修身在正其心。

右传之七章。释正心修身。此亦承上章以起下章。盖意诚则真无恶而实有善矣,所以能存是心以检其身。然或但知诚意,而不能密察此心之存否,则又无以直内而修身也。○自此以下,并以旧文为正。

所谓齐其家在修其身者:人之其所亲爱而辟焉,之其所贱恶而辟焉,之其所畏敬而辟焉,之其所哀矜而辟焉,之其所敖惰而辟焉。故好而知其恶,恶而知其美者,天下鲜矣!辟,读为僻。恶而之恶、敖、好,并去声。鲜,上声。○人,谓众人。之,犹于也。辟,犹偏也。五者,在人本有当然之则;然常人之情惟其所向而不加审焉,则必陷于一偏而身不修矣。故谚有之曰:"人莫知其子之恶,莫知其苗之硕。"谚,音彦。硕,叶韵,时若反。〇谚,俗语也。溺爱者不明,贪得者无厌,是则偏之为害,而家之所以不齐也。**此谓身不修不可以齐其家。**

右传之八章。释修身齐家。

所谓治国必先齐其家者,其家不可教而能教人者,无之。故君子不出家而成教于国:孝者,所以事君也;弟者,所以事长也;慈者,所以使众也。 弟,去声。长,上声。〇身修,则家可教矣;孝、弟、慈,所以修身而教于家者也;然而国之所以事君事长使众之道不外乎此。此所以家齐于上,而教成于下也。**康诰曰"如保赤子",心诚求之,虽不中,不远矣。未有学养子而后嫁者也!** 中,去声。〇此引书而释之,又明立教之本不假强为,在识其端而推广之耳。**一家仁,一国兴仁;一家让,一国兴让;一人贪戾,一国作乱:其机如此。此谓一言偾事,一人定国。** 偾,音奋。〇一人,谓君也。机,发动所由也。偾,覆败也。此言教成于国之效。**尧舜帅天下以仁,而民从之;桀纣帅天下以暴,而民从之;其所令反其所好,而民不从。是故君子有诸己而后求诸人,无诸己而后非诸人。所藏乎身不恕,而能喻诸人者,未之有也。** 好,去声。〇此又承上文一人定国而言。有善于己,然后可以责人之善;无恶于己,然后可以正人之恶。皆推己以及人,所谓恕也,不如是,则所令反其所好,而民不从矣。喻,晓也。**故治国在齐其家。** 通结上文。**诗云:"桃之夭夭,其叶蓁蓁;之子于归,宜其家人。"宜其家人,而后可以教国人。** 夭,平声。蓁,音臻。〇诗周南桃夭之篇。夭夭,少好貌。蓁蓁,美盛貌。兴也。之子,犹言是子,此指女子之嫁者而言也。妇人谓嫁曰归。宜,犹善也。**诗云:"宜兄宜弟。"宜兄宜弟,而后可以教国人。** 诗小雅蓼萧篇。**诗云:"其仪不忒,正是四国。"其为父子兄弟足法,而后民法之也。** 诗曹风鸤鸠篇。忒,差也。**此谓治国在齐**

其家。此三引诗,皆以咏叹上文之事,而又结之如此。其味深长,最宜潜玩。

右传之九章。释齐家治国。

所谓平天下在治其国者:上老老而民兴孝,上长长而民兴弟,上恤孤而民不倍,是以君子有絜矩之道也。长,上声。弟,去声。倍,与背同。絜,胡结反。○老老,所谓老吾老也。兴,谓有所感发而兴起也。孤者,幼而无父之称。絜,度也。矩,所以为方也。言此三者,上行下效,捷于影响,所谓家齐而国治也。亦可以见人心之所同,而不可使有一夫之不获矣。是以君子必当因其所同,推以度物,使彼我之间各得分愿,则上下四旁均齐方正,而天下平矣。**所恶于上,毋以使下;所恶于下,毋以事上;所恶于前,毋以先后;所恶于后,毋以从前;所恶于右,毋以交于左;所恶于左,毋以交于右:此之谓絜矩之道。**恶、先,并去声。○此覆解上文絜矩二字之义。如不欲上之无礼于我,则必以此度下之心,而亦不敢以此无礼使之。不欲下之不忠于我,则必以此度上之心,而亦不敢以此不忠事之。至于前后左右,无不皆然,则身之所处,上下、四旁、长短、广狭,彼此如一,而无不方矣。彼同有是心而兴起焉者,又岂有一夫之不获哉。所操者约,而所及者广,此平天下之要道也。故章内之意,皆自此而推之。**诗云:"乐只君子,民之父母。"民之所好好之,民之所恶恶之,此之谓民之父母。**乐,音洛。只,音纸。好、恶,并去声,下并同。○诗小雅南山有台之篇。只,语助辞。言能絜矩而以民心为己心,则是爱民如子,而民爱之如父母矣。**诗云:"节彼南山,维石岩岩,赫赫师尹,民具尔瞻。"有国者不可以不慎,辟则为天下僇矣。**节,读为截。辟,读为僻。僇,与戮同。○诗小雅节南山之篇。节,截然高大貌。师尹,周太师尹氏也。具,俱也。辟,偏也。言在上者人所瞻仰,不可不谨。若不能絜矩而好恶殉于一己之偏,则身弑国亡,为天下之大戮矣。**诗云:"殷之未丧师,克配上帝;仪监于殷,峻命不易。"道得众则得国,失众则失国。**丧,去声。仪,诗作宜。峻,诗作骏。易,去声。○诗文王篇。师,众也。配,对也。配上帝,言其为天下君,而对乎上帝也。监,视也。峻,大也。不易,言难保也。道,言也。引诗而言此,以结上文两节之意。有天下者,能存此心而不失,则所以絜矩而与民同欲者,自不能已矣。**是故君子先慎乎德。有德此有人,有人此有土,有土此有财,有财此有用。**先慎乎德,承上文不可不慎而言。德,即所谓明德。有人,谓得众。有土,谓得国。有国则不患无财用矣。**德者本也,财者末也,**本上文而言。**外本内末,争民施夺。**人君以德为外,以财为内,则是争斗其民,而施之以劫夺之教也。盖财者人之所同欲,不能絜矩而欲专之,则民亦起而争夺矣。**是故财聚则民散,财散则民聚。**外本内末故财聚,争民施夺故民散,反是则有德而有人矣。**是故言悖而出者,亦悖而入;货悖而入者,亦悖而出。**悖,布内反。○悖,逆也。此以言之出入,明货之出入也。自先慎乎德以下至此,又因财货以明能絜矩与不能者之得失也。**康诰曰:"惟命不于常!"道善则得之,不善则失之矣。**道,言也。因上文引文王诗之意而申言之,其丁宁反覆之意益深切矣。**楚书曰:"楚国无以为宝,惟善以为宝。"**楚书,楚语。言不宝金玉而宝善人也。**舅犯曰:"亡人无以为宝,仁亲以为宝。"**舅犯,晋文公舅狐偃,字子犯。亡人,文公,时为公子,出亡在外也。仁,爱也。事见檀弓。此两节又明不外本而内末之意。**秦誓曰:"若有一个臣,断断兮无他技,其心休休焉,其如有容焉。人之有技,若己有之,人之彦圣,其心好之,不啻若自其口出,寔能容之,以能保我子孙黎民,尚亦有利哉。人之有技,媢疾以恶之,人之彦圣,而违之俾不通,寔不能容,以不能保我子孙黎民,亦曰殆哉。"**个,古贺反。书作介。断,丁乱反。媢,音冒。○秦誓,周书。断断,诚一之貌。彦,美士也。圣,通明也。尚,庶几也。媢,忌也。违,拂戾也。殆,危也。**唯仁人放流之,迸诸四夷,不与同中国。此谓唯仁人为能爱人,能恶人。**迸,读为屏,古字通用。○迸,犹逐也。

言有此媢疾之人，妨贤而病国，则仁人必深恶而痛绝之。以其至公无私，故能得好恶之正如此也。见贤而不能举，举而不能先，命也；见不善而不能退，退而不能远，过也。命，郑氏云："当作慢。"程子云："当作怠。"未详孰是。远，去声。○若此者，知所爱恶矣，而未能尽爱恶之道，盖君子而未仁者也。好人之所恶，恶人之所好，是谓拂人之性，菑必逮夫身。菑，古灾字。夫，音扶。○拂，逆也。好善而恶恶，人之性也；至于拂人之性，则不仁之甚者也。自秦誓至此，又皆以申言好恶公私之极，以明上文所引南山有台、节南山之意。是故君子有大道，必忠信以得之，骄泰以失之。君子，以位言之。道，谓居其位而修己治人之术。发己自尽为忠，循物无违谓信。骄者矜高，泰者侈肆。此因上所引文王、康诰之意而言。章内三言得失，而语益加切，盖至此而天理存亡之几决矣。生财有大道，生之者众，食之者寡，为之者疾，用之者舒，则财恒足矣。恒，胡登反。○吕氏曰："国无游民，则生者众矣；朝无幸位，则食者寡矣；不夺农时，则为之疾矣；量入为出，则用之舒矣。"愚按：此因有土有财而言，以明足国之道在乎务本而节用，非必外本内末而后财可聚也。自此以至终篇，皆一意也。仁者以财发身，不仁者以身发财。发，犹起也。仁者散财以得民，不仁者亡身以殖货。未有上好仁而下不好义者也，未有好义其事不终者也，未有府库财非其财者也。上好仁以爱其下，则下好义以忠其上；所以事必有终，而府库之财无悖出之患也。孟献子曰："畜马乘不察于鸡豚，伐冰之家不畜牛羊，百乘之家不畜聚敛之臣，与其有聚敛之臣，宁有盗臣。"此谓国不以利为利，以义为利也。畜，许六反。乘、敛，并去声。○孟献子，鲁之贤大夫仲孙蔑也。畜马乘，士初试为大夫者也。伐冰之家，卿大夫以上，丧祭用冰者也。百乘之家，有采地者也。君子宁亡己之财，而不忍伤民之力；故宁有盗臣，而不畜聚敛之臣。此谓以下，释献子之言也。长国家而务财用者，必自小人矣。彼为善之，小人之使为国家，菑害并至。虽有善者，亦无如之何矣！此谓国不以利为利，以义

为利也。长,上声。"彼为善之",此句上下,疑有阙文误字。〇自,由也,言由小人导之也。此一节,深明以利为利之害,而重言以结之,其丁宁之意切矣。

右传之十章。释治国平天下。此章之义,务在与民同好恶而不专其利,皆推广絜矩之意也。能如是,则亲贤乐利各得其所,而天下平矣。

凡传十章:前四章统论纲领指趣,后六章细论条目功夫。其第五章乃明善之要,第六章乃诚身之本,在初学尤为当务之急,读者不可以其近而忽之也。

中庸章句

中庸章句序

中庸何为而作也？子思子忧道学之失其传而作也。盖自上古圣神继天立极，而道统之传有自来矣。其见于经，则"允执厥中"者，尧之所以授舜也；"人心惟危，道心惟微，惟精惟一，允执厥中"者，舜之所以授禹也。尧之一言，至矣，尽矣！而舜复益之以三言者，则所以明夫尧之一言，必如是而后可庶几也。

盖尝论之：心之虚灵知觉，一而已矣，而以为有人心、道心之异者，则以其或生于形气之私，或原于性命之正，而所以为知觉者不同，是以或危殆而不安，或微妙而难见耳。然人莫不有是形，故虽上智不能无人心，亦莫不有是性，故虽下愚不能无道心。二者杂于方寸之间，而不知所以治之，则危者愈危，微者愈微，而天理之公卒无以胜夫人欲之私矣。精则察夫二者之间而不杂也，一则守其本心之正而不离也。从事于斯，无少间断，必使道心常为一身之主，而人心每听命焉，则危者安、微者著，而动静云为自无过不及之差矣。

夫尧、舜、禹，天下之大圣也。以天下相传，天下之大事也。以天下之大圣,行天下之大事,而其授受之际,丁宁告戒,不过如此。则天下之理,岂有以加于此哉?自是以来,圣圣相承:若成汤、文、武之为君,皋陶、伊、傅、周、召之为臣,既皆以此而接夫道统之传,若吾夫子,则虽不得其位,而所以继往圣、开来学,其功反有贤于尧、舜者。然当是时,见而知之者,惟颜氏、曾氏之传得其宗。及曾氏之再传,而复得夫子之孙子思,则去圣远而异端起矣。子思惧夫愈久而愈失其真也,于是推本尧、舜以来相传之意,质以平日所闻父师之言,更互演绎,作为此书,以诏后之学者。盖其忧之也深,故其言之也切;其虑之也远,故其说之也详。其曰"天命率性",则道心之谓也;其曰"择善固执",则精一之谓也;其曰"君子时中",则执中之谓也。世之相后,千有余年,而其言之不异,如合符节。历选前圣之书,所以提挈纲维、开示蕴奥,未有若是之明且尽者也。自是而又再传以得孟氏,为能推明是书,以承先圣之统,及其没而遂失其传焉。则吾道之所寄不越乎言语文字之间,而异端之说日新月盛,以至于老、佛之徒出,则弥近理而大乱真矣。然而尚幸此书之不泯,故程夫子兄弟者出,得有所考,以续夫千载不传之绪;得有所据,以斥夫二家似是之非。盖子思之功于是为大,而微程夫子,则亦莫能因其语而得其心也。惜乎!其所以为说者不传,而凡石氏之所辑录,仅出于其门人之所记,是以大义虽明,而微言未析。至其门人所自为说,则虽颇详尽而多所发明,然倍其师说而淫于老、佛者,亦有之矣。

熹自蚤岁即尝受读而窃疑之,沉潜反复,盖亦有年,一旦恍然似有以得其要领者,然后乃敢会众说而折其中,既为定著章句一篇,以俟后之君子。而一二同志复取石氏书,删其繁乱,名以辑略,且记所尝论辩取舍之意,别为或问,以附其后。然后此书之旨,支分节解、脉络贯通、详略相因、巨细毕举,而凡诸说之同异得失,亦得以曲畅旁通,而各极其趣。虽于道统之传,不敢妄议,然初学之士,或有取焉,则亦庶乎行远升高之一助云尔。

淳熙己酉春三月戊申,新安朱熹序

中庸章句

中者,不偏不倚、无过不及之名。庸,平常也。

子程子曰:"不偏之谓中,不易之谓庸。中者,天下之正道;庸者,天下之定理。"此篇乃孔门传授心法,子思恐其久而差也,故笔之于书,以授孟子。其书始言一理,中散为万事,末复合为一理,"放之则弥六合,卷之则退藏于密",其味无穷,皆实学也。善读者玩索而有得焉,则终身用之,有不能尽者矣。

天命之谓性,率性之谓道,修道之谓教。 命,犹令也。性,即理也。天以阴阳五行化生万物,气以成形,而理亦赋焉,犹命令也。于是人物之生,因各得其所赋之理,以为健顺五常之德,所谓性也。率,循也。道,犹路也。人物各循其性之自然,则其日用事物之间,莫不各有当行之路,是则所谓道也。修,品节之也。性道虽同,而气禀或异,故不能无过不及之差,圣人因人物之所当行者而品节之,以为法于天下,则谓之教,若礼、乐、刑、政之属是也。盖人之所以为人,道之所以为道,圣人之所以为教,原其所自,无一不本于天而备于我。学者知之,则其于学知所用力而自不能已矣。故子思于此首发明之,读者所宜深体而默识也。**道也者,不可须臾离也,可离非道也。是故君**

子戒慎乎其所不睹，恐惧乎其所不闻。离，去声。〇道者，日用事物当行之理，皆性之德而具于心，无物不有，无时不然，所以不可须臾离也。若其可离，则为外物而非道矣。是以君子之心常存敬畏，虽不见闻，亦不敢忽，所以存天理之本然，而不使离于须臾之顷也。莫见乎隐，莫显乎微，故君子慎其独也。见，音现。〇隐，暗处也。微，细事也。独者，人所不知而己所独知之地也。言幽暗之中，细微之事，迹虽未形而几则已动，人虽不知而己独知之，则是天下之事无有著见明显而过于此者。是以君子既常戒惧，而于此尤加谨焉，所以遏人欲于将萌，而不使其滋长于隐微之中，以至离道之远也。喜怒哀乐之未发，谓之中；发而皆中节，谓之和。中也者，天下之大本也；和也者，天下之达道也。乐，音洛。中节之中，去声。〇喜、怒、哀、乐，情也。其未发，则性也，无所偏倚，故谓之中。发皆中节，情之正也，无所乖戾，故谓之和。大本者，天命之性，天下之理皆由此出，道之体也。达道者，循性之谓，天下古今之所共由，道之用也。此言性情之德，以明道不可离之意。致中和，天地位焉，万物育焉。致，推而极之也。位者，安其所也。育者，遂其生也。自戒惧而约之，以至于至静之中，无少偏倚，而其守不失，则极其中而天地位矣。自谨独而精之，以至于应物之处，无少差谬，而无适不然，则极其和而万物育矣。盖天地万物本吾一体，吾之心正，则天地之心亦正矣，吾之气顺，则天地之气亦顺矣。故其效验至于如此。此学问之极功、圣人之能事，初非有待于外，而修道之教亦在其中矣。是其一体一用虽有动静之殊，然必其体立而后用有以行，则其实亦非有两事也。故于此合而言之，以结上文之意。

右第一章。子思述所传之意以立言：首明道之本原出于天而不可易，其实体备于己而不可离，次言存养省察之要，终言圣神功化之极。盖欲学者于此反求诸身而自得之，以去夫外诱之私，而充其本然之善，杨氏所谓一篇之体要是也。其下十章，盖子思引夫子之言，以终此章之义。

仲尼曰:"君子中庸,小人反中庸。中庸者,不偏不倚、无过不及,而平常之理,乃天命所当然,精微之极致也。惟君子为能体之,小人反是。君子之中庸也,君子而时中;小人之中庸也,小人而无忌惮也。"王肃本作"小人之反中庸也",程子亦以为然。今从之。○君子之所以为中庸者,以其有君子之德,而又能随时以处中也。小人之所以反中庸者,以其有小人之心,而又无所忌惮也。盖中无定体,随时而在,是乃平常之理也。君子知其在我,故能戒谨不睹、恐惧不闻,而无时不中。小人不知有此,则肆欲妄行,而无所忌惮矣。

右第二章。此下十章,皆论中庸以释首章之义。文虽不属,而意实相承也。变和言庸者,游氏曰:"以性情言之,则曰中和,以德行言之,则曰中庸。"是也。然中庸之中,实兼中和之义。

子曰:"中庸其至矣乎!民鲜能久矣!"鲜,上声。下同。○过则失中,不及则未至,故惟中庸之德为至。然亦人所同得,初无难事,但世教衰,民不兴行,故鲜能之,今已久矣。论语无能字。

右第三章。

子曰:"道之不行也,我知之矣,知者过之,愚者不及也;道之不明也,我知之矣,贤者过之,不肖者不及也。知者之知,去声。○道者,天理之当然,中而已矣。知愚贤不肖之过不及,则生禀之异而失其中也。知者知之过,既以道为不足行;愚者不及知,又不知所以行,此道之所以常不行也。贤者行之过,既以道为不足知;不肖者不及行,又不求所以知,此道之所以常不明也。人莫不饮食也,鲜能知味也。"道不可离,人自不察,是以有过不及之弊。

右第四章。

子曰:"道其不行矣夫!"夫,音扶。○由不明,故不行。

右第五章。此章承上章而举其不行之端,以起下章之意。

子曰:"舜其大知也与!舜好问而好察迩言,隐恶而扬善,执其两端,用其中于民,其斯以为舜乎!"知,去声。与,平声。好,去声。○舜之所以为大知者,以其不自用而取诸人也。迩言者,浅近之言,犹必察焉,其无遗善可知。然于其言之未善者则隐而不宣,其善者则播而不匿,其广大光明又如此,则人孰不乐告以善哉。两端,谓众论不同之极致。盖凡物皆有两端,如小大厚薄之类,于善之中又执其两端,而量度以取中,然后用之,则其择之审而行之至矣。然非在我之权度精切不差,何以与此。此知之所以无过不及,而道之所行也。

右第六章。

子曰:"人皆曰予知,驱而纳诸罟擭陷阱之中,而莫之知辟也。人皆曰予知,择乎中庸而不能期月守也。"予知之知,去声。罟,音古。擭,胡化反。阱,才性反。辟、避同。期,居之反。○罟,网也;擭,机槛也;陷阱,坑坎也,皆所以掩取禽兽者也。择乎中庸,辨别众理,以求所谓中庸,即上章好问用中之事也。期月,匝一月也。言知祸而不知辟,以况能择而不能守,皆不得为知也。

右第七章。承上章大知而言,又举不明之端,以起下章也。

子曰:"回之为人也,择乎中庸,得一善,则拳拳服膺而弗失之矣。"回,孔子弟子颜渊名。拳拳,奉持之貌。服,犹著也。膺,胸也。奉持而著之心胸之间,言能守也。颜子盖真知之,故能择能守如此,此行之所以无过不及,而道之所以明也。

右第八章。

子曰:"天下国家可均也,爵禄可辞也,白刃可蹈也,中庸不可能也。"均,平治也。三者亦知仁勇之事,天下之至难也,然不必其合于中庸,则质之近似者皆能以力为之。若中庸,则虽不必皆如三者之难,然非义精仁熟,而无一毫人欲之私者,不能及也。三者难而易,中庸易而难,此民之所以鲜能也。

右第九章。亦承上章以起下章。

子路问强。子路,孔子弟子仲由也。子路好勇,故问强。子曰:"南方之强与?北方之强与?抑而强与?与,平声。○抑,语辞。而,汝也。宽柔以教,不报无道,南方之强也,君子居之。宽柔以教,谓含容巽顺以诲人之不及也。不报无道,谓横逆之来,直受之而不报也。南方风气柔弱,故以含忍之力胜人为强,君子之道也。衽金革,死而不厌,北方之强也,而强者居之。衽,席也。金,戈兵之属。革,甲胄之属。北方风气刚劲,故以果敢之力胜人为强,强者之事也。故君子和而不流,强哉矫!中立而不倚,强哉矫!国有道,不变塞焉,强哉矫!国无道,至死不变,强哉矫!"此四者,汝之所当强也。矫,强貌。诗曰"矫矫虎臣"是也。倚,偏著也。塞,未达也。国有道,不变未达之所守;国无道,不变平生之所守也。此则所谓中庸之不可能者,非有以自胜其人欲之私,不能择而守也。君子之强,孰大于是。夫子以是告子路者,所以抑其血气之刚,而进之以德义之勇也。

右第十章。

子曰:"素隐行怪,后世有述焉,吾弗为之矣。素,按汉书当作索,盖字之误也。索隐行怪,言深求隐僻之理,而过为诡异之行也。然以其足以欺世而盗名,故后世或有称述之者。此知之过而不择乎善,行之过而不用其中,不当强而强者也,圣人岂为之哉!君子遵道而行,半涂而废,吾弗能已矣。遵道而行,则能择乎善矣;半涂而废,则力之不足也。此其知虽足以及之,而行有不逮,当强而不强者也。已,止也。圣人于此,非勉焉而不敢废,盖至诚无息,自有所不能止也。**君子依乎中庸,遁世不见知而不悔,唯圣者能之。**"不为索隐行怪,则依乎中庸而已。不能半涂而废,是以遁世不见知而不悔也。此中庸之成德,知之尽、仁之至、不赖勇而裕如者,正吾夫子之事,而犹不自居也。故曰唯圣者能之而已。

右第十一章。子思所引夫子之言,以明首章之义者止此。盖此篇大旨,以知仁勇三达德为入道之门。故于篇首,即以大舜、颜渊、子路之事明之。舜,知也;颜渊,仁也;子路,勇也:三者废其一,则无以造道而成德矣。余见第二十章。

君子之道费而隐。费,符味反。〇费,用之广也。隐,体之微也。**夫妇之愚,可以与知焉,及其至也,虽圣人亦有所不知焉;夫妇之不肖,可以能行焉,及其至也,虽圣人亦有所不能焉。天地之大也,人犹有所憾。故君子语大,天下莫能载焉;语小,天下莫能破焉。**与,去声。〇君子之道,近自夫妇居室之间,远而至于圣人天地之所不能尽,其大无外,其小无内,可谓费矣。然其理之所以然,则隐而莫之见也。盖可知可能者,道中之一事,及其至而圣人不知不能。则举全体而言,圣人固有所不能尽也。侯氏曰:"圣人所不知,如孔子问礼问官之类;所不能,如孔子不得位、尧舜病博施之类。"愚谓人所憾于天地,如覆载生成之偏,及寒暑灾祥之不得其正者。**诗云:"鸢飞戾天,鱼跃于渊。"言其上下察也。**鸢,余专反。〇诗大雅旱麓之篇。鸢,鸱类。戾,至也。察,著也。子思引此诗以明化育流行,上下昭著,莫非此理之用,所谓费也。然其所以然者,则非见闻所及,所谓隐也。故程子曰:"此一节,子思吃紧为人处,活泼泼地。"读者其致思焉。**君子之道,造端乎夫妇;及其至也,察乎天地。**结上文。

右第十二章。子思之言,盖以申明首章道不可离之意也。其下八章,杂引孔子之言以明之。

子曰:"道不远人。人之为道而远人,不可以为道。道者,率性而已,固众人之所能知能行者也,故常不远于人。若为道者,厌其卑近以为不足为,而反务为高远难行之事,则非所以为道矣。诗云:'伐柯伐柯,其则不远。'执柯以伐柯,睨而视之,犹以为远。故君子以人治人,改而止。睨,研计反。○诗豳风伐柯之篇。柯,斧柄。则,法也。睨,邪视也。言人执柯伐木以为柯者,彼柯长短之法,在此柯耳。然犹有彼此之别,故伐者视之犹以为远也。若以人治人,则所以为人之道,各在当人之身,初无彼此之别。故君子之治人也,即以其人之道,还治其人之身。其人能改,即止不治。盖责之以其所能知能行,非欲其远人以为道也。张子所谓"以众人望人则易从"是也。忠恕违道不远,施诸己而不愿,亦勿施于人。尽己之心为忠,推己及人为恕。违,去也,如春秋传"齐师违穀七里"之违。言自此至彼,相去不远,非背而去之之谓也。道,即其不远人者是也。施诸己而不愿亦勿施于人,忠恕之事也。以己之心度人之心,未尝不同,则道之不远于人者可见。故己之所不欲,则勿以施之于人,亦不远人以为道之事。张子所谓"以爱己之心爱人则尽仁"是也。君子之道四,丘未能一焉:所求乎子,以事父未能也;所求乎臣,以事君未能也;所求乎弟,以事兄未能也;所求乎朋友,先施之未能也。庸德之行,庸言之谨,有所不足,不敢不勉,有余不敢尽;言顾行,行顾言,君子胡不慥慥尔!"子、臣、弟、友,四字绝句。○求,犹责也。道不远人,凡己之所以责人者,皆道之所当然也,故反之以自责而自修焉。庸,平常也。行者,践其实。谨者,择其可。德不足而勉,则行益力;言有余而讱,则谨益至。谨之至则言顾行矣;行之力则行顾言矣。慥慥,笃实貌。言君子之言行如此,岂不慥慥乎,赞美之也。凡此皆不远人以为道之事。张子所谓"以责人之心责己则尽道"是也。

右第十三章。道不远人者,夫妇所能;丘未能一者,圣人所不能,皆费也。而其所以然者,则至隐存焉。下章放此。

君子素其位而行,不愿乎其外。素,犹见在也。言君子但因见在所居之位而为其所当为,无慕乎其外之心也。素富贵,行乎富贵;素贫贱,行乎贫贱;素夷狄,行乎夷狄;素患难,行乎患难,君子无入而不自得焉。难,去声。○此言素其位而行也。在上位不陵下,在下位不援上,正己而不求于人则无怨。上不怨天,下不尤人。援,平声。○此言不愿乎其外也。故君子居易以俟命,小人行险以徼幸。易,去声。○易,平地也。居易,素位而行也。俟命,不愿乎外也。徼,求也。幸,谓所不当得而得者。子曰:"射有似乎君子,失诸正鹄,反求诸其身。"正,音征。鹄,工毒反。○画布曰正,栖皮曰鹄,皆侯之中,射之的也。子思引此孔子之言,以结上文之意。

右第十四章。子思之言也。凡章首无"子曰"字者放此。

君子之道,辟如行远必自迩,辟如登高必自卑。辟、譬同。诗曰:"妻子好合,如鼓瑟琴;兄弟既翕,和乐且耽;宜尔室家,乐尔妻帑。"好,去声。耽,诗作湛,亦音耽。乐,音洛。○诗小雅常棣之篇。鼓瑟琴,和也。翕,亦合也。耽,亦乐也。帑,子孙也。子曰:"父母其顺矣乎!"夫子诵此诗而赞之曰:人能和于妻子,宜于兄弟如此,则父母其安乐之矣。子思引诗及此语,以明行远自迩、登高自卑之意。

右第十五章。

子曰:"鬼神之为德,其盛矣乎!程子曰:"鬼神,天地之功用,而造化之迹也。"张子曰:"鬼神者,二气之良能也。"愚谓以二气言,则鬼者阴之灵也,神者阳之灵也。以一气言,则至而伸者为神,反而归者为鬼,其实一物而已。为德,犹言性情功效。视之而弗见,听之而弗闻,体物而不可遗。鬼神无形与声,然物之终始,莫非阴阳合散之所为,是其为物之体,而物所不能遗也。其言体物,犹易所谓干事。**使天下之人齐明盛服,以承祭祀。洋洋乎！如在其上,如在其左右。** 齐,侧皆反。○齐之为言齐也,所以齐不齐而致其齐也。明,犹洁也。洋洋,流动充满之意。能使人畏敬奉承,而发见昭著如此,乃其体物而不可遗之验也。孔子曰:"其气发扬于上,为昭明焄蒿凄怆。此百物之精也,神之著也",正谓此尔。**诗曰:'神之格思,不可度思！矧可射思！'** 度,待洛反。射,音亦,诗作斁。○诗大雅抑之篇。格,来也。矧,况也。射,厌也,言厌怠而不敬也。思,语辞。**夫微之显,诚之不可掩如此夫。"** 夫,音扶。○诚者,真实无妄之谓。阴阳合散,无非实者。故其发见之不可掩如此。

右第十六章。不见不闻,隐也。体物如在,则亦费矣。此前三章,以其费之小者而言。此后三章,以其费之大者而言。此一章,兼费隐、包大小而言。

子曰:"舜其大孝也与！德为圣人,尊为天子,富有四海之内。宗庙飨之,子孙保之。 与,平声。○子孙,谓虞思、陈胡公之属。**故大德必得其位,必得其禄,必得其名,必得其寿。** 舜年百有十岁。**故天之生物,必因其材而笃焉。故栽者培之,倾者覆之。** 材,质也。笃,厚也。栽,植也。气至而滋息为培。气反而游散则覆。**诗曰:'嘉乐君子,宪宪令德！宜民宜人,受禄于天;保佑命之,自天申之！'** 诗大雅假乐之篇。假,当依此作嘉。宪,当依诗作显。申,重也。**故大德者必受命。"** 受命者,受天命为天子也。

右第十七章。此由庸行之常,推之以极其至,见道之用广也。而其所以然者,则为体微矣。后二章亦此意。

子曰:"无忧者其惟文王乎！以王季为父,以武王为子,父作之,子述之。 此言文王之事。书言"王季其勤王家",盖其所作,亦积功累仁之事也。**武王缵大王、王季、文王之绪,壹戎衣而有天下,身不失天下之显名,尊为天子,富有四海之内,宗庙飨之,子孙保之。**大,音泰,下同。○此言武王之事。缵,继也。大王,王季之父也。书云:"大王肇基王迹。"诗云:"至于大王,实始翦商。"绪,业也。戎衣,甲胄之属。壹戎衣,武成文,言一著戎衣以伐纣也。**武王末受命,周公成文、武之德,追王大王、王季,上祀先公以天子之礼。斯礼也,达乎诸侯大夫,及士庶人。父为大夫,子为士,葬以大夫,祭以士。父为士,子为大夫,葬以士,祭以大夫。期之丧达乎大夫,三年之丧达乎天子,父母之丧无贵贱一也。"追王之王,去声。○此言周公之事。末,犹老也。追王,盖推文、武之意,以及乎王迹之所起也。先公,组绀以上至后稷也。上祀先公以天子之礼,又推大王、王季之意,以及于无穷也。制为礼法,以及天下,使葬用死者之爵,祭用生者之禄。丧服自期以下,诸侯绝,大夫降;而父母之丧,上下同之,推己以及人也。

右第十八章。

子曰:"**武王、周公,其达孝矣乎!**达,通也。承上章而言武王、周公之孝,乃天下之人通谓之孝,犹孟子之言达尊也。**夫孝者,善继人之志,善述人之事者也。**上章言武王缵大王、王季、文王之绪以有天下,而周公成文、武之德以追崇其先祖,此继志述事之大者也。下文又以其所制祭祀之礼,通于上下者言之。**春秋修其祖庙,陈其宗器,设其裳衣,荐其时食。**祖庙:天子七,诸侯五,大夫三,適士二,官师一。宗器,先世所藏之重器,若周之赤刀、大训、天球、河图之属也。裳衣,先祖之遗衣服,祭则设之以授尸也。时食,四时之食,各有其物,如春行羔、豚、膳、膏、香之类是也。**宗庙之礼,所以序昭穆也;序爵,所以辨贵贱也;序事,所以辨贤也;旅酬下为上,所以逮贱也;燕毛,所以序齿也。**昭,如字。为,去声。

○宗庙之次:左为昭,右为穆,而子孙亦以为序。有事于太庙,则子姓、兄弟、群昭、群穆咸在而不失其伦焉。爵,公、侯、卿、大夫也。事,宗祝有司之职事也。旅,众也。酬,导饮也。旅酬之礼,宾弟子、兄弟之子各举觯于其长而众相酬。盖宗庙之中以有事为荣,故逮及贱者,使亦得以申其敬也。燕毛,祭毕而燕,则以毛发之色别长幼,为坐次也。齿,年数也。**践其位,行其礼,奏其乐,敬其所尊,爱其所亲,事死如事生,事亡如事存,孝之至也。**践,犹履也。其,指先王也。所尊所亲,先王之祖考、子孙、臣庶也。始死谓之死,既葬则曰反而亡焉,皆指先王也。此结上文两节,皆继志述事之意也。**郊社之礼,所以事上帝也;宗庙之礼,所以祀乎其先也。明乎郊社之礼、禘尝之义,治国其如示诸掌乎。"** 郊,祀天。社,祭地。不言后土者,省文也。禘,天子宗庙之大祭,追祭太祖之所自出于太庙,而以太祖配之也。尝,秋祭也。四时皆祭,举其一耳。礼必有义,对举之,互文也。示,与视同。视诸掌,言易见也。此与<u>论语</u>文意大同小异,记有详略耳。

右第十九章。

<u>哀公</u>问政。哀公,<u>鲁</u>君,名<u>蒋</u>。子曰:"文、武之政,布在方策。其人存,则其政举;其人亡,则其政息。方,版也。策,简也。息,犹灭也。有是君,有是臣,则有是政矣。**人道敏政,地道敏树。夫政也者,蒲卢也。**夫,音扶。○敏,速也。蒲卢,<u>沈括</u>以为蒲苇是也。以人立政,犹以地种树,其成速矣,而蒲苇又易生之物,其成尤速也。言人存政举,其易如此。**故为政在人,取人以身,修身以道,修道以仁。**此承上文人道敏政而言也。为政在人,<u>家语</u>作"为政在于得人",语意尤备。人,谓贤臣。身,指君身。道者,天下之达道。仁者,天地生物之心,而人得以生者,所谓元者善之长也。言人君为政在于得人,而取人之则又在修身。能修[1]其身,则有君有臣,

---

〔1〕 "修"原作"仁",据<u>清</u>仿<u>宋</u>大字本改。

而政无不举矣。**仁者人也,亲亲为大;义者宜也,尊贤为大。亲亲之杀,尊贤之等,礼所生也。**杀,去声。○人,指人身而言。具此生理,自然便有恻怛慈爱之意,深体味之可见。宜者,分别事理,各有所宜也。礼,则节文斯二者而已。**在下位不获乎上,民不可得而治矣!**郑氏曰:"此句在下,误重在此。"**故君子不可以不修身;思修身,不可以不事亲;思事亲,不可以不知人;思知人,不可以不知天。"**为政在人,取人以身,故不可以不修身。修身以道,修道以仁,故思修身不可以不事亲。欲尽亲亲之仁,必由尊贤之义,故又当知人。亲亲之杀,尊贤之等,皆天理也,故又当知天。**天下之达道五,所以行之者三:曰君臣也,父子也,夫妇也,昆弟也,朋友之交也:五者天下之达道也。知、仁、勇三者,天下之达德也,所以行之者一也。**知,去声。○达道者,天下古今所共由之路,即书所谓五典,孟子所谓"父子有亲、君臣有义、夫妇有别、长幼有序、朋友有信"是也。知,所以知此也;仁,所以体此也;勇,所以强此也;谓之达德者,天下古今所同得之理也。一则诚而已矣。达道虽人所共由,然无是三德,则无以行之;达德虽人所同得,然一有不诚,则人欲间之,而德非其德矣。程子曰:"所谓诚者,止是诚实此三者。三者之外,更别无诚。"**或生而知之,或学而知之,或困而知之,及其知之一也;或安而行之,或利而行之,或勉强而行之,及其成功一也。**强,上声。○知之者之所知,行之者之所行,谓达道也。以其分而言:则所以知者知也,所以行者仁也,所以至于知之成功而一者勇也。以其等而言:则生知安行者知也,学知利行者仁也,困知勉行者勇也。盖人性虽无不善,而气禀有不同者,故闻道有蚤莫,行道有难易,然能自强不息,则其至一也。吕氏曰:"所入之涂虽异,而所至之域则同,此所以为中庸。若乃企生知安行之资为不可几及,轻困知勉行谓不能有成,此道之所以不明不行也。"**子曰:"好学近乎知,力行近乎仁,知耻近乎勇。**"子曰"二字衍文。好、近乎知之知,并去声。○此言未及乎达德而求以入德之事。通上文三知为知,三行为仁,则此三近者,勇之次也。吕氏曰:"愚者自是而不求,自私者殉人欲而忘反,懦者甘为人下而不辞。故好学非知,然足以破愚;力行非仁,然足以忘私;知耻非勇,然足以起懦。"**知斯三者,则知所以修身;知所以修身,则知所以治人;知所以治人,则知所以治天下国家矣。**"斯三者,指三近而言。人者,对己之称。天下国家,则尽乎人矣。言此以结上文修身之意,起下文九经之端也。**凡为天下国家有九经,曰:修身也,尊贤也,亲亲也,敬大臣也,体群臣也,子庶民也,来百工也,柔远人也,怀诸侯也。**经,常也。体,谓设以身处其地而察其心也。子,如父母之爱其子也。柔远人,所谓无忘宾旅者也。此列九经之目也。吕氏曰:"天下国家之本在身,故修身为九经之本。然必亲师取友,然后修身之道进,故尊贤次之。道之所进,莫先其家,故亲亲次之。由家以及朝廷,故敬大臣、体群臣次之。由朝廷以及其国,故子庶民、来百工次之。由其国以及天下,故柔远人、怀诸侯次之。此九经之序也。视群臣犹吾四体,视百姓犹吾子,此视臣视民之别也。"**修身则道立,尊贤则不惑,亲亲则诸父昆弟不怨,敬大臣则不眩,体群臣则士之报礼重,子庶民则百姓劝,来百工则财用足,柔远人则四方归之,怀诸侯则天下畏之。**此言九经之效也。道立,谓道成于己而可为民表,所谓皇建其有极是也。不惑,谓不疑于理。不眩,谓不迷于事。敬大臣则信任专,而小臣不得以间之,故临事而不眩也。来百工则通功易事,农末相资,故财用足。柔远人,则天下之旅皆悦而愿出于其涂,故四方归。怀诸侯,则德之所施者博,而威之所制者广矣,故曰天下畏之。**齐明盛服,非礼不动,所以修身也;去谗远色,贱货而贵德,所以劝贤也;尊其位,重其禄,同其好恶,所以劝亲亲也;官盛任使,所以劝大臣也;忠信重禄,所以劝士也;时使薄敛,所以劝百姓也;日省月试,既廪称事,所以劝百工也;送往迎来,嘉善而矜不能,所以柔远人也;继绝世,举废国,治乱持危,朝聘以时,厚往而薄来,所以怀诸侯也。**齐,侧皆反。去,上声。远、好、恶、敛,并去声。既,许气反。廪,彼锦、力锦二反。称,去声。朝,音潮。○此言九经之事也。官盛任使,谓官属众盛,足任使令也,盖大臣不当亲细事,故所以优之者如此。忠信重禄,谓待之诚而养之厚,盖以身体之,而知其所赖乎上者如此也。既,读曰饩。饩禀,稍食也。称事,如周礼稿人职曰"考其弓弩,以上下其食"是也。往则为之授节以送之,来则丰其委积以迎之。朝,谓诸侯见于天子。聘,谓诸侯使大夫来献。王制"比年一小聘,三年一大聘,五年一朝"。厚往薄来,谓燕赐厚而纳贡薄。

凡为天下国家有九经,所以行之者一也。 一者,诚也。一有不诚,则是九者皆为虚文矣,此九经之实也。**凡事豫则立,不豫则废。言前定则不跲,事前定则不困,行前定则不疚,道前定则不穷。** 跲,其劫反。行,去声。○凡事,指达道达德九经之属。豫,素定也。跲,踬也。疚,病也。此承上文,言凡事皆欲先立乎诚,如下文所推是也。**在下位不获乎上,民不可得而治矣。获乎上有道:不信乎朋友,不获乎上矣。信乎朋友有道:不顺乎亲,不信乎朋友矣。顺乎亲有道:反诸身不诚,不顺乎亲矣。诚身有道:不明乎善,不诚乎身矣。** 此又以在下位者推言素定之意。反诸身不诚,谓反求诸身而所存所发未能真实而无妄也。不明乎善,谓未能察于人心天命之本然,而真知至善之所在也。**诚者,天之道也;诚之者,人之道也。诚者不勉而中,不思而得,从容中道,圣人也。诚之者,择善而固执之者也。** 中,并去声。从,七容反。○此承上文诚身而言。诚者,真实无妄之谓,天理之本然也。诚之者,未能真实无妄,而欲其真实无妄之谓,人事之当然也。圣人之德,浑然天理,真实无妄,不待思勉而从容中道,则亦天之道也。未至于圣,则不能无人欲之私,而其为德不能皆实。故未能不思而得,则必择善,然后可以明善;未能不勉而中,则必固执,然后可以诚身,此则所谓人之道也。不思而得,生知也。不勉而中,安行也。择善,学知以下之事。固执,利行以下之事也。**博学之,审问之,慎思之,明辨之,笃行之。** 此诚之之目也。学、问、思、辨,所以择善而为知,学而知也。笃行,所以固执而为仁,利而行也。程子曰:"五者废其一,非学也。"有弗学,学之弗能弗措也;有弗问,问之弗知弗措也;有弗思,思之弗得弗措也;有弗辨,辨之弗明弗措也;有弗行,行之弗笃弗措也。人一能之己百之,人十能之己千之。君子之学,不为则已,为则必要其成,故常百倍其功。此困而知、勉而行者也,勇之事也。**果能此道矣,虽愚必明,虽柔必强。**明者择善之功,强者固执之效。吕氏曰:"君子所以学者,为能变化气质而已。德胜气质,则愚者可进于明,柔者可进于强。不能胜之,则虽有志于学,亦愚不能明、柔不能立而已矣。盖均善而无恶者,性也,人所同也;昏明强弱之禀不齐者,才也,人所异也。诚之者,所以反其同而变其异也。夫以不美之质,求变而美,非百倍其功,不足以致之。今以卤莽灭裂之学,或作或辍,以变其不美之质,及不能变,则曰天质不美,非学所能变。是果于自弃,其为不仁甚矣!"

右第二十章。此引孔子之言,以继大舜、文、武、周公之绪,明其所传之一致,举而措之,亦犹是耳。盖包费隐、兼小大,以终十二章之意。章内语诚始详,而所谓诚者,实此篇之枢纽也。又按:孔子家语亦载此章,而其文尤详。"成功一也"之下,有"公曰:子之言美矣!至矣!寡人实固,不足以成之也"。故其下复以"子曰"起答辞。今无此问辞,而犹有"子曰"二字,盖子思删其繁文以附于篇,而所删有不尽者,今当为衍文也。"博学之"以下,家语无之,意彼有阙文,抑此或子思所补也欤?

自诚明,谓之性;自明诚,谓之教。诚则明矣,明则诚矣。
自,由也。德无不实而明无不照者,圣人之德。所性而有者也,天道也。先明乎善,而后能实其善者,贤人之学。由教而入者也,人道也。诚则无不明矣,明则可以至于诚矣。

右第二十一章。子思承上章夫子天道、人道之意而立言也。自此以下十二章,皆子思之言,以反覆推明此章之意。

唯天下至诚,为能尽其性;能尽其性,则能尽人之性;能尽人之性,则能尽物之性;能尽物之性,则可以赞天地之化育;可以赞天地之化育,则可以与天地参矣。 天下至诚,谓圣人之德之实,天下莫能加也。尽其性者德无不实,故无人欲之私,而天命之在我者,察之由之,巨细精粗,无毫发之不尽也。人物之性,亦我之性,但以所赋形气不同而有异耳。能尽之者,谓知之无不明而处之无不当也。赞,犹助也。与天地参,谓与天地并立为三也。此自诚而明者之事也。

右第二十二章。言天道也。

其次致曲,曲能有诚,诚则形,形则著,著则明,明则动,动则变,变则化,唯天下至诚为能化。 其次,通大贤以下凡诚有未至者而言也。致,推致也。曲,一偏也。形者,积中而发外。著,则又加显矣。明,则又有光辉发越之盛也。动者,诚能动物。变者,物从而变。化,则有不知其所以然者。盖人之性无不同,而气则有异,故惟圣人能举其性之全体而尽之。其次则必自其善端发见之偏,而悉推致之,以各造其极也。曲无不致,则德无不实,而形、著、动、变之功自不能已。积而至于能化,则其至诚之妙,亦不异于圣人矣。

右第二十三章。言人道也。

至诚之道,可以前知。国家将兴,必有祯祥;国家将亡,必有妖孽;见乎蓍龟,动乎四体。祸福将至:善,必先知之;不善,必先知之。故至诚如神。 见,音现。○祯祥者,福之兆。妖孽者,祸之萌。蓍,所以筮。龟,所以卜。四体,谓动作威仪之间,如执玉高卑,其容俯仰之类。凡此皆理之先见者也。然惟诚之至极,而无一毫私伪留于心目之间者,乃能有以察其几焉。神,谓鬼神。

右第二十四章。言天道也。

诚者自成也，而道自道也。道也之道音导。○言诚者物之所以自成，而道者人之所当自行也。诚以心言，本也；道以理言，用也。**诚者物之终始，不诚无物。是故君子诚之为贵。**天下之物，皆实理之所为，故必得是理，然后有是物。所得之理既尽，则是物亦尽而无有矣。故人之心一有不实，则虽有所为亦如无有，而君子必以诚为贵也。盖人之心能无不实，乃为有以自成，而道之在我者亦无不行矣。**诚者非自成己而已也，所以成物也。成己，仁也；成物，知也。性之德也，合外内之道也，故时措之宜也。**知，去声。○诚虽所以成己，然既有以自成，则自然及物，而道亦行于彼矣。仁者体之存，知者用之发，是皆吾性之固有，而无内外之殊。既得于己，则见于事者，以时措之，而皆得其宜也。

右第二十五章。言人道也。

故至诚无息。既无虚假，自无间断。**不息则久，久则征，**久，常于中也。征，验于外也。**征则悠远，悠远则博厚，博厚则高明。**此皆以其验于外者言之。郑氏所谓"至诚之德，著于四方"者是也。存诸中者既久，则验于外者益悠远而无穷矣。悠远，故其积也广博而深厚；博厚，故其发也高大而光明。**博厚，所以载物也；高明，所以覆物也；悠久，所以成物也。**悠久，即悠远，兼内外而言之也。本以悠远致高厚，而高厚又悠久也。此言圣人与天地同用。**博厚配地，高明配天，悠久无疆。**此言圣人与天地同体。**如此者，不见而章，不动而变，无为而成。**见，音现。○见，犹示也。不见而章，以配地而言也。不动而变，以配天而言也。无为而成，以无疆而言也。**天地之道，可一言而尽也：其为物不贰，则其生物不测。**此以下，复以天地明至诚无息之功用。天地之道，可一言而尽，不过曰诚而已。不贰，所以诚也。诚故不息，而生物之多，有莫知其所以然者。**天地之道：博也，厚也，高也，明也，悠也，久也。**言天地之道，诚一不贰，故能各极所盛,而有下文生物之功。今夫天,斯昭昭之多,及其无穷也,日月星辰系焉,万物覆焉。今夫地,一撮土之多,及其广厚,载华岳而不重,振河海而不泄,万物载焉。今夫山,一卷石之多,及其广大,草木生之,禽兽居之,宝藏兴焉。今夫水,一勺之多,及其不测,鼋鼍、蛟龙、鱼鳖生焉,货财殖焉。夫,音扶。华、藏,并去声。卷,平声。勺,市若反。〇昭昭,犹耿耿,小明也。此指其一处而言之。及其无穷,犹十二章及其至也之意,盖举全体而言也。振,收也。卷,区也。此四条,皆以发明由其不贰不息以致盛大而能生物之意。然天、地、山、川,实非由积累而后大,读者不以辞害意可也。诗云:"维天之命,於穆不已!"盖曰天之所以为天也。"於乎不显!文王之德之纯!"盖曰文王之所以为文也,纯亦不已。於,音乌。乎,音呼。〇诗周颂维天之命篇。於,叹辞。穆,深远也。不显,犹言岂不显也。纯,纯一不杂也。引此以明至诚无息之意。程子曰:"天道不已,文王纯于天道,亦不已。纯则无二无杂,不已则无间断先后。"

右第二十六章。言天道也。

大哉圣人之道!包下文两节而言。洋洋乎!发育万物,峻极于天。峻,高大也。此言道之极于至大而无外也。优优大哉!礼仪三百,威仪三千。优优,充足有余之意。礼仪,经礼也。威仪,曲礼也。此言道之入于至小而无间也。待其人而后行。总结上两节。故曰苟不至德,至道不凝焉。至德,谓其人。至道,指上两节而言也。凝,聚也,成也。故君子尊德性而道问学,致广大而尽精微,极高明而道中庸。温故而知新,敦厚以崇礼。尊者,恭敬奉持之意。德性者,吾所受于天之正理。道,由也。温,犹燖温之温,谓故学之矣,复时习之也。敦,加厚也。尊德性,所以存心而极乎道体之大也。道问学,所以致知而尽乎道体之细也。二者修德凝道之大端也。不以一毫私意自蔽,不以一毫私欲自累,涵泳乎其所已知,敦笃乎其所已能,此皆存心之属也。析理则不使有毫厘之差,处事则不使有过不及之谬,理义则日知其所未知,节文则日谨其所未谨,此皆致知之属也。盖非存心无以致知,而存心者又不可以不致知。故此五句,大小相资,首尾相应,圣贤所示入德之方,莫详于此,学者宜尽心焉。**是故居上不骄,为下不倍,国有道其言足以兴,国无道其默足以容。诗曰"既明且哲,以保其身",其此之谓与!** 倍,与背同。与,平声。○兴,谓兴起在位也。诗大雅烝民之篇。

右第二十七章。言人道也。

子曰:"愚而好自用,贱而好自专,生乎今之世,反古之道。如此者,灾及其身者也。" 好,去声。灾,古灾字。○以上孔子之言,子思引之。反,复也。**非天子,不议礼,不制度,不考文。** 此以下,子思之言。礼,亲疏贵贱相接之体也。度,品制。文,书名。**今天下车同轨,书同文,行同伦。** 行,去声。○今,子思自谓当时也。轨,辙迹之度。伦,次序之体。三者皆同,言天下一统也。**虽有其位,苟无其德,不敢作礼乐焉;虽有其德,苟无其位,亦不敢作礼乐焉。** 郑氏曰:"言作礼乐者,必圣人在天子之位。"**子曰:"吾说夏礼,杞不足征也;吾学殷礼,有宋存焉;吾学周礼,今用之,吾从周。"** 此又引孔子之言。杞,夏之后。征,证也。宋,殷之后。三代之礼,孔子皆尝学之而能言其意;但夏礼既不可考证,殷礼虽存,又非当世之法,惟周礼乃时王之制,今日所用。孔子既不得位,则从周而已。

右第二十八章。承上章为下不倍而言,亦人道也。

王天下有三重焉,其寡过矣乎! 王,去声。○吕氏曰:"三重,谓议礼、制度、考文。惟天子得以行之,则国不异政,家不殊俗,而人得寡过矣。"上焉者虽善无征,无征不信,不信民弗从;下焉者虽善不尊,不尊不信,不信民弗从。上焉者,谓时王以前,如夏、商之礼虽善,而皆不可考。下焉者,谓圣人在下,如孔子虽善于礼,而不在尊位也。**故君子之道:本诸身,征诸庶民,考诸三王而不缪,建诸天地而不悖,质诸鬼神而无疑,百世以俟圣人而不惑。**此君子,指王天下者而言。其道,即议礼、制度、考文之事也。本诸身,有其德也。征诸庶民,验其所信从也。建,立也,立于此而参于彼也。天地者,道也。鬼神者,造化之迹也。百世以俟圣人而不惑,所谓圣人复起,不易吾言者也。**质诸鬼神而无疑,知天也;百世以俟圣人而不惑,知人也。**知天知人,知其理也。**是故君子动而世为天下道,行而世为天下法,言而世为天下则。远之则有望,近之则不厌。**动,兼言行而言。道,兼法则而言。法,法度也。则,准则也。**诗曰:"在彼无恶,在此无射;庶几夙夜,以永终誉!"君子未有不如此而蚤有誉于天下者也。**恶,去声。射,音妒,诗作斁。○诗周颂振鹭之篇。射,厌也。所谓此者,指本诸身以下六事而言。

右第二十九章。承上章居上不骄而言,亦人道也。

仲尼祖述尧、舜,宪章文、武;上律天时,下袭水土。祖述者,远宗其道。宪章者,近守其法。律天时者,法其自然之运。袭水土者,因其一定之理。皆兼内外该本末而言也。**辟如天地之无不持载,无不覆帱,辟如四时之错行,如日月之代明。**辟,音譬。帱,徒报反。○错,犹迭也。此言圣人之德。**万物并育而不相害,道并行而不相悖,小德川流,大德敦化,此天地之所以为大也。**悖,犹背也。天覆地载,万物并育于其间而不相害;四时日月,错行代明而不相悖。所以不害不悖,小德之川流;所以并育并行者,大德之敦化。小德者,全体之分;大德者,万殊之本。川流者,如川之流,脉络分明而往不息也。敦化者,敦厚其化,根本盛大而出无穷也。此言天地之道,以见上文取辟之意也。

右第三十章。言天道也。

唯天下至圣,为能聪明睿知,足以有临也;宽裕温柔,足以有容也;发强刚毅,足以有执也;齐庄中正,足以有敬也;文理密察,足以有别也。知,去声。齐,侧皆反。别,彼列反。○聪明睿知,生知之质。临,谓居上而临下也。其下四者,乃仁义礼知之德。文,文章也。理,条理也。密,详细也。察,明辩也。溥博渊泉,而时出之。溥博,周遍而广阔也。渊泉,静深而有本也。出,发见也。言五者之德,充积于中,而以时发见于外也。溥博如天,渊泉如渊。见而民莫不敬,言而民莫不信,行而民莫不说。见,音现。说,音悦。○言其充积极其盛,而发见当其可也。是以声名洋溢乎中国,施及蛮、貊,舟车所至,人力所通,天之所覆,地之所载,日月所照,霜露所队,凡有血气者,莫不尊亲,故曰配天。施,去声。队,音坠。○舟车所至以下,盖极言之。配天,言其德之所及,广大如天也。

右第三十一章。承上章而言小德之川流,亦天道也。

唯天下至诚,为能经纶天下之大经,立天下之大本,知天地之化育。夫焉有所倚?夫,音扶。焉,于虔反。○经、纶,皆治丝之事。经者,理其绪而分之;纶者,比其类而合之也。经,常也。大经者,五品之人伦。大本者,所性之全体也。惟圣人之德极诚无妄,故于人伦各尽其当然之实,而皆可以为天下后世法,所谓经纶之也。其于所性之全体,无一毫人欲之伪以杂之,而天下之道千变万化皆由此出,所谓立之也。其于天地之化育,则亦其极诚无妄者有默契焉,非但闻见之知而已。此皆至诚无妄,自然之功用,夫岂有所倚著于物而后能哉。肫肫其仁!渊渊其渊!浩浩其天!肫,之纯反。○肫肫,恳至貌,以经纶而言也。渊渊,静深貌,以立本而言也。浩浩,广大貌,以知化而言也。其渊其天,则非特如之而已。苟不固聪明圣知达天德者,其孰能知之?圣知之知,去声。○固,犹实也。郑氏曰:"惟圣人能知圣人也。"

右第三十二章。承上章而言大德之敦化,亦天道也。前章言至圣之德,此章言至诚之道。然至诚之道,非至圣不能知;至圣之德,非至诚不能为,则亦非二物矣。此篇言圣人天道之极致,至此而无以加矣。

诗曰"衣锦尚䌹",恶其文之著也。故君子之道,暗然而日章;小人之道,的然而日亡。君子之道:淡而不厌,简而文,温而理,知远之近,知风之自,知微之显,可与入德矣。衣,去声。䌹,口迥反。恶,去声。暗,于感反。○前章言圣人之德,极其盛矣。此复自下学立心之始言之,而下文又推之以至其极也。诗国风卫硕人、郑之丰,皆作"衣锦褧衣"。褧、䌹同,禅衣也。尚,加也。古之学者为己,故其立心如此。尚䌹故暗然,衣锦故有日章之实。淡、简、温,䌹之袭于外也;不厌而文且理焉,锦之美在中也。小人反是,则暴于外而无实以继之,是以的然而日亡也。远之近,见于彼者由于此也。风之自,著乎外者本乎内也。微之显,有诸内者形诸外也。有为己之心,而又知此三者,则知所谨而可入德矣。故下文引诗言谨独之事。诗云:"潜虽伏矣,亦孔之昭!"故君子内省不疚,无恶于志。君子之所不可及者,其唯人之所不见乎。恶,去声。○诗小雅正月之篇。承上文言"莫见乎隐、莫显乎微"也。疚,病也。无恶于志,犹言无愧于心,此君子谨独之事也。诗云:"相在尔室,尚不愧于屋漏。"故君子不动而敬,不言而信。相,去声。○诗大雅抑之篇。相,视也。屋漏,室西北隅也。承上文又言君子之戒谨恐惧,无时不然,不待言动而后敬信,则其为己之功益加密矣。故下文引诗并言其效。诗曰:"奏假无言,时靡有争。"是故君子不赏而民劝,不怒而民威于鈇钺。假、格同。鈇,音夫。○诗商颂烈祖之篇。奏,进也。承上文而遂及其效,言进而感格于神明之际,极其诚敬,无有言说而人自化之也。威,畏也。铁,莝斫刀也。钺,斧也。

诗曰:"不显惟德!百辟其刑之。"是故君子笃恭而天下平。诗周颂烈文之篇。不显,说见二十六章,此借引以为幽深玄远之意。承上文言天子有不显之德,而诸侯法之,则其德愈深而效愈远矣。笃,厚也。笃恭,言不显其敬也。笃恭而天下平,乃圣人至德渊微,自然之应,中庸之极功也。**诗云:"予怀明德,不大声以色。"子曰:"声色之于以化民,末也。"诗曰"德輶如毛",毛犹有伦。"上天之载,无声无臭",至矣!** 輶,由、西二音。〇诗大雅皇矣之篇。引之以明上文所谓不显之德者,正以其不大声与色也。又引孔子之言,以为声色乃化民之末务,今但言不大之而已,则犹有声色者存,是未足以形容不显之妙。不若烝民之诗所言"德輶如毛",则庶乎可以形容矣,而又自以为谓之毛,则犹有可比者,是亦未尽其妙。不若文王之诗所言"上天之载,无声无臭",然后乃为不显之至耳。盖声臭有气无形,在物最为微妙,而犹曰无之,故惟此可以形容不显笃恭之妙。非此德之外,又别有是三等,然后为至也。

右第三十三章。子思因前章极致之言,反求其本,复自下学为己谨独之事,推而言之,以驯致乎笃恭而天下平之盛。又赞其妙,至于无声无臭而后已焉。盖举一篇之要而约言之,其反复丁宁示人之意,至深切矣,学者其可不尽心乎!

论语集注

论语序说

史记世家曰：孔子名丘，字仲尼。其先宋人。父叔梁纥，母颜氏。以鲁襄公二十二年，庚戌之岁，十一月庚子，生孔子于鲁昌平乡陬邑。为儿嬉戏，常陈俎豆，设礼容。及长，为委吏，料量平；委吏，本作季氏史。索隐云："一本作委吏，与孟子合。"今从之。为司职吏，畜蕃息。职，见周礼牛人，读为樴，义与杙同，盖系养牺牲之所。此官即孟子所谓乘田。适周，问礼于老子，既反，而弟子益进。昭公二十五年甲申，孔子年三十五，而昭公奔齐，鲁乱。于是适齐，为高昭子家臣，以通乎景公。有闻韶、问政二事。公欲封以尼溪之田，晏婴不可，公惑之。有季孟吾老之语。孔子遂行，反乎鲁。定公元年壬辰，孔子年四十三，而季氏强僭，其臣阳虎作乱专政。故孔子不仕，而退修诗、书、礼、乐，弟子弥众。九年庚子，孔子年五十一。公山不狃以费畔季氏，召，孔子欲往，而卒不行。有答子路东周语。定公以孔子为中都宰，一年，四方则之，遂为司空，又为大司寇。十年辛丑，相定公会齐侯于夹谷，齐人归鲁侵地。十二年癸卯，使仲由为季氏宰，堕三都，收其甲兵。孟氏不肯堕成，围之不克。十四年乙巳，孔子年五十六,摄行相事,诛少正卯,与闻国政。三月,鲁国大治。齐人归女乐以沮之,季桓子受之。郊又不致膰俎于大夫,孔子行。鲁世家以此以上皆为十二年事。适卫,主于子路妻兄颜浊邹家。孟子作颜雠由。适陈,过匡,匡人以为阳虎而拘之。有颜渊后及文王既没之语。既解,还卫,主蘧伯玉家,见南子。有矢子路及未见好德之语。去,适宋,司马桓魋欲杀之。有天生德语及微服过宋事。又去,适陈,主司城贞子家。居三岁而反于卫,灵公不能用。有三年有成之语。晋赵氏家臣佛肸以中牟畔,召孔子,孔子欲往,亦不果。有答子路坚白语及荷蒉过门事。将西见赵简子,至河而反,又主蘧伯玉家。灵公问陈,不对而行,复如陈。据论语则绝粮当在此时。季桓子卒,遗言谓康子必召孔子,其臣止之,康子乃召冉求。史记以论语归与之叹为在此时,又以孟子所记叹辞为主司城贞子时语,疑不然。盖语、孟所记,本皆此一时语,而所记有异同耳。孔子如蔡及叶。有叶公问答子路不对、沮溺耦耕、荷蓧丈人等事。史记云:"于是楚昭王使人聘孔子,孔子将往拜礼,而陈、蔡大夫发徒围之,故孔子绝粮于陈、蔡之间。"有愠见及告子贡一贯之语。按是时陈、蔡臣服于楚,若楚王来聘孔子,陈、蔡大夫安敢围之。且据论语,绝粮当在去卫如陈之时。楚昭王将以书社地封孔子,令尹子西不可,乃止。史记云"书社地七百里",恐无此理,时则有接舆之歌。又反乎卫,时灵公已卒,卫君辄欲得孔子为政。有鲁、卫兄弟及答子贡夷齐、子路正名之语。而冉求为季氏将,与齐战有功,康子乃召孔子,而孔子归鲁,实哀公之十一年丁巳,而孔子年六十八矣。有对哀公及康子语。然鲁终不能用孔子,孔子亦不求仕,乃叙书传、礼记。有杞宋、损益、从周等语。删诗正乐,有语大师及乐正之语。序易彖、系、象、说卦、文言。有假我数年之语。弟子盖三千焉,身通六艺者七十二人。弟子颜回最贤,蚤死,后惟曾参得传孔子之道。十四年庚申,鲁西狩获麟,有莫我知之叹。孔子作春秋。有知我罪我等语,论语请讨陈恒事,亦在是年。明年辛酉,子路死于卫。十六年壬戌、四月己丑,孔子卒,年七十三,葬鲁城北泗上。弟子皆服心丧三年而去,惟子贡庐于冢上,凡六年。孔子生鲤,字伯鱼,先卒。伯鱼生伋,字子思,作中庸。子思学于曾子,而孟子受业子思之门人。

何氏曰:"鲁论语二十篇。齐论语别有问王、知道,凡二十二篇,其二十篇中章句,颇多于鲁论。古论出孔氏壁中,分尧曰下章子张问以为一篇,有两子张,凡二十一篇,篇次不与齐、鲁论同。"

程子曰:"论语之书,成于有子、曾子之门人,故其书独二子以子称。"

程子曰:"读论语:有读了全然无事者;有读了后其中得一两句喜者;有读了后知好之者;有读了后直有不知手之舞之足之蹈之者。"

程子曰:"今人不会读书。如读论语,未读时是此等人,读了后又只是此等人,便是不曾读。"

程子曰:"颐自十七八读论语,当时已晓文义。读之愈久,但觉意味深长。"

读论语孟子法_{据遭仿宋大字本补。}

程子曰:"学者当以论语、孟子为本。论语、孟子既治,则六经可不治而明矣。读书者当观圣人所以作经之意,与圣人所以用心,圣人之所以至于圣人,而吾之所以未至者,所以未得者,句句而求之,昼诵而味之,中夜而思之,平其心,易其气,阙其疑,则圣人之意可见矣。"

程子曰:"凡看文字,须先晓其文义,然后可以求其意。未有不晓文义而见意者也。"

程子曰:"学者须将论语中诸弟子问处便作自己问,圣人答处便作今日耳闻,自然有得。虽孔、孟复生,不过以此教人。若能于语、孟中深求玩味,将来涵养成甚生气质!"

程子曰:"凡看语、孟,且须熟读玩味。须将圣人言语切己,不可只作一场话说。人只看得二书切己,终身尽多也。"

程子曰:"论、孟只剩读着便自意足。学者须是玩味。若以语言解着,意便不足。"

或问:"且将论、孟紧要处看,如何?"程子曰:"固是好,但终是不浃洽耳。"

程子曰："孔子言语句句是自然，孟子言语句句是事实。"

程子曰："学者先读论语、孟子，如尺度权衡相似，以此去量度事物，自然见得长短轻重。"

程子曰："读论语、孟子而不知道，所谓'虽多，亦奚以为'。"

论语集注卷一

学而第一 此为书之首篇,故所记多务本之意,乃入道之门、积德之基、学者之先务也。凡十六章。

子曰:"学而时习之,不亦说乎?说、悦同。○学之为言效也。人性皆善,而觉有先后,后觉者必效先觉之所为,乃可以明善而复其初也。习,鸟数飞也。学之不已,如鸟数飞也。说,喜意也。既学而又时时习之,则所学者熟,而中心喜说,其进自不能已矣。程子曰:"习,重习也。时复思绎,浃洽于中,则说也。"又曰:"学者,将以行之也。时习之,则所学者在我,故说。"谢氏曰:"时习者,无时而不习。坐如尸,坐时习也;立[1]如齐,立时习也。"有朋自远方来,不亦乐乎?乐,音洛。○朋,同类也。自远方来,则近者可知。程子曰:"以善及人,而信从者众,故可乐。"又曰:"说在心,乐主发散在外。"人不知而不愠,不亦君子乎?"愠,纡问反。○愠,含怒意。君子,成德之名。尹氏曰:"学在己,知不知在人,何愠之有?"程子曰:"虽乐于及人,不见是

---

[1] "立",原作"一",据清仿宋大字本改。

而无闷,乃所谓君子。"愚谓及人而乐者顺而易,不知而不愠者逆而难,故惟成德者能之。然德之所以成,亦曰学之正、习之熟、说之深而不已焉耳。○程子曰:"乐由说而后得,非乐不足以语君子。"

有子曰:"其为人也孝弟,而好犯上者,鲜矣;不好犯上,而好作乱者,未之有也。弟、好,皆去声。鲜,上声,下同。○有子,孔子弟子,名若。善事父母为孝,善事兄长为弟。犯上,谓干犯在上之人。鲜,少也。作乱,则为悖逆争斗之事矣。此言人能孝弟,则其心和顺,少好犯上,必不好作乱也。君子务本,本立而道生。孝弟也者,其为仁之本与!"与,平声。○务,专力也。本,犹根也。仁者,爱之理,心之德也。为仁,犹曰行仁。与者,疑辞,谦退不敢质言也。言君子凡事专用力于根本,根本既立,则其道自生。若上文所谓孝弟,乃是为仁之本,学者务此,则仁道自此而生也。○程子曰:"孝弟,顺德也,故不好犯上,岂复有逆理乱常之事。德有本,本立则其道充大。孝弟行于家,而后仁爱及于物,所谓亲亲而仁民也。故为仁以孝弟为本。论性,则以仁为孝弟之本。"或问:"孝弟为仁之本,此是由孝弟可以至仁否?"曰:"非也。谓行仁自孝弟始,孝弟是仁之一事。谓之行仁之本则可,谓是仁之本则不可。盖仁是性也,孝弟是用也,性中只有个仁、义、礼、智四者而已,曷尝有孝弟来。然仁主于爱,爱莫大于爱亲,故曰孝弟也者,其为仁之本与!"

子曰:"巧言令色,鲜矣仁!"巧,好。令,善也。好其言,善其色,致饰于外,务以悦人,则人欲肆而本心之德亡矣。圣人辞不迫切,专言鲜,则绝无可知,学者所当深戒也。○程子曰:"知巧言令色之非仁,则知仁矣。"

曾子曰:"吾日三省吾身:为人谋而不忠乎?与朋友交而不信乎?传不习乎?"省,悉井反。为,去声。传,平声。○曾子,孔子弟子,名参,字子舆。尽己之谓忠。以实之谓信。传,谓受之于师。习,谓熟之于己。曾子以此三者日省其身,有则改之,无则加勉,其自治诚切如此,可谓得为学之本矣。而三者之序,则又以忠信为传习之本也。○尹氏曰:"曾子守约,故动必求诸身。"谢氏曰:"诸子之学,皆出于圣人,其后愈远而愈失其真。独曾子之学,专用心于内,故传之无弊,观于子思、孟子可见矣。惜乎！其嘉言善行,不尽传于世也。其幸存而未泯者,学者其可不尽心乎！"

子曰:"道千乘之国:敬事而信,节用而爱人,使民以时。"道、乘,皆去声。〇道,治也。马氏云:"八百家出车一乘。"〔1〕千乘,诸侯之国,其地可出兵车千乘者也。敬者,主一无适之谓。敬事而信者,敬其事而信于民也。时,谓农隙之时。言治国之要,在此五者,亦务本之意也。〇程子曰:"此言至浅,然当时诸侯果能此,亦足以治其国矣。圣人言虽至近,上下皆通。此三言者,若推其极,尧、舜之治亦不过此。若常人之言近,则浅近而已矣。"杨氏曰:"上不敬则下慢,不信则下疑,下慢而疑,事不立矣。敬事而信,以身先之也。易曰:'节以制度,不伤财,不害民。'盖侈用则伤财,伤财必至于害民,故爱民必先于节用。然使之不以其时,则力本者不获自尽,虽有爱人之心,而人不被其泽矣。然此特论其所存而已,未及为政也。苟无是心,则虽有政,不行焉。"胡氏曰:"凡此数者,又皆以敬为主。"愚谓五者反复相因,各有次第,读者宜细推之。

子曰:"弟子入则孝,出则弟,谨而信,泛爱众而亲仁。行有余力,则以学文。"弟子之弟,上声。则弟之弟,去声。〇谨者,行之有常也。信者,言之有实也。泛,广也。众,谓众人。亲,近也。仁,谓仁者。余力,犹言暇日。以,用也。文,谓诗、书六艺之文。〇程子曰:"为弟子之职,力有余则学文,不修其职而先文,非为己之学也。"尹氏曰:"德行,本也。文艺,末也。穷其本末,知所先后,可以入德矣。"洪氏曰:"未有余力而学文,则文灭其质;有余力而不学文,则质胜而野。"愚谓力行而不学文,则无以考圣贤之成法,识事理之当然,而所行或出于私意,非但失之于野而已。

子夏曰:"贤贤易色,事父母能竭其力,事君能致其身,与朋友交言而有信。虽曰未学,吾必谓之学矣。"子夏,孔子弟子,姓卜,名商。贤人之贤,而易其好色之心,好善有诚也。致,犹委也。委致其身,谓不

―――――――
〔1〕 "马氏云八百家出车一乘"十字,据清仿宋大字本补。

有其身也。四者皆人伦之大者，而行之必尽其诚，学求如是而已。故子夏言有能如是之人，苟非生质之美，必其务学之至。虽或以为未尝为学，我必谓之已学也。○游氏曰："三代之学，皆所以明人伦也。能是四者，则于人伦厚矣。学之为道，何以加此。子夏以文学名，而其言如此，则古人之所谓学者可知矣。故学而一篇，大抵皆在于务本。"吴氏曰："子夏之言，其意善矣。然辞气之间，抑扬太过，其流之弊，将或至于废学。必若上章夫子之言，然后为无弊也。"

子曰："君子不重则不威，学则不固。重，厚重。威，威严。固，坚固也。轻乎外者，必不能坚乎内，故不厚重则无威严，而所学亦不坚固也。主忠信。人不忠信，则事皆无实，为恶则易，为善则难，故学者必以是为主焉。程子曰："人道惟在忠信，不诚则无物，且出入无时，莫知其乡者，人心也。若无忠信，岂复有物乎？"无友不如己者。无、毋通，禁止辞也。友所以辅仁，不如己，则无益而有损。过则勿惮改。"勿，亦禁止之辞。惮，畏难也。自治不勇，则恶日长，故有过则当速改，不可畏难而苟安也。程子曰："学问之道无他也，知其不善，则速改以从善而已。"○程子曰："君子自修之道当如是也。"游氏曰："君子之道，以威重为质，而学以成之。学之道，必以忠信为主，而以胜己者辅之。然或吝于改过，则终无以入德，而贤者亦未必乐告以善道，故以过勿惮改终焉。"

曾子曰："慎终追远，民德归厚矣。"慎终者，丧尽其礼。追远者，祭尽其诚。民德归厚，谓下民化之，其德亦归于厚。盖终者，人之所易忽也，而能谨之；远者，人之所易忘也，而能追之：厚之道也。故以此自为，则己之德厚，下民化之，则其德亦归于厚也。

子禽问于子贡曰："夫子至于是邦也，必闻其政，求之与？抑与之与？"之与之与，平声，下同。○子禽，姓陈，名亢。子贡，姓端木，名赐。皆孔子弟子。或曰："亢，子贡弟子。"未知孰是。抑，反语辞。子贡曰："夫子温、良、恭、俭、让以得之。夫子之求之也，其诸异乎人之求之与？"温，和厚也。良，易直也。恭，庄敬也。俭，节制也。让，谦逊也。

五者，夫子之盛德光辉接于人者也。其诸，语辞也。人，他人也。言夫子未尝求之，但其德容如是，故时君敬信，自以其政就而问之耳，非若他人必求之而后得也。圣人过化存神之妙，未易窥测，然即此而观，则其德盛礼恭而不愿乎外，亦可见矣。学者所当潜心而勉学也。〇谢氏曰："学者观于圣人威仪之间，亦可以进德矣。若子贡亦可谓善观圣人矣，亦可谓善言德行矣。今去圣人千五百年，以此五者想见其形容，尚能使人兴起，而况于亲炙之者乎？"张敬夫曰："夫子至是邦必闻其政，而未有能委国而授之以政者。盖见圣人之仪刑而乐告之者，秉彝好德之良心也，而私欲害之，是以终不能用耳。"

子曰："父在，观其志；父没，观其行；三年无改于父之道，可谓孝矣。"行，去声。〇父在，子不得自专，而志则可知。父没，然后其行可见。故观此足以知其人之善恶，然又必能三年无改于父之道，乃见其孝，不然，则所行虽善，亦不得为孝矣。〇尹氏曰："如其道，虽终身无改可也。如其非道，何待三年？然则三年无改者，孝子之心有所不忍故也。"游氏曰："三年无改，亦谓在所当改而可以未改者耳。"

有子曰："礼之用，和为贵。先王之道斯为美，小大由之。礼者，天理之节文，人事之仪则也。和者，从容不迫之意。盖礼之为体虽严，而皆出于自然之理，故其为用，必从容而不迫，乃为可贵。先王之道，此其所以为美，而小事大事无不由之也。有所不行，知和而和，不以礼节之，亦不可行也。"承上文而言，如此而复有所不行者，以其徒知和之为贵而一于和，不复以礼节之，则亦非复理之本然矣，所以流荡忘反，而亦不可行也。〇程子曰："礼胜则离，故礼之用和为贵。先王之道以斯为美，而小大由之。乐胜则流，故有所不行者，知和而和，不以礼节之，亦不可行。"范氏曰："凡礼之体主于敬，而其用则以和为贵。敬者，礼之所以立也；和者，乐之所由生也。若有子可谓达礼乐之本矣。"愚谓严而泰，和而节，此理之自然，礼之全体也。毫厘有差，则失其中正，而各倚于一偏，其不可行均矣。

有子曰："信近于义，言可复也；恭近于礼，远耻辱也；因不失其亲，亦可宗也。"近、远，皆去声。〇信，约信也。义者，事之宜也。

复,践言也。恭,致敬也。礼,节文也。因,犹依也。宗,犹主也。言约信而合其宜,则言必可践矣。致恭而中其节,则能远耻辱矣。所依者不失其可亲之人,则亦可以宗而主之矣。此言人之言行交际,皆当谨之于始而虑其所终,不然,则因仍苟且之间,将有不胜其自失之悔者矣。

子曰:"君子食无求饱,居无求安,敏于事而慎于言,就有道而正焉,可谓好学也已。"好,去声。○不求安饱者,志有在而不暇及也。敏于事者,勉其所不足。慎于言者,不敢尽其所有余也。然犹不敢自是,而必就有道之人,以正其是非,则可谓好学矣。凡言道者,皆谓事物当然之理,人之所共由者也。○尹氏曰:"君子之学,能是四者,可谓笃志力行者矣。然不取正于有道,未免有差,如杨、墨学仁义而差者也,其流至于无父无君,谓之好学可乎?"

子贡曰:"贫而无谄,富而无骄,何如?"子曰:"可也。未若贫而乐,富而好礼者也。"乐,音洛。好,去声。○谄,卑屈也。骄,矜肆也。常人溺于贫富之中,而不知所以自守,故必有二者之病。无谄无骄,则知自守矣,而未能超乎贫富之外也。凡曰可者,仅可而有所未尽之辞也。乐则心广体胖而忘其贫,好礼则安处善,乐循理,亦不自知其富矣。子贡货殖,盖先贫后富,而尝用力于自守者,故以此为问。而夫子答之如此,盖许其所已能,而勉其所未至也。子贡曰:"诗云:'如切如磋,如琢如磨。'其斯之谓与?"磋,七多反。与,平声。○诗卫风淇澳之篇,言治骨角者,既切之而复磋之;治玉石者,既琢之而复磨之;治之已精,而益求其精也。子贡自以无谄无骄为至矣,闻夫子之言,又知义理之无穷,虽有得焉,而未可遽自足也,故引是诗以明之。子曰:"赐也,始可与言诗已矣!告诸往而知来者。"往者,其所已言者。来者,其所未言者。○愚按:此章问答,其浅深高下,固不待辨说而明矣。然不切则磋无所施,不琢则磨无所措。故学者虽不可安于小成,而不求造道之极致;亦不可骛于虚远,而不察切己之实病也。

子曰:"不患人之不己知,患不知人也。"尹氏曰:"君子求在我者,故不患人之不己知。不知人,则是非邪正或不能辨,故以为患也。"

为政第二 凡二十四章。

子曰:"为政以德,譬如北辰,居其所而众星共之。"共,音拱,亦作拱。○政之为言正也,所以正人之不正也。德之为言得也,得于心而不失也。北辰,北极,天之枢也。居其所,不动也。共,向也,言众星四面旋绕而归向之也。为政以德,则无为而天下归之,其象如此。○程子曰:"为政以德,然后无为。"范氏曰:"为政以德,则不动而化、不言而信、无为而成。所守者至简而能御烦,所处者至静而能制动,所务者至寡而能服众。"

子曰:"诗三百,一言以蔽之,曰'思无邪'。"诗三百十一篇,言三百者,举大数也。蔽,犹盖也。"思无邪",鲁颂駉篇之辞。凡诗之言,善者可以感发人之善心,恶者可以惩创人之逸志,其用归于使人得其情性之正而已。然其言微婉,且或各因一事而发,求其直指全体,则未有若此之明且尽者。故夫子言诗三百篇,而惟此一言足以尽盖其义,其示人之意亦深切矣。○程子曰:"'思无邪'者,诚也。"范氏曰:"学者必务知要,知要则能守约,守约则足以尽博矣。经礼三百,曲礼三千,亦可以一言以蔽之,曰'毋不敬'。"

子曰:"道之以政,齐之以刑,民免而无耻;道,音导,下同。○道,犹引导,谓先之也。政,谓法制禁令也。齐,所以一之也。道之而不从者,有刑以一之也。免而无耻,谓苟免刑罚而无所羞愧,盖虽不敢为恶,而为恶之心未尝忘也。道之以德,齐之以礼,有耻且格。"礼,谓制度品节也。格,至也。言躬行以率之,则民固有所观感而兴起矣,而其浅深厚薄之不一者,又有礼以一之,则民耻于不善,而又有以至于善也。一说,格,正也。书曰:"格其非心。"○愚谓政者,为治之具。刑者,辅治之法。德礼则所以出治之本,而德又礼之本也。此其相为终始,虽不可以偏废,然政刑能使民远罪而已,德礼之效,则有以使民日迁善而不自知。故治民者不可徒恃其末,又当深探其本也。

子曰:"吾十有五而志于学,古者十五而入大学。心之所之谓之志。此所谓学,即大学之道也。志乎此,则念念在此而为之不厌矣。**三十而立**,有以自立,则守之固而无所事志矣。**四十而不惑**,于事物之所当然,皆无所疑,则知之明而无所事守矣。**五十而知天命**,天命,即天道之流行而赋于物者,乃事物所以当然之故也。知此则知极其精,而不惑又不足言矣。**六十而耳顺**,声入心通,无所违逆,知之之至,不思而得也。**七十而从心所欲,不逾矩。**"从,如字。〇从,随也。矩,法度之器,所以为方者也。随其心之所欲,而自不过于法度,安而行之,不勉而中也。〇程子曰:"孔子生而知之也,言亦由学而至,所以勉进后人也。立,能自立于斯道也。不惑,则无所疑矣。知天命,穷理尽性也。耳顺,所闻皆通也。从心所欲,不逾矩,则不勉而中矣。"又曰:"孔子自言其进德之序如此者,圣人未必然,但为学者立法,使之盈科而后进,成章而后达耳。"胡氏曰:"圣人之教亦多术,然其要使人不失其本心而已。欲得此心者,惟志乎圣人所示之学,循其序而进焉。至于一疵不存、万理明尽之后,则其日用之间,本心莹然,随所意欲,莫非至理。盖心即体,欲即用,体即道,用即义,声为律而身为度矣。"又曰:"圣人言此,一以示学者当优游涵泳,不可躐等而进;二以示学者当日就月将,不可半途而废也。"愚谓圣人生知安行,固无积累之渐,然其心未尝自谓已至此也。是其日用之间,必有独觉其进而人不及知者。故因其近似以自名,欲学者以是为则而自勉,非心实自圣而姑为是退托也。后凡言谦辞之属,意皆放此。

孟懿子问孝。子曰:"无违。"孟懿子,鲁大夫仲孙氏,名何忌。无违,谓不背于理。**樊迟御,子告之曰:"孟孙问孝于我,我对曰'无违'。"**樊迟,孔子弟子,名须。御,为孔子御车也。孟孙,即仲孙也。夫子以懿子未达而不能问,恐其失指,而以从亲之令为孝,故语樊迟以发之。**樊迟曰:"何谓也?"子曰:"生,事之以礼;死,葬之以礼,祭之以礼。"**生事葬祭,事亲之始终具矣。礼,即理之节文也。人之事亲,自始至终,一于礼而不苟,其尊亲也至矣。是时三家僭礼,故夫子以是警之,然语意浑然,又若不专为三家发者,所以为圣人之言也。〇胡氏曰:"人之欲孝其亲,心虽无穷,而分则有限。得为而不为,与不得为而为之,均于不孝。所谓以礼者,为其所得为者而已矣。"

孟武伯问孝。子曰:"父母唯其疾之忧。" 武伯,懿子之子,名彘。言父母爱子之心,无所不至,惟恐其有疾病,常以为忧也。人子体此,而以父母之心为心,则凡所以守其身者,自不容于不谨矣,岂不可以为孝乎?旧说,人子能使父母不以其陷于不义为忧,而独以其疾为忧,乃可谓孝。亦通。

子游问孝。子曰:"今之孝者,是谓能养。至于犬马,皆能有养;不敬,何以别乎?" 养,去声。别,彼列反。〇子游,孔子弟子,姓言,名偃。养,谓饮食供奉也。犬马待人而食,亦若养然。言人畜犬马,皆能有以养之,若能养其亲而敬不至,则与养犬马者何异。甚言不敬之罪,所以深警之也。〇胡氏曰:"世俗事亲,能养足矣。狎恩恃爱,而不知其渐流于不敬,则非小失也。子游圣门高弟,未必至此,圣人直恐其爱逾于敬,故以是深警发之也。"

子夏问孝。子曰:"色难。有事弟子服其劳,有酒食先生馔,曾是以为孝乎?" 食,音嗣。〇色难,谓事亲之际,惟色为难也。食,饭也。先生,父兄也。馔,饮食之也。曾,犹尝也。盖孝子之有深爱者,必有和气;有和气者,必有愉色;有愉色者,必有婉容。故事亲之际,惟色为难耳,服劳奉养未足为孝也。旧说,承顺父母之色为难,亦通。〇程子曰:"告懿子,告众人者也。告武伯者,以其人多可忧之事。子游能养而或失于敬,子夏能直义而或少温润之色。各因其材之高下,与其所失而告之,故不同也。"

子曰:"吾与回言终日,不违如愚。退而省其私,亦足以发。回也不愚。" 回,孔子弟子,姓颜,字子渊。不违者,意不相背,有听受而无问难也。私,谓燕居独处,非进见请问之时。发,谓发明所言之理。愚闻之师曰:"颜子深潜纯粹,其于圣人体段已具。其闻夫子之言,默识心融,触处洞然,自有条理。故终日言,但见其不违如愚人而已。及退省其私,则见其日用动静语默之间,皆足以发明夫子之道,坦然由之而无疑,然后知其不愚也。"

子曰:"视其所以, 以,为也。为善者为君子,为恶者为小人。**观其**

所由，观，比视为详矣。由，从也。事虽为善，而意之所从来者有未善焉，则亦不得为君子矣。或曰："由，行也。谓所以行其所为者也。"察其所安。察，则又加详矣。安，所乐也。所由虽善，而心之所乐者不在于是，则亦伪耳，岂能久而不变哉？人焉廋哉？人焉廋哉？"焉，于虔反。廋，所留反。○焉，何也。廋，匿也。重言以深明之。○程子曰："在己者能知言穷理，则能以此察人如圣人也。"

子曰："温故而知新，可以为师矣。"温，寻绎也。故者，旧所闻。新者，今所得。言学能时习旧闻，而每有新得，则所学在我，而其应不穷，故可以为人师。若夫记问之学，则无得于心，而所知有限，故学记讥其"不足以为人师"，正与此意互相发也。

子曰："君子不器。"器者，各适其用而不能相通。成德之士，体无不具，故用无不周，非特为一才一艺而已。

子贡问君子。子曰："先行其言而后从之。"周氏曰："先行其言者，行之于未言之前；而后从之者，言之于既行之后。"○范氏曰："子贡之患，非言之艰而行之艰，故告之以此。"

子曰："君子周而不比，小人比而不周。"周，普遍也。比，偏党也。皆与人亲厚之意，但周公而比私耳。○君子小人所为不同，如阴阳昼夜，每每相反。然究其所以分，则在公私之际，毫厘之差耳。故圣人于周比、和同、骄泰之属，常对举而互言之，欲学者察乎两间，而审其取舍之几也。

子曰："学而不思则罔，思而不学则殆。"不求诸心，故昏而无得。不习其事，故危而不安。○程子曰："博学、审问、慎思、明辨、笃行五者，废其一，非学也。"

子曰："攻乎异端，斯害也已！"范氏曰："攻，专治也，故治木石金玉之工曰攻。异端，非圣人之道，而别为一端，如杨、墨是也。其率天下至于无父无君，专治而欲精之，为害甚矣！"○程子曰："佛氏之言，比之杨、墨，尤为近理，所以其害为尤甚。学者当如淫声美色以远之，不尔，则骎骎然入于其中矣。"

子曰："由！诲女知之乎？知之为知之，不知为不知，是知也。"女，音汝。○由，孔子弟子，姓仲，字子路。子路好勇，盖有强其所不知以为知者，故夫子告之曰：我教女以知之之道乎！但所知者则以为知，所不知者则以为不知。如此则虽或不能尽知，而无自欺之蔽，亦不害其为知矣。况由此而求之，又有可知之理乎？

子张学干禄。子张，孔子弟子，姓颛孙，名师。干，求也。禄，仕者之奉也。子曰："多闻阙疑，慎言其余，则寡尤；多见阙殆，慎行其余，则寡悔。言寡尤，行寡悔，禄在其中矣。"行寡之行，去声。○吕氏曰："疑者所未信，殆者所未安。"程子曰："尤，罪自外至者也。悔，理自内出者也。"愚谓多闻见者学之博，阙疑殆者择之精，慎言行者守之约。凡言在其中者，皆不求而自至之辞。言此以救子张之失而进之也。○程子曰："修天爵则人爵至，君子言行能谨，得禄之道也。子张学干禄，故告之以此，使定其心而不为利禄动，若颜、闵则无此问矣。或疑如此亦有不得禄者，孔子盖曰耕也馁在其中，惟理可为者为之而已矣。"

哀公问曰："何为则民服？"孔子对曰："举直错诸枉，则民服；举枉错诸直，则民不服。"哀公，鲁君，名蒋。凡君问，皆称孔子对曰者，尊君也。错，舍置也。诸，众也。程子曰："举错得义，则人心服。"○谢氏曰："好直而恶枉，天下之至情也。顺之则服，逆之则去，必然之理也。然或无道以照之，则以直为枉、以枉为直者多矣，是以君子大居敬而贵穷理也。"

季康子问："使民敬、忠以劝，如之何？"子曰："临之以庄则敬，孝慈则忠，举善而教不能则劝。"季康子，鲁大夫季孙氏，名肥。庄，谓容貌端严也。临民以庄，则民敬于己。孝于亲，慈于众，则民忠于己。善者举之而不能者教之，则民有所劝而乐于为善。○张敬夫曰："此皆在我所当为，非为欲使民敬忠以劝而为之也。然能如是，则其应盖有不期然而然者矣。"

或谓孔子曰："子奚不为政？"定公初年，孔子不仕，故或人疑其不为政也。子曰:"书云:'孝乎惟孝,友于兄弟,施于有政。'是亦为政,奚其为为政?"书周书君陈篇。书云孝乎者,言书之言孝如此也。善兄弟曰友。书言君陈能孝于亲,友于兄弟,又能推广此心,以为一家之政。孔子引之,言如此,则是亦为政矣,何必居位乃为为政乎?盖孔子之不仕,有难以语或人者,故托此以告之,要之至理亦不外是。

子曰:"人而无信,不知其可也。大车无輗,小车无軏,其何以行之哉?"輗,五兮反。軏,音月。○大车,谓平地任载之车。輗,辕端横木,缚轭以驾牛者。小车,谓田车、兵车、乘车。軏,辕端上曲,钩衡以驾马者。车无此二者,则不可以行,人而无信,亦犹是也。

子张问:"十世可知也?"陆氏曰:"也,一作乎。"○王者易姓受命为一世。子张问:自此以后,十世之事,可前知乎? 子曰:"殷因于夏礼,所损益,可知也;周因于殷礼,所损益,可知也;其或继周者,虽百世可知也。"马氏曰:"所因,谓三纲五常。所损益,谓文质三统。"愚按:三纲,谓:君为臣纲,父为子纲,夫为妻纲。五常,谓仁、义、礼、智、信。文质,谓夏尚忠,商尚质,周尚文。三统,谓夏正建寅为人统,商正建丑为地统,周正建子为天统。三纲五常,礼之大体,三代相继,皆因之而不能变。其所损益,不过文章制度小过不及之间,而其已然之迹,今皆可见。则自今以往,或有继周而王者,虽百世之远,所因所革,亦不过此,岂但十世而已乎!圣人所以知来者盖如此,非若后世谶纬术数之学也。○胡氏曰:"子张之问,盖欲知来,而圣人言其既往者以明之也。夫自修身以至于为天下,不可一日而无礼。天叙天秩,人所共由,礼之本也。商不能改乎夏,周不能改乎商,所谓天地之常经也。若乃制度文为,或太过则当损,或不足则当益,益之损之,与时宜之,而所因者不坏,是古今之通义也。因往推来,虽百世之远,不过如此而已矣。"

子曰:"非其鬼而祭之,谄也。非其鬼,谓非其所当祭之鬼。谄,求媚也。见义不为,无勇也。"知而不为,是无勇也。

论语集注卷二

八佾第三　凡二十六章。通前篇末二章,皆论礼乐之事。

孔子谓季氏:"八佾舞于庭,是可忍也,孰不可忍也?"佾,音逸。○季氏,鲁大夫季孙氏也。佾,舞列也,天子八、诸侯六、大夫四、士二。每佾人数,如其佾数。或曰:"每佾八人。"未详孰是。季氏以大夫而僭用天子之乐,孔子言其此事尚忍为之,则何事不可忍为。或曰:"忍,容忍也。"盖深疾之之辞。○范氏曰:"乐舞之数,自上而下,降杀以两而已,故两之间,不可以毫发僭差也。孔子为政,先正礼乐,则季氏之罪不容诛矣。"谢氏曰:"君子于其所不当为不敢须臾处,不忍故也。而季氏忍此矣,则虽弑父与君,亦何所惮而不为乎?"

三家者以雍彻。子曰:"'相维辟公,天子穆穆',奚取于三家之堂?"彻,直列反。相,去声。○三家,鲁大夫孟孙、叔孙、季孙之家也。雍,周颂篇名。彻,祭毕而收其俎也。天子宗庙之祭,则歌雍以彻,是时三家僭而用之。相,助也。辟公,诸侯也。穆穆,深远之意,天子之容也。此雍诗之辞,孔子引之,言三家之堂非有此事,亦何取于此义而歌之乎?讥其无知妄作,以取僭窃之罪。〇程子曰:"周公之功固大矣,皆臣子之分所当为,鲁安得独用天子礼乐哉?成王之赐,伯禽之受,皆非也。其因袭之弊,遂使季氏僭八佾,三家僭雍彻,故仲尼讥之。"

子曰:"人而不仁,如礼何?人而不仁,如乐何?"游氏曰:"人而不仁,则人心亡矣,其如礼乐何哉?言虽欲用之,而礼乐不为之用也。"〇程子曰:"仁者天下之正理。失正理,则无序而不和。"李氏曰:"礼乐待人而后行,苟非其人,则虽玉帛交错,钟鼓铿锵,亦将如之何哉?"然记者序此于八佾雍彻之后,疑其为僭礼乐者发也。

林放问礼之本。林放,鲁人。见世之为礼者,专事繁文,而疑其本之不在是也,故以为问。子曰:"大哉问!孔子以时方逐末,而放独有志于本,故大其问。盖得其本,则礼之全体无不在其中矣。礼,与其奢也,宁俭;丧,与其易也,宁戚。"易,去声。〇易,治也。孟子曰:"易其田畴。"在丧礼,则节文习熟,而无哀痛惨怛之实者也。戚则一于哀,而文不足耳。礼贵得中,奢易则过于文,俭戚则不及而质,二者皆未合礼。然凡物之理,必先有质而后有文,则质乃礼之本也。〇范氏曰:"夫祭与其敬不足而礼有余也,不若礼不足而敬有余也,丧与其哀不足而礼有余也,不若礼不足而哀有余也。礼失之奢,丧失之易,皆不能反本,而随其末故也。礼奢而备,不若俭而不备之愈也;丧易而文,不若戚而不文之愈也。俭者物之质,戚者心之诚,故为礼之本。"杨氏曰:"礼始诸饮食,故污尊而抔饮,为之簠、簋、笾、豆、罍、爵之饰,所以文之也,则其本俭而已。丧不可以径情而直行,为之衰麻哭踊之数,所以节之也,则其本戚而已。周衰,世方以文灭质,而林放独能问礼之本,故夫子大之,而告之以此。"

子曰:"夷狄之有君,不如诸夏之亡也。"吴氏曰:"亡,古无字,通用。"程子曰:"夷狄且有君长,不如诸夏之僭乱,反无上下之分也。"〇尹氏曰:"孔子伤时之乱而叹之也。亡,非实亡也,虽有之,不能尽其道尔。"

季氏旅于泰山。子谓冉有曰:"女弗能救与?"对曰:"不能。"子曰:"呜呼!曾谓泰山,不如林放乎?"女,音汝。与,平声。

○旅,祭名。泰山,山名,在鲁地。礼,诸侯祭封内山川,季氏祭之,僭也。冉有,孔子弟子,名求,时为季氏宰。救,谓救其陷于僭窃之罪。呜呼,叹辞。言神不享非礼,欲季氏知其无益而自止,又进林放以厉冉有也。○范氏曰:"冉有从季氏,夫子岂不知其不可告也,然而圣人不轻绝人。尽己之心,安知冉有之不能救、季氏之不可谏也。既不能正,则美林放以明泰山之不可诬,是亦教诲之道也。"

子曰:"君子无所争,必也射乎!揖让而升,下而饮,其争也君子。"饮,去声。○揖让而升者,大射之礼,耦进三揖而后升堂也。下而饮,谓射毕揖降,以俟众耦皆降,胜者乃揖不胜者升,取觯立饮也。言君子恭逊不与人争,惟于射而后有争。然其争也,雍容揖逊乃如此,则其争也君子,而非若小人之争矣。

子夏问曰:"'巧笑倩兮,美目盼兮,素以为绚兮。'何谓也?"倩,七练反。盼,普苋反。绚,呼县反。○此逸诗也。倩,好口辅也。盼,目黑白分也。素,粉地,画之质也。绚,采色,画之饰也。言人有此倩盼之美质,而又加以华采之饰,如有素地而加采色也。子夏疑其反谓以素为饰,故问之。子曰:"绘事后素。"绘,胡对反。○绘事,绘画之事也。后素,后于素也。考工记曰:"绘画之事后素功。"谓先以粉地为质,而后施五采,犹人有美质,然后可加文饰。曰:"礼后乎?"子曰:"起予者商也!始可与言诗已矣。"礼必以忠信为质,犹绘事必以粉素为先。起,犹发也。起予,言能起发我之志意。谢氏曰:"子贡因论学而知诗,子夏因论诗而知学,故皆可与言诗。"○杨氏曰:"'甘受和,白受采,忠信之人,可以学礼。苟无其质,礼不虚行。'此'绘事后素'之说也。孔子曰'绘事后素',而子夏曰'礼后乎',可谓能继其志矣。非得之言意之表者能之乎?商、赐可与言诗者以此。若夫玩心于章句之末,则其为诗也固而已矣。所谓起予,则亦相长之义也。"

子曰:"夏礼吾能言之,杞不足征也;殷礼吾能言之,宋不足征也。文献不足故也,足则吾能征之矣。"杞,夏之后。宋,殷之后。征,证也。文,典籍也。献,贤也。言二代之礼,我能言之,而二国不足取以为证,以其文献不足故也。文献若足,则我能取之,以证君言矣。

子曰:"禘自既灌而往者,吾不欲观之矣。"禘,大计反。○赵伯循曰:"禘,王者之大祭也。王者既立始祖之庙,又推始祖所自出之帝,祀之于始祖之庙,而以始祖配之。成王以周公有大勋劳,赐鲁重祭。故得禘于周公之庙,以文王为所出之帝,而周公配之,然非礼矣。"灌者,方祭之始,用郁鬯之酒灌地,以降神也。鲁之君臣,当此之时,诚意未散,犹有可观,自此以后,则浸以懈怠而无足观矣。盖鲁祭非礼,孔子本不欲观,至此而失礼之中又失礼焉,故发此叹也。○谢氏曰:"夫子尝曰:'我欲观夏道,是故之杞,而不足征也;我欲观殷道,是故之宋,而不足征也。'又曰:'我观周道,幽、厉伤之,吾舍鲁何适矣。鲁之郊禘非礼也,周公其衰矣!'考之杞、宋已如彼,考之当今又如此,孔子所以深叹也。"

或问禘之说。子曰:"不知也。知其说者之于天下也,其如示诸斯乎!"指其掌。先王报本追远之意,莫深于禘。非仁孝诚敬之至,不足以与此,非或人之所及也。而不王不禘之法,又鲁之所当讳者,故以不知答之。示,与视同。指其掌,弟子记夫子言此而自指其掌,言其明且易也。盖知禘之说,则理无不明,诚无不格,而治天下不难矣。圣人于此,岂真有所不知也哉?

祭如在,祭神如神在。程子曰:"祭,祭先祖也。祭神,祭外神也。祭先主于孝,祭神主于敬。"愚谓此门人记孔子祭祀之诚意。子曰:"吾不与祭,如不祭。"与,去声。○又记孔子之言以明之。言己当祭之时,或有故不得与,而使他人摄之,则不得致其如在之诚。故虽已祭,而此心缺然,如未尝祭也。○范氏曰:"君子之祭,七日戒,三日齐,必见所祭者,诚之至也。是故郊则天神格,庙则人鬼享,皆由己以致之也。有其诚则有其神,无其诚则无其神,可不谨乎?吾不与祭如不祭,诚为实,礼为虚也。"

王孙贾问曰:"与其媚于奥,宁媚于灶,何谓也?"王孙贾,卫大夫。媚,亲顺也。室西南隅为奥。灶者,五祀之一,夏所祭也。凡祭五祀,皆先设主而祭于其所,然后迎尸而祭于奥,略如祭宗庙之仪。如祀灶,则设主于灶陉,祭毕,而更设馔于奥以迎尸也。故时俗之语,因以奥有常尊,而非祭之主;灶虽卑贱,而当时用事。喻自结于君,不如阿附权臣也。贾,卫之权臣,故以此讽孔子。子曰:"不然,获罪于天,无所祷也。"天,即理也;其尊无对,非奥灶之可比也。逆理,则获罪于天矣,岂媚于奥灶所能祷而免乎?言但当顺理,非特不当媚灶,亦不可媚于奥也。○谢氏曰:"圣人之言,逊而不迫。使王孙贾而知此意,不为无益;使其不知,亦非所以取祸。"

子曰:"周监于二代,郁郁乎文哉!吾从周。"郁,于六反。○监,视也。二代,夏、商也。言其视二代之礼而损益之。郁郁,文盛貌。○尹氏曰:"三代之礼至周大备,夫子美其文而从之。"

子入大庙,每事问。或曰:"孰谓鄹人之子知礼乎?入大庙,每事问。"子闻之曰:"是礼也。"大,音泰。鄹,侧留反。○大庙,鲁周公庙。此盖孔子始仕之时,入而助祭也。鄹,鲁邑名。孔子父叔梁纥,尝为其邑大夫。孔子自少以知礼闻,故或人因此而讥之。孔子言是礼者,敬谨之至,乃所以为礼也。○尹氏曰:"礼者,敬而已矣。虽知亦问,谨之至也,其为敬莫大于此。谓之不知礼者,岂足以知孔子哉?"

子曰:"射不主皮,为力不同科,古之道也。"为,去声。○射不主皮,乡射礼文。为力不同科,孔子解礼之意如此也。皮,革也,布侯而栖革于其中以为的,所谓鹄也。科,等也。古者射以观德,但主于中,而不主于贯革,盖以人之力有强弱,不同等也。记曰:"武王克商,散军郊射,而贯革之射息。"正谓此也。周衰,礼废,列国兵争,复尚贯革,故孔子叹之。○杨氏曰:"中可以学而能,力不可以强而至。圣人言古之道,所以正今之失。"

子贡欲去告朔之饩羊。去,起吕反。告,古笃反。饩,许气反。○告朔之礼:古者天子常以季冬,颁来岁十二月之朔于诸侯,诸侯受而藏之祖庙。月朔,则以特羊告庙,请而行之。饩,生牲也。鲁自文公始不视朔,而有司犹供此羊,故子贡欲去之。子曰:"赐也,尔爱其羊,我爱其礼。"爱,犹惜也。子贡盖惜其无实而妄费。然礼虽废,羊存,犹得以识之而可复焉。若并去其羊,则此礼遂亡矣,孔子所以惜之。○杨氏曰:"告朔,诸侯所以禀命于君亲,礼之大者。鲁不视朔矣,然羊存则告朔之名未泯,而其实因可举。此夫子所以惜之也。"

子曰:"事君尽礼,人以为谄也。"黄氏曰:"孔子于事君之礼,非有所加也,如是而后尽尔。时人不能,反以为谄。故孔子言之,以明礼之当然也。"〇程子曰:"圣人事君尽礼,当时以为谄。若他人言之,必曰我事君尽礼,小人以为谄,而孔子之言止于如此。圣人道大德宏,此亦可见。"

定公问:"君使臣,臣事君,如之何?"孔子对曰:"君使臣以礼,臣事君以忠。"定公,鲁君,名宋。二者皆理之当然,各欲自尽而已。〇吕氏曰:"使臣不患其不忠,患礼之不至;事君不患其无礼,患忠之不足。"尹氏曰:"君臣以义合者也。故君使臣以礼,则臣事君以忠。"

子曰:"关雎,乐而不淫,哀而不伤。"乐,音洛。〇关雎,周南国风诗之首篇也。淫者,乐之过而失其正者也。伤者,哀之过而害于和者也。关雎之诗,言后妃之德,宜配君子。求之未得,则不能无寤寐反侧之忧;求而得之,则宜其有琴瑟钟鼓之乐。盖其忧虽深而不害于和,其乐虽盛而不失其正,故夫子称之如此。欲学者玩其辞,审其音,而有以识其性情之正也。

哀公问社于宰我。宰我对曰:"夏后氏以松,殷人以柏,周人以栗,曰使民战栗。"宰我,孔子弟子,名予。三代之社不同者,古者立社,各树其土之所宜木以为主也。战栗,恐惧貌。宰我又言周所以用栗之意如此。岂以古者戮人于社,故附会其说与?子闻之曰:"成事不说,遂事不谏,既往不咎。"遂事,谓事虽未成,而势不能已者。孔子以宰我所对,非立社之本意,又启时君杀伐之心,而其言已出,不可复救,故历言此以深责之,欲使谨其后也。〇尹氏曰:"古者各以所宜木名其社,非取义于木也。宰我不知而妄对,故夫子责之。"

子曰:"管仲之器小哉!"管仲,齐大夫,名夷吾,相桓公霸诸侯。器小,言其不知圣贤大学之道,故局量褊浅、规模卑狭,不能正身修德以致主于王道。或曰:"管仲俭乎?"曰:"管氏有三归,官事不摄,焉得俭?"

焉,于虔反。〇或人盖疑器小之为俭。三归,台名。事见说苑。摄,兼也。家臣不能具官,一人常兼数事。管仲不然,皆言其侈。"然则管仲知礼乎?"曰:"邦君树塞门,管氏亦树塞门;邦君为两君之好,有反坫,管氏亦有反坫。管氏而知礼,孰不知礼?"好,去声。坫,丁念反。〇或人又疑不俭为知礼。屏谓之树。塞,犹蔽也。设屏于门,以蔽内外也。好,谓好会。坫,在两楹之间,献酬饮毕,则反爵于其上。此皆诸侯之礼,而管仲僭之,不知礼也。〇愚谓孔子讥管仲之器小,其旨深矣。或人不知而疑其俭,故斥其奢以明其非俭。或又疑其知礼,故又斥其僭,以明其不知礼。盖虽不复明言小器之所以然,而其所以小者,于此亦可见矣。故程子曰:"奢而犯礼,其器之小可知。盖器大,则自知礼而无此失矣。"此言当深味也。苏氏曰:"自修身正家以及于国,则其本深,其及者远,是谓大器。扬雄所谓'大器犹规矩准绳',先自治而后治人者是也。管仲三归反坫,桓公内嬖六人,而霸天下,其本固已浅矣。管仲死,桓公薨,天下不复宗齐。"杨氏曰:"夫子大管仲之功而小其器。盖非王佐之才,虽能合诸侯、正天下,其器不足称也。道学不明,而王霸之略混为一途。故闻管仲之器小,则疑其为俭,以不俭告之,则又疑其知礼。盖世方以诡遇为功,而不知为之范,则不悟其小,宜矣。"

子语鲁大师乐。曰:"乐其可知也:始作,翕如也;从之,纯如也,皦如也,绎如也,以成。"语,去声。大,音泰。从,音纵。〇语,告也。大师,乐官名。时音乐废缺,故孔子教之。翕,合也。从,放也。纯,和也。皦,明也。绎,相续不绝也。成,乐之一终也。〇谢氏曰:"五音六律不具,不足以为乐。翕如,言其合也。五音合矣,清浊高下,如五味之相济而后和,故曰纯如。合而和矣,欲其无相夺伦,故曰皦如,然岂官自官而商自商乎?不相反而相连,如贯珠可也,故曰绎如也,以成。"

仪封人请见。曰:"君子之至于斯也,吾未尝不得见也。"从者见之。出曰:"二三子,何患于丧乎?天下之无道也久矣,天将以夫子为木铎。"请见、见之之见,贤遍反。从、丧,皆去声。〇仪,卫邑。封人,掌封疆之官,盖贤而隐于下位者也。君子,谓当时贤者。至此皆得见之,自言其平日不见绝于贤者,而求以自通也。见之,谓通使得见。丧,谓失位去国,礼曰"丧欲速贫"是也。木铎,金口木舌,施政教时所振,以警众者也。言乱极当治,天必将使夫子得位设教,不久失位也。封人一见夫子而遽以是称之,其所得于观感之间者深矣。或曰:"木铎所以徇于道路,言天使夫子失位,周流四方以行其教,如木铎之徇于道路也。"

子谓**韶**,"尽美矣,又尽善也"。谓**武**,"尽美矣,未尽善也"。**韶**,舜乐。**武**,武王乐。美者,声容之盛。善者,美之实也。**舜绍尧致治**,**武王伐纣救民**,其功一也,故其乐皆尽美。然**舜**之德,性之也,又以揖逊而有天下;**武王之德**,反之也,又以征诛而得天下,故其实有不同者。○程子曰:"**成汤放桀**,惟有惭德,**武王亦然**,故未尽善。**尧**、**舜**、**汤**、**武**,其揆一也。征伐非其所欲,所遇之时然尔。"

子曰:"居上不宽,为礼不敬,临丧不哀,吾何以观之哉?"居上主于爱人,故以宽为本。为礼以敬为本,临丧以哀为本。既无其本,则以何者而观其所行之得失哉?

里仁第四 凡二十六章。

子曰:"里仁为美。择不处仁,焉得知?"处,上声。焉,于虔反。知,去声。○里有仁厚之俗为美。择里而不居于是焉,则失其是非之本心,而不得为知矣。

子曰:"不仁者不可以久处约,不可以长处乐。仁者安仁,知者利仁。"乐,音洛。知,去声。○约,穷困也。利,犹贪也,盖深知笃好而必欲得之也。不仁之人,失其本心,久约必滥,久乐必淫。惟仁者则安其仁而无适不然,知者则利于仁而不易所守,盖虽深浅之不同,然皆非外物所能夺矣。○谢氏曰:"仁者心无内外远近精粗之间,非有所存而自不亡,非有所理而自不乱,如目视而耳听,手持而足行也。知者谓之有所见则可,谓之有所得则未可。有所存斯不亡,有所理斯不乱,未能无意也。安仁则一,利仁则二。安仁者,非颜、闵以上,去圣人为不远,不知此味也。诸子虽有卓越之才,谓之见道不惑则可,然未免于利之也。"

子曰:"唯仁者能好人,能恶人。"好、恶,皆去声。○唯之为言独也。盖无私心,然后好恶当于理,程子所谓"得其公正"是也。○游氏曰:"好善而恶恶,天下之同情,然人每失其正者,心有所系而不能自克也。惟仁者无私心,所以能好恶也。"

子曰:"苟志于仁矣,无恶也。"恶,如字。○苟,诚也。志者,心之所之也。其心诚在于仁,则必无为恶之事矣。○杨氏曰:"苟志于仁,未必无过举也,然而为恶则无矣。"

子曰:"富与贵是人之所欲也,不以其道得之,不处也;贫与贱是人之所恶也,不以其道得之,不去也。恶,去声。○不以其道得之,谓不当得而得之。然于富贵则不处,于贫贱则不去,君子之审富贵而安贫贱也如此。君子去仁,恶乎成名?恶,平声。○言君子所以为君子,以其仁也。若贪富贵而厌贫贱,则是自离其仁,而无君子之实矣,何所成其名乎?君子无终食之间违仁,造次必于是,颠沛必于是。"造,七到反。沛,音贝。○终食者,一饭之顷。造次,急遽苟且之时。颠沛,倾覆流离之际。盖君子之不去乎仁如此,不但富贵、贫贱、取舍之间而已也。○言君子为仁,自富贵、贫贱、取舍之间,以至于终食、造次、颠沛之顷,无时无处而不用其力也。然取舍之分明,然后存养之功密;存养之功密,则其取舍之分益明矣。

子曰:"我未见好仁者,恶不仁者。好仁者,无以尚之;恶不仁者,其为仁矣,不使不仁者加乎其身。好、恶,皆去声。○夫子自言未见好仁者、恶不仁者。盖好仁者真知仁之可好,故天下之物无以加之。恶不仁者真知不仁之可恶,故其所以为仁者,必能绝去不仁之事,而不使少有及于其身。此皆成德之事,故难得而见之也。有能一日用其力于仁矣乎?我未见力不足者。言好仁、恶不仁者,虽不可见,然或有人果能一旦奋然用力于仁,则我又未见其力有不足者。盖为仁在己,欲之则是,而志之所至,气必至焉。故仁虽难能,而至之亦易也。**盖有之矣,我未之见也。**"盖,疑辞。有之,谓有用力而力不足者。盖人之气质不同,故疑亦容或有此昏弱之甚,欲进而不能者,但我偶未之见耳。盖不敢终以为易,而又叹人之莫肯用力于仁也。〇此章言仁之成德,虽难其人,然学者苟能实用其力,则亦无不可至之理。但用力而不至者,今亦未见其人焉,此夫子所以反覆而叹惜之也。

子曰:"人之过也,各于其党。观过,斯知仁矣。"党,类也。程子曰:"人之过也,各于其类。君子常失于厚,小人常失于薄;君子过于爱,小人过于忍。"尹氏曰:"于此观之,则人之仁不仁可知矣。"〇吴氏曰:"后汉吴祐谓:'掾以亲故:受污辱之名,所谓观过知仁。'是也。"愚按:此亦但言人虽有过,犹可即此而知其厚薄,非谓必俟其有过,而后贤否可知也。

子曰:"朝闻道,夕死可矣。"道者,事物当然之理。苟得闻之,则生顺死安,无复遗恨矣。朝夕,所以甚言其时之近。〇程子曰:"言人不可以不知道,苟得闻道,虽死可也。"又曰:"皆实理也,人知而信者为难。死生亦大矣!非诚有所得,岂以夕死为可乎?"

子曰:"士志于道,而耻恶衣恶食者,未足与议也。"心欲求道,而以口体之奉不若人为耻,其识趣之卑陋甚矣,何足与议于道哉?〇程子曰:"志于道而心役乎外,何足与议也?"

子曰:"君子之于天下也,无适也,无莫也,义之与比。"適,丁历反。比,必二反。〇適,专主也。春秋传曰"吾谁適从"是也。莫,不肯也。比,从也。〇谢氏曰:"適,可也。莫,不可也。无可无不可,苟无道以主之,不几于猖狂自恣乎?此佛、老之学,所以自谓心无所住而能应变,而卒得罪于圣人也。圣人之学不然,于无可无不可之间,有义存焉。然则君子之心,果有所倚乎?"

子曰:"君子怀德,小人怀土;君子怀刑,小人怀惠。"怀,思念也。怀德,谓存其固有之善。怀土,谓溺其所处之安。怀刑,谓畏法。怀惠,谓贪利。君子小人趣向不同,公私之间而已。〇尹氏曰:"乐善恶不善,所以为君子;苟安务得,所以为小人。"

子曰:"放于利而行,多怨。"放,上声。○孔氏曰:"放,依也。多怨,谓多取怨。"○程子曰:"欲利于己,必害于人,故多怨。"

子曰:"能以礼让为国乎？何有？不能以礼让为国,如礼何？"让者,礼之实也。何有,言不难也。言有礼之实以为国,则何难之有,不然,则其礼文虽具,亦且无如之何矣,而况于为国乎？

子曰:"不患无位,患所以立;不患莫己知,求为可知也。"所以立,谓所以立乎其位者。可知[1],谓可以见知之实。○程子曰:"君子求其在己者而已矣。"

子曰:"参乎！吾道一以贯之。"曾子曰:"唯。"参,所金反。唯,上声。○参乎者,呼曾子之名而告之。贯,通也。唯者,应之速而无疑者也。圣人之心,浑然一理,而泛应曲当,用各不同。曾子于其用处,盖已随事精察而力行之,但未知其体之一尔。夫子知其真积力久,将有所得,是以呼而告之。曾子果能默契其指,即应之速而无疑也。子出。门人问曰:"何谓也？"曾子曰:"夫子之道,忠恕而已矣。"尽己之谓忠,推己之谓恕。而已矣者,竭尽而无余之辞也。夫子之一理浑然而泛应曲当,譬则天地之至诚无息,而万物各得其所也。自此之外,固无余法,而亦无待于推矣。曾子有见于此而难言之,故借学者尽己、推己之目以著明之,欲人之易晓也。盖至诚无息者,道之体也,万殊之所以一本也；万物各得其所者,道之用也,一本之所以万殊也。以此观之,一以贯之之实可见矣。或曰:"中心为忠,如心为恕。"于义亦通。○程子曰:"以己及物,仁也；推己及物,恕也,违道不远是也。忠恕一以贯之:忠者天道,恕者人道；忠者无妄,恕者所以行乎忠也；忠者体,恕者用,大本达道也。此与违道不远异者,动以天尔。"又曰:"'维天之命,於穆不已',忠也；'乾道变化,各正性命',恕也。"又曰:"圣人教人各因其才,吾道一以贯之,惟曾子为能达此,孔子所以告之也。曾子告门人曰'夫子之道,忠恕

---

[1] "知"原作"矣",据清仿宋大字本改。

而已矣',亦犹夫子之告曾子也。中庸所谓'忠恕违道不远',斯乃下学上达之义。"

子曰:"君子喻于义,小人喻于利。"喻,犹晓也。义者,天理之所宜。利者,人情之所欲。○程子曰:"君子之于义,犹小人之于利也。唯其深喻,是以笃好。"杨氏曰:"君子有舍生而取义者,以利言之,则人之所欲无甚于生,所恶无甚于死,孰肯舍生而取义哉?其所喻者义而已,不知利之为利故也,小人反是。"

子曰:"见贤思齐焉,见不贤而内自省也。"省,悉井反。○思齐者,冀己亦有是善;内自省者,恐己亦有是恶。○胡氏曰:"见人之善恶不同,而无不反诸身者,则不徒羡人而甘自弃,不徒责人而忘自责矣。"

子曰:"事父母几谏。见志不从,又敬不违,劳而不怨。"此章与内则之言相表里。几,微也。微谏,所谓"父母有过,下气怡色,柔声以谏"也。见志不从,又敬不违,所谓"谏若不入,起敬起孝,悦则复谏"也。劳而不怨,所谓"与其得罪于乡、党、州、闾,宁熟谏。父母怒不悦,而挞之流血,不敢疾怨,起敬起孝"也。

子曰:"父母在,不远游。游必有方。"远游,则去亲远而为日久,定省旷而音问疏;不惟己之思亲不置,亦恐亲之念我不忘也。游必有方,如己告云之东,即不敢更适西,欲亲必知己之所在而无忧,召己则必至而无失也。范氏曰:"子能以父母之心为心则孝矣。"

子曰:"三年无改于父之道,可谓孝矣。"胡氏曰:"已见首篇,此盖复出而逸其半也。"

子曰:"父母之年,不可不知也。一则以喜,一则以惧。"知,犹记忆也。常知父母之年,则既喜其寿,又惧其衰,而于爱日之诚,自有不能已者。

子曰:"古者言之不出,耻躬之不逮也。"言古者,以见今之不然。逮,及也。行不及言,可耻之甚。古者所以不出其言,为此故也。○范氏曰:"君子之于言也,不得已而后出之,非言之难,而行之难也。人惟其不行也,是以轻言之。言之如其所行,行之如其所言,则出诸其口必不易矣。"

子曰:"以约失之者鲜矣。"鲜,上声。○谢氏曰:"不侈然以自放之谓约。"尹氏曰:"凡事约则鲜失,非止谓俭约也。"

子曰:"君子欲讷于言而敏于行。"行,去声。○谢氏曰:"放言易,故欲讷;力行难,故欲敏。"○胡氏曰:"自吾道一贯至此十章,疑皆曾子门人所记也。"

子曰:"德不孤,必有邻。"邻,犹亲也。德不孤立,必以类应。故有德者,必有其类从之,如居之有邻也。

子游曰:"事君数,斯辱矣,朋友数,斯疏矣。"数,色角反。○程子曰:"数,烦数也。"胡氏曰:"事君,谏不行则当去;导友,善不纳则当止。至于烦渎,则言者轻,听者厌矣,是以求荣而反辱,求亲而反疏也。"范氏曰:"君臣朋友,皆以义合,故其事同也。"

论语集注卷三

四书章句集注

公冶长第五 此篇皆论古今人物贤否得失,盖格物穷理之一端也。凡二十七章。胡氏以为疑多子贡之徒所记云。

子谓公冶长,"可妻也。虽在缧绁之中,非其罪也"。以其子妻之。妻,去声,下同。缧,力追反。绁,息列反。○公冶长,孔子弟子。妻,为之妻也。缧,黑索也。绁,挛也。古者狱中以黑索拘挛罪人。长之为人无所考,而夫子称其可妻,其必有以取之矣。又言其人虽尝陷于缧绁之中,而非其罪,则固无害于可妻也。夫有罪无罪,在我而已,岂以自外至者为荣辱哉?子谓南容,"邦有道,不废;邦无道,免于刑戮"。以其兄之子妻之。南容,孔子弟子,居南宫。名绦,又名适。字子容,谥敬叔。孟懿子之兄也。不废,言必见用也。以其谨于言行,故能见用于治朝,免祸于乱世也。事又见第十一篇。○或曰:"公冶长之贤不及南容,故圣人以其子妻长,而以兄子妻容,盖厚于兄而薄于己也。"程子曰:"此以己之私心窥圣人也。凡人避嫌者,皆内不足也,圣人自至公,何避嫌之有?况嫁女必量其才而求配,尤不当有所避也。若孔子之事,则其年之长幼、时之先后皆不可知,惟以为避嫌则大不可。避嫌之事,贤者且不为,况圣人乎?"

子谓子贱,"君子哉若人! 鲁无君子者,斯焉取斯?"焉,于虔反。○子贱,孔子弟子,姓宓,名不齐。上斯斯此人,下斯斯此德。子贱盖能尊贤取友以成其德者。故夫子既叹其贤,而又言若鲁无君子,则此人何所取以成此德乎? 因以见鲁之多贤也。○苏氏曰:"称人之善,必本其父兄师友,厚之至也。"

子贡问曰:"赐也何如?"子曰:"女器也。"曰:"何器也?"曰:"瑚琏也。"女,音汝。瑚,音胡。琏,力展反。○器者,有用之成材。夏曰瑚,商曰琏,周曰簠簋,皆宗庙盛黍稷之器而饰以玉,器之贵重而华美者也。子贡见孔子以君子许子贱,故以己为问,而孔子告之以此。然则子贡虽未至于不器,其亦器之贵者欤?

或曰:"雍也仁而不佞。"雍,孔子弟子,姓冉,字仲弓。佞,口才也。仲弓为人重厚简默,而时人以佞为贤,故美其优于德,而病其短于才也。子曰:"焉用佞? 御人以口给,屡憎于人。不知其仁,焉用佞?"焉,于虔反。○御,当也,犹应答也。给,辨也。憎,恶也。言何用佞乎? 佞人所以应答人者,但以口取辨而无情实,徒多为人所憎恶尔。我虽未知仲弓之仁,然其不佞乃所以为贤,不足以为病也。再言焉用佞,所以深晓之。○或疑仲弓之贤而夫子不许其仁,何也? 曰:"仁道至大,非全体而不息者,不足以当之。如颜子亚圣,犹不能无违于三月之后;况仲弓虽贤,未及颜子,圣人固不得而轻许之也。"

子使漆雕开仕。对曰:"吾斯之未能信。"子说。说,音悦。○漆雕开,孔子弟子,字子若。斯,指此理而言。信,谓真知其如此,而无毫发之疑也。开自言未能如此,未可以治人,故夫子说其笃志。○程子曰:"漆雕开已见大意,故夫子说之。"又曰:"古人见道分明,故其言如此。"谢氏曰:"开之学无可考。然圣人使之仕,必其材可以仕矣。至于心术之微,则一毫不自得,不害其为未信。此圣人所不能知,而开自知之。其材可以仕,而其器不安于小成,他日所就,其可量乎? 夫子所以说之也。"

子曰："道不行,乘桴浮于海。从我者其由与?"子路闻之喜。子曰:"由也好勇过我,无所取材。"桴,音孚。从、好,并去声。与,平声。材,与裁同,古字借用。〇桴,筏也。程子曰:"浮海之叹,伤天下之无贤君也。子路勇于义,故谓其能从己,皆假设之言耳。子路以为实然,而喜夫子之与己,故夫子美其勇,而讥其不能裁度事理,以适于义也。"

孟武伯问:"子路仁乎?"子曰:"不知也。"子路之于仁,盖日月至焉者。或在或亡,不能必其有无,故以不知告之。又问。子曰:"由也,千乘之国,可使治其赋也,不知其仁也。"乘,去声。〇赋,兵也。古者以田赋出兵,故谓兵为赋,春秋传所谓"悉索敝赋"是也。言子路之才,可见者如此,仁则不能知也。"求也何如?"子曰:"求也,千室之邑,百乘之家,可使为之宰也,不知其仁也。"千室,大邑。百乘,卿大夫之家。宰,邑长家臣之通号。"赤也何如?"子曰:"赤也,束带立于朝,可使与宾客言也,不知其仁也。"朝,音潮。〇赤,孔子弟子,姓公西,字子华。

子谓子贡曰:"女与回也孰愈?"女,音汝,下同。〇愈,胜也。对曰:"赐也何敢望回。回也闻一以知十,赐也闻一以知二。"一,数之始。十,数之终。二者,一之对也。颜子明睿所照,即始而见终;子贡推测而知,因此而识彼。"无所不悦","告往知来",是其验矣。子曰:"弗如也!吾与女,弗如也。"与,许也。〇胡氏曰:"子贡方人,夫子既语以不暇,又问其与回孰愈,以观其自知之如何。闻一知十,上知之资,生知之亚也。闻一知二,中人以上之资,学而知之之才也。子贡平日以己方回,见其不可企及,故喻之如此。夫子以其自知之明,而又不难于自屈,故既然之,又重许之。此其所以终闻性与天道,不特闻一知二而已也。"

宰予昼寝。子曰:"朽木不可雕也,粪土之墙不可杇也,于予与何诛。"朽,许久反。杇,音污。与,平声,下同。〇昼寝,谓当昼而寐。朽,腐也。雕,刻画也。杇,镘也。言其志气昏惰,教无所施也。与,语辞。诛,责也。言不足责,乃所以深责之。子曰:"始吾于人也,听其言而信其行;今吾于人也,听其言而观其行。于予与改是。"行,去声。○宰予能言而行不逮,故孔子自言于予之事而改此失,亦以重警之也。胡氏曰:"'子曰'疑衍文,不然,则非一日之言也。"○范氏曰:"君子之于学,惟日孜孜,毙而后已,惟恐其不及也。宰予昼寝,自弃孰甚焉,故夫子责之。"胡氏曰:"宰予不能以志帅气,居然而倦。是宴安之气胜,儆戒之志惰也。古之圣贤未尝不以懈惰荒宁为惧,勤励不息自强,此孔子所以深责宰予也。听言观行,圣人不待是而后能,亦非缘此而尽疑学者。特因此立教,以警群弟子,使谨于言而敏于行耳。"

子曰:"吾未见刚者。"或对曰:"申枨。"子曰:"枨也欲,焉得刚?"焉,于虔反。○刚,坚强不屈之意,最人所难能者,故夫子叹其未见。申枨,弟子姓名。欲,多嗜欲也。多嗜欲,则不得为刚矣。○程子曰:"人有欲则无刚,刚则不屈于欲。"谢氏曰:"刚与欲正相反。能胜物之谓刚,故常伸于万物之上;为物掩之谓欲,故常屈于万物之下。自古有志者少,无志者多,宜夫子之未见也。枨之欲不可知,其为人得非悻悻自好者乎?故或者疑以为刚,然不知此其所以为欲尔。"

子贡曰:"我不欲人之加诸我也,吾亦欲无加诸人。"子曰:"赐也,非尔所及也。"子贡言我所不欲人加于我之事,我亦不欲以此加之于人。此仁者之事,不待勉强,故夫子以为非子贡所及。○程子曰:"我不欲人之加诸我,吾亦欲无加诸人,仁也;施诸己而不愿,亦勿施于人,恕也。恕则子贡或能勉之,仁则非所及矣。"愚谓无者自然而然,勿者禁止之谓,此所以为仁恕之别。

子贡曰:"夫子之文章,可得而闻也;夫子之言性与天道,不可得而闻也。"文章,德之见乎外者,威仪文辞皆是也。性者,人所受之天理;天道者,天理自然之本体,其实一理也。言夫子之文章,日见乎外,固学者所共闻;至于性与天道,则夫子罕言之,而学者有不得闻者。盖圣门教不躐等,子贡至是始得闻之,而叹其美也。○程子曰:"此子贡闻夫子之至论而叹美之言也。"

子路有闻,未之能行,唯恐有闻。前所闻者既未及行,故恐复有所闻而行之不给也。○范氏曰:"子路闻善,勇于必行,门人自以为弗及也,故著之。若子路,可谓能用其勇矣。"

子贡问曰:"孔文子何以谓之文也?"子曰:"敏而好学,不耻下问,是以谓之文也。"好,去声。○孔文子,卫大夫,名圉。凡人性敏者多不好学,位高者多耻下问。故谥法有以"勤学好问"为文者,盖亦人所难也。孔圉得谥为文,以此而已。○苏氏曰:"孔文子使太叔疾出其妻而妻之。疾通于初妻之娣,文子怒,将攻之。访于仲尼,仲尼不对,命驾而行。疾奔宋,文子使疾弟遗室孔姞。其为人如此而谥曰文,此子贡之所以疑而问也。孔子不没其善,言能如此,亦足以为文矣,非经天纬地之文也。"

子谓子产,"有君子之道四焉:其行己也恭,其事上也敬,其养民也惠,其使民也义"。子产,郑大夫公孙侨。恭,谦逊也。敬,谨恪也。惠,爱利也。使民义,如都鄙有章、上下有服、田有封洫、庐井有伍之类。○吴氏曰:"数其事而责之者,其所善者多也,臧文仲不仁者三、不知者三是也。数其事而称之者,犹有所未至也,子产有君子之道四焉是也。今或以一言盖一人、一事盖一时,皆非也。"

子曰:"晏平仲善与人交,久而敬之。"晏平仲,齐大夫,名婴。程子曰:"人交久则敬衰,久而能敬,所以为善。"

子曰:"臧文仲居蔡,山节藻棁,何如其知也?"棁,章悦反。知,去声。○臧文仲,鲁大夫臧孙氏,名辰。居,犹藏也。蔡,大龟也。节,柱头斗栱也。藻,水草名。棁,梁上短柱也。盖为藏龟之室,而刻山于节、画藻于棁也。当时以文仲为知,孔子言其不务民义,而谄渎鬼神如此,安得为知?春秋传所谓作虚器,即此事也。○张子曰:"山节藻棁为藏龟之室,祀爰居之义,同归于不知,宜矣。"

子张问曰:"令尹子文三仕为令尹,无喜色;三已之,无愠色。旧令尹之政,必以告新令尹。何如?"子曰:"忠矣。"曰:"仁矣乎?"曰:"未知,焉得仁?"知,如字。焉,于虔反。○令尹,官名,楚上卿执政者也。子文,姓鬭,名穀於菟。其为人也,喜怒不形,物我无间,知有其国而不知有其身,其忠盛矣,故子张疑其仁。然其所以三仕三已而告新令尹者,未知其皆出于天理而无人欲之私也,是以夫子但许其忠,而未许其仁也。"崔子弑齐君,陈文子有马十乘,弃而违之。至于他邦,则曰:'犹吾大夫崔子也。'违之。之一邦,则又曰:'犹吾大夫崔子也。'违之。何如?"子曰:"清矣。"曰:"仁矣乎?"曰:"未知,焉得仁?"乘,去声。○崔子,齐大夫,名杼。齐君,庄公,名光。陈文子,亦齐大夫,名须无。十乘,四十匹也。违,去也。文子洁身去乱,可谓清矣,然未知其心果见义理之当然,而能脱然无所累乎?抑不得已于利害之私,而犹未免于怨悔也。故夫子特许其清,而不许其仁。○愚闻之师曰:"当理而无私心,则仁矣。"今以是而观二子之事,虽其制行之高若不可及,然皆未有以见其必当于理,而真无私心也。子张未识仁体,而悦于苟难,遂以小者信其大者,夫子之不许也宜哉。读者于此,更以上章"不知其仁"、后篇"仁则吾不知"之语并与三仁夷、齐之事观之,则彼此交尽,而仁之为义可识矣。今以他书考之,子文之相楚,所谋者无非僭王猾夏之事。文子之仕齐,既失正君讨贼之义,又不数岁而复反于齐焉,则其不仁亦可见矣。

季文子三思而后行。子闻之,曰:"再,斯可矣。"三,去声。○季文子,鲁大夫,名行父。每事必三思而后行,若使晋而求遭丧之礼以行,亦其一事也。斯,语辞。程子曰:"为恶之人,未尝知有思,有思则为善矣。然至于再则已审,三则私意起而反惑矣,故夫子讥之。"○愚按:季文子虑事如此,可谓详审,而宜无过举矣。而宣公篡立,文子乃不能讨,反为之使齐而纳赂焉,岂非程子所谓私意起而反惑之验欤?是以君子务穷理而贵果断,不徒多思之为尚。

子曰:"宁武子邦有道则知,邦无道则愚。其知可及也,其愚不可及也。"知,去声。○宁武子,卫大夫,名俞。按春秋传,武子仕卫,当文公、成公之时。文公有道,而武子无事可见,此其知之可及也。成公无道,至于失国,而武子周旋其间,尽心竭力,不避艰险。凡其所处,皆智巧之士所深避而不肯为者,而能卒保其身以济其君,此其愚之不可及也。○程子曰:"邦无道能沉晦以免患,故曰不可及也。亦有不当愚者,比干是也。"

子在陈曰:"归与!归与!吾党之小子狂简,斐然成章,不知所以裁之。"与,平声。斐,音匪。○此孔子周流四方,道不行而思归之叹也。吾党小子,指门人之在鲁者。狂简,志大而略于事也。斐,文貌。成章,言其文理成就,有可观者。裁,割正也。夫子初心,欲行其道于天下,至是而知其终不用也。于是始欲成就后学,以传道于来世。又不得中行之士而思其次,以为狂士志意高远,犹或可与进于道也。但恐其过中失正,而或陷于异端耳,故欲归而裁之也。

子曰:"伯夷、叔齐不念旧恶,怨是用希。"伯夷、叔齐,孤竹君之二子。孟子称其"不立于恶人之朝,不与恶人言。与乡人立,其冠不正,望望然去之,若将浼焉"。其介如此,宜若无所容矣,然其所恶之人,能改即止,故人亦不甚怨之也。○程子曰:"不念旧恶,此清者之量。"又曰:"二子之心,非夫子孰能知之?"

子曰:"孰谓微生高直?或乞醯焉,乞诸其邻而与之。"醯,呼西反。○微生姓,高名,鲁人,素有直名者。醯,醋也。人来乞时,其家无有,故乞诸邻家以与之。夫子言此,讥其曲意殉物,掠美市恩,不得为直也。○程子曰:"微生高所枉虽小,害直为大。"范氏曰:"是曰是、非曰非、有谓有、无谓无,曰直。圣人观人于其一介之取予,而千驷万钟从可知焉。故以微事断之,所以教人不可不谨也。"

子曰:"巧言、令色、足恭,左丘明耻之,丘亦耻之。匿怨而友其人,左丘明耻之,丘亦耻之。"足,将树反。○足,过也。程子曰:"左丘明,古之闻人也。"谢氏曰:"二者之可耻,有甚于穿窬也。左丘明耻之,其所养可知矣。夫子自言'丘亦耻之',盖窃比老彭之意。又以深戒学者,使察乎此而立心以直也。"

颜渊、季路侍。子曰:"盍各言尔志?"盍,音合。○盍,何不也。

子路曰:"愿车马、衣轻裘,与朋友共。敝之而无憾。"衣,去声。○衣,服之也。裘,皮服。敝,坏也。憾,恨也。颜渊曰:"愿无伐善,无施劳。"伐,夸也。善,谓有能。施,亦张大之意。劳,谓有功,易曰"劳而不伐"是也。或曰:"劳,劳事也。劳事非己所欲,故亦不欲施之于人。"亦通。子路曰:"愿闻子之志。"子曰:"老者安之,朋友信之,少者怀之。"老者养之以安,朋友与之以信,少者怀之以恩。一说:安之,安我也;信之,信我也;怀之,怀我也。亦通。○程子曰:"夫子安仁,颜渊不违仁,子路求仁。"又曰:"子路、颜渊、孔子之志,皆与物共者也,但有小大之差尔。"又曰:"子路勇于义者,观其志,岂可以势利拘之哉?亚于浴沂者也。颜子不自私己,故无伐善;知同于人,故无施劳。其志可谓大矣,然未免出于有意也。至于夫子,则如天地之化工,付与万物而已不劳焉,此圣人之所为也。今夫羁靮以御马而不以制牛,人皆知羁靮之作在乎人,而不知羁靮之生由于马,圣人之化,亦犹是也。先观二子之言,后观圣人之言,分明天地气象。凡看论语,非但欲理会文字,须要识得圣贤气象。"

子曰:"已矣乎!吾未见能见其过而内自讼者也。"已矣乎者,恐其终不得见而叹之也。内自讼者,口不言而心自咎也。人有过而能自知者鲜矣,知过而能内自讼者为尤鲜。能内自讼,则其悔悟深切而能改必矣。夫子自恐终不得见而叹之,其警学者深矣。

子曰:"十室之邑,必有忠信如丘者焉,不如丘之好学也。"焉,如字,属上句。好,去声。○十室,小邑也。忠信如圣人,生质之美者也。夫子生知而未尝不好学,故言此以勉人。言美质易得,至道难闻,学之至则可以为圣人,不学则不免为乡人而已。可不勉哉?

雍也第六　凡二十八章。篇内第十四章以前,大意与前篇同。

子曰:"雍也可使南面。"南面者,人君听治之位。言仲弓宽洪简重,有人君之度也。仲弓问子桑伯子,子曰:"可也简。"子桑伯子,鲁人,胡氏以为疑即庄周所称子桑户者是也。仲弓以夫子许己南面,故问伯子如何。可者,仅可而有所未尽之辞。简者,不烦之谓[1]。仲弓曰:"居敬而行简,以临其民,不亦可乎? 居简而行简,无乃大简乎?"大,音泰。○言自处以敬,则中有主而自治严,如是而行简以临民,则事不烦而民不扰,所以为可。若先自处以简,则中无主而自治疏矣,而所行又简,岂不失之太简,而无法度之可守乎? 家语记伯子不衣冠而处,夫子讥其欲同人道于牛马。然则伯子盖太简者,而仲弓疑夫子之过许与? 子曰:"雍之言然。"仲弓盖未喻夫子可字之意,而其所言之理,有默契焉者,故夫子然之。○程子曰:"子桑伯子之简,虽可取而未尽善,故夫子云可也。仲弓因言内主于敬而简,则为要直;内存乎简而简,则为疏略,可谓得其旨矣。"又曰:"居敬则心中无物,故所行自简;居简则先有心于简,而多一简字矣,故曰太简。"

哀公问:"弟子孰为好学?"孔子对曰:"有颜回者好学,不迁怒,不贰过。不幸短命死矣! 今也则亡,未闻好学者也。"好,去声。亡,与无同。○迁,移也。贰,复也。怒于甲者,不移于乙;过于前者,不复于后。颜子克己之功至于如此,可谓真好学矣。短命者,颜子三十二而卒也。既云今也则亡,又言未闻好学者,盖深惜之,又以见真好学者之难得也。○程子曰:"颜子之怒,在物不在己,故不迁。有不善未尝不知,知之未尝复行,不贰过也。"又曰:"喜怒在事,则理之当喜怒者也,不在血气则不迁。若舜之诛四凶也,可怒在彼,己何与焉。如鉴之照物,妍媸在彼,随物应之而已,何迁之有?"又曰:"如颜子地位,岂有不善? 所谓不善,只是微有差失。才差失便能知之,才知之便更不萌作。"张子曰:"慊于己者,不使萌于再。"或曰:"诗、书六艺,七十子非不习而通也,而夫子独称颜子为好学。颜子之所好,果何学欤?"程子曰:"学以至乎圣人之道也。""学之道奈何?"曰:"天地储精,得五行之秀者为人。其本也真而静。其未发也五性具焉,曰仁、义、礼、智、信。形既生矣,

---

〔1〕 "谓"字,据文义及各本补。

外物触其形而动于中矣。其中动而七情出焉,曰喜、怒、哀、惧、爱、恶、欲。情既炽而益荡,其性凿矣。故觉者约其情使合于中,正其心,养其性而已。然必先明诸心,知所往,然后力行以求至焉。若颜子之非礼勿视、听、言、动,不迁怒贰过者,则其好之笃而学之得其道也。然其未至于圣人者,守之也,非化之也。假之以年,则不日而化矣。今人乃谓圣本生知,非学可至,而所以为学者,不过记诵文辞之间,其亦异乎颜子之学矣。"

子华使于齐,冉子为其母请粟。子曰:"与之釜。"请益。曰:"与之庾。"冉子与之粟五秉。使,为,并去声。○子华,公西赤也。使,为孔子使也。釜,六斗四升。庾,十六斗。秉,十六斛。子曰:"赤之适齐也,乘肥马,衣轻裘。吾闻之也,君子周急不继富。"衣,去声。○乘肥马、衣轻裘,言其富也。急,穷迫也。周者,补不足。继者,续有余。原思为之宰,与之粟九百,辞。原思,孔子弟子,名宪。孔子为鲁司寇时,以思为宰。粟,宰之禄也。九百不言其量,不可考。子曰:"毋!以与尔邻里乡党乎!"毋,禁止辞。五家为邻,二十五家为里,万二千五百家为乡,五百家为党。言常禄不当辞,有余自可推之以周贫乏,盖邻、里、乡、党有相周之义。○程子曰:"夫子之使子华,子华之为夫子使,义也。而冉子乃为之请,圣人宽容,不欲直拒人。故与之少,所以示不当与也。请益而与之亦少,所以示不当益也。求未达而自与之多,则已过矣,故夫子非之。盖赤苟至乏,则夫子必自周之,不待请矣。原思为宰,则有常禄。思辞其多,故又教以分诸邻里之贫者,盖亦莫非义也。"张子曰:"于斯二者,可见圣人之用财矣。"

子谓仲弓曰:"犁牛之子骍且角,虽欲勿用,山川其舍诸?"犁,利之反。骍,息营反。舍,上声。○犁,杂文。骍,赤色。周人尚赤,牲用骍。角,角周正,中牺牲也。用,用以祭也。山川,山川之神也。言人虽不用,神必不舍也。仲弓父贱而行恶,故夫子以此譬之。言父之恶,不能废其子之善,如仲弓之贤,自当见用于世也。然此论仲弓云尔,非与仲弓言也。○范氏曰:"以瞽瞍为父而有舜,以鲧为父而有禹。古之圣贤,不系于世类,尚矣。子能改父之过,变恶以为美,则可谓孝矣。"

子曰:"回也,其心三月不违仁,其余则日月至焉而已矣。"三月,言其久。仁者,心之德。心不违仁者,无私欲而有其德也。日月至焉者,或日一至焉,或月一至焉,能造其域而不能久也。○程子曰:"三月,天道小变之节,言其久也,过此则圣人矣。不违仁,只是无纤毫私欲。少有私欲,便是不仁。"尹氏曰:"此颜子于圣人未达一间者也,若圣人则浑然无间断矣。"张子曰:"始学之要,当知'三月不违'与'日月至焉'内外宾主之辨。使心意勉勉循循而不能已,过此几非在我者。"

季康子问:"仲由可使从政也与?"子曰:"由也果,于从政乎何有?"曰:"赐也,可使从政也与?"曰:"赐也达,于从政乎何有?"曰:"求也,可使从政也与?"曰:"求也艺,于从政乎何有?"与,平声。○从政,谓为大夫。果,有决断。达,通事理。艺,多才能。○程子曰:"季康子问三子之才可以从政乎?夫子答以各有所长。非惟三子,人各有所长。能取其长,皆可用也。"

季氏使闵子骞为费宰。闵子骞曰:"善为我辞焉。如有复我者,则吾必在汶上矣。"费,音秘。为,去声。汶,音问。○闵子骞,孔子弟子,名损。费,季氏邑。汶,水名,在齐南鲁北竟上。闵子不欲臣季氏,令使者善为己辞。言若再来召我,则当去之齐。○程子曰:"仲尼之门,能不仕大夫之家者,闵子、曾子数人而已。"谢氏曰:"学者能少知内外之分,皆可以乐道而忘人之势。况闵子得圣人为之依归,彼其视季氏不义之富贵不啻犬彘,又从而臣之,岂其心哉?在圣人则有不然者,盖居乱邦、见恶人,在圣人则可;自圣人以下,刚则必取祸,柔则必取辱。闵子岂不能早见而豫待之乎?如由也不得其死,求也为季氏附益,夫岂其本心哉?盖既无先见之知,又无克乱之才故也。然则闵子其贤乎?"

伯牛有疾,子问之,自牖执其手,曰:"亡之,命矣夫!斯人也而有斯疾也!斯人也而有斯疾也!"夫,音扶。○伯牛,孔子弟子,姓冉,名耕。有疾,先儒以为癞也。牖,南牖也。礼:病者居北牖下。君视之,则迁于南牖下,使君得以南面视己。时伯牛家以此礼尊孔子,孔子不敢当,故不入其室,而自牖执其手,盖与之永诀也。命,谓天命。言此人不应有此疾,而今乃有之,是乃天之所命也。然则非其能谨疾而有以致之,亦可见矣。○侯氏曰:"伯牛以德行称,亚于颜、闵。故其将死也,孔子尤痛惜之。"

子曰:"贤哉,回也!一箪食,一瓢饮,在陋巷。人不堪其忧,回也不改其乐。贤哉,回也!"食,音嗣。乐,音洛。○箪,竹器。食,饭也。瓢,瓠也。颜子之贫如此,而处之泰然,不以害其乐,故夫子再言"贤哉回也"以深叹美之。○程子曰:"颜子之乐,非乐箪瓢陋巷也,不以贫窭累其心而改其所乐也,故夫子称其贤。"又曰:"箪瓢陋巷非可乐,盖自有其乐尔。其字当玩味,自有深意。"又曰:"昔受学于周茂叔,每令寻仲尼、颜子乐处,所乐何事?"愚按:程子之言,引而不发,盖欲学者深思而自得之。今亦不敢妄为之说。学者但当从事于博文约礼之诲,以至于欲罢不能而竭其才,则庶乎有以得之矣。

冉求曰:"非不说子之道,力不足也。"子曰:"力不足者,中道而废。今女画。"说,音悦。女,音汝。○力不足者,欲进而不能。画者,能进而不欲。谓之画者,如画地以自限也。○胡氏曰:"夫子称颜回不改其乐,冉求闻之,故有是言。然使求说夫子之道,诚如口之说刍豢,则必将尽力以求之,何患力之不足哉?画而不进,则日退而已矣,此冉求之所以局于艺也。"

子谓子夏曰:"女为君子儒,无为小人儒。"儒,学者之称。程子曰:"君子儒为己,小人儒为人。"○谢氏曰:"君子小人之分,义与利之间而已。然所谓利者,岂必殖货财之谓?以私灭公,适己自便,凡可以害天理者皆利也。子夏文学虽有余,然意其远者大者或昧焉,故夫子语之以此。"

子游为武城宰。子曰:"女得人焉尔乎?"曰:"有澹台灭明者,行不由径。非公事,未尝至于偃之室也。"女,音汝。澹,徒甘反。○武城,鲁下邑。澹台姓,灭明名,字子羽。径,路之小而捷者。公事,如饮射读法之类。不由径,则动必以正,而无见小欲速之意可知。非公事不见邑宰,则其有以自守,而无枉己殉人之私可见矣。○杨氏曰:"为政以人才为先,故孔子以得人为问。如灭明者,观其二事之小,而其正大之情可见矣。后世有不由径者,人必以为迂;不至其室,人必以为简。非孔氏之徒,其孰能知而取之?"愚谓持身以灭明为法,则无苟贱之羞;取人以子游为法,则无邪媚之惑。

子曰:"孟之反不伐,奔而殿。将入门,策其马,曰:'非敢后也,马不进也。'"殿,去声。○孟之反,鲁大夫,名侧。胡氏曰:"反即庄周所称孟子反者是也。"伐,夸功也。奔,败走也。军后曰殿。策,鞭也。战败而还,以后为功。反奔而殿,故以此言自掩其功也。事在哀公十一年。○谢氏曰:"人能操无欲上人之心,则人欲日消、天理日明,而凡可以矜己夸人者,皆无足道矣。然不知学者欲上人之心无时而忘也,若孟之反,可以为法矣。"

子曰:"不有祝鮀之佞而有宋朝之美,难乎免于今之世矣!"鮀,徒河反。○祝,宗庙之官。鮀,卫大夫,字子鱼,有口才。朝,宋公子,有美色。言衰世好谀悦色,非此难免,盖伤之也。

子曰:"谁能出不由户?何莫由斯道也?"言人不能出不由户,何故乃不由此道邪?怪而叹之之辞。○洪氏曰:"人知出必由户,而不知行必由道。非道远人,人自远尔。"

子曰:"质胜文则野,文胜质则史。文质彬彬,然后君子。"野,野人,言鄙略也。史,掌文书,多闻习事,而诚或不足也。彬彬,犹班班,物相杂而适均之貌。言学者当损有余,补不足,至于成德,则不期然而然矣。○杨氏曰:"文质不可以相胜。然质之胜文,犹之甘可以受和,白可以受采也。文胜而至于灭质,则其本亡矣。虽有文,将安施乎?然则与其史也,宁野。"

子曰:"人之生也直,罔之生也幸而免。"程子曰:"生理本直。罔,不直也,而亦生者,幸而免尔。"

子曰:"知之者不如好之者,好之者不如乐之者。"好,去声。乐,音洛。○尹氏曰:"知之者,知有此道也。好之者,好而未得也。乐之者,有所得而乐之也。"○张敬夫曰:"譬之五谷,知者知其可食者也,好者食而嗜之者也,乐者嗜之而饱者也。知而不能好,则是知之未至也;好之而未及于乐,则是好之未至也。此古之学者所以自强而不息者欤?"

子曰:"中人以上,可以语上也;中人以下,不可以语上也。"以上之上,上声。语,去声。〇语,告也。言教人者,当随其高下而告语之,则其言易入而无躐等之弊也。〇张敬夫曰:"圣人之道,精粗虽无二致,但其施教,则必因其材而笃焉。盖中人以下之质,骤而语之太高,非惟不能以入,且将妄意躐等,而有不切于身之弊,亦终于下而已矣。故就其所及而语之,是乃所以使之切问近思,而渐进于高远也。"

樊迟问知。子曰:"务民之义,敬鬼神而远之,可谓知矣。"问仁。曰:"仁者先难而后获,可谓仁矣。"知、远,皆去声。〇民,亦人也。获,谓得也。专用力于人道之所宜,而不惑于鬼神之不可知,知者之事也。先其事之所难,而后其效之所得,仁者之心也。此必因樊迟之失而告之。〇程子曰:"人多信鬼神,惑也。而不信者又不能敬,能敬能远,可谓知矣。"又曰:"先难,克己也。以所难为先,而不计所获,仁也。"吕氏曰:"当务为急,不求所难知;力行所知,不惮所难为。"

子曰:"知者乐水,仁者乐山;知者动,仁者静;知者乐,仁者寿。"知,去声。乐,上二字并五教反,下一字音洛。〇乐,喜好也。知者达于事理而周流无滞,有似于水,故乐水;仁者安于义理而厚重不迁,有似于山,故乐山。动静以体言,乐寿以效言也。动而不括故乐,静而有常故寿。〇程子曰:"非体仁知之深者,不能如此形容之。"

子曰:"齐一变,至于鲁;鲁一变,至于道。"孔子之时,齐俗急功利,喜夸诈,乃霸政之余习。鲁则重礼教,崇信义,犹有先王之遗风焉,但人亡政息,不能无废坠尔。道,则先王之道也。言二国之政俗有美恶,故其变而之道有难易。〇程子曰:"夫子之时,齐强鲁弱,孰不以为齐胜鲁也,然鲁犹存周公之法制。齐由桓公之霸,为从简尚功之治,太公之遗法变易尽矣,故一变乃能至鲁。鲁则修举废坠而已,一变则至于先王之道也。"愚谓二国之俗,惟夫子为能变之而不得试。然因其言以考之,则其施为缓急之序,亦略可见矣。

子曰:"觚不觚,觚哉!觚哉!"觚,音孤。〇觚,棱也,或曰酒器,或曰木简,皆器之有棱者也。不觚者,盖当时失其制而不为棱也。觚哉觚哉,言不得为觚也。○程子曰:"觚而失其形制,则非觚也。举一器,而天下之物莫不皆然。故君而失其君之道,则为不君;臣而失其臣之职,则为虚位。"范氏曰:"人而不仁则非人,国而不治则不国矣。"

宰我问曰:"仁者,虽告之曰:'井有仁焉。'其从之也?"子曰:"何为其然也?君子可逝也,不可陷也;可欺也,不可罔也。"刘聘君曰,"有仁之仁当作人",今从之。从,谓随之于井而救之也。宰我信道不笃,而忧为仁之陷害,故有此问。逝,谓使之往救。陷,谓陷之于井。欺,谓诳之以理之所有。罔,谓昧之以理之所无。盖身在井上,乃可以救井中之人;若从之于井,则不复能救之矣。此理甚明,人所易晓,仁者虽切于救人而不私其身,然不应如此之愚也。

子曰:"君子博学于文,约之以礼,亦可以弗畔矣夫!"夫,音扶。○约,要也。畔,背也。君子学欲其博,故于文无不考;守欲其要,故其动必以礼。如此,则可以不背于道矣。○程子曰:"博学于文而不约之以礼,必至于汗漫。博学矣,又能守礼而由于规矩,则亦可以不畔道矣。"

子见南子,子路不说。夫子矢之曰:"予所否者,天厌之!天厌之!"说,音悦。否,方九反。○南子,卫灵公之夫人,有淫行。孔子至卫,南子请见,孔子辞谢,不得已而见之。盖古者仕于其国,有见其小君之礼。而子路以夫子见此淫乱之人为辱,故不悦。矢,誓也。所,誓辞也,如云"所不与崔、庆者"之类。否,谓不合于礼,不由其道也。厌,弃绝也。圣人道大德全,无可不可。其见恶人,固谓在我有可见之礼,则彼之不善,我何与焉。然此岂子路所能测哉?故重言以誓之,欲其姑信此而深思以得之也。

子曰:"中庸之为德也,其至矣乎!民鲜久矣。"鲜,上声。○中者,无过无不及之名也。庸,平常也。至,极也。鲜,少也。言民少此德,今已久矣。○程子曰:"不偏之谓中,不易之谓庸。中者天下之正道,庸者天下之定理。自世教衰,民不兴于行,少有此德久矣。"

子贡曰:"如有博施于民而能济众,何如?可谓仁乎?"子曰："**何事于仁，必也圣乎！尧、舜其犹病诸！**施，去声。〇博，广也。仁以理言，通乎上下。圣以地言，则造其极之名也。乎者，疑而未定之辞。病，心有所不足也。言此何止于仁，必也圣人能之乎！则虽尧、舜之圣，其心犹有所不足于此也。以是求仁，愈难而愈远矣。**夫仁者，己欲立而立人，己欲达而达人**。夫，音扶。〇以己及人，仁者之心也。于此观之，可以见天理之周流而无间矣。状仁之体，莫切于此。**能近取譬，可谓仁之方也已。**"譬，喻也。方，术也。近取诸身，以己所欲譬之他人，知其所欲亦犹是也。然后推其所欲以及于人，则恕之事而仁之术也。于此勉焉，则有以胜其人欲之私，而全其天理之公矣。〇程子曰："医书以手足痿痹为不仁，此言最善名状。仁者以天地万物为一体，莫非己也。认得为己，何所不至；若不属己，自与己不相干。如手足之不仁，气已不贯，皆不属己。故博施济众，乃圣人之功用。仁至难言，故止曰：'己欲立而立人，己欲达而达人。能近取譬，可谓仁之方也已。'欲令如是观仁，可以得仁之体。"又曰："论语言'尧、舜其犹病诸'者二。夫博施者，岂非圣人之所欲？然必五十乃衣帛，七十乃食肉。圣人之心，非不欲少者亦衣帛食肉也，顾其养有所不赡尔，此病其施之不博也。济众者，岂非圣人之所欲？然治不过九州。圣人非不欲四海之外亦兼济也，顾其治有所不及尔，此病其济之不众也。推此以求，修己以安百姓，则为病可知。苟以吾治已足，则便不是圣人。"吕氏曰："子贡有志于仁，徒事高远，未知其方。孔子教以于己取之，庶近而可入。是乃为仁之方，虽博施济众，亦由此进。"

论语集注卷四

述而第七
此篇多记圣人谦己诲人之辞及其容貌行事之实。凡三十七章。

子曰:"述而不作,信而好古,窃比于我老彭。"好,去声。○述,传旧而已。作,则创始也。故作非圣人不能,而述则贤者可及。窃比,尊之之辞。我,亲之之辞。老彭,商贤大夫,见大戴礼,盖信古而传述者也。孔子删诗、书,定礼、乐,赞周易,修春秋,皆传先王之旧,而未尝有所作也,故其自言如此。盖不惟不敢当作者之圣,而亦不敢显然自附于古之贤人,盖其德愈盛而心愈下,不自知其辞之谦也。然当是时,作者略备,夫子盖集群圣之大成而折衷之,其事虽述,而功则倍于作矣,此又不可不知也。

子曰:"默而识之,学而不厌,诲人不倦,何有于我哉?"识,音志,又如字。○识,记也。默识,谓不言而存诸心也。一说:识,知也,不言而心解也。前说近是。何有于我,言何者能有于我也。三者已非圣人之极至,而犹不敢当,则谦而又谦之辞也。

子曰:"德之不修,学之不讲,闻义不能徙,不善不能改,是吾忧也。"尹氏曰:"德必修而后成,学必讲而后明,见善能徙,改过不吝,此四者日新之要也。苟未能之,圣人犹忧,况学者乎?"

子之燕居,申申如也,夭夭如也。燕居,闲暇无事之时。杨氏曰:"申申,其容舒也。夭夭,其色愉也。"○程子曰:"此弟子善形容圣人处也,为申申字说不尽,故更著夭夭字。今人燕居之时,不怠惰放肆,必太严厉。严厉时著此四字不得,怠惰放肆时亦著此四字不得,惟圣人便自有中和之气。"

子曰:"甚矣吾衰也!久矣吾不复梦见周公。"复,扶又反。○孔子盛时,志欲行周公之道,故梦寐之间,如或见之。至其老而不能行也,则无复是心,而亦无复是梦矣,故因此而自叹其衰之甚也。○程子曰:"孔子盛时,寤寐常存行周公之道;及其老也,则志虑衰而不可以有为矣。盖存道者心,无老少之异;而行道者身,老则衰也。"

子曰:"志于道,志者,心之所之之谓。道,则人伦日用之间所当行者是也。知此而心必之焉,则所适者正,而无他歧之惑矣。据于德,据者,执守之意。德者,得也,得其道[1]于心而不失之谓也。得之于心而守之不失,则终始惟一,而有日新之功矣。依于仁,依者,不违之谓。仁,则私欲尽去而心德之全也。功夫至此而无终食之违,则存养之熟,无适而非天理之流行矣。游于艺。"游者,玩物适情之谓。艺,则礼乐之文,射、御、书、数之法,皆至理所寓,而日用之不可阙者也。朝夕游焉,以博其义理之趣,则应务有余,而心亦无所放矣。○此章言人之为学当如是也。盖学莫先于立志,志道,则心存于正而不他;据德,则道得于心而不失;依仁,则德性常用而物欲不行;游艺,则小物不遗而动息有养。学者于此,有以不失其先后之序、轻重之伦焉,则本末兼该,内外交养,日用之间,无少间隙,而涵泳从容,忽不自知其入于圣贤之域矣。

子曰:"自行束脩以上,吾未尝无诲焉。"脩,脯也。十脡为束。古者相见,必执贽以为礼,束脩其至薄者。盖人之有生,同具此理,故圣人之于

----

[1] "德者,得也,得其道",清仿宋大字本作"德则行道而有得"。吴英以为后者非朱熹定本之文,故不取,详本书附录四书章句集注定本辨。

人,无不欲其入于善,但不知来学,则无往教之礼,故苟以礼来,则无不有以教之也。

子曰:"不愤不启,不悱不发,举一隅不以三隅反,则不复也。"愤,房粉反。悱,芳匪反。复,扶又反。○愤者,心求通而未得之意。悱者,口欲言而未能之貌。启,谓开其意。发,谓达其辞。物之有四隅者,举一可知其三。反者,还以相证之义。复,再告也。上章已言圣人诲人不倦之意,因并记此,欲学者勉于用力,以为受教之地也。○程子曰:"愤悱,诚意之见于色辞者也。待其诚至而后告之。既告之,又必待其自得,乃复告尔。"又曰:"不待愤悱而发,则知之不能坚固;待其愤悱而后发,则沛然矣。"

子食于有丧者之侧,未尝饱也。临丧哀,不能甘也。子于是日哭,则不歌。哭,谓吊哭。日之内,余哀未忘,自不能歌也。○谢氏曰:"学者于此二者,可见圣人情性之正也。能识圣人之情性,然后可以学道。"

子谓颜渊曰:"用之则行,舍之则藏,唯我与尔有是夫!"舍,上声。夫,音扶。○尹氏曰:"用舍无与于己,行藏安于所遇,命不足道也。颜子几于圣人,故亦能之。"子路曰:"子行三军,则谁与?"万二千五百人为军,大国三军。子路见孔子独美颜渊,自负其勇,意夫子若行三军,必与己同。子曰:"暴虎冯河,死而无悔者,吾不与也。必也临事而惧,好谋而成者也。"冯,皮冰反。好,去声。○暴虎,徒搏。冯河,徒涉。惧,谓敬其事。成,谓成其谋。言此皆以抑其勇而教之,然行师之要实不外此,子路盖不知也。○谢氏曰:"圣人于行藏之间,无意无必。其行非贪位,其藏非独善也。若有欲心,则不用而求行,舍之而不藏矣,是以惟颜子为可以与于此。子路虽非有欲心者,然未能无固必也,至以行三军为问,则其论益卑矣。夫子之言,盖因其失而救之。夫不谋无成,不惧必败,小事尚然,而况于行三军乎?"

子曰:"富而可求也,虽执鞭之士,吾亦为之。如不可求,从吾所好。"好,去声。○执鞭,贱者之事。设言富若可求,则虽身为贱役以求之,亦所不辞。然有命焉,非求之可得也,则安于义理而已矣,何必徒取辱哉?○苏氏曰:"圣人未尝有意于求富也,岂问其可不可哉?为此语者,特以明其决不可求尔。"杨氏曰:"君子非恶富贵而不求,以其在天,无可求之道也。"

子之所慎:齐,战,疾。 齐,侧皆反。○齐之为言齐也,将祭而齐其思虑之不齐者,以交于神明也。诚之至与不至,神之飨与不飨,皆决于此。战则众之死生、国之存亡系焉,疾又吾身之所以死生存亡者,皆不可以不谨也。○尹氏曰:"夫子无所不谨,弟子记其大者耳。"

子在齐闻韶,三月不知肉味。曰:"不图为乐之至于斯也!" 史记三月上有"学之"二字。不知肉味,盖心一于是而不及乎他也。曰:不意舜之作乐至于如此之美,则有以极其情文之备,而不觉其叹息之深也,盖非圣人不足以及此。○范氏曰:"韶尽美又尽善,乐之无以加此也。故学之三月,不知肉味,而叹美之如此。诚之至,感之深也。"

冉有曰:"夫子为卫君乎?"子贡曰:"诺。吾将问之。" 为,去声。○为,犹助也。卫君,出公辄也。灵公逐其世子蒯聩。公薨,而国人立蒯聩之子辄。于是晋纳蒯聩而辄拒之。时孔子居卫,卫人以蒯聩得罪于父,而辄嫡孙当立,故冉有疑而问之。诺,应辞也。**入,曰:"伯夷、叔齐何人也?"曰:"古之贤人也。"曰:"怨乎?"曰:"求仁而得仁,又何怨。"出,曰:"夫子不为也。"** 伯夷、叔齐,孤竹君之二子。其父将死,遗命立叔齐。父卒,叔齐逊伯夷。伯夷曰"父命也",遂逃去。叔齐亦不立而逃之,国人立其中子。其后武王伐纣,夷、齐扣马而谏。武王灭商,夷、齐耻食周粟,去隐于首阳山,遂饿而死。怨,犹悔也。君子居是邦,不非其大夫,况其君乎?故子贡不斥卫君,而以夷、齐为问。夫子告之如此,则其不为卫君可知矣。盖伯夷以父命为尊,叔齐以天伦为重。其逊国也,皆求所以合乎天理之正,而即乎人心之安。既而各得其志焉,则视弃其国犹敝蹝尔,何怨之有?若卫辄之据国拒父而惟恐失之,其不可同年而语明矣。○程子曰:"伯夷、叔齐逊国而逃,谏伐而饿,终无怨悔,夫子以为贤,故知其不与辄也。"

子曰:"饭疏食饮水,曲肱而枕之,乐亦在其中矣。不义而

富且贵,于我如浮云。"饭,符晚反。食,音嗣。枕,去声。乐,音洛。○饭,食之也。疏食,粗饭也。圣人之心,浑然天理,虽处困极,而乐亦无不在焉。其视不义之富贵,如浮云之无有,漠然无所动于其中也。○程子曰:"非乐疏食饮水也,虽疏食饮水,不能改其乐也。不义之富贵,视之轻如浮云然。"又曰:"须知所乐者何事。"

子曰:"加我数年,五十以学易,可以无大过矣。"刘聘君见元城刘忠定公自言尝读他论,"加"作假,"五十"作卒。盖加、假声相近而误读,卒与五十字相似而误分也。愚按:此章之言,史记作"假我数年,若是我于易则彬彬矣"。加正作假,而无五十字。盖是时,孔子年已几七十矣,五十字误无疑也。学易,则明乎吉凶消长之理,进退存亡之道,故可以无大过。盖圣人深见易道之无穷,而言此以教人,使知其不可不学,而又不可以易而学也。

子所雅言,诗、书、执礼,皆雅言也。雅,常也。执,守也。诗以理情性,书以道政事,礼以谨节文,皆切于日用之实,故常言之。礼独言执者,以人所执守而言,非徒诵说而已也。○程子曰:"孔子雅素之言,止于如此。若性与天道,则有不可得而闻者,要在默而识之也。"谢氏曰:"此因学易之语而类记之。"

叶公问孔子于子路,子路不对。叶,舒涉反。○叶公,楚叶县尹沈诸梁,字子高,僭称公也。叶公不知孔子,必有非所问而问者,故子路不对。抑亦以圣人之德,实有未易名言者与?子曰:"女奚不曰,其为人也,发愤忘食,乐以忘忧,不知老之将至云尔。"未得,则发愤而忘食;已得,则乐之而忘忧。以是二者俛焉日有孳孳,而不知年数之不足,但自言其好学之笃耳。然深味之,则见其全体至极,纯亦不已之妙,有非圣人不能及者。盖凡夫子之自言类如此,学者宜致思焉。

子曰:"我非生而知之者,好古,敏以求之者也。"好,去声。○生而知之者,气质清明,义理昭著,不待学而知也。敏,速也,谓汲汲也。○尹氏曰:"孔子以生知之圣,每云好学者,非惟勉人也,盖生而可知者义理尔,若夫礼乐名物,古今事变,亦必待学而后有以验其实也。"

子不语怪、力、乱、神。怪异、勇力、悖乱之事,非理之正,固圣人所不语。鬼神,造化之迹,虽非不正,然非穷理之至,有未易明者,故亦不轻以语人也。○谢氏曰:"圣人语常而不语怪,语德而不语力,语治而不语乱,语人而不语神。"

子曰:"三人行,必有我师焉。择其善者而从之,其不善者而改之。"三人同行,其一我也。彼二人者,一善一恶,则我从其善而改其恶焉,是二人者皆我师也。○尹氏曰:"见贤思齐,见不贤而内自省,则善恶皆我之师,进善其有穷乎?"

子曰:"天生德于予,桓魋其如予何?"魋,徒雷反。○桓魋,宋司马向魋也。出于桓公,故又称桓氏。魋欲害孔子,孔子言天既赋我以如是之德,则桓魋其奈我何?言必不能违天害己。

子曰:"二三子以我为隐乎?吾无隐乎尔。吾无行而不与二三子者,是丘也。"诸弟子以夫子之道高深不可几及,故疑其有隐,而不知圣人作、止、语、默无非教也,故夫子以此言晓之。与,犹示也。○程子曰:"圣人之道犹天然,门弟子亲炙而冀及之,然后知其高且远也。使诚以为不可及,则趋向之心不几于息乎?故圣人之教,常俯而就之如此,非独使资质庸下者勉思企及,而才气高迈者亦不敢躐易而进也。"吕氏曰:"圣人体道无隐,与天象昭然,莫非至教。常以示人,而人自不察。"

子以四教:文,行,忠,信。行,去声。○程子曰:"教人以学文修行而存忠信也。忠信,本也。"

子曰:"圣人,吾不得而见之矣;得见君子者,斯可矣。"圣人,神明不测之号。君子,才德出众之名。子曰:"善人,吾不得而见之矣;得见有恒者,斯可矣。恒,胡登反。○"子曰"字疑衍文。恒,常久之意。张子曰:"有恒者,不贰其心。善人者,志于仁而无恶。"亡而为有,虚而为盈,约而为泰,难乎有恒矣。"亡,读为无。○三者皆虚夸之事,凡若此者,必不能守其常也。○张敬夫曰:"圣人、君子以学言,善人、有恒者以质言。"愚谓有恒者之与圣人,高下固悬绝矣,然未有不自有恒而能至于圣者也。

故章末申言有恒之义,其示人入德之门,可谓深切而著明矣。

子钓而不纲,弋不射宿。 射,食亦反。○纲,以大绳属网,绝流而渔者也。弋,以生丝系矢而射也。宿,宿鸟。○洪氏曰:"孔子少贫贱,为养与祭,或不得已而钓弋,如猎较是也。然尽物取之,出其不意,亦不为也。此可见仁人之本心矣。待物如此,待人可知;小者如此,大者可知。"

子曰:"盖有不知而作之者,我无是也。多闻,择其善者而从之,多见而识之,知之次也。" 识,音志。○不知而作,不知其理而妄作也。孔子自言未尝妄作,盖亦谦辞,然亦可见其无所不知也。识,记也。所从不可不择,记则善恶皆当存之,以备参考。如此者虽未能实知其理,亦可以次于知之者也。

互乡难与言,童子见,门人惑。 见,贤遍反。○互乡,乡名。其人习于不善,难与言善。惑者,疑夫子不当见之也。**子曰:"与其进也,不与其退也,唯何甚!人洁己以进,与其洁也,不保其往也。"** 疑此章有错简。"人洁"至"往也"十四字,当在"与其进也"之前。洁,修治也。与,许也。往,前日也。言人洁己而来,但许其能自洁耳,固不能保其前日所为之善恶也;但许其进而来见耳,非许其既退而为不善也。盖不追其既往,不逆其将来,以是心至,斯受之耳。唯字上下,疑又有阙文,大抵亦不为已甚之意。○程子曰:"圣人待物之洪如此。"

子曰:"仁远乎哉?我欲仁,斯仁至矣。" 仁者,心之德,非在外也。放而不求,故有以为远者;反而求之,则即此而在矣,夫岂远哉?○程子曰:"为仁由己,欲之则至,何远之有?"

陈司败问昭公知礼乎?孔子曰:"知礼。" 陈,国名。司败,官名,即司寇也。昭公,鲁君,名裯。习于威仪之节,当时以为知礼。故司败以为问,而孔子答之如此。**孔子退,揖巫马期而进之,曰:"吾闻君子不党,君子亦党乎?君取于吴为同姓,谓之吴孟子。君而知礼,孰不知礼?"** 取,七住反。○巫马姓,期字,孔子弟子,名施。司败揖而进之也。

相助匿非曰党。礼不娶同姓,而鲁与吴皆姬姓。谓之吴孟子者,讳之使若宋女子姓者然。<u>巫马期</u>以告。子曰:"<u>丘</u>也幸,苟有过,人必知之。"<u>孔子</u>不可自谓讳君之恶,又不可以娶同姓为知礼,故受以为过而不辞。○吴氏曰:"<u>鲁</u>盖夫子父母之国,<u>昭公</u>,鲁之先君也。司败又未尝显言其事,而遽以知礼为问,其对之宜如此也。及司败以为有党,而夫子受以为过,盖夫子之盛德,无所不可也。然其受以为过也,亦不正言其所以过,初若不知<u>孟子</u>之事者,可以为万世之法矣。"

子与人歌而善,必使反之,而后和之。和,去声。○反,复也。必使复歌者,欲得其详而取其善也。而后和之者,喜得其详而与其善也。此见圣人气象从容,诚意恳至,而其谦逊审密,不掩人善又如此。盖一事之微,而众善之集,有不可胜既者焉,读者宜详味之。

子曰:"文,莫吾犹人也。躬行君子,则吾未之有得。"莫,疑辞。犹人,言不能过人,而尚可以及人。未之有得,则全未有得,皆自谦之辞。而足以见言行之难易缓急,欲人之勉其实也。○谢氏曰:"文虽圣人无不与人同,故不逊;能躬行君子,斯可以入圣,故不居;犹言君子道者三,我无能焉。"

子曰:"若圣与仁,则吾岂敢?抑为之不厌,诲人不倦,则可谓云尔已矣。"<u>公西华</u>曰:"正唯弟子不能学也。"此亦夫子之谦辞也。圣者,大而化之。仁,则心德之全而人道之备也。为之,谓为仁圣之道。诲人,亦谓以此教人也。然不厌不倦,非己有之则不能,所以弟子不能学也。○晁氏曰:"当时有称夫子圣且仁者,以故夫子辞之。苟辞之而已焉,则无以进天下之材,率天下之善,将使圣与仁为虚器,而人终莫能至矣。故夫子虽不居仁圣,而必以为之不厌、诲人不倦自处也。"可谓云尔已矣者,无他之辞也。<u>公西华</u>仰而叹之,其亦深知夫子之意矣。

子疾病,<u>子路</u>请祷。子曰:"有诸?"<u>子路</u>对曰:"有之。诔曰:'祷尔于上下神祇。'"子曰:"<u>丘</u>之祷久矣。"诔,力[1]轨反。

---

〔1〕"力"原作"九",据<u>清</u>仿<u>宋</u>大字本改。

○祷，谓祷于鬼神。有诸，问有此理否。诔者，哀死而述其行之辞也。上下，谓天地。天曰神，地曰祇。祷者，悔过迁善，以祈神之佑也。无其理则不必祷，既曰有之，则圣人未尝有过，无善可迁。其素行固已合于神明，故曰："丘之祷久矣。"又士丧礼，疾病行祷五祀，盖臣子迫切之至情，有不能自已者，初不请于病者而后祷也。故孔子之于子路，不直拒之，而但告以无所事祷之意。

子曰："奢则不孙，俭则固。与其不孙也，宁固。"孙，去声。○孙，顺也。固，陋也。奢俭俱失中，而奢之害大。○晁氏曰："不得已而救时之弊也。"

子曰："君子坦荡荡，小人长戚戚。"坦，平也。荡荡，宽广貌。程子曰："君子循理，故常舒泰；小人役于物，故多忧戚。"○程子曰："君子坦荡荡，心广体胖。"

子温而厉，威而不猛，恭而安。厉，严肃也。人之德性本无不备，而气质所赋，鲜有不偏，惟圣人全体浑然，阴阳合德，故其中和之气见于容貌之间者如此。门人熟察而详记之，亦可见其用心之密矣。抑非知足以知圣人而善言德行者不能也，故程子以为曾子之言。学者所宜反复而玩心也。

泰伯第八 凡二十一章。

子曰："泰伯，其可谓至德也已矣！三以天下让，民无得而称焉。"泰伯，周大王之长子。至德，谓德之至极，无以复加者也。三让，谓固逊也。无得而称，其逊隐微，无迹可见也。盖大王三子：长泰伯，次仲雍，次季历。大王之时，商道寖衰，而周日强大。季历又生子昌，有圣德。大王因有翦商之志，而泰伯不从，大王遂欲传位季历以及昌。泰伯知之，即与仲雍逃之荆蛮。于是大王乃立季历，传国至昌，而三分天下有其二，是为文王。文王崩，子发立，遂克商而有天下，是为武王。夫以泰伯之德，当商周之际，固足以朝诸侯有天下矣，乃弃不取而又泯其迹焉，则其德之至极为何如哉！盖其心即夷、齐扣马之心,而事之难处有甚焉者,宜夫子之叹息而赞美之也。泰伯不从,事见春秋传。

子曰:"恭而无礼则劳,慎而无礼则葸,勇而无礼则乱,直而无礼则绞。葸,丝里反。绞,古卯反。○葸,畏惧貌。绞,急切也。无礼则无节文,故有四者之弊。君子笃于亲,则民兴于仁;故旧不遗,则民不偷。"君子,谓在上之人也。兴,起也。偷,薄也。○张子曰:"人道知所先后,则恭不劳、慎不葸、勇不乱、直不绞,民化而德厚矣。"○吴氏曰:"君子以下,当自为一章,乃曾子之言也。"愚按:此一节与上文不相蒙,而与首篇慎终追远之意相类,吴说近是。

曾子有疾,召门弟子曰:"启予足!启予手!诗云:'战战兢兢,如临深渊,如履薄冰。'而今而后,吾知免夫!小子!"夫,音扶。○启,开也。曾子平日以为身体受于父母,不敢毁伤,故于此使弟子开其衾而视之。诗小旻之篇。战战,恐惧。兢兢,戒谨。临渊,恐坠;履冰,恐陷也。曾子以其所保之全示门人,而言其所以保之难如此;至于将死,而后知其得免于毁伤也。小子,门人也。语毕而又呼之,以致反复丁宁之意,其警之也深矣。○程子曰:"君子曰终,小人曰死。君子保其身以没,为终其事也,故曾子以全归为免矣。"尹氏曰:"父母全而生之,子全而归之。曾子临终而启手足,为是故也。非有得于道,能如是乎?"范氏曰:"身体犹不可亏也,况亏其行以辱其亲乎?"

曾子有疾,孟敬子问之。孟敬子,鲁大夫仲孙氏,名捷。问之者,问其疾也。曾子言曰:"鸟之将死,其鸣也哀;人之将死,其言也善。言,自言也。鸟畏死,故鸣哀。人穷反本,故言善。此曾子之谦辞,欲敬子知其所言之善而识之也。君子所贵乎道者三:动容貌,斯远暴慢矣;正颜色,斯近信矣;出辞气,斯远鄙倍矣。笾豆之事,则有司存。"远、近,并去声。○贵,犹重也。容貌,举一身而言。暴,粗厉也。慢,放肆也。信,实也。正颜色而近信,则非色庄也。辞,言语。气,声气也。鄙,凡陋也。

倍，与背同，谓背理也。笾，竹豆。豆，木豆。言道虽无所不在，然君子所重者，在此三事而已。是皆修身之要、为政之本，学者所当操存省察，而不可有造次颠沛之违者也。若夫笾豆之事，器数之末，道之全体固无不该，然其分则有司之守，而非君子之所重矣。○程子曰："动容貌，举一身而言也。周旋中礼，暴慢斯远矣。正颜色则不妄，斯近信矣。出辞气，正由中出，斯远鄙倍。三者正身而不外求，故曰笾豆之事则有司存。"尹氏曰："养于中则见于外，曾子盖以修己为为政之本。若乃器用事物之细，则有司存焉。"

曾子曰："以能问于不能，以多问于寡；有若无，实若虚，犯而不校，昔者吾友尝从事于斯矣。"校，计校也。友，马氏以为颜渊是也。颜子之心，惟知义理之无穷，不见物我之有间，故能如此。○谢氏曰："不知有余在己，不足在人；不必得为在己，失为在人，非几于无我者不能也。"

曾子曰："可以托六尺之孤，可以寄百里之命，临大节而不可夺也。君子人与？君子人也。"与，平声。○其才可以辅幼君、摄国政，其节至于死生之际而不可夺，可谓君子矣。与，疑辞。也，决辞。设为问答，所以深著其必然也。○程子曰："节操如是，可谓君子矣。"

曾子曰："士不可以不弘毅，任重而道远。弘，宽广也。毅，强忍也。非弘不能胜其重，非毅无以致其远。仁以为己任，不亦重乎？死而后已，不亦远乎？"仁者，人心之全德，而必欲以身体而力行之，可谓重矣。一息尚存，此志不容少懈，可谓远矣。○程子曰："弘而不毅，则无规矩而难立；毅而不弘，则隘陋而无以居之。"又曰："弘大刚毅，然后能胜重任而远到。"

子曰："兴于诗，兴，起也。诗本性情，有邪有正，其为言既易知，而吟咏之间，抑扬反覆，其感人又易入。故学者之初，所以兴起其好善恶恶之心，而不能自已者，必于此而得之。立于礼，礼以恭敬辞逊为本，而有节文度数之详，可以固人肌肤之会，筋骸之束。故学者之中，所以能卓然自立，而不为事物之所摇夺者，必于此而得之。成于乐。"乐有五声十二律，更唱迭和，以为歌舞八音之节，可以养人之性情，而荡涤其邪秽，消融其查滓。故学者之终，所以至于义精仁熟,而自和顺于道德者,必于此而得之,是学之成也。○按<u>内则</u>,十年学幼仪,十三学乐诵<u>诗</u>,二十而后学礼。则此三者,非小学传授之次,乃大学终身所得之难易、先后、浅深也。<u>程</u>子曰:"天下之英才不为少矣,特以道学不明,故不得有所成就。夫古人之诗,如今之歌曲,虽闾里童稚,皆习闻之而知其说,故能兴起。今虽老师宿儒,尚不能晓其义,况学者乎?是不得兴于<u>诗</u>也。古人自洒埽应对,以至冠、昏、丧、祭,莫不有礼。今皆废坏,是以人伦不明,治家无法,是不得立于礼也。古人之乐,声音所以养其耳,采色所以养其目,歌咏所以养其性情,舞蹈所以养其血脉。今皆无之,是不得成于乐也。是以古之成材也易,今之成材也难。"

子曰:"民可使由之,不可使知之。"民可使之由于是理之当然,而不能使之知其所以然也。○<u>程</u>子曰:"圣人设教,非不欲人家喻而户晓也,然不能使之知,但能使之由之尔。若曰圣人不使民知,则是后世朝四暮三之术也,岂圣人之心乎?"

子曰:"好勇疾贫,乱也。人而不仁,疾之已甚,乱也。"好,去声。○好勇而不安分,则必作乱。恶不仁之人而使之无所容,则必致乱。二者之心,善恶虽殊,然其生乱则一也。

子曰:"如有<u>周公</u>之才之美,使骄且吝,其余不足观也已。"才美,谓智能技艺之美。骄,矜夸。吝,鄙啬也。○<u>程</u>子曰:"此甚言骄吝之不可也。盖有<u>周公</u>之德,则自无骄吝;若但有<u>周公</u>之才而骄吝焉,亦不足观矣。"又曰:"骄,气盈。吝,气歉。"愚谓骄吝虽有盈歉之殊,然其势常相因。盖骄者吝之枝叶,吝者骄之本根。故尝验之天下之人,未有骄而不吝,吝而不骄者也。

子曰:"三年学,不至于榖,不易得也。"易,去声。○榖,禄也。至,疑当作志。为学之久,而不求禄,如此之人,不易得也。○<u>杨</u>氏曰:"虽<u>子张</u>之贤,犹以干禄为问,况其下者乎?然则三年学而不至于榖,宜不易得也。"

子曰:"笃信好学,守死善道。好,去声。○笃,厚而力也。不笃信,则不能好学;然笃信而不好学,则所信或非其正。不守死,则不能以善其道;然守死而不足以善其道,则亦徒死而已。盖守死者笃信之效,善道者好学之功。**危邦不入，乱邦不居。天下有道则见，无道则隐。**见，贤遍反。○君子见危授命，则仕危邦者无可去之义，在外则不入可也。乱邦未危，而刑政纪纲紊矣，故洁其身而去之。天下，举一世而言。无道，则隐其身而不见也。此惟笃信好学、守死善道者能之。**邦有道，贫且贱焉，耻也；邦无道，富且贵焉，耻也。**"世治而无可行之道，世乱而无能守之节，碌碌庸人，不足以为士矣，可耻之甚也。○晁氏曰："有学有守，而去就之义洁，出处之分明，然后为君子之全德也。"

子曰："**不在其位，不谋其政。**"程子曰："不在其位，则不任其事也，若君大夫问而告者则有矣。"

子曰："**师挚之始，关雎之乱，洋洋乎！盈耳哉。**"挚，音至。雎，七余反。○师挚，鲁乐师名挚也。乱，乐之卒章也。史记曰："关雎之乱以为风始。"洋洋，美盛意。孔子自卫反鲁而正乐，适师挚在官之初，故乐之美盛如此。

子曰："**狂而不直，侗而不愿，悾悾而不信，吾不知之矣。**"侗，音通。悾，音空。○侗，无知貌。愿，谨厚也。悾悾，无能貌。吾不知之者，甚绝之之辞，亦不屑之教诲也。○苏氏曰："天之生物，气质不齐。其中材以下，有是德则有是病。有是病必有是德，故马之蹄啮者必善走，其不善者必驯。有是病而无是德，则天下之弃才也。"

子曰："**学如不及，犹恐失之。**"言人之为学，既如有所不及矣，而其心犹竦然，惟恐其或失之，警学者当如是也。○程子曰："学如不及，犹恐失之，不得放过。才说姑待明日，便不可也。"

子曰："**巍巍乎！舜、禹之有天下也，而不与焉。**"与，去声。○巍巍，高大之貌。不与，犹言不相关，言其不以位为乐也。

子曰："**大哉尧之为君也！巍巍乎！唯天为大，唯尧则之。荡荡乎！民无能名焉。**"唯，犹独也。则，犹准也。荡荡，广远之称也。言物之高大莫有过于天者，而独尧之德能与之准。故其德之广远，亦如天之不可以言语形容也。巍巍乎！其有成功也；焕乎，其有文章！"成功，事业也。焕，光明之貌。文章，礼乐法度也。尧之德不可名，其可见者此尔。○尹氏曰："天道之大，无为而成。唯尧则之以治天下，故民无得而名焉。所可名者，其功业文章巍然焕然而已。"

舜有臣五人而天下治。治，去声。○五人，禹、稷、契、皋陶、伯益。武王曰："予有乱臣十人。"书泰誓之辞。马氏曰："乱，治也。"十人，谓周公旦、召公奭、太公望、毕公、荣公、太颠、闳夭、散宜生、南宫适，其一人谓文母。刘侍读以为子无臣母之义，盖邑姜也。九人治外，邑姜治内。或曰："乱本作𤔔，古治字也。"孔子曰："才难，不其然乎？唐、虞之际，于斯为盛。有妇人焉，九人而已。称孔子者，上系武王君臣之际，记者谨之。才难，盖古语，而孔子然之也。才者，德之用也。唐、虞，尧、舜有天下之号。际，交会之间。言周室人才之多，惟唐、虞之际，乃盛于此。降自夏、商，皆不能及，然犹但有此数人尔，是才之难得也。三分天下有其二，以服事殷。周之德，其可谓至德也已矣。"春秋传曰，"文王率商之畔国以事纣"，盖天下归文王者六州，荆、梁、雍、豫、徐、扬也。惟青、兖、冀，尚属纣耳。范氏曰："文王之德，足以代商。天与之，人归之，乃不取而服事焉，所以为至德也。孔子因武王之言而及文王之德，且与泰伯，皆以至德称之，其指微矣。"或曰："宜断三分以下，别以孔子曰起之，而自为一章。"

子曰："禹，吾无间然矣。菲饮食，而致孝乎鬼神；恶衣服，而致美乎黻冕；卑宫室，而尽力乎沟洫。禹，吾无间然矣。"间，去声。菲，音匪。黻，音弗。洫，呼域反。间，罅隙也，谓指其罅隙而非议之也。菲，薄也。致孝鬼神，谓享祀丰洁。衣服，常服。黻，蔽膝也，以韦为之。冕，冠也，皆祭服也。沟洫，田间水道，以正疆界、备旱潦者也。或丰或俭，各适其宜，所以无罅隙之可议也，故再言以深美之。○杨氏曰："薄于自奉，而所勤者民之事，所致饰者宗庙朝廷之礼，所谓有天下而不与也，夫何间然之有。"

论语集注卷五

子罕第九 凡三十章。

子罕言利与命与仁。罕,少也。程子曰:"计利则害义,命之理微,仁之道大,皆夫子所罕言也。"

达巷党人曰:"大哉孔子!博学而无所成名。"达巷,党名。其人姓名不传。博学无所成名,盖美其学之博而惜其不成一艺之名也。子闻之,谓门弟子曰:"吾何执?执御乎?执射乎?吾执御矣。"执,专执也。射御皆一艺,而御为人仆,所执尤卑。言欲使我何所执以成名乎?然则吾将执御矣。闻人誉己,承之以谦也。○尹氏曰:"圣人道全而德备,不可以偏长目之也。达巷党人见孔子之大,意其所学者博,而惜其不以一善得名于世,盖慕圣人而不知者也。故孔子曰,欲使我何所执而得为名乎?然则吾将执御矣。"

子曰:"麻冕,礼也;今也纯,俭。吾从众。麻冕,缁布冠也。纯,丝也。俭,谓省约。缁布冠,以三十升布为之,升八十缕,则其经二千四百缕矣。细密难成,不如用丝之省约。拜下,礼也;今拜乎上,泰也。虽违众,吾从下。"臣与君行礼,当拜于堂下。君辞之,乃升,成拜。泰,骄慢也。○程子曰:"君子处世,事之无害于义者,从俗可也;害于义,则不可从也。"

子绝四:毋意,毋必,毋固,毋我。绝,无之尽者。毋,史记作"无"是也。意,私意也。必,期必也。固,执滞也。我,私己也。四者相为终始,起于意,遂于必,留于固,而成于我也。盖意必常在事前,固我常在事后,至于我又生意,则物欲牵引,循环不穷矣。○程子曰:"此毋字,非禁止之辞。圣人绝此四者,何用禁止。"张子曰:"四者有一焉,则与天地不相似。"杨氏曰:"非知足以知圣人,详视而默识之,不足以记此。"

子畏于匡。畏者,有戒心之谓。匡,地名。史记云:"阳虎曾暴于匡,夫子貌似阳虎,故匡人围之。"曰:"文王既没,文不在兹乎?道之显者谓之文,盖礼乐制度之谓。不曰道而曰文,亦谦辞也。兹,此也,孔子自谓。天之将丧斯文也,后死者不得与于斯文也;天之未丧斯文也,匡人其如予何?"丧、与,皆去声。○马氏曰:"文王既没,故孔子自谓后死者。言天若欲丧此文,则必不使我得与于此文;今我既得与于此文,则是天未欲丧此文也。天既未欲丧此文,则匡人其奈我何?言必不能违天害己也。"

大宰问于子贡曰:"夫子圣者与?何其多能也?"大,音泰。与,平声。○孔氏曰:"大宰,官名。或吴或宋,未可知也。"与者,疑辞。大宰盖以多能为圣也。子贡曰:"固天纵之将圣,又多能也。"纵,犹肆也,言不为限量也。将,殆也,谦若不敢知之辞。圣无不通,多能乃其余事,故言又以兼之。子闻之,曰:"大宰知我乎!吾少也贱,故多能鄙事。君子多乎哉?不多也。"言由少贱故多能,而所能者鄙事尔,非以圣而无不通也。且多能非所以率人,故又言君子不必多能以晓之。牢曰:"子云,'吾不试,故艺'。"牢,孔子弟子,姓琴,字子开,一字子张。试,用也。言由不为世用,故得以习于艺而通之。○吴氏曰:"弟子记夫子此言之时,子牢因言昔之所闻有如此者。其意相近,故并记之。"

子曰:"吾有知乎哉?无知也。有鄙夫问于我,空空如也,我叩其两端而竭焉。"叩，音口。○孔子谦言己无知识，但其告人，虽于至愚，不敢不尽耳。叩，发动也。两端，犹言两头。言终始、本末、上下、精粗，无所不尽。○程子曰："圣人之教人，俯就之若此，犹恐众人以为高远而不亲也。圣人之道，必降而自卑，不如此则人不亲，贤人之言，则引而自高，不如此则道不尊。观于孔子、孟子，则可见矣。"尹氏曰："圣人之言，上下兼尽。即其近，众人皆可与知；极其至，则虽圣人亦无以加焉，是之谓两端。如答樊迟之问仁知，两端竭尽，无余蕴矣。若夫语上而遗下，语理而遗物，则岂圣人之言哉？"

子曰："凤鸟不至，河不出图，吾已矣夫！"夫，音扶。○凤，灵鸟，舜时来仪，文王时鸣于岐山。河图，河中龙马负图，伏羲时出，皆圣王之瑞也。已，止也。○张子曰："凤至图出，文明之祥。伏羲、舜、文之瑞不至，则夫子之文章，知其已矣。"

子见齐衰者、冕衣裳者与瞽者，见之，虽少必作；过之，必趋。齐，音咨。衰，七雷反。少，去声。○齐衰，丧服。冕，冠也。衣，上服。裳，下服。冕而衣裳，贵者之盛服也。瞽，无目者。作，起也。趋，疾行也。或曰："少，当作坐。"○范氏曰："圣人之心，哀有丧，尊有爵，矜不成人。其作与趋，盖有不期然而然者。"尹氏曰："此圣人之诚心，内外一者也。"

颜渊喟然叹曰："仰之弥高，钻之弥坚；瞻之在前，忽焉在后。喟，苦位反。钻，祖官反。○喟，叹声。仰弥高，不可及。钻弥坚，不可入。在前在后，恍惚不可为象。此颜渊深知夫子之道，无穷尽、无方体，而叹之也。夫子循循然善诱人，博我以文，约我以礼。循循，有次序貌。诱，引进也。博文约礼，教之序也。言夫子道虽高妙，而教人有序也。侯氏曰："博我以文，致知格物也。约我以礼，克己复礼也。"程子曰："此颜子称圣人最切当处，圣人教人，惟此二事而已。"欲罢不能，既竭吾才，如有所立卓尔。虽欲从之，末由也已。"卓，立貌。末，无也。此颜子自言其学之所至也。盖悦之深而力之尽，所见益亲，而又无所用其力也。吴氏曰："所谓卓尔，亦在乎日用行事之间，非所谓窈冥昏默者。"程子曰："到此地位，功夫尤难,直是峻绝,又大段著力不得。"杨氏曰:"自可欲之谓善,充而至于大,力行之积也。大而化之,则非力行所及矣,此颜子所以未达一间也。"○程子曰:"此颜子所以为深知孔子而善学之者也。"胡氏曰:"无上事而喟然叹,此颜子学既有得,故述其先难之故、后得之由,而归功于圣人也。高坚前后,语道体也。仰钻瞻忽,未领其要也。惟夫子循循善诱,先博我以文,使我知古今,达事变;然后约我以礼,使我尊所闻,行所知。如行者之赴家,食者之求饱,是以欲罢而不能,尽心尽力,不少休废。然后见夫子所立之卓然,虽欲从之,末由也已。是盖不怠所从,必欲至乎卓立之地也。抑斯叹也,其在请事斯语之后,三月不违之时乎?"

子疾病,子路使门人为臣。夫子时已去位,无家臣。子路欲以家臣治其丧,其意实尊圣人,而未知所以尊也。病间,曰:"久矣哉!由之行诈也,无臣而为有臣。吾谁欺?欺天乎?间,如字。○病间,少差也。病时不知,既差乃知其事,故言我之不当有家臣,人皆知之,不可欺也。而为有臣,则是欺天而已。人而欺天,莫大之罪。引以自归,其责子路深矣。且予与其死于臣之手也,无宁死于二三子之手乎?且予纵不得大葬,予死于道路乎?"无宁,宁也。大葬,谓君臣礼葬。死于道路,谓弃而不葬。又晓[1]之以不必然之故。○范氏曰:"曾子将死,起而易箦。曰:'吾得正而毙焉,斯已矣。'子路欲尊夫子,而不知无正之不可以为有臣,是以陷于行诈,罪至欺天。君子之于言动,虽微不可不谨。夫子深惩子路,所以警学者也。"杨氏曰:"非知至而意诚,则用智自私,不知行其所无事,往往自陷于行诈欺天而莫之知也。其子路之谓乎?"

子贡曰:"有美玉于斯,韫椟而藏诸?求善贾而沽诸?"子曰:"沽之哉!沽之哉!我待贾者也。"韫,纡粉反。椟,徒木反。贾,音嫁。○韫,藏也。椟,匮也。沽,卖也。子贡以孔子有道不仕,故设此二端以问也。孔子言固当卖之,但当待贾,而不当求之耳。○范氏曰:"君子未尝不

---

[1]"晓"原作"既",据清仿宋大字本改。

欲仕也,又恶不由其道。士之待礼,犹玉之待贾也。若伊尹之耕于野,伯夷、太公之居于海滨,世无成汤、文王,则终焉而已,必不枉道以从人,衒玉而求售也。"

子欲居九夷。东方之夷有九种。欲居之者,亦乘桴浮海之意。或曰:"陋,如之何!"子曰:"君子居之,何陋之有?"君子所居则化,何陋之有?

子曰:"吾自卫反鲁,然后乐正,雅、颂各得其所。"鲁哀公十一年冬,孔子自卫反鲁。是时周礼在鲁,然诗乐亦颇残阙失次。孔子周流四方,参互考订,以知其说。晚知道终不行,故归而正之。

子曰:"出则事公卿,入则事父兄,丧事不敢不勉,不为酒困,何有于我哉?"说见第七篇,然此则其事愈卑而意愈切矣。

子在川上,曰:"逝者如斯夫!不舍昼夜。"夫,音扶。舍,上声。〇天地之化,往者过,来者续,无一息之停,乃道体之本然也。然其可指而易见者,莫如川流。故于此发以示人,欲学者时时省察,而无毫发之间断也。〇程子曰:"此道体也。天运而不已,日往则月来,寒往则暑来,水流而不息,物生而不穷,皆与道为体,运乎昼夜,未尝已也。是以君子法之,自强不息。及其至也,纯亦不已焉。"又曰:"自汉以来,儒者皆不识此义。此见圣人之心,纯亦不已也。纯亦不已,乃天德也。有天德,便可语王道,其要只在谨独。"愚按:自此至篇终,皆勉人进学不已之辞。

子曰:"吾未见好德如好色者也。"好,去声。〇谢氏曰:"好好色,恶恶臭,诚也。好德如好色,斯诚好德矣,然民鲜能之。"〇史记:"孔子居卫,灵公与夫人同车,使孔子为次乘,招摇市过之。"孔子丑之,故有是言。

子曰:"譬如为山,未成一篑,止,吾止也;譬如平地,虽覆一篑,进,吾往也。"篑,求位反。覆,芳服反。〇篑,土笼也。书曰:"为山九仞,功亏一篑。"夫子之言,盖出于此。言山成而但少一篑,其止者,吾自止耳;平地而方覆一篑,其进者,吾自往耳。盖学者自强不息,则积少成多;中道而止,则前功尽弃。其止其往,皆在我而不在人也。

子曰:"语之而不惰者,其回也与!"语,去声。与,平声。○惰,懈怠也。范氏曰:"颜子闻夫子之言,而心解力行,造次颠沛未尝违之。如万物得时雨之润,发荣滋长,何有于惰,此群弟子所不及也。"

子谓颜渊,曰:"惜乎!吾见其进也,未见其止也。"进、止二字,说见上章。颜子既死而孔子惜之,言其方进而未已也。

子曰:"苗而不秀者有矣夫!秀而不实者有矣夫!"夫,音扶。○谷之始生曰苗,吐华曰秀,成谷曰实。盖学而不至于成,有如此者,是以君子贵自勉也。

子曰:"后生可畏,焉知来者之不如今也?四十、五十而无闻焉,斯亦不足畏也已。"焉知之焉,于虔反。○孔子言后生年富力强,足以积学而有待,其势可畏,安知其将来不如我之今日乎?然或不能自勉,至于老而无闻,则不足畏矣。言此以警人,使及时勉学也。曾子曰"五十而不以善闻,则不闻矣",盖述此意。○尹氏曰:"少而不勉,老而无闻,则亦已矣。自少而进者,安知其不至于极乎?是可畏也。"

子曰:"法语之言,能无从乎?改之为贵。巽与之言,能无说乎?绎之为贵。说而不绎,从而不改,吾末如之何也已矣。"法语者,正言之也。巽言者,婉而导之也。绎,寻其绪也。法言人所敬惮,故必从;然不改,则面从而已。巽言无所乖忤,故必说;然不绎,则又不足以知其微意之所在也。○杨氏曰:"法言,若孟子论行王政之类是也。巽言,若其论好货好色之类是也。语之而未达,拒之而不受,犹之可也。其或喻焉,则尚庶几其能改绎矣。从且说矣,而不改绎焉,则是终不改绎也已,虽圣人其如之何哉?"

子曰:"主忠信,毋友不如己者,过则勿惮改。"重出而逸其半。

子曰:"三军可夺帅也,匹夫不可夺志也。"侯氏曰:"三军之勇在人,匹夫之志在己。故帅可夺而志不可夺,如可夺,则亦不足谓之志矣。"

子曰:"衣敝缊袍,与衣狐貉者立,而不耻者,其由也与?衣,去声。缊,纡粉反。貉,胡各反。与,平声。○敝,坏也。缊,枲著也。袍,衣有著者也,盖衣之贱者。狐貉,以狐貉之皮为裘,衣之贵者。子路之志如此,则能不以贫富动其心,而可以进于道矣,故夫子称之。'不忮不求,何用不臧?'"忮,之豉反。○忮,害也。求,贪也。臧,善也。言能不忮不求,则何为不善乎?此卫风雄雉之诗,孔子引之,以美子路也。吕氏曰:"贫与富交,强者必忮,弱者必求。"子路终身诵之。子曰:"是道也,何足以臧?"终身诵之,则自喜其能,而不复求进于道矣,故夫子复言此以警之。○谢氏曰:"耻恶衣恶食,学者之大病。善心不存,盖由于此。子路之志如此,其过人远矣。然以众人而能此,则可以为善矣;子路之贤,宜不止此。而终身诵之,则非所以进于日新也,故激而进之。"

子曰:"岁寒,然后知松柏之后凋也。"范氏曰:"小人之在治世,或与君子无异。惟临利害、遇事变,然后君子之所守可见也。"○谢氏曰:"士穷见节义,世乱识忠臣。欲学者必周于德。"

子曰:"知者不惑,仁者不忧,勇者不惧。"明足以烛理,故不惑;理足以胜私,故不忧;气足以配道义,故不惧。此学之序也。

子曰:"可与共学,未可与适道;可与适道,未可与立;可与立,未可与权。"可与者,言其可与共为此事也。程子曰:"可与共学,知所以求之也。可与适道,知所往也。可与立者,笃志固执而不变也。权,称锤也,所以称物而知轻重者也。可与权,谓能权轻重,使合义也。"○杨氏曰:"知为己,则可与共学矣。学足以明善,然后可与适道。信道笃,然后可与立。知时措之宜,然后可与权。"洪氏曰:"易九卦,终于巽以行权。权者,圣人之大用。未能立而言权,犹人未能立而欲行,鲜不仆矣。"程子曰:"汉儒以反经合道为权,故有权变权术之论,皆非也。权只是经也。自汉以下,无人识权字。"愚按:先儒误以此章连下文偏其反而为一章,故有反经合道之说。程子非之,是矣。然以孟子嫂溺援之以手之义推之,则权与经亦当有辨。

"唐棣之华,偏其反而。岂不尔思?室是远而。"棣,大计反。

○唐棣,郁李也。偏,晋书作翩。然则反亦当与翻同,言华之摇动也。而,语助也。此逸诗也,于六义属兴。上两句无意义,但以起下两句之辞耳。其所谓尔,亦不知其何所指也。子曰:"未之思也,夫何远之有?"夫,音扶。○夫子借其言而反之,盖前篇"仁远乎哉"之意。○程子曰:"圣人未尝言易以骄人之志,亦未尝言难以阻人之进。但曰未之思也,夫何远之有?此言极有涵蓄,意思深远。"

乡党第十

杨氏曰:"圣人之所谓道者,不离乎日用之间也。故夫子之平日,一动一静,门人皆审视而详记之。"尹氏曰:"甚矣孔门诸子之嗜学也!于圣人之容色言动,无不谨书而备录之,以贻后世。今读其书,即其事,宛然如圣人之在目也。虽然,圣人岂拘拘而为之者哉?盖盛德之至,动容周旋,自中乎礼耳。学者欲潜心于圣人,宜于此求焉。"旧说凡一章,今分为十七〔1〕节。

孔子于乡党,恂恂如也,似不能言者。恂,相伦反。○恂恂,信实之貌。似不能言者,谦卑逊顺,不以贤知先人也。乡党,父兄宗族之所在,故孔子居之,其容貌辞气如此。其在宗庙朝廷,便便言,唯谨尔。朝,直遥反,下同。便,旁连反。○便便,辩也。宗庙,礼法之所在;朝廷,政事之所出;言不可以不明辨。故必详问而极言之,但谨而不放尔。○此一节,记孔子在乡党、宗庙、朝廷言貌之不同。

朝,与下大夫言,侃侃如也;与上大夫言,訚訚如也。侃,苦旦反。訚,鱼巾反。○此君未视朝时也。王制,诸侯上大夫卿,下大夫五人。许氏说文:"侃侃,刚直也。訚訚,和悦而诤也。"君在,踧踖如也,与与如

─────

〔1〕 按本篇实有十八节(章),其中"入太庙,每事问"一节,朱熹认为与八佾篇重出,故称十七节。

也。踧,子六反。踖,子亦反。与,平声,或如字。○君在,视朝也。踧踖,恭敬不宁之貌。与与,威仪中适之貌。张子曰:"与与,不忘向君也。"亦通。○此一节,记孔子在朝廷事上接下之不同也。

君召使摈,色勃如也,足躩如也。摈,必刃反。躩,驱若反。○摈,主国之君所使出接宾者。勃,变色貌。躩,盘辟貌。皆敬君命故也。**揖所与立,左右手。衣前后,襜如也。**襜,赤占反。○所与立,谓同为摈者也。摈用命数之半,如上公九命,则用五人,以次传命。揖左人,则左其手;揖右人,则右其手。襜,整貌。**趋进,翼如也。**疾趋而进,张拱端好,如鸟舒翼。**宾退,必复命曰:"宾不顾矣。"**纾君敬也。○此一节,记孔子为君摈相之容。

入公门,鞠躬如也,如不容。鞠躬,曲身也。公门高大而若不容,敬之至也。**立不中门,行不履阈。**阈,于逼反。○中门,中于门也。谓当枨闑之间,君出入处也。阈,门限也。礼:士大夫出入君门,由闑右,不践阈。谢氏曰:"立中门则当尊,行履阈则不恪。"**过位,色勃如也,足躩如也,其言似不足者。**位,君之虚位。谓门屏之间,人君宁立之处,所谓宁也。君虽不在,过之必敬,不敢以虚位而慢之也。言似不足,不敢肆也。**摄齐升堂,鞠躬如也,屏气似不息者。**齐,音咨。○摄,抠也。齐,衣下缝也。礼:将升堂,两手抠衣,使去地尺,恐蹑之而倾跌失容也。屏,藏也。息,鼻息出入者也。近至尊,气容肃也。**出,降一等,逞颜色,怡怡如也。没阶趋,翼如也。复其位,踧踖如也。**陆氏曰:"趋下本无进字,俗本有之,误也。"○等,阶之级也。逞,放也。渐远所尊,舒气解颜。怡怡,和悦也。没阶,下尽阶也。趋,走就位也。复位踧踖,敬之余也。○此一节,记孔子在朝之容。

执圭,鞠躬如也,如不胜。上如揖,下如授。勃如战色,足蹜蹜,如有循。胜,平声。蹜,色六反。○圭,诸侯命圭。聘问邻国,则使大夫执以通信。如不胜,执主器,执轻如不克,敬谨之至也。上如揖,下如授,谓执圭平衡,手与心齐,高不过揖,卑不过授也。战色,战而色惧也。蹜蹜,举足促狭也。如有循,记所谓举前曳踵。言行不离地,如缘物也。**享礼,有容色**。享,献也。既聘而享,用圭璧,有庭实。有容色,和也。仪礼曰:"发气满容。"**私觌,愉愉如也**。私觌,以私礼见也。愉愉,则又和矣。○此一节,记孔子为君聘于邻国之礼也。晁氏曰:"孔子,定公九年仕鲁,至十三年适齐,其间绝无朝聘往来之事。疑使摈执圭两条,但孔子尝言其礼当如此尔。"

君子不以绀緅饰。绀,古暗反。緅,侧由反。○君子,谓孔子。绀,深青扬赤色,齐服也。緅,绛色。三年之丧,以饰练服也。饰,领缘也。**红紫不以为亵服**。红紫,间色不正,且近于妇人女子之服也。亵服,私居服也。言此则不以为朝祭之服可知。**当暑,袗绤绤,必表而出之**。袗,单也。葛之精者曰绤,粗者曰绤。表而出之,谓先著里衣,表绤绤而出之于外,欲其不见体也。诗所谓"蒙彼绉绤"是也。**缁衣羔裘,素衣麑裘,黄衣狐裘**。麑,研奚反。○缁,黑色。羔裘,用黑羊皮。麑,鹿子,色白。狐,色黄。衣以裼裘,欲其相称。**亵裘长,短右袂**。长,欲其温。短右袂,所以便作事。**必有寝衣,长一身有半**。长,去声。○齐主于敬,不可解衣而寝,又不可著明衣而寝,故别有寝衣,其半盖以覆足。程子曰:"此错简,当在齐必有明衣布之下。"愚谓如此,则此条与明衣变食,既得以类相从;而亵裘狐貉,亦得以类相从矣。**狐貉之厚以居**。狐貉,毛深温厚,私居取其适体。**去丧,无所不佩**。去,上声。○君子无故,玉不去身。觽砺之属,亦皆佩也。**非帷裳,必杀之**。杀,去声。○朝祭之服,裳用正幅如帷,要有襞积,而旁无杀缝。其余若深衣,要半下,齐倍要,则无襞积而有杀缝矣。**羔裘玄冠不以吊**。丧主素,吉主玄。吊必变服,所以哀死。**吉月,必朝服而朝**。吉月,月朔也。孔子在鲁致仕时如此。○此一节,记孔子衣服之制。苏氏曰:"此孔氏遗书,杂记曲礼,非特孔子事也。"

齐,必有明衣,布。齐,侧皆反。○齐,必沐浴,浴竟,即著明衣,所以明洁其体也,以布为之。此下脱前章寝衣一简。**齐,必变食,居必迁坐。**变食,谓不饮酒、不茹荤。迁坐,易常处也。〇此一节,记孔子谨齐之事。杨氏曰:"齐所以交神,故致洁变常以尽敬。"

食不厌精,脍不厌细。食,音嗣。〇食,饭也。精,凿也。牛羊与鱼之腥,聂而切之为脍。食精则能养人,脍粗则能害人。不厌,言以是为善,非谓必欲如是也。**食饐而餲,鱼馁而肉败,不食。色恶,不食。臭恶,不食。失饪,不食。不时,不食。**食饐之食,音嗣。饐,于冀反。餲,乌迈反。饪,而甚反。〇饐,饭伤热湿也。餲,味变也。鱼烂曰馁。肉腐曰败。色恶臭恶,未败而色臭变也。饪,烹调生熟之节也。不时,五谷不成,果实未熟之类。此数者皆足以伤人,故不食。**割不正,不食。不得其酱,不食。**割肉不方正者不食,造次不离于正也。汉陆续之母,切肉未尝不方,断葱以寸为度,盖其质美,与此暗合也。食肉用酱,各有所宜,不得则不食,恶其不备也。此二者,无害于人,但不以嗜味而苟食耳。**肉虽多,不使胜食气。惟酒无量,不及乱。**食,音嗣。量,去声。〇食以谷为主,故不使肉胜食气。酒以为人合欢,故不为量,但以醉为节而不及乱耳。程子曰:"不及乱者,非惟不使乱志,虽血气亦不可使乱,但浃洽而已可也。"**沽酒市脯不食。**沽、市,皆买也。恐不精洁,或伤人也,与不尝康子之药同意。**不撤姜食。**姜,通神明,去秽恶,故不撤。**不多食。**适可而止,无贪心也。**祭于公,不宿肉。祭肉不出三日。出三日,不食之矣。**助祭于公,所得胙肉,归即颁赐。不俟经宿者,不留神惠也。家之祭肉,则不过三日,皆以分赐。盖过三日,则肉必败,而人不食之,是亵鬼神之余也。但比君所赐胙,可少缓耳。**食不语,寝不言。**答述曰语。自言曰言。范氏曰:"圣人存心不他,当食而食,当寝而寝,言语非其时也。"杨氏曰:"肺为气主而声出焉,寝食则气窒而不通,语言恐伤之也。"亦通。**虽疏食菜羹,瓜祭,必齐如也。**食,音嗣。陆氏曰:"鲁论瓜作必。"〇古人饮食,每种各出少许,置之豆间之地,以祭先代始为饮食之人,不忘本也。齐,严敬貌。孔子虽薄物必祭,其祭必敬,圣人之诚也。〇此一节,记孔子饮食之节。谢氏曰:"圣人饮食如此,非极口腹之欲,盖养气体,不以伤生,当如此。然圣人之所不食,穷口腹者或反食之,欲心胜而不暇择也。"

席不正,不坐。谢氏曰:"圣人心安于正,故于位之不正者,虽小不处。"

乡人饮酒,杖者出,斯出矣。杖者,老人也。六十杖于乡,未出不敢先,既出不敢后。**乡人傩,朝服而立于阼阶。**傩,乃多反。○傩,所以逐疫,周礼方相氏掌之。阼阶,东阶也。傩虽古礼而近于戏,亦必朝服而临之者,无所不用其诚敬也。或曰:"恐其惊先祖五祀之神,欲其依己而安也。"○此一节,记孔子居乡之事。

问人于他邦,再拜而送之。拜送使者,如亲见之,敬也。**康子馈药,拜而受之。曰:"丘未达,不敢尝。"**范氏曰:"凡赐食,必尝以拜。药未达则不敢尝。受而不饮,则虚人之赐,故告之如此。然则可饮而饮,不可饮而不饮,皆在其中矣。"杨氏曰:"大夫有赐,拜而受之,礼也。未达不敢尝,谨疾也。必告之,直也。"○此一节,记孔子与人交之诚意。

厩焚。子退朝,曰:"伤人乎?"不问马。非不爱马,然恐伤人之意多,故未暇问。盖贵人贱畜,理当如此。

君赐食,必正席先尝之;君赐腥,必熟而荐之;君赐生,必畜之。食恐或馂余,故不以荐。正席先尝,如对君也。言先尝,则余当以颁赐矣。腥,生肉。熟而荐之祖考,荣君赐也。畜之者,仁君之惠,无故不敢杀也。**侍食于君,君祭,先饭。**饭,扶晚反。○周礼,"王日一举,膳夫授祭,品尝食,王乃食"。故侍食者,君祭,则己不祭而先饭。若为君尝食然,不敢当客礼也。**疾,君视之,东首,加朝服,拖绅。**首,去声。拖,徒我反。○东首,以受生气也。病卧不能著衣束带,又不可以亵服见君,故加朝服于身,又引大带于上也。**君命召,不俟驾行矣。**急趋君命,行出而驾车随之。○此一节,记孔子事君之礼。

入太庙,每事问。重出。

朋友死,无所归。曰:"于我殡。"朋友以义合,死无所归,不得不殡。**朋友之馈,虽车马,非祭肉,不拜。**朋友有通财之义,故虽车马之重不拜。祭肉则拜者,敬其祖考,同于己亲也。〇此一节,记孔子交朋友之义。

寝不尸,居不容。尸,谓偃卧似死人也。居,居家。容,容仪。范氏曰:"寝不尸,非恶其类于死也。惰慢之气不设于身体,虽舒布其四体,而亦未尝肆耳。居不容,非惰也。但不若奉祭祀、见宾客而已,申申夭夭是也。"**见齐衰者,虽狎,必变。见冕者与瞽者,虽亵,必以貌。**狎,谓素亲狎。亵,谓燕见。貌,谓礼貌。余见前篇。**凶服者式之。式负版者。**式,车前横木。有所敬,则俯而凭之。负版,持邦国图籍者。式此二者,哀有丧,重民数也。人惟万物之灵,而王者之所天也,故周礼"献民数于王,王拜受之"。况其下者,敢不敬乎?**有盛馔,必变色而作。**敬主人之礼,非以其馔也。**迅雷风烈,必变。**迅,疾也。烈,猛也。必变者,所以敬天之怒。记曰:"若有疾风、迅雷、甚雨则必变,虽夜必兴,衣服冠而坐。"〇此一节,记孔子容貌之变。**升车,必正立执绥。**绥,挽以上车之索也。范氏曰:"正立执绥,则心体无不正,而诚意肃恭矣。盖君子庄敬无所不在,升车则见于此也。"**车中,不内顾,不疾言,不亲指。**内顾,回视也。礼曰:"顾不过毂。"三者皆失容,且惑人。〇此一节,记孔子升车之容。

色斯举矣,翔而后集。言鸟见人之颜色不善,则飞去,回翔审视而后下止。人之见几而作,审择所处,亦当如此。然此上下,必有阙文矣。**曰:"山梁雌雉,时哉!时哉!"子路共之,三嗅而作。**共,九用反,又居勇反。嗅,许又反。〇邢氏曰:"梁,桥也。时哉,言雉之饮啄得其时。子路不达,以为时物而共具之。孔子不食,三嗅其气而起。"晁氏曰:"石经'嗅'作戛,谓雉鸣也。"刘聘君曰:"嗅,当作臭,古阒反。张两翅也。见尔雅。"愚按:如后两说,则共字当为拱执之义。然此必有阙文,不可强为之说。姑记所闻,以俟知者。

论语集注卷六

先进第十一 此篇多评弟子贤否。凡二十五[1]章。胡氏曰:"此篇记闵子骞言行者四,而其一直称闵子,疑闵氏门人所记也。"

子曰:"先进于礼乐,野人也;后进于礼乐,君子也。先进后进,犹言前辈后辈。野人,谓郊外之民。君子,谓贤士大夫也。程子曰:"先进于礼乐,文质得宜,今反谓之质朴,而以为野人。后进之于礼乐,文过其质,今反谓之彬彬,而以为君子。盖周末文胜,故时人之言如此,不自知其过于文也。"如用之,则吾从先进。"用之,谓用礼乐。孔子既述时人之言,又自言其如此,盖欲损过以就中也。

子曰:"从我于陈、蔡者,皆不及门也。"从,去声。○孔子尝厄于陈、蔡之间,弟子多从之者,此时皆不在门。故孔子思之,盖不忘其相从于患难之中也。**德行**:颜渊,闵子骞,冉伯牛,仲弓。**言语**:宰我,子贡。**政事**:冉有,季路。**文学**:子游,子夏。行,去声。○弟子因孔子之言,

---

[1] "五"原作"七",据清仿宋大字本及正文改。

记此十人,而并目其所长,分为四科。孔子教人各因其材,于此可见。○程子曰:"四科乃从夫子于陈、蔡者尔,门人之贤者固不止此。曾子传道而不与焉,故知十哲世俗论也。"

子曰:"回也非助我者也,于吾言无所不说。"说,音悦。○助我,若子夏之起予,因疑问而有以相长也。颜子于圣人之言,默识心通,无所疑问,故夫子云然。其辞若有憾焉,其实乃深喜之。○胡氏曰:"夫子之于回,岂真以助我望之?盖圣人之谦德,又以深赞颜氏云尔。"

子曰:"孝哉闵子骞!人不间于其父母昆弟之言。"间,去声。○胡氏曰:"父母兄弟称其孝友,人皆信之无异辞者,盖其孝友之实,有以积于中而著于外,故夫子叹而美之。"

南容三复白圭,孔子以其兄之子妻之。三、妻,并去声。○诗大雅抑之篇曰:"白圭之玷,尚可磨也;斯言之玷,不可为也。"南容一日三复此言,事见家语,盖深有意于谨言也。此邦有道所以不废,邦无道所以免祸,故孔子以兄子妻之。○范氏曰:"言者行之表,行者言之实,未有易其言而能谨于行者。南容欲谨其言如此,则必能谨其行矣。"

季康子问:"弟子孰为好学?"孔子对曰:"有颜回者好学,不幸短命死矣!今也则亡。"好,去声。○范氏曰:"哀公、康子问同而对有详略者,臣之告君,不可不尽。若康子者,必待其能问乃告之,此教诲之道也。"

颜渊死,颜路请子之车以为之椁。颜路,渊之父,名无繇。少孔子六岁,孔子始教而受学焉。椁,外棺也。请为椁,欲卖车以买椁也。子曰:"才不才,亦各言其子也。鲤也死,有棺而无椁。吾不徒行以为之椁。以吾从大夫之后,不可徒行也。"鲤,孔子之子伯鱼也,先孔子卒。言鲤之才虽不及颜渊,然己与颜路以父视之,则皆子也。孔子时已致仕,尚从大夫之列,言后,谦辞。○胡氏曰:"孔子遇旧馆人之丧,尝脱骖以赙之矣。今乃不许颜路之请,何邪?葬可以无椁,骖可以脱而复求,大夫不可以徒行,命车不可以与人而鬻诸市也。且为所识穷乏者得我,而勉强以副其意,岂诚心与直道哉?或者以为君子行礼,视吾之有无而已。夫君子之用财,视义之可否,岂独视有无而已哉?"

颜渊死。子曰:"噫! 天丧予! 天丧予!"丧,去声。○噫,伤痛声。悼道无传,若天丧己也。

颜渊死,子哭之恸。从者曰:"子恸矣。"从,去声。○恸,哀过也。曰:"有恸乎? 哀伤之至,不自知也。非夫人之为恸而谁为!"夫,音扶。为,去声。○夫人,谓颜渊。言其死可惜,哭之宜恸,非他人之比也。○胡氏曰:"痛惜之至,施当其可,皆情性之正也。"

颜渊死,门人欲厚葬之,子曰:"不可。"丧具称家之有无,贫而厚葬,不循理也。故夫子止之。门人厚葬之。盖颜路听之。子曰:"回也视予犹父也,予不得视犹子也。非我也,夫二三子也。"叹不得如葬鲤之得宜,以责门人也。

季路问事鬼神。子曰:"未能事人,焉能事鬼?""敢问死。"曰:"未知生,焉知死?"焉,于虔反。○问事鬼神,盖求所以奉祭祀之意。而死者人之所必有,不可不知,皆切问也。然非诚敬足以事人,则必不能事神;非原始而知所以生,则必不能反终而知所以死。盖幽明始终,初无二理,但学之有序,不可躐等,故夫子告之如此。○程子曰:"昼夜者,死生之道也。知生之道,则知死之道;尽事人之道,则尽事鬼之道。死生人鬼,一而二、二而一者也。或言夫子不告子路,不知此乃所以深告之也。"

闵子侍侧,誾誾如也;子路,行行如也;冉有、子贡,侃侃如也。子乐。闇、侃,音义见前篇。行,胡浪反。乐,音洛。○行行,刚强之貌。子乐者,乐得英材而教育之。"若由也,不得其死然。"尹氏曰:"子路刚强,有不得其死之理,故因以戒之。其后子路卒死于卫孔悝之难。"洪氏曰:"汉书引此句,上有曰字。"或云:"上文乐字,即曰字之误。"

鲁人为长府。长府,藏名。藏货财曰府。为,盖改作之。闵子骞曰："仍旧贯,如之何？何必改作？"仍,因也。贯,事也。王氏曰："改作,劳民伤财。在于得已,则不如仍旧贯之善。"子曰："夫人不言,言必有中。"夫,音扶。中,去声。○言不妄发,发必当理,惟有德者能之。

子曰："由之瑟奚为于丘之门？"程子曰："言其声之不和,与己不同也。"家语云："子路鼓瑟,有北鄙杀伐之声。"盖其气质刚勇,而不足于中和,故其发于声者如此。门人不敬子路。子曰："由也升堂矣,未入于室也。"门人以夫子之言,遂不敬子路,故夫子释之。升堂入室,喻入道之次第。言子路之学,已造乎正大高明之域,特未深入精微之奥耳,未可以一事之失而遽忽之也。

子贡问："师与商也孰贤？"子曰："师也过,商也不及。"子张才高意广,而好为苟难,故常过中。子夏笃信谨守,而规模狭隘,故常不及。曰："然则师愈与？"与,平声。○愈,犹胜也。子曰："过犹不及。"道以中庸为至。贤知之过,虽若胜于愚不肖之不及,然其失中则一也。○尹氏曰："中庸之为德也,其至矣乎！夫过与不及,均也。差之毫厘,缪以千里。故圣人之教,抑其过,引其不及,归于中道而已。"

季氏富于周公,而求也为之聚敛而附益之。为,去声。○周公以王室至亲,有大功,位冢宰,其富宜矣。季氏以诸侯之卿,而富过之,非攘夺其君、刻剥其民,何以得此？冉有为季氏宰,又为之急赋税以益其富。子曰："非吾徒也。小子鸣鼓而攻之,可也。"非吾徒,绝之也。小子鸣鼓而攻之,使门人声其罪以责之也。圣人之恶党恶而害民也如此。然师严而友亲,故己绝之,而犹使门人正之,又见其爱人之无已也。○范氏曰："冉有以政事之才施于季氏,故为不善至于如此,由其心术不明,不能反求诸身,而以仕为急故也。"

柴也愚,柴,孔子弟子,姓高,字子羔。愚者,知不足而厚有余。家语记其"足不履影,启蛰不杀,方长不折。执亲之丧,泣血三年,未尝见齿。避难而行,不径不窦"。可以见其为人矣。参也鲁,鲁,钝也。程子曰："参也竟以鲁得之。"又曰:"曾子之学,诚笃而已。圣门学者,聪明才辩不为不多,而卒传其道乃质鲁之人尔。故学以诚实为贵也。"尹氏曰:"曾子之才鲁,故其学也确,所以能深造乎道也。"**师也辟**,辟,婢亦反。○辟,便辟也。谓习于容止,少诚实也。**由也喭**。喭,五旦反。○喭,粗俗也。传称喭者,谓俗论也。○杨氏曰:"四者性之偏,语之使知自励也。"吴氏曰:"此章之首,脱'子曰'二字。"或疑下章子曰,当在此章之首,而通为一章。

子曰:"**回也其庶乎,屡空**。庶,近也,言近道也。屡空,数至空匮也。不以贫窭动心而求富,故屡至于空匮也。言其近道又能安贫也。**赐不受命,而货殖焉,亿则屡中**。"中,去声。○命,谓天命。货殖,货财生殖也。亿,意度也。言子贡不如颜子之安贫乐道,然其才识之明,亦能料事而多中也。程子曰:"子贡之货殖,非若后人之丰财,但此心未忘耳,然此亦子贡少时事,至闻性与天道,则不为此矣。"○范氏曰:"屡空者,箪食瓢饮屡绝而不改其乐也。天下之物,岂有可动其中者哉? 贫富在天,而子贡以货殖为心,则是不能安受天命矣。其言而多中,亿而已,非穷理乐天者也。夫子尝曰:'赐不幸言而中,是使赐多言也。'圣人之不贵言也如是。"

子张问善人之道。子曰:"**不践迹,亦不入于室**。"善人,质美而未学者也。程子曰:"践迹,如言循途守辙。善人虽不必践旧迹而自不为恶,然亦不能入圣人之室也。"○张子曰:"善人,欲仁而未志于学者也。欲仁,故虽不践成法,亦不蹈于恶,有诸己也。由不学,故无自而入圣人之室也。"

子曰:"**论笃是与,君子者乎?色庄者乎?**"与,如字。○言但以其言论笃实而与之,则未知其为君子者乎?为色庄者乎?言不可以言貌取人也。

子路问:"**闻斯行诸?**"子曰:"**有父兄在,如之何其闻斯行之?**"冉有问:"**闻斯行诸?**"子曰:"**闻斯行之**。"公西华曰:"**由也问闻斯行诸,子曰'有父兄在';求也问闻斯行诸,子曰'闻斯行之'。赤也惑,敢问。**"子曰:"**求也退,故进之;由也兼人,故退**

之。"兼人，谓胜人也。张敬夫曰："闻义固当勇为，然有父兄在，则有不可得而专者。若不禀命而行，则反伤于义矣。子路有闻，未之能行，唯恐有闻，则于所当为，不患其不能为矣，特患为之之意或过，而于所当禀命者有阙耳。若冉求之资禀失之弱，不患其不禀命也，患其于所当为者逡巡畏缩，而为之不勇耳。圣人一进之，一退之，所以约之于义理之中，而使之无过不及之患也。"

子畏于匡，颜渊后。子曰："吾以女为死矣。"曰："子在，回何敢死？" 女，音汝。○后，谓相失在后。何敢死，谓不赴斗而必死也。胡氏曰："先王之制，民生于三，事之如一。惟其所在，则致死焉。况颜渊之于孔子，恩义兼尽，又非他人之为师弟子者而已。即夫子不幸而遇难，回必捐生以赴之矣。捐生以赴之，幸而不死，则必上告天子、下告方伯，请讨以复仇，不但已也。夫子而在，则回何为而不爱其死，以犯匡人之锋乎？"

季子然问："仲由、冉求可谓大臣与？" 与，平声。○子然，季氏子弟。自多其家得臣二子，故问之。**子曰："吾以子为异之问，曾由与求之问。** 异，非常也。曾，犹乃也。轻二子以抑季然也。**所谓大臣者：以道事君，不可则止。** 以道事君者，不从君之欲。不可则止者，必行己之志。**今由与求也，可谓具臣矣。"** 具臣，谓备臣数而已。**曰："然则从之者与？"** 与，平声。○意二子既非大臣，则从季氏之所为而已。**子曰："弑父与君，亦不从也。"** 言二子虽不足于大臣之道，然君臣之义则闻之熟矣，弑逆大故必不从之。盖深许二子以死难不可夺之节，而又以阴折季氏不臣之心也。○尹氏曰："季氏专权僭窃，二子仕其家而不能正也，知其不可而不能止也，可谓具臣矣。是时季氏已有无君之心，故自多其得人，意其可使从己也，故曰弑父与君亦不从也，其庶乎二子可免矣。"

子路使子羔为费宰。 子路为季氏宰而举之也。**子曰："贼夫人之子。"** 夫，音扶，下同。○贼，害也。言子羔质美而未学，遽使治民，适以害之。**子路曰："有民人焉，有社稷焉。何必读书，然后为学？"** 言治民事神皆所以为学。**子曰："是故恶夫佞者。"** 恶，去声。○治民事神固学者事,然必学之已成,然后可仕以行其学。若初未尝学,而使之即仕以为学,其不至于慢神而虐民者几希矣。<u>子路</u>之言,非其本意,但理屈辞穷,而取辨于口以御人耳。故夫子不斥其非,而特恶其佞也。○<u>范氏</u>曰:"古者学而后入政,未闻以政学者也。盖道之本在于修身,而后及于治人,其说具于方册,读而知之,然后能行。何可以不读书也? <u>子路</u>乃欲使<u>子羔</u>以政为学,失先后本末之序矣。不知其过而以口给御人,故夫子恶其佞也。"

<u>子路</u>、<u>曾晳</u>、<u>冉有</u>、<u>公西华</u>侍坐。坐,才卧反。○晳,<u>曾参</u>父,名点。子曰:"以吾一日长乎尔,毋吾以也。长,上声。○言我虽年少长于女,然女勿以我长而难言。盖诱之尽言以观其志,而圣人和气谦德,于此亦可见矣。居则曰:'不吾知也!'如或知尔,则何以哉?"言女平居,则言人不知我。如或有人知女,则女将何以为用也? <u>子路</u>率尔而对曰:"千乘之国,摄乎大国之间,加之以师旅,因之以饥馑,<u>由</u>也为之,比及三年,可使有勇,且知方也。"夫子哂之。乘,去声。饥,音机。馑,音仅。比,必二反,下同。哂,诗忍反。○率尔,轻遽之貌。摄,管束也。二千五百人为师,五百人为旅。因,仍也。谷不熟曰饥,菜不熟曰馑。方,向也,谓向义也。民向义,则能亲其上,死其长矣。哂,微笑也。"<u>求</u>!尔何如?"对曰:"方六七十,如五六十,<u>求</u>也为之,比及三年,可使足民。如其礼乐,以俟君子。"求,尔何如,<u>孔子</u>问也,下放此。方六七十里,小国也。如,犹或也。五六十里,则又小矣。足,富足也。俟君子,言非己所能。<u>冉有</u>谦退,又以<u>子路</u>见哂,故其辞益逊。"<u>赤</u>!尔何如?"对曰:"非曰能之,愿学焉。宗庙之事,如会同,端章甫,愿为小相焉。"相,去声。○<u>公西华</u>志于礼乐之事,嫌以君子自居。故将言己志而先为逊辞,言未能而愿学也。宗庙之事,谓祭祀。诸侯时见曰会,众觐曰同。端,玄端服。章甫,礼冠。相,赞君之礼者。言小,亦谦辞。"<u>点</u>!尔何如?"鼓瑟希,铿尔,舍瑟而作。对曰:"异乎三子者之撰。"子曰:"何伤乎? 亦各言其志也。"曰:"莫春者,春服既成。冠者五六人,童子六七人,浴乎

沂,风乎舞雩,咏而归。"夫子喟然叹曰:"吾与点也!"铿,苦耕反。舍,上声。撰,士免反。莫、冠,并去声。沂,鱼依反。雩音于。○四子侍坐,以齿为序,则点当次对。以方鼓瑟,故孔子先问求、赤而后及点也。希,间歇也。作,起也。撰,具也。春服,单袷之衣。浴,盥濯也,今上巳祓除是也。沂,水名,在鲁城南,地志以为有温泉焉,理或然也。风,乘凉也。舞雩,祭天祷雨之处,有坛墠树木也。咏,歌也。曾点之学,盖有以见夫人欲尽处,天理流行,随处充满,无少欠阙,故其动静之际,从容如此。而其言志,则又不过即其所居之位,乐其日用之常,初无舍己为人之意。而其胸次悠然,直与天地万物上下同流,各得其所之妙,隐然自见于言外。视三子之规规于事为之末者,其气象不侔矣,故夫子叹息而深许之。而门人记其本末独加详焉,盖亦有以识此矣。

三子者出,曾晳后。曾晳曰:"夫三子者之言何如?"子曰:"亦各言其志也已矣。"夫,音扶。曰:"夫子何哂由也?"点以子路之志,乃所优为,而夫子哂之,故请其说。曰:"为国以礼,其言不让,是故哂之。"夫子盖许其能,特哂其不逊。"唯求则非邦也与?""安见方六七十如五六十而非邦也者?"与,平声,下同。○曾点以冉求亦欲为国而不见哂,故微问之。而夫子之答无贬辞,盖亦许之。"唯赤则非邦也与?""宗庙会同,非诸侯而何?赤也为之小,孰能为之大?"此亦曾晳问而夫子答也。孰能为之大,言无能出其右者,亦许之之辞。○程子曰:"古之学者,优柔厌饫,有先后之序。如子路、冉有、公西赤言志如此,夫子许之,亦以此自是实事。后之学者好高,如人游心千里之外,然自身却只在此。"又曰:"孔子与点,盖与圣人之志同,便是尧、舜气象也。诚异三子者之撰,特行有不掩焉耳,此所谓狂也。子路等所见者小,子路只为不达为国以礼道理,是以哂之。若达,却便是这气象也。"又曰:"三子皆欲得国而治之,故夫子不取。曾点,狂者也,未必能为圣人之事,而能知夫子之志。故曰浴乎沂,风乎舞雩,咏而归,言乐而得其所也。孔子之志,在于老者安之,朋友信之,少者怀之,使万物莫不遂其性。曾点知之,故孔子喟然叹曰:'吾与点也。'"又曰:"曾点、漆雕开,已见大意。"

颜渊第十二 凡二十四章。

颜渊问仁。子曰:"克己复礼为仁。一日克己复礼,天下归仁焉。为仁由己,而由人乎哉?"仁者,本心之全德。克,胜也。己,谓身之私欲也。复,反也。礼者,天理之节文也。为仁者,所以全其心之德也。盖心之全德,莫非天理,而亦不能不坏于人欲。故为仁者必有以胜私欲而复于礼,则事皆天理,而本心之德复全于我矣。归,犹与也。又言一日克己复礼,则天下之人皆与其仁,极言其效之甚速而至大也。又言为仁由己而非他人所能预,又见其机之在我而无难也。日日克之,不以为难,则私欲净尽,天理流行,而仁不可胜用矣。程子曰:"非礼处便是私意。既是私意,如何得仁?须是克尽己私,皆归于礼,方始是仁。"又曰:"克己复礼,则事事皆仁,故曰天下归仁。"谢氏曰:"克己须从性偏难克处克将去。"颜渊曰:"请问其目。"子曰:"非礼勿视,非礼勿听,非礼勿言,非礼勿动。"颜渊曰:"回虽不敏,请事斯语矣。"目,条件也。颜渊闻夫子之言,则于天理人欲之际已判然矣,故不复有所疑问,而直请其条目也。非礼者,己之私也。勿者,禁止之辞。是人心之所以为主,而胜私复礼之机也。私胜,则动容周旋无不中礼,而日用之间,莫非天理之流行矣。事,如事事之事。请事斯语,颜子默识其理,又自知其力有以胜之,故直以为己任而不疑也。○程子曰:"颜渊问克己复礼之目,子曰,'非礼勿视,非礼勿听,非礼勿言,非礼勿动',四者身之用也。由乎中而应乎外,制于外所以养其中也。颜渊事斯语,所以进于圣人。后之学圣人者,宜服膺而勿失也,因箴以自警。其视箴曰:'心兮本虚,应物无迹。操之有要,视为之则。蔽交于前,其中则迁。制之于外,以安其内。克己复礼,久而诚矣。'其听箴曰:'人有秉彝,本乎天性。知诱物化,遂亡其正。卓彼先觉,知止有定。闲邪存诚,非礼勿听。'其言箴曰:'人心之动,因言以宣。发禁躁妄,内斯静专。矧是枢机,兴戎出好,吉凶荣辱,惟其所召。伤易则诞,伤烦则支,己肆物忤，出悖来违。非法不道，钦哉训辞！'其动箴曰：'哲人知几，诚之于思；志士励行，守之于为。顺理则裕，从欲惟危；造次克念，战兢自持。习与性成，圣贤同归。'"愚按：此章问答，乃传授心法切要之言，非至明不能察其几，非至健不能致其决，故惟颜子得闻之，而凡学者亦不可以不勉也。程子之箴，发明亲切，学者尤宜深玩。

仲弓问仁。子曰："出门如见大宾，使民如承大祭。己所不欲，勿施于人。在邦无怨，在家无怨。"仲弓曰："雍虽不敏，请事斯语矣。"敬以持己，恕以及物，则私意无所容而心德全矣。内外无怨，亦以其效言之，使以自考也。○程子曰："孔子言仁，只说出门如见大宾，使民如承大祭。看其气象，便须心广体胖，动容周旋中礼。惟谨独，便是守之之法。"或问："出门使民之时，如此可也；未出门使民之时，如之何？"曰："此俨若思时也，有诸中而后见于外。观其出门使民之时，其敬如此，则前乎此者敬可知矣，非因出门使民然后有此敬也。"愚按：克己复礼，乾道也；主敬行恕，坤道也。颜、冉之学，其高下浅深，于此可见。然学者诚能从事于敬恕之间而有得焉，亦将无己之可克矣。

司马牛问仁。司马牛，孔子弟子，名犁，向魋之弟。子曰："仁者其言也讱。"讱，音刃。○讱，忍也，难也。仁者心存而不放，故其言若有所忍而不易发，盖其德之一端也。夫子以牛多言而躁，故告之以此，使其于此而谨之，则所以为仁之方，不外是矣。曰："其言也讱，斯谓之仁已乎？"子曰："为之难，言之得无讱乎？"牛意仁道至大，不但如夫子之所言，故夫子又告之以此。盖心常存故事不苟事不苟，故其言自有不得而易者，非强闭之而不出也。杨氏曰："观此及下章再问之语，牛之易其言可知。"○程子曰："虽为司马牛多言故及此，然圣人之言，亦止此为是。"愚谓牛之为人如此，若不告之以其病之所切，而泛以为仁之大概语之，则以彼之躁，必不能深思以去其病，而终无自以入德矣，故其告之如此。盖圣人之言，虽有高下大小之不同，然其切于学者之身，而皆为入德之要，则又初不异也。读者其致思焉。

司马牛问君子。子曰："君子不忧不惧。"向魋作乱，牛常忧惧。

故夫子告之以此。曰："不忧不惧,斯谓之君子已乎?"子曰ःं"内省不疚,夫何忧何惧?"夫,音扶。○牛之再问,犹前章之意,故复告之以此。疚,病也。言由其平日所为无愧于心,故能内省不疚,而自无忧惧,未可遽以为易而忽之也。○晁氏曰："不忧不惧,由乎德全而无疵。故无入而不自得,非实有忧惧而强排遣之也。"

司马牛忧曰："人皆有兄弟,我独亡。"牛有兄弟而云然者,忧其为乱而将死也。子夏曰："商闻之矣:盖闻之夫子。死生有命,富贵在天。命禀有生之初,非今所能移;天莫之为而为,非我所能必,但当顺受而已。君子敬而无失,与人恭而有礼。四海之内,皆兄弟也。君子何患乎无兄弟也?"既安于命,又当修其在己者。故又言苟能持己以敬而不间断,接人以恭而有节文,则天下之人皆爱敬之如兄弟矣。盖子夏欲以宽牛之忧,故为是不得已之辞,读者不以辞害意可也。○胡氏曰："子夏四海皆兄弟之言,特以广司马牛之意,意圆而语滞者也,惟圣人则无此病矣。且子夏知此而以哭子丧明,则以蔽于爱而昧于理,是以不能践其言尔。"

子张问明。子曰："浸润之谮,肤受之愬,不行焉,可谓明也已矣。浸润之谮,肤受之愬,不行焉,可谓远也已矣。"谮,庄荫反。愬,苏路反。○浸润,如水之浸灌滋润,渐渍而不骤也。谮,毁人之行也。肤受,谓肌肤所受,利害切身。如易所谓"剥床以肤,切近灾"者也。愬,愬己之冤也。毁人者渐渍而不骤,则听者不觉其入,而信之深矣。愬冤者急迫而切身,则听者不及致详,而发之暴矣。二者难察而能察之,则可见其心之明,而不蔽于近矣。此亦必因子张之失而告之,故其辞繁而不杀,以致丁宁之意云。○杨氏曰："骤而语之,与利害不切于身者,不行焉,有不待明者能之也。故浸润之谮、肤受之愬不行,然后谓之明,而又谓之远。远则明之至也。书曰:'视远惟明。'"

子贡问政。子曰："足食,足兵,民信之矣。"言仓廪实而武备修,然后教化行,而民信于我,不离叛也。子贡曰："必不得已而去,于斯三者何先?"曰:"去兵。"去,上声,下同。○言食足而信孚,则无兵而守固矣。子贡曰:"必不得已而去,于斯二者何先?"曰:"去食。自古皆有死,民无信不立。"民无食必死,然死者人之所必不免。无信则虽生而无以自立,不若死之为安。故宁死而不失信于民,使民亦宁死而不失信于我也。○程子曰:"孔门弟子善问,直穷到底,如此章者,非子贡不能问,非圣人不能答也。"愚谓以人情而言,则兵食足而后吾之信可以孚于民。以民德而言,则信本人之所固有,非兵食所得而先也。是以为政者,当身率其民而以死守之,不以危急而可弃也。

棘子成曰:"君子质而已矣,何以文为?"棘子成,卫大夫。疾时人文胜,故为此言。子贡曰:"惜乎! 夫子之说,君子也。驷不及舌。言子成之言,乃君子之意。然言出于舌,则驷马不能追之,又惜其失言也。文犹质也,质犹文也。虎豹之鞟犹犬羊之鞟。"鞟,其郭反。○鞟,皮去毛者也。言文质等耳,不可相无。若必尽去其文而独存其质,则君子小人无以辨矣。夫棘子成矫当时之弊,固失之过;而子贡矫子成之弊,又无本末轻重之差,胥失之矣。

哀公问于有若曰:"年饥,用不足,如之何?"称有若者,君臣之辞。用,谓国用。公意盖欲加赋以足用也。有若对曰:"盍彻乎?"彻,通也,均也。周制:一夫受田百亩,而与同沟共井之人通力合作,计亩均收。大率民得其九,公取其一,故谓之彻。鲁自宣公税亩,又逐亩什取其一,则为什而取二矣。故有若请但专行彻法,欲公节用以厚民也。曰:"二,吾犹不足,如之何其彻也?"二,即所谓什二也。公以有若不喻其旨,故言此以示加赋之意。对曰:"百姓足,君孰与不足? 百姓不足,君孰与足?"民富,则君不至独贫;民贫,则君不能独富。有若深言君民一体之意,以止公之厚敛,为人上者所宜深念也。○杨氏曰:"仁政必自经界始。经界正,而后井地均、谷禄平,而军国之需皆量是以为出焉。故一彻而百度举矣,上下宁忧不足乎? 以二犹不足而教之彻,疑若迂矣。然什一,天下之中正。多则桀,寡则貉,不可改也。后世不究其本而惟末之图,故征敛无艺,费出无经,而上下困矣。又恶知盍彻之当务而不为迂乎?"

子张问崇德、辨惑。子曰:"主忠信,徙义,崇德也。主忠信,则本立。徙义,则日新。爱之欲其生,恶之欲其死。既欲其生,又欲其死,是惑也。恶,去声。○爱恶,人之常情也。然人之生死有命,非可得而欲也。以爱恶而欲其生死,则惑矣。既欲其生,又欲其死,则惑之甚也。'诚不以富,亦祇以异'。"此诗小雅我行其野之辞也。旧说:夫子引之,以明欲其生死者不能使之生死。如此诗所言,不足以致富而适足以取异也。程子曰:"此错简,当在第十六篇齐景公有马千驷之上。因此下文亦有齐景公字而误也。"○杨氏曰:"堂堂乎张也,难与并为仁矣。则非诚善补过不蔽于私者,故告之如此。"

齐景公问政于孔子。齐景公,名杵臼。鲁昭公末年,孔子适齐。孔子对曰:"君君,臣臣,父父,子子。"此人道之大经,政事之根本也。是时景公失政,而大夫陈氏厚施于国,景公又多内嬖,而不立太子,其君臣父子之间皆失其道,故夫子告之以此。公曰:"善哉!信如君不君,臣不臣,父不父,子不子,虽有粟,吾得而食诸?"景公善孔子之言而不能用,其后果以继嗣不定,启陈氏弑君篡国之祸。○杨氏曰:"君之所以君,臣之所以臣,父之所以父,子之所以子,是必有道矣。景公知善夫子之言,而不知反求其所以然,盖悦而不绎者,齐之所以卒于乱也。"

子曰:"片言可以折狱者,其由也与?"折,之舌反。与,平声。○片言,半言。折,断也。子路忠信明决,故言出而人信服之,不待其辞之毕也。子路无宿诺。宿,留也,犹宿怨之宿。急于践言,不留其诺也。记者因夫子之言而记此,以见子路之所以取信于人者,由其养之有素也。○尹氏曰:"小邾射以句绎奔鲁,曰:'使季路要我,吾无盟矣。'千乘之国,不信其盟,而信子路之一言,其见信于人可知矣。一言而折狱者,信在言前,人自信之故也。不留诺,所以全其信也。"

子曰:"听讼,吾犹人也,必也使无讼乎!"范氏曰:"听讼者,治其末,塞其流也。正其本,清其源,则无讼矣。"○杨氏曰:"子路片言可以折狱,而不知以礼逊为国,则未能使民无讼者也。故又记孔子之言,以见圣人不以听讼为难,而以使民无讼为贵。"

子张问政。子曰:"居之无倦,行之以忠。"居,谓存诸心。无倦,则始终如一。行,谓发于事。以忠,则表里如一。○程子曰:"子张少仁。无诚心爱民,则必倦而不尽心,故告之以此。"

子曰:"博学于文,约之以礼,亦可以弗畔矣夫!"重出。

子曰:"君子成人之美,不成人之恶。小人反是。"成者,诱掖奖劝以成其事也。君子小人,所存既有厚薄之殊,而其所好又有善恶之异,故其用心不同如此。

季康子问政于孔子。孔子对曰:"政者,正也。子帅以正,孰敢不正?"范氏曰:"未有己不正而能正人者。"○胡氏曰:"鲁自中叶,政由大夫,家臣效尤,据邑背叛,不正甚矣。故孔子以是告之,欲康子以正自克,而改三家之故。惜乎康子之溺于利欲而不能也。"

季康子患盗,问于孔子。孔子对曰:"苟子之不欲,虽赏之不窃。"言子不贪欲,则虽赏民使之为盗,民亦知耻而不窃。○胡氏曰:"季氏窃柄,康子夺嫡,民之为盗,固其所也。盍亦反其本耶?孔子以不欲启之,其旨深矣。"夺嫡事见春秋传。

季康子问政于孔子曰:"如杀无道,以就有道,何如?"孔子对曰:"子为政,焉用杀?子欲善而民善矣。君子之德风,小人之德草。草上之风,必偃。"焉,于虔反。○为政者,民所视效,何以杀为?欲善则民善矣。上,一作尚,加也。偃,仆也。○尹氏曰:"杀之为言,岂为人上之语哉?以身教者从,以言教者讼,而况于杀乎?"

子张问:"士何如斯可谓之达矣?"达者,德孚于人而行无不得之谓。子曰:"何哉,尔所谓达者?"子张务外,夫子盖已知其发问之意,故反诘之,将以发其病而药之也。**子张对曰:"在邦必闻,在家必闻。"** 言名誉著闻也。**子曰:"是闻也,非达也。** 闻与达相似而不同,乃诚伪之所以分,学者不可不审也。故夫子既明辨之,下文又详言之。**夫达也者,质直而好义,察言而观色,虑以下人。在邦必达,在家必达。** 夫,音扶,下同。好、下,皆去声。○内主忠信而所行合宜,审于接物而卑以自牧,皆自修于内,不求人知之事。然德修于己而人信之,则所行自无窒碍矣。**夫闻也者,色取仁而行违,居之不疑。在邦必闻,在家必闻。"** 行,去声。○善其颜色以取于仁,而行实背之,又自以为是而无所忌惮。此不务实而专务求名者,故虚誉虽隆而实德则病矣。○程子曰:"学者须是务实,不要近名。有意近名,大本已失,更学何事?为名而学,则是伪也。今之学者,大抵为名。为名与为利虽清浊不同,然其利心则一也。"尹氏曰:"子张之学,病在乎不务实。故孔子告之,皆笃实之事,充乎内而发乎外者也。当时门人亲受圣人之教,而差失有如此者,况后世乎?"

樊迟从游于舞雩之下,曰:"敢问崇德、修慝、辨惑。" 慝,吐得反。○胡氏曰:"慝之字从心从匿,盖恶之匿于心者。修者,治而去之。"**子曰:"善哉问!** 善其切于为己。**先事后得,非崇德与?攻其恶,无攻人之恶,非修慝与?一朝之忿,忘其身,以及其亲,非惑与?"** 与,平声。○先事后得,犹言先难后获也。为所当为而不计其功,则德日积而不自知矣。专于治己而不责人,则己之恶无所匿矣。知一朝之忿为甚微,而祸及其亲为甚大,则有以辨惑而惩其忿矣。樊迟粗鄙近利,故告之以此,三者皆所以救其失也。○范氏曰:"先事后得,上义而下利也。人惟有利欲之心,故德不崇。惟不自省己过而知人之过,故慝不修。感物而易动者莫如忿,忘其身以及其亲,惑之甚者也。惑之甚者必起于细微,能辨之于早,则不至于大惑矣,故惩忿所以辨惑也。"

樊迟问仁。子曰:"爱人。"问知。子曰:"知人。" 上知,去声,下如字。○爱人,仁之施。知人,知之务。**樊迟未达。** 曾氏曰:"迟之意,盖以爱欲其周,而知有所择,故疑二者之相悖尔。"子曰:"举直错诸枉,能使枉者直。"举直错枉者,知也。使枉者直,则仁矣。如此,则二者不惟不相悖而反相为用矣。**樊迟**退,见**子夏**。曰:"乡也吾见于夫子而问知,子曰,'举直错诸枉,能使枉者直',何谓也?"乡,去声。见,贤遍反。〇迟以夫子之言,专为知者之事。又未达所以能使枉者直之理。**子夏**曰:"富哉言乎!叹其所包者广,不止知。**舜**有天下,选于众,举皋陶,不仁者远矣。**汤**有天下,选于众,举伊尹,不仁者远矣。"选,息恋反。陶,音遥。远,如字。〇**伊尹**,**汤**之相也。不仁者远,言人皆化而为仁,不见有不仁者,若其远去尔,所谓使枉者直也。**子夏**盖有以知夫子之兼仁知而言矣。〇程子曰:"圣人之语,因人而变化。虽若有浅近者,而其包含无所不尽,观于此章可见矣。非若他人之言,语近则遗远,语远则不知近也。"尹氏曰:"学者之问也,不独欲闻其说,又必欲知其方;不独欲知其方,又必欲为其事。如**樊迟**之问仁知也,夫子告之尽矣。**樊迟**未达,故又问焉,而犹未知其何以为之也。及退而问诸**子夏**,然后有以知之。使其未喻,则必将复问矣。既问于师,又辨诸友,当时学者之务实也如是。"

子贡问友。子曰:"忠告而善道之,不可则止,无自辱焉。"告,工毒反。道,去声。〇友所以辅仁,故尽其心以告之,善其说以道之。然以义合者也,故不可则止。若以数而见疏,则自辱矣。

曾子曰:"君子以文会友,以友辅仁。"讲学以会友,则道益明;取善以辅仁,则德日进。

论语集注卷七

子路第十三 凡三十章。

子路问政。子曰:"先之,劳之。"劳,如字。○苏氏曰:"凡民之行,以身先之,则不令而行。凡民之事,以身劳之,则虽勤不怨。"请益。曰:"无倦。"无,古本作毋。○吴氏曰:"勇者喜于有为而不能持久,故以此告之。"○程子曰:"子路问政,孔子既告之矣。及请益,则曰'无倦'而已。未尝复有所告,姑使之深思也。"

仲弓为季氏宰,问政。子曰:"先有司,赦小过,举贤才。"有司,众职也。宰兼众职,然事必先之于彼,而后考其成功,则己不劳而事毕举矣。过,失误也。大者于事或有所害,不得不惩;小者赦之,则刑不滥而人心悦矣。贤,有德者。才,有能者。举而用之,则有司皆得其人而政益修矣。曰:"焉知贤才而举之?"曰:"举尔所知。尔所不知,人其舍诸?"焉,于虔反。舍,上声。○仲弓虑无以尽知一时之贤才,故孔子告之以此。程子曰:"人各亲其亲,然后不独亲其亲。仲弓曰'焉知贤才而举之',子曰'举尔所知。尔所不知,人其舍诸',便见仲弓与圣人用心之大小。推此义,则一心可以兴邦,一心可以丧邦,只在公私之间尔。"○范氏曰:"不先有司,则君行臣职矣;不赦小过,则下无全人矣;不举贤才,则百职废矣。失此三者,不可以为季氏宰,况天下乎?"

子路曰:"卫君待子而为政,子将奚先?"卫君,谓出公辄也。是时鲁哀公之十年,孔子自楚反乎卫。子曰:"必也正名乎!"是时出公不父其父而祢其祖,名实紊矣,故孔子以正名为先。谢氏曰:"正名虽为卫君而言,然为政之道,皆当以此为先。"子路曰:"有是哉,子之迂也!奚其正?"迂,谓远于事情,言非今日之急务也。子曰:"野哉由也!君子于其所不知,盖阙如也。野,谓鄙俗。责其不能阙疑,而率尔妄对也。名不正,则言不顺;言不顺,则事不成;杨氏曰:"名不当其实,则言不顺。言不顺,则无以考实而事不成。"事不成,则礼乐不兴;礼乐不兴,则刑罚不中;刑罚不中,则民无所措手足。中,去声。○范氏曰:"事得其序之谓礼,物得其和之谓乐。事不成则无序而不和,故礼乐不兴。礼乐不兴,则施之政事皆失其道,故刑罚不中。"故君子名之必可言也,言之必可行也。君子于其言,无所苟而已矣。"程子曰:"名实相须。一事苟,则其余皆苟矣。"○胡氏曰:"卫世子蒯聩耻其母南子之淫乱,欲杀之,不果而出奔。灵公欲立公子郢,郢辞。公卒,夫人立之,又辞。乃立蒯聩之子辄,以拒蒯聩。夫蒯聩欲杀母,得罪于父,而辄据国以拒父,皆无父之人也,其不可有国也明矣。夫子为政,而以正名为先。必将具其事之本末,告诸天王,请于方伯,命公子郢而立之,则人伦正,天理得,名正言顺而事成矣。夫子告之之详如此,而子路终不喻也。故事辄不去,卒死其难。徒知食焉不避其难之为义,而不知食辄之食为非义也。"

樊迟请学稼,子曰:"吾不如老农。"请学为圃。曰:"吾不如老圃。"种五谷曰稼,种蔬菜曰圃。樊迟出。子曰:"小人哉,樊须也!小人,谓细民,孟子所谓小人之事者也。上好礼,则民莫敢不敬;上好义,则民莫敢不服;上好信,则民莫敢不用情。夫如是,则四方之民襁负其子而至矣,焉用稼?"好,去声。夫,音扶。襁,居丈反。焉,于虔反。○礼、义、信,大人之事也。好义,则事合宜。情,诚实也。敬服用情,盖各以其类而应也。襁,织缕为之,以约小儿于背者。○杨氏曰:"樊须游圣人之门,而问稼圃,志则陋矣,辞而辟之可也。待其出而后言其非,何也?盖于其问也,自谓农圃之不如,则拒之者至矣。须之学疑不及此而不能问,不能以三隅反矣,故不复。及其既出,则惧其终不喻也,求老农老圃而学焉,则其失愈远矣。故复言之,使知前所言者意有在也。"

子曰:"诵诗三百,授之以政,不达;使于四方,不能专对,虽多,亦奚以为?"使,去声。○专,独也。诗本人情,该物理,可以验风俗之盛衰,见政治之得失,其言温厚和平,长于风谕,故诵之者,必达于政而能言也。○程子曰:"穷经将以致用也。世之诵诗者,果能从政而专对乎?然则其所学者,章句之末耳,此学者之大患也。"

子曰:"其身正,不令而行;其身不正,虽令不从。"

子曰:"鲁、卫之政,兄弟也。"鲁,周公之后。卫,康叔之后。本兄弟之国,而是时衰乱,政亦相似,故孔子叹之。

子谓卫公子荆,"善居室。始有,曰:'苟合矣。'少有,曰:'苟完矣。'富有,曰:'苟美矣。'"公子荆,卫大夫。苟,聊且粗略之意。合,聚也。完,备也。言其循序而有节,不以欲速尽美累其心。○杨氏曰:"务为全美则累物,而骄吝之心生。公子荆皆曰苟而已,则不以外物为心,其欲易足故也。"

子适卫,冉有仆。仆,御车也。子曰:"庶矣哉!"庶,众也。冉有曰:"既庶矣,又何加焉?"曰:"富之。"庶而不富,则民生不遂,故制田里、薄赋敛以富之。曰:"既富矣,又何加焉?"曰:"教之。"富而不教,则近于禽兽。故必立学校、明礼义以教之。○胡氏曰:"天生斯民,立之司牧,而寄以三事。然自三代之后,能举此职者,百无一二。汉之文、明、唐之太宗,亦云庶且富矣,西京之教无闻焉。明帝尊师重傅,临雍拜老,宗戚子弟莫不受学;唐太宗大召名儒,增广生员,教亦至矣,然而未知所以教也。三代之教,天子公卿躬行于上,言行政事皆可师法,彼二君者其能然乎?"

子曰:"苟有用我者,期月而已可也,三年有成。"期月,谓周一岁之月也。可者,仅辞,言纲纪布也。有成,治功成也。○尹氏曰:"孔子叹当时莫能用己也,故云然。"愚按史记,此盖为卫灵公不能用而发。

子曰:"善人为邦百年,亦可以胜残去杀矣。诚哉是言也!"胜,平声。去,上声。○为邦百年,言相继而久也。胜残,化残暴之人,使不为恶也。去杀,谓民化于善,可以不用刑杀也。盖古有是言,而夫子称之。程子曰:"汉自高、惠至于文、景,黎民醇厚,几致刑措,庶乎其近之矣。"○尹氏曰:"胜残去杀,不为恶而已,善人之功如是。若夫圣人,则不待百年,其化亦不止此。"

子曰:"如有王者,必世而后仁。"王者谓圣人受命而兴也。三十年为一世。仁,谓教化浃也。程子曰:"周自文、武至于成王,而后礼乐兴,即其效也。"○或问:"三年、必世,迟速不同,何也?"程子曰:"三年有成,谓法度纪纲有成而化行也。渐民以仁,摩民以义,使之浃于肌肤,沦于骨髓,而礼乐可兴,所谓仁也。此非积久,何以能致?"

子曰:"苟正其身矣,于从政乎何有?不能正其身,如正人何?"

冉子退朝。子曰:"何晏也?"对曰:"有政。"子曰:"其事也。如有政,虽不吾以,吾其与闻之。"朝,音潮。与,去声。○冉有时为季氏宰。朝,季氏之私朝也。晏,晚也。政,国政。事,家事。以,用也。礼:大夫虽不治事,犹得与闻国政。是时季氏专鲁,其于国政,盖有不与同列议于公朝,而独与家臣谋于私室者。故夫子为不知者而言,此必季氏之家事耳。若是国政,我尝为大夫,虽不见用,犹当与闻。今既不闻,则是非国政也。语意与魏徵献陵之对略相似。其所以正名分,抑季氏,而教冉有之意深矣。

定公问:"一言而可以兴邦,有诸?"孔子对曰:"言不可以若是其几也。几,期也。诗曰:"如几如式。"言一言之间,未可以如此而必期其效。人之言曰:'为君难,为臣不易。'易,去声。○当时有此言也。如知为君之难也,不几乎一言而兴邦乎?"因此言而知为君之难,则必战战兢兢,临深履薄,而无一事之敢忽。然则此言也,岂不可以必期于兴邦乎?为定公言,故不及臣也。曰:"一言而丧邦,有诸?"孔子对曰:"言不可以若是其几也。人之言曰:'予无乐乎为君,唯其言而莫予违也。'丧,去声,下同。乐,音洛。○言他无所乐,惟乐此耳。如其善而莫之违也,不亦善乎?如不善而莫之违也,不几乎一言而丧邦乎?"范氏曰:"言不善而莫之违,则忠言不至于耳,君日骄而臣日谄,未有不丧邦者也。"○谢氏曰:"知为君之难,则必敬谨以持之。惟其言而莫予违,则谗谄面谀之人至矣。邦未必遽兴丧也,而兴丧之源分于此。然此非识微之君子,何足以知之?"

叶公问政。音义并见第七篇。子曰:"近者说,远者来。"说,音悦。○被其泽则悦,闻其风则来。然必近者悦,而后远者来也。

子夏为莒父宰,问政。子曰:"无欲速,无见小利。欲速,则不达;见小利,则大事不成。"父,音甫。○莒父,鲁邑名。欲事之速成,则急遽无序,而反不达。见小者之为利,则所就者小,而所失者大矣。○程子曰:"子张问政,子曰:'居之无倦,行之以忠。'子夏问政,子曰:'无欲速,无见小利。'子张常过高而未仁,子夏之病常在近小,故各以切己之事告之。"

叶公语孔子曰:"吾党有直躬者,其父攘羊,而子证之。"语,去声。○直躬,直身而行者。有因而盗曰攘。孔子曰:"吾党之直者异于是。父为子隐,子为父隐,直在其中矣。"为,去声。○父子相隐,天理人情之至也。故不求为直,而直在其中。○谢氏曰:"顺理为直。父不为子隐,子不为父隐,于理顺邪?瞽瞍杀人,舜窃负而逃,遵海滨而处。当是时,爱亲之心胜,其于直不直,何暇计哉?"

樊迟问仁。子曰:"居处恭,执事敬,与人忠。虽之夷狄,不可弃也。"恭主容,敬主事。恭见于外,敬主乎中。之夷狄不可弃,勉其固守而勿失也。○程子曰:"此是彻上彻下语。圣人初无二语也,充之则睟面盎背;推而达之,则笃恭而天下平矣。"胡氏曰:"樊迟问仁者三:此最先,先难次之,爱人其最后乎?"

子贡问曰:"何如斯可谓之士矣?"子曰:"行己有耻,使于四方,不辱君命,可谓士矣。"使,去声。○此其志有所不为,而其材足以有为者也。子贡能言,故以使事告之。盖为使之难,不独贵于能言而已。曰:"敢问其次。"曰:"宗族称孝焉,乡党称弟焉。"弟,去声。○此本立而材不足者,故为其次。曰:"敢问其次。"曰:"言必信,行必果,硁硁然小人哉!抑亦可以为次矣。"行,去声。硁,苦耕反。○果,必行也。硁,小石之坚确者。小人,言其识量之浅狭也。此其本末皆无足观,然亦不害其为自守也,故圣人犹有取焉,下此则市井之人,不复可为士矣。曰:"今之从政者何如?"子曰:"噫!斗筲之人,何足算也。"筲,所交反。算,亦作箅,悉乱反。○今之从政者,盖如鲁三家之属。噫,心不平声。斗,量名,容十升。筲,竹器,容斗二升。斗筲之人,言鄙细也。算,数也。子贡之问每下,故夫子以是警之。○程子曰:"子贡之意,盖欲为皎皎之行闻于人者。夫子告之,皆笃实自得之事。"

子曰:"不得中行而与之,必也狂狷乎!狂者进取,狷者有所不为也。"狷,音绢。○行,道也。狂者,志极高而行不掩。狷者,知未及而守有余。盖圣人本欲得中道之人而教之,然既不可得,而徒得谨厚之人,则未必能自振拔而有为也。故不若得此狂狷之人,犹可因其志节,而激厉裁抑之以进于道,非与其终于此而已也。○孟子曰:"孔子岂不欲中道哉?不可必得,故思其次也。如琴张、曾皙、牧皮者,孔子之所谓狂也。其志嘐嘐然,曰:'古之人!古之人!'夷考其行而不掩焉者也。狂者又不可得,欲得不屑不洁之士而与之,是狷也,是又其次也。"

子曰:"南人有言曰:'人而无恒,不可以作巫医。'善夫!"恒,胡登反。夫,音扶。○南人,南国之人。恒,常久也。巫,所以交鬼神。医,所以寄死生。故虽贱役,而犹不可以无常,孔子称其言而善之。"不恒其德,或承之羞。"此易恒卦九三爻辞。承,进也。子曰:"不占而已矣。"复加"子曰",以别易文也,其义未详。杨氏曰:"君子于易苟玩其占,则知无常之取羞矣。其为无常也,盖亦不占而已矣。"意亦略通。

子曰:"君子和而不同,小人同而不和。"和者,无乖戾之心。同者,有阿比之意。〇尹氏曰:"君子尚义,故有不同。小人尚利,安得而和?"

子贡问曰:"乡人皆好之,何如?"子曰:"未可也。""乡人皆恶之,何如?"子曰:"未可也。不如乡人之善者好之,其不善者恶之。"好、恶,并去声。〇一乡之人,宜有公论矣,然其间亦各以类自为好恶也。故善者好之而恶者不恶,则必其有苟合之行。恶者恶之而善者不好,则必其无可好之实。

子曰:"君子易事而难说也:说之不以道,不说也;及其使人也,器之。小人难事而易说也:说之虽不以道,说也;及其使人也,求备焉。"易,去声。说,音悦。〇器之,谓随其材器而使之也。君子之心公而恕,小人之心私而刻。天理人欲之间,每相反而已矣。

子曰:"君子泰而不骄,小人骄而不泰。"君子循理,故安舒而不矜肆。小人逞欲,故反是。

子曰:"刚毅木讷,近仁。"程子曰:"木者,质朴。讷者,迟钝。四者,质之近乎仁者也。"杨氏曰:"刚毅则不屈于物欲,木讷则不至于外驰,故近仁。"

子路问曰:"何如斯可谓之士矣?"子曰:"切切偲偲,怡怡如也,可谓士矣。朋友切切偲偲,兄弟怡怡。"胡氏曰:"切切,恳到也。偲偲,详勉也。怡怡,和悦也。皆子路所不足,故告之。又恐其混于所施,则兄弟有贼恩之祸,朋友有善柔之损,故又别而言之。"

子曰:"善人教民七年,亦可以即戎矣。"教民者,教之孝悌忠信之行,务农讲武之法。即,就也。戎,兵也。民知亲其上,死其长,故可以即戎。

○程子曰:"七年云者,圣人度其时可矣。如云期月、三年、百年、一世、大国五年、小国七年之类,皆当思其作为如何乃有益。"

子曰:"以不教民战,是谓弃之。"以,用也。言用不教之民以战,必有败亡之祸,是弃其民也。

宪问第十四　胡氏曰:"此篇疑原宪所记。"凡四十七章。

宪问耻。子曰:"邦有道,穀;邦无道,穀,耻也。"宪,原思名。穀,禄也。邦有道不能有为,邦无道不能独善,而但知食禄,皆可耻也。宪之狷介,其于邦无道穀之可耻,固知之矣;至于邦有道穀之可耻,则未必知也。故夫子因其问而并言之,以广其志,使知所以自勉,而进于有为也。

"克、伐、怨、欲不行焉,可以为仁矣?"此亦原宪以其所能而问也。克,好胜。伐,自矜。怨,忿恨。欲,贪欲。子曰:"可以为难矣,仁则吾不知也。"有是四者而能制之,使不得行,可谓难矣。仁则天理浑然,自无四者之累,不行不足以言之也。○程子曰:"人而无克、伐、怨、欲,惟仁者能之。有之而能制其情使不行,斯亦难能也,谓之仁则未也。此圣人开示之深,惜乎宪之不能再问也。"或曰:"四者不行,固不得为仁矣。然亦岂非所谓克己之事,求仁之方乎?"曰:"克去己私以复乎礼,则私欲不留,而天理之本然者得矣。若但制而不行,则是未有拔去病根之意,而容其潜藏隐伏于胸中也。岂克己求仁之谓哉? 学者察于二者之间,则其所以求仁之功,益亲切而无渗漏矣。"

子曰:"士而怀居,不足以为士矣。"居,谓意所便安处也。

子曰:"邦有道,危言危行;邦无道,危行言孙。"行、孙,并去声。○危,高峻也。孙,卑顺也。尹氏曰:"君子之持身不可变也,至于言则有时而不敢尽,以避祸也。然则为国者使士言孙,岂不殆哉?"

子曰:"有德者必有言,有言者不必有德;仁者必有勇,勇者不必有仁。"有德者,和顺积中,英华发外。能言者,或便佞口给而已。仁者,心无私累,见义必为。勇者,或血气之强而已。○尹氏曰:"有德者必有言,徒能言者未必有德也。仁者志必勇,徒能勇者未必有仁也。"

南宫适问于孔子曰:"羿善射,奡荡舟,俱不得其死然;禹、稷躬稼,而有天下。"夫子不答,南宫适出。子曰:"君子哉若人!尚德哉若人!"适,古活反。羿,音诣。奡,五报反。荡,土浪反。○南宫适,即南容也。羿,有穷之君,善射,灭夏后相而篡其位。其臣寒浞又杀羿而代之。奡,春秋传作"浇",浞之子也,力能陆地行舟,后为夏后少康所诛。禹平水土暨稷播种,身亲稼穑之事。禹受舜禅而有天下,稷之后至周武王亦有天下。适之意盖以羿、奡比当世之有权力者,而以禹、稷比孔子也,故孔子不答。然适之言如此,可谓君子之人,而有尚德之心矣,不可以不与,故俟其出而赞美之。

子曰:"君子而不仁者有矣夫,未有小人而仁者也。"夫,音扶。○谢氏曰:"君子志于仁矣,然毫忽之间,心不在焉,则未免为不仁也。"

子曰:"爱之,能勿劳乎?忠焉,能勿诲乎?"苏氏曰:"爱而勿劳,禽犊之爱也;忠而勿诲,妇寺之忠也。爱而知劳之,则其为爱也深矣;忠而知诲之,则其为忠也大矣。"

子曰:"为命:裨谌草创之,世叔讨论之,行人子羽修饰之,东里子产润色之。"裨,婢之反。谌,时林反。○裨谌以下四人,皆郑大夫。草,略也。创,造也,谓造为草藁也。世叔,游吉也,春秋传作子太叔。讨,寻究也。论,讲议也。行人,掌使之官。子羽,公孙挥也。修饰,谓增损之。东里,地名,子产所居也。润色,谓加以文采也。郑国之为辞命,必更此四贤之手而成,详审精密,各尽所长。是以应对诸侯,鲜有败事。孔子言此,盖善之也。

或问子产。子曰:"惠人也。"子产之政,不专于宽,然其心则一以爱人为主。故孔子以为惠人,盖举其重而言也。问子西。曰:"彼哉!彼哉!"子西,楚公子申,能逊楚国,立昭王,而改纪其政,亦贤大夫也。然不能革其僭王之号。昭王欲用孔子,又沮止之。其后卒召白公以致祸乱,则其为人可知矣。彼哉者,外之之辞。问管仲。曰:"人也。夺伯氏骈邑三百,饭疏食,没齿无怨言。"人也,犹言此人也。伯氏,齐大夫。骈邑,地名。齿,年也。盖桓公夺伯氏之邑以与管仲,伯氏自知己罪,而心服管仲之功,故穷约以终身而无怨言。荀卿所谓"与之书社三百,而富人莫之敢拒"者,即此事也。○或问:"管仲、子产孰优?"曰:"管仲之德,不胜其才。子产之才,不胜其德。然于圣人之学,则概乎其未有闻也。"

子曰:"贫而无怨难,富而无骄易。"易,去声。○处贫难,处富易,人之常情。然人当勉其难,而不可忽其易也。

子曰:"孟公绰为赵、魏老则优,不可以为滕、薛大夫。"公绰,鲁大夫。赵、魏,晋卿之家。老,家臣之长。大家势重,而无诸侯之事;家老望尊,而无官守之责。优,有余也。滕、薛,二国名。大夫,任国政者。滕、薛国小政繁,大夫位高责重。然则公绰盖廉静寡欲,而短于才者也。○胡氏[1]曰:"知之弗豫,枉其才而用之,则为弃人矣。此君子所以患不知人也。言此,则孔子之用人可知矣。"

子路问成人。子曰:"若臧武仲之知,公绰之不欲,卞庄子之勇,冉求之艺,文之以礼乐,亦可以为成人矣。"知,去声。○成人,犹言全人。武仲,鲁大夫,名纥。庄子,鲁卞邑大夫。言兼此四子之长,则知足以穷理,廉足以养心,勇足以力行,艺足以泛应,而又节之以礼,和之以乐,使德成于内,而文见乎外,则材全德备,浑然不见一善成名之迹,中正和乐,粹然无复偏倚驳杂之蔽,而其为人也亦成矣。然亦之为言,非其至者,盖就子路之所可及而语之也。若论其至,则非圣人之尽人道,不足以语此。曰:"今之成人者何必然?见利思义,见危授命,久要不忘平生之言,亦可以为成人矣。"复加"曰"字者,既答而复言也。授命,言不爱其生,持以

―――――
[1] "胡氏",清仿宋大字本作"杨氏"。

与人也。久要，旧约也。平生，平日也。有是忠信之实，则虽其才知礼乐有所未备，亦可以为成人之次也。○程子曰："知之明，信之笃，行之果，天下之达德也。若孔子所谓成人，亦不出此三者。武仲，知也；公绰，仁也；卞庄子，勇也；冉求，艺也。须是合此四人之能，文之以礼乐，亦可以为成人矣。然而论其大成，则不止于此。若今之成人，有忠信而不及于礼乐，则又其次者也。"又曰："臧武仲之知，非正也。若文之以礼乐，则无不正矣。"又曰："语成人之名，非圣人孰能之？孟子曰：'惟圣人然后可以践形。'如此方可以称成人之名。"○胡氏曰："今之成人以下，乃子路之言。盖不复闻斯行之之勇，而有终身诵之之固矣。"未详是否？

子问公叔文子于公明贾曰："信乎夫子不言、不笑、不取乎？"公叔文子，卫大夫公孙拔也。公明姓，贾名，亦卫人。文子为人，其详不可知，然必廉静之士，故当时以三者称之。公明贾对曰："以告者过也。夫子时然后言，人不厌其言；乐然后笑，人不厌其笑；义然后取，人不厌其取。"子曰："其然，岂其然乎？"厌者，苦其多而恶之之辞。事适其可，则人不厌，而不觉其有是矣。是以称之或过，而以为不言、不笑、不取也。然此言也，非礼义充溢于中、得时措之宜者不能。文子虽贤，疑未及此，但君子与人为善，不欲正言其非也。故曰"其然岂其然乎"，盖疑之也。

子曰："臧武仲以防求为后于鲁，虽曰不要君，吾不信也。"要，平声。○防，地名，武仲所封邑也。要，有挟而求也。武仲得罪奔邾，自邾如防，使请立后而避邑，以示若不得请，则将据邑以叛，是要君也。范氏曰："要君者无上，罪之大者也。武仲之邑，受之于君。得罪出奔，则立后在君，非己所得专也。而据邑以请，由其好知而不好学也。"杨氏曰："武仲卑辞请后，其迹非要君者，而意实要之。夫子之言，亦春秋诛意之法也。"

子曰："晋文公谲而不正，齐桓公正而不谲。"谲，古穴反。○晋文公，名重耳。齐桓公，名小白。谲，诡也。二公皆诸侯盟主，攘夷狄以尊周室者也。虽其以力假仁，心皆不正，然桓公伐楚，仗义执言，不由诡道，犹为彼善于此。文公则伐卫以致楚，而阴谋以取胜，其谲甚矣。二君他事亦多类此，故夫子言此以发其隐。

子路曰:"桓公杀公子纠,召忽死之,管仲不死。"曰:"未仁乎?"纠,居黝反。召,音邵。○按春秋传,齐襄公无道,鲍叔牙奉公子小白奔莒。及无知弑襄公,管夷吾、召忽奉公子纠奔鲁。鲁人纳之,未克,而小白入,是为桓公。使鲁杀子纠而请管、召,召忽死之,管仲请囚。鲍叔牙言于桓公以为相。子路疑管仲忘君事仇,忍心害理,不得为仁也。子曰:"桓公九合诸侯,不以兵车,管仲之力也。如其仁!如其仁!"九,春秋传作"纠",督也,古字通用。不以兵车,言不假威力也。如其仁,言谁如其仁者,又再言以深许之。盖管仲虽未得为仁人,而其利泽及人,则有仁之功矣。

子贡曰:"管仲非仁者与?桓公杀公子纠,不能死,又相之。"与,平声。相,去声。○子贡意不死犹可,相之则已甚矣。子曰:"管仲相桓公,霸诸侯,一匡天下,民到于今受其赐。微管仲,吾其被发左衽矣。被,皮寄反。衽,而审反。○霸,与伯同,长也。匡,正也。尊周室,攘夷狄,皆所以正天下也。微,无也。衽,衣衿也。被发左衽,夷狄之俗也。岂若匹夫匹妇之为谅也,自经于沟渎而莫之知也。"谅,小信也。经,缢也。莫之知,人不知也。后汉书引此文,莫字上有人字。○程子曰:"桓公,兄也。子纠,弟也。仲私于所事,辅之以争国,非义也。桓公杀之虽过,而纠之死实当。仲始与之同谋,遂与之同死,可也;知辅之争为不义,将自免以图后功亦可也。故圣人不责其死而称其功。若使桓弟而纠兄,管仲所辅者正,桓夺其国而杀之,则管仲之与桓,不可同世之仇也。若计其后功而与其事桓,圣人之言,无乃害义之甚,启万世反覆不忠之乱乎?如唐之王珪、魏徵,不死建成之难,而从太宗,可谓害于义矣。后虽有功,何足赎哉?"愚谓管仲有功而无罪,故圣人独称其功;王、魏先有罪而后有功,则不以相掩可也。

公叔文子之臣大夫僎,与文子同升诸公。僎,士免反。○臣,家臣。公,公朝。谓荐之与己同进为公朝之臣也。子闻之曰:"可以为文矣。"文者,顺理而成章之谓。谥法亦有所谓锡民爵位曰文者。○洪氏曰:

"家臣之贱而引之使与己并,有三善焉:知人,一也;忘己,二也;事君,三也。"

子言**卫灵公之无道也,康子曰:"夫如是,奚而不丧?"**夫,音扶。丧,去声。○丧,失位也。**孔子曰:"仲叔圉治宾客,祝鮀治宗庙,王孙贾治军旅。夫如是,奚其丧?"**仲叔圉,即孔文子也。三人皆卫臣,虽未必贤,而其才可用。灵公用之,又各当其才。○尹氏曰:"卫灵公之无道宜丧也,而能用此三人,犹足以保其国,而况有道之君,能用天下之贤才者乎?诗曰:'无竞维人,四方其训之。'"

子曰:"其言之不怍,则为之也难。"大言不惭,则无必为之志,而不自度其能否矣。欲践其言,岂不难哉?

陈成子弑简公。成子,齐大夫,名恒。简公,齐君,名壬。事在春秋哀公十四年。**孔子沐浴而朝,告于哀公曰:"陈恒弑其君,请讨之。"**朝,音潮。○是时孔子致仕居鲁,沐浴斋戒以告君,重其事而不敢忽也。臣弑其君,人伦之大变,天理所不容,人人得而诛之,况邻国乎?故夫子虽已告老,而犹请哀公讨之。**公曰:"告夫三子!"**夫,音扶,下"告夫"同。○三子,三家也。时政在三家,哀公不得自专,故使孔子告之。**孔子曰:"以吾从大夫之后,不敢不告也。君曰'告夫三子'者。"**孔子出而自言如此。意谓弑君之贼,法所必讨。大夫谋国,义所当告。君乃不能自命三子,而使我告之邪?**之三子告,不可。孔子曰:"以吾从大夫之后,不敢不告也。"**以君命往告,而三子鲁之强臣,素有无君之心,实与陈氏声势相倚,故沮其谋。而夫子复以此应之,其所以警之者深矣。○程子曰:"左氏记孔子之言曰:'陈恒弑其君,民之不予者半。以鲁之众,加齐之半,可克也。'此非孔子之言。诚若此言,是以力不以义也。若孔子之志,必将正名其罪,上告天子,下告方伯,而率与国以讨之。至于所以胜齐者,孔子之余事也,岂计鲁人之众寡哉?当是时,天下之乱极矣,因是足以正之,周室其复兴乎?鲁之君臣,终不从之,可胜惜哉!"胡氏曰:"春秋之法,弑君之贼,人得而讨之。仲尼此举,先发后闻可也。"

子路问事君。子曰："勿欺也，而犯之。"犯，谓犯颜谏争。○范氏曰："犯非子路之所难也，而以不欺为难。故夫子教以先勿欺而后犯也。"

子曰："君子上达，小人下达。"君子循天理，故日进乎高明；小人殉人欲，故日究乎污下。

子曰："古之学者为己，今之学者为人。"为，去声。○程子曰："为己，欲得之于己也。为人，欲见知于人也。"○程子曰："古之学者为己，其终至于成物。今之学者为人，其终至于丧己。"愚按：圣贤论学者用心得失之际，其说多矣，然未有如此言之切而要者。于此明辨而日省之，则庶乎其不昧于所从矣。

蘧伯玉使人于孔子。使，去声，下同。○蘧伯玉，卫大夫，名瑗。孔子居卫，尝主于其家。既而反鲁，故伯玉使人来也。孔子与之坐而问焉，曰："夫子何为？"对曰："夫子欲寡其过而未能也。"使者出。子曰："使乎！使乎！"与之坐，敬其主以及其使也。夫子，指伯玉也。言其但欲寡过而犹未能，则其省身克己，常若不及之意可见矣。使者之言愈自卑约，而其主之贤益彰，亦可谓深知君子之心，而善于辞令者矣。故夫子再言使乎以重美之。按庄周称"伯玉行年五十而知四十九年之非"。又曰："伯玉行年六十而六十化。"盖其进德之功，老而不倦，是以践履笃实，光辉宣著，不惟使者知之，而夫子亦信之也。

子曰："不在其位，不谋其政。"重出。

曾子曰："君子思不出其位。"此艮卦之象辞也。曾子盖尝称之，记者因上章之语而类记之也。○范氏曰："物各止其所，而天下之理得矣。故君子所思不出其位，而君臣、上下、大小，皆得其职也。"

子曰："君子耻其言而过其行。"行，去声。○耻者，不敢尽之意。过者，欲有余之辞。

子曰："君子道者三，我无能焉：仁者不忧，知者不惑，勇者不惧。"知，去声。○自责以勉人也。子贡曰："夫子自道也。"道，言也。

自道,犹云谦辞。〇尹氏曰:"成德以仁为先,进学以知为先。故夫子之言,其序有不同者以此。"

子贡方人。子曰:"赐也贤乎哉?夫我则不暇。"夫,音扶。〇方,比也。乎哉,疑辞。比方人物而较其短长,虽亦穷理之事,然专务为此,则心驰于外,而所以自治者疏矣。故褒之而疑其辞,复自贬以深抑之。〇谢氏曰:"圣人责人,辞不迫切而意已独至如此。"

子曰:"不患人之不己知,患其不能也。"凡章指同而文不异者,一言而重出也。文小异者,屡言而各出也。此章凡四见,而文皆有异。则圣人于此一事,盖屡言之,其丁宁之意亦可见矣。

子曰:"不逆诈,不亿不信。抑亦先觉者,是贤乎!"逆,未至而迎之也。亿,未见而意之也。诈,谓人欺己。不信,谓人疑己。抑,反语辞。言虽不逆不亿,而于人之情伪,自然先觉,乃为贤也。〇杨氏曰:"君子一于诚而已,然未有诚而不明者。故虽不逆诈、不亿不信,而常先觉也。若夫不逆不亿而卒为小人所罔焉,斯亦不足观也已。"

微生亩谓孔子曰:"丘何为是栖栖者与?无乃为佞乎?"与,平声。〇微生,姓;亩,名也。亩名呼夫子而辞甚倨,盖有齿德而隐者。栖栖,依依也。为佞,言其务为口给以悦人也。孔子曰:"非敢为佞也,疾固也。"疾,恶也。固,执一而不通也。圣人之于达尊,礼恭而言直如此,其警之亦深矣。

子曰:"骥不称其力,称其德也。"骥,善马之名。德,谓调良也。〇尹氏曰:"骥虽有力,其称在德。人有才而无德,则亦奚足尚哉?"

或曰:"以德报怨,何如?"或人所称,今见老子书。德,谓恩惠也。子曰:"何以报德?言于其所怨,既以德报之矣;则人之有德于我者,又将何以报之乎?以直报怨,以德报德。"于其所怨者,爱憎取舍,一以至公而无私,所谓直也。于其所德者,则必以德报之,不可忘也。〇或人之言,可谓厚矣。然以圣人之言观之,则见其出于有意之私,而怨德之报皆不得其平也。必如夫子之言,然后二者之报各得其所。然怨有不仇,而德无不报,则又未尝不厚也。此章之言,明白简约,而其指意曲折反复,如造化之简易易知,而微妙无穷,学者所宜详玩也。

子曰:"莫我知也夫!"夫,音扶。○夫子自叹,以发子贡之问也。子贡曰:"何为其莫知子也?"子曰:"不怨天,不尤人。下学而上达。知我者其天乎!"不得于天而不怨天,不合于人而不尤人,但知下学而自然上达。此但自言其反己自修,循序渐进耳,无以甚异于人而致其知也,然深味其语意,则见其中自有人不及知而天独知之之妙。盖在孔门,惟子贡之智几足以及此,故特语以发之。惜乎其犹有所未达也!○程子曰:"不怨天,不尤人,在理当如此。"又曰:"下学上达,意在言表。"又曰:"学者须守下学上达之语,乃学之要。盖凡下学人事,便是上达天理,然习而不察,则亦不能以上达矣。"

公伯寮愬子路于季孙。子服景伯以告,曰:"夫子固有惑志于公伯寮,吾力犹能肆诸市朝。"朝,音潮。○公伯寮,鲁人。子服氏,景谥,伯字,鲁大夫子服何也。夫子,指季孙。言其有疑于寮之言也。肆,陈尸也。言欲诛寮。子曰:"道之将行也与?命也。道之将废也与?命也。公伯寮其如命何!"与,平声。○谢氏曰:"虽寮之愬行,亦命也。其实寮无如之何。"愚谓言此以晓景伯,安子路,而警伯寮耳。圣人于利害之际,则不待决于命而后泰然也。

子曰:"贤者辟世,辟,去声,下同。○天下无道而隐,若伯夷、太公是也。其次辟地,去乱国,适治邦。其次辟色,礼貌衰而去。其次辟言。"有违言而后去也。○程子曰:"四者虽以大小次第言之,然非有优劣也,所遇不同耳。"

子曰:"作者七人矣。"李氏曰:"作,起也。言起而隐去者,今七人矣。不可知其谁何。必求其人以实之,则凿矣。"

子路宿于石门。晨门曰:"奚自?"子路曰:"自孔氏。"曰:

"是知其不可而为之者与?"与,平声。○石门,地名。晨门,掌晨启门,盖贤人隐于抱关者也。自,从也,问其何所从来也。胡氏曰:"晨门知世之不可而不为,故以是讥孔子,然不知圣人之视天下,无不可为之时也。"

子击磬于卫。有荷蒉而过孔氏之门者,曰:"有心哉!击磬乎!"荷,去声。○磬,乐器。荷,担也。蒉,草器也。此荷蒉者,亦隐士也。圣人之心未尝忘天下,此人闻其磬声而知之,则亦非常人矣。既而曰:"鄙哉!硁硁乎!莫己知也,斯己而已矣。深则厉,浅则揭。"硁,苦耕反。莫己之己,音纪,余音以。揭,起例反。○硁硁,石声,亦专确之意。以衣涉水曰厉,摄衣涉水曰揭。此两句,卫风匏有苦叶之诗也。讥孔子人不知己而不止,不能适浅深之宜。子曰:"果哉!末之难矣。"果哉,叹其果于忘世也。末,无也。圣人心同天地,视天下犹一家,中国犹一人,不能一日忘也。故闻荷蒉之言,而叹其果于忘世。且言人之出处,若但如此,则亦无所难矣。

子张曰:"书云:'高宗谅阴,三年不言。'何谓也?"高宗,商王武丁也。谅阴,天子居丧之名,未详其义。子曰:"何必高宗,古之人皆然。君薨,百官总己以听于冢宰三年。"言君薨,则诸侯亦然。总己,谓总摄己职。冢宰,太宰也。百官听于冢宰,故君得以三年不言也。○胡氏曰:"位有贵贱,而生于父母无以异者。故三年之丧,自天子达。子张非疑此也,殆以为人君三年不言,则臣下无所禀令,祸乱或由以起也。孔子告以听于冢宰,则祸乱非所忧矣。"

子曰:"上好礼,则民易使也。"好、易,皆去声。○谢氏曰:"礼达而分定,故民易使。"

子路问君子。子曰:"修己以敬。"曰:"如斯而已乎?"曰:"修己以安人。"曰:"如斯而已乎?"曰:"修己以安百姓。修己以安百姓,尧、舜其犹病诸!"修己以敬,夫子之言至矣尽矣。而子路少之,故再以其充积之盛,自然及物者告之,无他道也。人者,对己而言。百姓,则尽乎人矣。尧、舜犹病,言不可以有加于此。以抑子路,使反求诸近也。盖圣人之心无穷,世虽极治,然岂能必知四海之内,果无一物不得其所哉?故尧、舜犹以安百姓为病。若曰吾治已足,则非所以为圣人矣。○程子曰:"君子修己以安百姓,笃恭而天下平。惟上下一于恭敬,则天地自位,万物自育,气无不和,而四灵毕至矣。此体信达顺之道,聪明睿知皆由是出,以此事天飨帝。"

原壤夷俟。子曰:"幼而不孙弟,长而无述焉,老而不死,是为贼!"以杖叩其胫。 孙、弟,并去声。长,上声。叩,音口。胫,其定反。○原壤,孔子之故人。母死而歌,盖老氏之流,自放于礼法之外者。夷,蹲踞也。俟,待也。言见孔子来而蹲踞以待之也。述,犹称也。贼者,害人之名。以其自幼至长,无一善状,而久生于世,徒足以败常乱俗,则是贼而已矣。胫,足骨也。孔子既责之,而因以所曳之杖,微击其胫,若使勿蹲踞然。

阙党童子将命。或问之曰:"益者与?" 与,平声。○阙党,党名。童子,未冠者之称。将命,谓传宾主之言。或人疑此童子学有进益,故孔子使之传命以宠异之也。**子曰:"吾见其居于位也,见其与先生并行也。非求益者也,欲速成者也。"** 礼,童子当隅坐随行。孔子言吾见此童子,不循此礼。非能求益,但欲速成尔。故使之给使令之役,观长少之序,习揖逊之容。盖所以抑而教之,非宠而异之也。

论语集注卷八

卫灵公第十五 凡四十一章。

卫灵公问陈于孔子。孔子对曰:"俎豆之事,则尝闻之矣;军旅之事,未之学也。"明日遂行。陈,去声。〇陈,谓军师行伍之列。俎豆,礼器。尹氏曰:"卫灵公,无道之君也,复有志于战伐之事,故答以未学而去之。"在陈绝粮,从者病,莫能兴。从,去声。〇孔子去卫适陈。兴,起也。子路愠见曰:"君子亦有穷乎?"子曰:"君子固穷,小人穷斯滥矣。"见,贤遍反。〇何氏曰:"滥,溢也。言君子固有穷时,不若小人穷则放溢为非。"程子曰:"固穷者,固守其穷。"亦通。〇愚谓圣人当行而行,无所顾虑。处困而亨,无所怨悔。于此可见,学者宜深味之。

子曰:"赐也,女以予为多学而识之者与?"女,音汝。识,音志。与,平声,下同。〇子贡之学,多而能识矣。夫子欲其知所本也,故问以发之。对曰:"然,非与?"方信而忽疑,盖其积学功至,而亦将有得也。曰:"非也,予一以贯之。"说见第四篇。然彼以行言,而此以知言也。〇谢氏曰:"圣人之道大矣,人不能遍观而尽识,宜其以为多学而识之也。然圣人岂务博者哉？如天之于众形，匪物物刻而雕之也。故曰：'予一以贯之。''德輶如毛，毛犹有伦。上天之载，无声无臭。'至矣！"尹氏曰："孔子之于曾子，不待其问而直告之以此，曾子复深谕之曰'唯'。若子贡则先发其疑而后告之，而子贡终亦不能如曾子之唯也。二子所学之浅深于此可见。"愚按：夫子之于子贡，屡有以发之，而他人不与焉，则颜、曾以下诸子所学之浅深，又可见矣。

子曰："由！知德者鲜矣。"鲜，上声。○由，呼子路之名而告之也。德，谓义理之得于己者。非己有之，不能知其意味之实也。○自第一章至此，疑皆一时之言。此章盖为愠见发也。

子曰："无为而治者，其舜也与？夫何为哉，恭己正南面而已矣。"与，平声。夫，音扶。○无为而治者，圣人德盛而民化，不待其有所作为也。独称舜者，绍尧之后，而又得人以任众职，故尤不见其有为之迹也。恭己者，圣人敬德之容。既无所为，则人之所见如此而已。

子张问行。犹问达之意也。子曰："言忠信，行笃敬，虽蛮貊之邦行矣；言不忠信，行不笃敬，虽州里行乎哉？行笃、行不之行，去声。貊，亡百反。○子张意在得行于外，故夫子反于身而言之，犹答干禄问达之意也。笃，厚也。蛮，南蛮。貊，北狄。二千五百家为州。立，则见其参于前也；在舆，则见其倚于衡也。夫然后行。"参，七南反。夫，音扶。○其者，指忠信笃敬而言。参，读如毋往参焉之参，言与我相参也。衡，轭也。言其于忠信笃敬念念不忘，随其所在，常若有见，虽欲顷刻离之而不可得。然后一言一行，自然不离于忠信笃敬，而蛮貊可行也。子张书诸绅。绅，大带之垂者。书之，欲其不忘也。○程子曰："学要鞭辟近里，著己而已。博学而笃志，切问而近思；言忠信，行笃敬；立则见其参于前，在舆则见其倚于衡，只此是学。质美者明得尽，查滓便浑化，却与天地同体。其次惟庄敬以持养之，及其至则一也。"

子曰："直哉史鱼！邦有道，如矢；邦无道，如矢。史，官名。鱼，卫大夫，名䲡。如矢，言直也。史鱼自以不能进贤退不肖，既死犹以尸谏，故夫子称其直。事见家语。**君子哉蘧伯玉！邦有道，则仕；邦无道，则可卷而怀之。"** 伯玉出处合于圣人之道，故曰君子。卷，收也。怀，藏也。如于孙林父、宁殖放弑之谋，不对而出，亦其事也。○杨氏曰："史鱼之直，未尽君子之道。若蘧伯玉，然后可免于乱世。若史鱼之如矢，则虽欲卷而怀之，有不可得也。"

子曰："可与言而不与之言，失人；不可与言而与之言，失言。知者不失人，亦不失言。"知，去声。

子曰："志士仁人，无求生以害仁，有杀身以成仁。"志士，有志之士。仁人，则成德之人也。理当死而求生，则于其心有不安矣，是害其心之德也。当死而死，则心安而德全矣。○程子曰："实理得之于心自别。实理者，实见得是，实见得非也。古人有捐躯陨命者，若不实见得，恶能如此？须是实见得生不重于义、生不安于死也，故有杀身以成仁者，只是成就一个是而已。"

子贡问为仁。子曰："工欲善其事，必先利其器。居是邦也，事其大夫之贤者，友其士之仁者。"贤以事言，仁以德言。夫子尝谓子贡悦不若己者，故以是告之，欲其有所严惮切磋以成其德也。○程子曰："子贡问为仁，非问仁也，故孔子告之以为仁之资而已。"

颜渊问为邦。颜子王佐之才，故问治天下之道。曰为邦者，谦辞。子曰："**行夏之时**，夏时，谓以斗柄初昏建寅之月为岁首也。天开于子，地辟于丑，人生于寅，故斗柄建此三辰之月，皆可以为岁首。而三代迭用之，夏以寅为人正，商以丑为地正，周以子为天正也。然时以作事，则岁月自当以人为纪。故孔子尝曰，"吾得夏时焉"，而说者以为谓夏小正之属。盖取其时之正与其令之善，而于此又以告颜子也。**乘殷之辂**，辂，音路，亦作路。○商辂，木辂也。辂者，大车之名。古者以木为车而已，至商而有辂之名，盖始异其制也。周人饰以金玉，则过侈而易败，不若商辂之朴素浑坚而等威已辨，为质而得其中也。**服周之冕**，周冕有五，祭服之冠也。冠上有覆，前后有旒。黄帝以来,盖已有之,而制度仪等,至周始备。然其为物小,而加于众体之上,故虽华而不为靡,虽费而不及奢。夫子取之,盖亦以为文而得其中也。乐则**韶舞**。取其尽善尽美。**放郑声,远佞人。郑声淫,佞人殆。**"远,去声。○放,谓禁绝之。郑声,郑国之音。佞人,卑谄辩给之人。殆,危也。○程子曰:"问政多矣,惟颜渊告之以此。盖三代之制,皆因时损益,及其久也,不能无弊。周衰,圣人不作,故孔子斟酌先王之礼,立万世常行之道,发此以为之兆尔。由是求之,则余皆可考也。"张子曰:"礼乐,治之法也。放郑声,远佞人,法外意也。一日不谨,则法坏矣。虞、夏君臣更相饬戒,意盖如此。"又曰:"法立而能守,则德可久,业可大。郑声佞人,能使人丧其所守,故放远之。"尹氏曰:"此所谓百王不易之大法。孔子之作春秋,盖此意也。孔、颜虽不得行之于时,然其为治之法,可得而见矣。"

子曰:"人无远虑,必有近忧。"苏氏曰:"人之所履者,容足之外,皆为无用之地,而不可废也。故虑不在千里之外,则患在几席之下矣。"

子曰:"已矣乎!吾未见好德如好色者也。"好,去声。○已矣乎,叹其终不得而见也。

子曰:"臧文仲其窃位者与?知柳下惠之贤,而不与立也。"者与之与,平声。○窃位,言不称其位而有愧于心,如盗得而阴据之也。柳下惠,鲁大夫展获,字禽,食邑柳下,谥曰惠。与立,谓与之并立于朝。范氏曰:"臧文仲为政于鲁,若不知贤,是不明也;知而不举,是蔽贤也。不明之罪小,蔽贤之罪大。故孔子以为不仁,又以为窃位。"

子曰:"躬自厚而薄责于人,则远怨矣。"远,去声。○责己厚,故身益修;责人薄,故人易从,所以人不得而怨之。

子曰:"不曰'如之何如之何'者,吾末如之何也已矣。"如之何如之何者,熟思而审处之辞也。不如是而妄行,虽圣人亦无如之何矣。

子曰:"群居终日,言不及义,好行小慧,难矣哉!"好,去声。○小慧,私智也。言不及义,则放辟邪侈之心滋。好行小慧,则行险侥幸之机熟。难矣哉者,言其无以入德,而将有患害也。

子曰:"君子义以为质,礼以行之,孙以出之,信以成之。君子哉!"孙,去声。○义者制事之本,故以为质干。而行之必有节文,出之必以退逊,成之必在诚实,乃君子之道也。○程子曰:"义以为质,如质干然。礼行此,孙出此,信成此。此四句只是一事,以义为本。"又曰:"'敬以直内,则义以方外。''义以为质,则礼以行之,孙以出之,信以成之。'"

子曰:"君子病无能焉,不病人之不己知也。"

子曰:"君子疾没世而名不称焉。"范氏曰:"君子学以为己,不求人知。然没世而名不称焉,则无为善之实可知矣。"

子曰:"君子求诸己,小人求诸人。"谢氏曰:"君子无不反求诸己,小人反是。此君子小人所以分也。"○杨氏曰:"君子虽不病人之不己知,然亦疾没世而名不称也。虽疾没世而名不称,然所以求者,亦反诸己而已。小人求诸人,故违道干誉,无所不至。三者文不相蒙,而义实相足,亦记言者之意。"

子曰:"君子矜而不争,群而不党。"庄以持己曰矜。然无乖戾之心,故不争。和以处众曰群。然无阿比之意,故不党。

子曰:"君子不以言举人,不以人废言。"

子贡问曰:"有一言而可以终身行之者乎?"子曰:"其恕乎!己所不欲,勿施于人。"推己及物,其施不穷,故可以终身行之。○尹氏曰:"学贵于知要。子贡之问,可谓知要矣。孔子告以求仁之方也。推而极之,虽圣人之无我,不出乎此。终身行之,不亦宜乎?"

子曰:"吾之于人也,谁毁谁誉?如有所誉者,其有所试矣。誉,平声。○毁者,称人之恶而损其真。誉者,扬人之善而过其实。夫子无是也。然或有所誉者,则必尝有以试之,而知其将然矣。圣人善善之速,而无所苟如此。若其恶恶,则已缓矣。是以虽有以前知其恶,而终无所毁也。斯民也,三代之所以直道而行也。"斯民者,今此之人也。三代,夏、商、周也。直道,无私曲也。言吾之所以无所毁誉者,盖以此民,即三代之时所以善其善、恶其恶而无所私曲之民。故我今亦不得而枉其是非之实也。○尹氏曰："孔子之于人也，岂有意于毁誉之哉？其所以誉之者，盖试而知其美故也。斯民也，三代所以直道而行，岂得容私于其间哉？"

子曰："吾犹及史之阙文也，有马者借人乘之。今亡矣夫！"夫，音扶。○杨氏曰："史阙文、马借人，此二事孔子犹及见之。今亡矣夫，悼时之益偷也。"愚谓此必有为而言。盖虽细故，而时变之大者可知矣。○胡氏曰："此章义疑，不可强解。"

子曰："巧言乱德，小不忍则乱大谋。"巧言，变乱是非，听之使人丧其所守。小不忍，如妇人之仁、匹夫之勇皆是。

子曰："众恶之，必察焉；众好之，必察焉。"好、恶，并去声。○杨氏曰："惟仁者能好恶人。众好恶之而不察，则或蔽于私矣。"

子曰："人能弘道，非道弘人。"弘，廓而大之也。人外无道，道外无人。然人心有觉，而道体无为；故人能大其道，道不能大其人也。○张子曰："心能尽性，人能弘道也；性不知检其心，非道弘人也。"

子曰："过而不改，是谓过矣。"过而能改，则复于无过。惟不改则其过遂成，而将不及改矣。

子曰："吾尝终日不食，终夜不寝，以思，句。无益，句。不如学也。"此为思而不学者言之。盖劳心以必求，不如逊志而自得也。李氏曰："夫子非思而不学者，特垂语以教人尔。"

子曰："君子谋道不谋食。耕也，馁在其中矣；学也，禄在其中矣。君子忧道不忧贫。"馁，奴罪反。○耕所以谋食，而未必得食。学所以谋道，而禄在其中。然其学也，忧不得乎道而已，非为忧贫之故，而欲为是以得禄也。○尹氏曰："君子治其本而不恤其末，岂以在外者为忧乐哉？"

子曰："知及之，仁不能守之，虽得之，必失之。知，去声。○知足以知此理，而私欲间之，则无以有之于身矣。知及之，仁能守之，不庄以莅之，则民不敬。莅，临也。谓临民也。知此理而无私欲以间之，则所知者在我而不失矣。然犹有不庄者,盖气习之偏,或有厚于内而不严于外者,是以民不见其可畏而慢易之。下句放此。**知及之,仁能守之,庄以莅之,动之不以礼,未善也。**"动之,动民也。犹曰鼓舞而作兴之云尔。礼,谓义理之节文。○愚谓学至于仁,则善有诸己而大本立矣。莅之不庄,动之不以礼,乃其气禀学问之小疵,然亦非尽善之道也。故夫子历言之,使知德愈全则责愈备,不可以为小节而忽之也。

子曰:"**君子不可小知,而可大受也;小人不可大受,而可小知也。**"此言观人之法。知,我知之也。受,彼所受也。盖君子于细事未必可观,而材德足以任重;小人虽器量浅狭,而未必无一长可取。

子曰:"**民之于仁也,甚于水火。水火,吾见蹈而死者矣,未见蹈仁而死者也。**"民之于水火,所赖以生,不可一日无。其于仁也亦然。但水火外物,而仁在己。无水火,不过害人之身,而不仁则失其心。是仁有甚于水火,而尤不可以一日无也。况水火或有时而杀人,仁则未尝杀人,亦何惮而不为哉?李氏曰:"此夫子勉人为仁之语。"下章放此。

子曰:"**当仁不让于师。**"当仁,以仁为己任也。虽师亦无所逊,言当勇往而必为也。盖仁者,人所自有而自为之,非有争也,何逊之有?○程子曰:"为仁在己,无所与逊。若善名为〔1〕外,则不可不逊。"

子曰:"**君子贞而不谅。**"贞,正而固也。谅,则不择是非而必于信。

子曰:"**事君,敬其事而后其食。**"后,与后获之后同。食,禄也。君子之仕也,有官守者修其职,有言责者尽其忠,皆以敬吾之事而已,不可先有求禄之心也。

子曰:"**有教无类。**"人性皆善,而其类有善恶之殊者,气习之染也。故君子有教,则人皆可以复于善,而不当复论其类之恶矣。

子曰:"**道不同,不相为谋。**"为,去声。○不同,如善恶邪正之异。

---

〔1〕 "为",清仿宋大字本作"在"。

子曰："辞达而已矣。"辞，取达意而止，不以富丽为工。

师冕见，及阶，子曰："阶也。"及席，子曰："席也。"皆坐，子告之曰："某在斯，某在斯。"见，贤遍反。○师，乐师，瞽者。冕，名。再言某在斯，历举在坐之人以诏之。师冕出。子张问曰："与师言之道与？"与，平声。○圣门学者，于夫子之一言一动，无不存心省察如此。子曰："然。固相师之道也。"相，去声。○相，助也。古者瞽必有相，其道如此。盖圣人于此，非作意而为之，但尽其道而已。○尹氏曰："圣人处己为人，其心一致，无不尽其诚故也。有志于学者，求圣人之心，于斯亦可见矣。"范氏曰："圣人不侮鳏寡，不虐无告，可见于此。推之天下，无一物不得其所矣。"

季氏第十六

洪氏曰："此篇或以为齐论。"凡十四章。

季氏将伐颛臾。颛，音专。臾，音俞。○颛臾，国名。鲁附庸也。冉有、季路见于孔子曰："季氏将有事于颛臾。"见，贤遍反。○按左传、史记，二子仕季氏不同时。此云尔者，疑子路尝从孔子自卫反鲁，再仕季氏，不久而复之卫也。孔子曰："求！无乃尔是过与？与，平声。○冉求为季氏聚敛，尤用事。故夫子独责之。夫颛臾，昔者先王以为东蒙主，且在邦域之中矣，是社稷之臣也。何以伐为？"夫，音扶。○东蒙，山名。先王封颛臾于此山之下，使主其祭，在鲁地七百里之中。社稷，犹云公家。是时四分鲁国，季氏取其二，孟孙、叔孙各有其一。独附庸之国尚为公臣，季氏又欲取以自益。故孔子言颛臾乃先王封国，则不可伐；在邦域之中，则不必伐；是社稷之臣，则非季氏所当伐也。此事理之至当，不易之定体，而一言尽其曲折如此，非圣人不能也。冉有曰："夫子欲之，吾二臣者皆不欲也。"夫子，指季孙。冉有实与谋，以孔子非之，故归咎于季氏。孔子曰："求！周任有言曰:'陈力就列,不能者止。'危而不持,颠而不扶,则将焉用彼相矣? 任,平声。焉,于虔反。相,去声,下同。○周任,古之良史。陈,布也。列,位也。相,瞽者之相也。言二子不欲则当谏,谏而不听,则当去也。且尔言过矣。虎兕出于柙,龟玉毁于椟中,是谁之过与?"兕,徐履反。柙,户甲反。椟,音独。与,平声。○兕,野牛也。柙,槛也。椟,匮也。言在柙而逸,在椟而毁,典守者不得辞其过。明二子居其位而不去,则季氏之恶,己不得不任其责也。冉有曰:"今夫颛臾,固而近于费。今不取,后世必为子孙忧。"夫,音扶。○固,谓城郭完固。费,季氏之私邑。此则冉求之饰辞,然亦可见其实与季氏之谋矣。孔子曰:"求! 君子疾夫舍曰欲之,而必为之辞。夫,音扶。舍,上声。○欲之,谓贪其利。丘也闻有国有家者,不患寡而患不均,不患贫而患不安。盖均无贫,和无寡,安无倾。寡,谓民少。贫,谓财乏。均,谓各得其分。安,谓上下相安。季氏之欲取颛臾,患寡与贫耳。然是时季氏据国,而鲁公无民,则不均矣。君弱臣强,互生嫌隙,则不安矣。均则不患于贫而和,和则不患于寡而安,安则不相疑忌,而无倾覆之患。夫如是,故远人不服,则修文德以来之。既来之,则安之。夫,音扶。○内治修,然后远人服。有不服,则修德以来之,亦不当勤兵于远。今由与求也,相夫子,远人不服而不能来也;邦分崩离析而不能守也。子路虽不与谋,而素不能辅之以义,亦不得为无罪,故并责之。远人,谓颛臾。分崩离析,谓四分公室,家臣屡叛。而谋动干戈于邦内。吾恐季孙之忧,不在颛臾,而在萧墙之内也。"干,楯也。戈,戟也。萧墙,屏也。言不均不和,内变将作。其后哀公果欲以越伐鲁而去季氏。○谢氏曰:"当是时,三家强,公室弱,冉求又欲伐颛臾以附益之。夫子所以深罪之,为其瘠鲁以肥三家也。"洪氏曰:"二子仕于季氏,凡季氏所欲为,必以告于夫子,则因夫子之言而救止者,宜亦多矣。伐颛臾之事,不见于经传,其以夫子之言而止也与?"

孔子曰:"天下有道,则礼乐征伐自天子出;天下无道,则礼乐征伐自诸侯出。自诸侯出,盖十世希不失矣;自大夫出,五世希不失矣;陪臣执国命,三世希不失矣。先王之制,诸侯不得变礼乐,专征伐。陪臣,家臣也。逆理愈甚,则其失之愈速。大约世数,不过如此。天下有道,则政不在大夫。言不得专政。天下有道,则庶人不议。"上无失政,则下无私议。非箝其口使不敢言也。○此章通论天下之势。

孔子曰:"禄之去公室,五世矣;政逮于大夫,四世矣;故夫三桓之子孙,微矣。"夫,音扶。○鲁自文公薨,公子遂杀子赤,立宣公,而君失其政。历成、襄、昭、定,凡五公。逮,及也。自季武子始专国政,历悼、平、桓子,凡四世,而为家臣阳虎所执。三桓,三家,皆桓公之后。此以前章之说推之,而知其当然也。○此章专论鲁事,疑与前章皆定公时语。苏氏曰:"礼乐征伐自诸侯出,宜诸侯之强也,而鲁以失政。政逮于大夫,宜大夫之强也,而三桓以微。何也?强生于安,安生于上下之分定。今诸侯大夫皆陵其上,则无以令其下矣,故皆不久而失之也。"

孔子曰:"益者三友,损者三友。友直,友谅,友多闻,益矣。友便辟,友善柔,友便佞,损矣。"便,平声。辟,婢亦反。○友直,则闻其过。友谅,则进于诚。友多闻,则进于明。便,习熟也。便辟,谓习于威仪而不直。善柔,谓工于媚悦而不谅。便佞,谓习于口语,而无闻见之实。三者损益,正相反也。○尹氏曰:"自天子至于庶人,未有不须友以成者,而其损益有如是者,可不谨哉?"

孔子曰:"益者三乐,损者三乐。乐节礼乐,乐道人之善,乐多贤友,益矣。乐骄乐,乐佚游,乐宴乐,损矣。"乐,五教反。礼乐之乐,音岳。骄乐宴乐之乐,音洛。○节,谓辨其制度声容之节。骄乐,则侈肆而不知节。佚游,则惰慢而恶闻善。宴乐,则淫溺而狎小人。三者损益亦相反也。○尹氏曰:"君子之于好乐,可不谨哉?"

孔子曰:"侍于君子有三愆:言未及之而言谓之躁,言及之而不言谓之隐,未见颜色而言谓之瞽。"君子,有德位之通称。愆,过也。瞽,无目,不能察言观色。○尹氏曰:"时然后言,则无三者之过矣。"

孔子曰:"君子有三戒:少之时,血气未定,戒之在色;及其壮也,血气方刚,戒之在斗;及其老也,血气既衰,戒之在得。"血气,形之所待以生者,血阴而气阳也。得,贪得也。随时知戒,以理胜之,则不为血气所使也。○范氏曰:"圣人同于人者血气也,异于人者志气也。血气有时而衰,志气则无时而衰也。少未定、壮而刚、老而衰者,血气也。戒于色、戒于斗、戒于得者,志气也。君子养其志气,故不为血气所动,是以年弥高而德弥邵也。"

孔子曰:"君子有三畏:畏天命,畏大人,畏圣人之言。畏者,严惮之意也。天命者,天所赋之正理也。知其可畏,则其戒谨恐惧,自有不能已者。而付畀之重,可以不失矣。大人圣言,皆天命所当畏。知畏天命,则不得不畏之矣。小人不知天命而不畏也,狎大人,侮圣人之言。"侮,戏玩也。不知天命,故不识义理,而无所忌惮如此。○尹氏曰:"三畏者,修己之诚当然也。小人不务修身诚己,则何畏之有?"

孔子曰:"生而知之者,上也;学而知之者,次也;困而学之,又其次也;困而不学,民斯为下矣。"困,谓有所不通。言人之气质不同,大约有此四等。○杨氏曰:"生知学知以至困学,虽其质不同,然及其知之一也。故君子惟学之为贵。困而不学,然后为下。"

孔子曰:"君子有九思:视思明,听思聪,色思温,貌思恭,言思忠,事思敬,疑思问,忿思难,见得思义。"难,去声。○视无所蔽,则明无不见。听无所壅,则聪无不闻。色,见于面者。貌,举身而言。思问,则疑不蓄。思难,则忿必惩。思义,则得不苟。○程子曰:"九思各专其一。"谢氏曰:"未至于从容中道,无时而不自省察也。虽有不存焉者寡矣,此之谓思诚。"

孔子曰:"见善如不及,见不善如探汤。吾见其人矣,吾闻其语矣。探,吐南反。○真知善恶而诚好恶之,颜、曾、闵、冉之徒,盖能之矣。语,盖古语也。隐居以求其志,行义以达其道。吾闻其语矣,未见其人也。"求其志,守其所达之道也。达其道,行其所求之志也。盖惟伊尹、太公之流,可以当之。当时若颜子,亦庶乎此,然隐而未见,又不幸而蚤死,故夫子云然。

齐景公有马千驷,死之日,民无德而称焉。伯夷、叔齐饿于首阳之下,民到于今称之。驷,四马也。首阳,山名。其斯之谓与?与,平声。○胡氏曰:"程子以为第十二篇错简'诚不以富,亦祇以异',当在此章之首。今详文势,似当在此句之上。言人之所称,不在于富,而在于异也。"愚谓此说近是,而章首当有孔子曰字,盖阙文耳。大抵此书后十篇多阙误。

陈亢问于伯鱼曰:"子亦有异闻乎?"亢,音刚。○亢以私意窥圣人,疑必阴厚其子。对曰:"未也。尝独立,鲤趋而过庭。曰:'学诗乎?'对曰:'未也。''不学诗,无以言。'鲤退而学诗。事理通达,而心气和平,故能言。他日又独立,鲤趋而过庭。曰:'学礼乎?'对曰:'未也。''不学礼,无以立。'鲤退而学礼。品节详明,而德性坚定,故能立。闻斯二者。"当独立之时,所闻不过如此,其无异闻可知。陈亢退而喜曰:"问一得三,闻诗,闻礼,又闻君子之远其子也。"远,去声。○尹氏曰:"孔子之教其子,无异于门人,故陈亢以为远其子。"

邦君之妻,君称之曰夫人,夫人自称曰小童;邦人称之曰君夫人,称诸异邦曰寡小君;异邦人称之亦曰君夫人。寡,寡德,谦辞。○吴氏曰:"凡语中所载如此类者,不知何谓。或古有之,或夫子尝言之,不可考也。"

论语集注卷九

阳货第十七 凡二十六章。

阳货欲见孔子,孔子不见,归孔子豚。孔子时其亡也,而往拜之,遇诸涂。归,如字,一作馈。○阳货,季氏家臣,名虎。尝囚季桓子而专国政。欲令孔子来见己,而孔子不往。货以礼,大夫有赐于士,不得受于其家,则往拜其门。故瞰孔子之亡而归之豚,欲令孔子来拜而见之也。谓孔子曰:"来!予与尔言。"曰:"怀其宝而迷其邦,可谓仁乎?"曰:"不可。""好从事而亟失时,可谓知乎?"曰:"不可。""日月逝矣,岁不我与。"孔子曰:"诺。吾将仕矣。"好、亟、知,并去声。○怀宝迷邦,谓怀藏道德,不救国之迷乱。亟,数也。失时,谓不及事几之会。将者,且然而未必之辞。货语皆讥孔子而讽使速仕。孔子固未尝如此,而亦非不欲仕也,但不仕于货耳。故直据理答之,不复与辩,若不谕其意者。○阳货之欲见孔子,虽其善意,然不过欲使助己为乱耳。故孔子不见者,义也。其往拜者,礼也。必时其亡而往者,欲其称也。遇诸涂而不避者,不终绝也。随问而对者,理之直也。对而不辩者,言之孙而亦无所诎也。杨氏曰:"扬雄谓孔子于阳货也,敬所不敬,为诎身以信道。非知孔子者。盖道外无身,身外无道。身诎矣而可以信道,吾未之信也。"

子曰:"性相近也,习相远也。"此所谓性,兼气质而言者也。气质之性,固有美恶之不同矣。然以其初而言,则皆不甚相远也。但习于善则善,习于恶则恶,于是始相远耳。○程子曰:"此言气质之性,非言性之本也。若言其本,则性即是理,理无不善,孟子之言性善是也,何相近之有哉?"

子曰:"唯上知与下愚不移。"知,去声。○此承上章而言。人之气质相近之中,又有美恶一定,而非习之所能移者。○程子曰:"人性本善,有不可移者何也?语其性则皆善也,语其才则有下愚之不移。所谓下愚有二焉:自暴自弃也。人苟以善自治,则无不可移,虽昏愚之至,皆可渐磨而进也。惟自暴者拒之以不信,自弃者绝之以不为,虽圣人与居,不能化而入也,仲尼之所谓下愚也。然其质非必昏且愚也,往往强戾而才力有过人者,商辛是也。圣人以其自绝于善,谓之下愚,然考其归则诚愚也。"或曰:"此与上章当合为一,子曰二字,盖衍文耳。"

子之武城,闻弦歌之声。弦,琴瑟也。时子游为武城宰,以礼乐为教,故邑人皆弦歌也。夫子莞尔而笑,曰:"割鸡焉用牛刀?"莞,华版反。焉,于虔反。○莞尔,小笑貌,盖喜之也。因言其治小邑,何必用此大道也。子游对曰:"昔者偃也闻诸夫子曰:'君子学道则爱人,小人学道则易使也。'"易,去声。○君子小人,以位言之。子游所称,盖夫子之常言,言君子小人皆不可以不学。故武城虽小,亦必教以礼乐。子曰:"二三子!偃之言是也。前言戏之耳。"嘉子游之笃信,又以解门人之惑也。○治有大小,而其治之必用礼乐,则其为道一也。但众人多不能用,而子游独行之。故夫子骤闻而深喜之,因反其言以戏之。而子游以正对,故复是其言,而自实其戏也。

公山弗扰以费畔,召,子欲往。弗扰,季氏宰。与阳货共执桓子,据邑以叛。子路不说,曰:"末之也已,何必公山氏之之也。"说,音悦。○末，无也。言道既不行，无所往矣，何必公山氏之往乎？子曰："夫召我者而岂徒哉？如有用我者，吾其为东周乎？"夫，音扶。○岂徒哉，言必用我也。为东周，言兴周道于东方。○程子曰："圣人以天下无不可有为之人，亦无不可改过之人，故欲往。然而终不往者，知其必不能改故也。"

子张问仁于孔子。孔子曰："能行五者于天下，为仁矣。"请问之。曰："恭、宽、信、敏、惠。恭则不侮，宽则得众，信则人任焉，敏则有功，惠则足以使人。"行是五者，则心存而理得矣。于天下，言无适而不然，犹所谓虽之夷狄不可弃者。五者之目，盖因子张所不足而言耳。任，倚仗也，又言其效如此。○张敬夫曰："能行此五者于天下，则其心公平而周遍可知矣，然恭其本与？"李氏曰："此章与六言、六蔽、五美、四恶之类，皆与前后文体大不相似。"

佛肸召，子欲往。佛，音弼。肸，许密反。○佛肸，晋大夫赵氏之中牟宰也。子路曰："昔者由也闻诸夫子曰：'亲于其身为不善者，君子不入也。'佛肸以中牟畔，子之往也，如之何！"子路恐佛肸之浼夫子，故问此以止夫子之行。亲，犹自也。不入，不入其党也。子曰："然。有是言也。不曰坚乎，磨而不磷；不曰白乎，涅而不缁。磷，力刃反。涅，乃结反。○磷，薄也。涅，染皂物。言人之不善，不能浼己。杨氏曰："磨不磷，涅不缁，而后无可无不可。坚白不足，而欲自试于磨涅，其不磷缁也，几希。"吾岂匏瓜也哉？焉能系而不食？"焉，于虔反。○匏，瓠也。匏瓜系于一处而不能饮食，人则不如是也。○张敬夫曰："子路昔者之所闻，君子守身之常法。夫子今日之所言，圣人体道之大权也。然夫子于公山、佛肸之召皆欲往者，以天下无不可变之人，无不可为之事也。其卒不往者，知其人之终不可变而事之终不可为耳。一则生物之仁，一则知人之智也。"

子曰："由也，女闻六言六蔽矣乎？"对曰："未也。"女，音汝，下同。○蔽，遮掩也。"居！吾语女。语，去声。○礼：君子问更端，则起而对。故孔子谕子路，使还坐而告之。好仁不好学，其蔽也愚；好知不好学,其蔽也荡;好信不好学,其蔽也贼;好直不好学,其蔽也绞;好勇不好学,其蔽也乱;好刚不好学,其蔽也狂。"好、知,并去声。○六言皆美德,然徒好之而不学以明其理,则各有所蔽。愚,若可陷可罔之类。荡,谓穷高极广而无所止。贼,谓伤害于物。勇者,刚之发。刚者,勇之体。狂,躁率也。○范氏曰:"子路勇于为善,其失之者,未能好学以明之也,故告之以此。曰勇、曰刚、曰信、曰直,又皆所以救其偏也。"

子曰:"小子!何莫学夫诗?夫,音扶。○小子,弟子也。诗,可以兴,感发志意。可以观,考见得失。可以群,和而不流。可以怨。怨而不怒。迩之事父,远之事君。人伦之道,诗无不备,二者举重而言。多识于鸟兽草木之名。"其绪余又足以资多识。○学诗之法,此章尽之。读是经者,所宜尽心也。

子谓伯鱼曰:"女为周南、召南矣乎?人而不为周南、召南,其犹正墙面而立也与?"女,音汝。与,平声。○为,犹学也。周南、召南,诗首篇名。所言皆修身齐家之事。正墙面而立,言即其至近之地,而一物无所见,一步不可行。

子曰:"礼云礼云,玉帛云乎哉?乐云乐云,钟鼓云乎哉?"敬而将之以玉帛,则为礼;和而发之以钟鼓,则为乐。遗其本而专事其末,则岂礼乐之谓哉?○程子曰:"礼只是一个序,乐只是一个和。只此两字,含蓄多少义。天下无一物无礼乐[1]。且如置此两椅,一不正,便是无序。无序便乖,乖便不和。又如盗贼至为不道,然亦有礼乐。盖必有总属,必相听顺,乃能为盗。不然,则叛乱无统,不能一日相聚而为盗也。礼乐无处无之,学者须要识得。"

子曰:"色厉而内荏,譬诸小人,其犹穿窬之盗也与?"荏,而审反。与,平声。○厉,威严也。荏,柔弱也。小人,细民也。穿,穿壁。窬,逾

---

[1] "乐"原作"义",据清仿宋大字本改。

墙。言其无实盗名,而常畏人知也。

子曰:"乡原,德之贼也。"乡者,鄙俗之意。原,与愿同。荀子原悫,注读作愿是也。乡原,乡人之愿者也。盖其同流合污以媚于世,故在乡人之中,独以愿称。夫子以其似德非德,而反乱乎德,故以为德之贼而深恶之。详见孟子末篇。

子曰:"道听而涂说,德之弃也。"虽闻善言,不为己有,是自弃其德也。○王氏曰:"君子多识前言往行以畜其德,道听涂说,则弃之矣。"

子曰:"鄙夫可与事君也与哉?与,平声。○鄙夫,庸恶陋劣之称。**其未得之也,患得之;既得之,患失之。**何氏曰:"患得之,谓患不能得之。"**苟患失之,无所不至矣。**"小则吮痈舐痔,大则弑父与君,皆生于患失而已。○胡氏曰:"许昌靳裁之有言曰:'士之品大概有三:志于道德者,功名不足以累其心;志于功名者,富贵不足以累其心;志于富贵而已者,则亦无所不至矣。'志于富贵,即孔子所谓鄙夫也。"

子曰:"古者民有三疾,今也或是之亡也。气失其平则为疾,故气禀之偏者亦谓之疾。昔所谓疾,今亦无之,伤俗之益衰也。**古之狂也肆,今之狂也荡;古之矜也廉,今之矜也忿戾;古之愚也直,今之愚也诈而已矣。**"狂者,志愿太高。肆,谓不拘小节。荡则逾大闲矣。矜者,持守太严。廉,谓棱角陗厉。忿戾则至于争矣。愚者,暗昧不明。直,谓径行自遂。诈则挟私妄作矣。○范氏曰:"末世滋伪,岂惟贤者不如古哉?民性之蔽亦与古人异矣。"

子曰:"巧言令色,鲜矣仁。"重出。

子曰:"恶紫之夺朱也,恶郑声之乱雅乐也,恶利口之覆邦家者。"恶,去声。覆,芳服反。○朱,正色。紫,间色。雅,正也。利口,捷给。覆,倾败也。○范氏曰:"天下之理,正而胜者常少,不正而胜者常多,圣人所以恶之也。利口之人,以是为非,以非为是,以贤为不肖,以不肖为贤。人君苟悦而信之,则国家之覆也不难矣。"

子曰："予欲无言。"学者多以言语观圣人，而不察其天理流行之实，有不待言而著者。是以徒得其言，而不得其所以言，故夫子发此以警之。子贡曰："子如不言，则小子何述焉？"子贡正以言语观圣人者，故疑而问之。子曰："天何言哉？四时行焉，百物生焉，天何言哉？"四时行，百物生，莫非天理发见流行之实，不待言而可见。圣人一动一静，莫非妙道精义之发，亦天而已，岂待言而显哉？此亦开示子贡之切，惜乎其终不喻也。○程子曰："孔子之道，譬如日星之明，犹患门人未能尽晓，故曰'予欲无言'。若颜子则便默识，其他则未免疑问，故曰'小子何述'。又曰：'天何言哉，四时行焉，百物生焉'，则可谓至明白矣。"愚按：此与前篇无隐之意相发，学者详之。

孺悲欲见孔子，孔子辞以疾。将命者出户，取瑟而歌，使之闻之。孺悲，鲁人，尝学士丧礼于孔子。当是时必有以得罪者。故辞以疾，而又使知其非疾，以警教之也。程子曰："此孟子所谓不屑之教诲，所以深教之也。"

宰我问："三年之丧，期已久矣。期，音基，下同。○期，周年也。君子三年不为礼，礼必坏；三年不为乐，乐必崩。恐居丧不习而崩坏也。旧谷既没，新谷既升，钻燧改火，期可已矣。"钻，祖官反。○没，尽也。升，登也。燧，取火之木也。改火，春取榆柳之火，夏取枣杏之火，夏季取桑柘之火，秋取柞楢之火，冬取槐檀之火，亦一年而周也。已，止也。言期年则天运一周，时物皆变，丧至此可止也。尹氏曰："短丧之说，下愚且耻言之。宰我亲学圣人之门，而以是为问者，有所疑于心而不敢强焉尔。"子曰："食夫稻，衣夫锦，于女安乎？"曰："安。"夫，音扶，下同。衣，去声。女，音汝，下同。○礼，父母之丧：既殡，食粥、粗衰。既葬，疏食、水饮，受以成布。期而小祥，始食菜果，练冠缞缘、要绖不除，无食稻衣锦之理。夫子欲宰我反求诸心，自得其所以不忍者。故问之以此，而宰我不察也。"女安则为之！夫君子之居丧，食旨不甘，闻乐不乐，居处不安，故不为也。

今女安,则为之!"乐,上如字,下音洛。○此夫子之言也。旨,亦甘也。初言女安则为之,绝之之辞。又发其不忍之端,以警其不察。而再言女安则为之以深责之。宰我出。子曰:"予之不仁也!子生三年,然后免于父母之怀。夫三年之丧,天下之通丧也。予也有三年之爱于其父母乎?"宰我既出,夫子惧其真以为可安而遂行之,故深探其本而斥之。言由其不仁,故爱亲之薄如此也。怀,抱也。又言君子所以不忍于亲,而丧必三年之故。使之闻之,或能反求而终得其本心也。○范氏曰:"丧虽止于三年,然贤者之情则无穷也。特以圣人为之中制而不敢过,故必俯而就之。非以三年之丧,为足以报其亲也。所谓三年然后免于父母之怀,特以责宰我之无恩,欲其有以跂而及之尔。"

子曰:"饱食终日,无所用心,难矣哉!不有博弈者乎,为之犹贤乎已。"博,局戏也。弈,围棋也。已,止也。李氏曰:"圣人非教人博弈也,所以甚言无所用心之不可尔。"

子路曰:"君子尚勇乎?"子曰:"君子义以为上。君子有勇而无义为乱,小人有勇而无义为盗。"尚,上之也。君子为乱,小人为盗,皆以位而言者也。尹氏曰:"义以为尚,则其勇也大矣。子路好勇,故夫子以此救其失也。"胡氏曰:"疑此子路初见孔子时问答也。"

子贡曰:"君子亦有恶乎?"子曰:"有恶:恶称人之恶者,恶居下流而讪上者,恶勇而无礼者,恶果敢而窒者。"恶,去声,下同。惟恶者之恶如字。讪,所谏反。○讪,谤毁也。窒,不通也。称人恶,则无仁厚之意。下讪上,则无忠敬之心。勇无礼,则为乱。果而窒,则妄作。故夫子恶之。曰:"赐也亦有恶乎?""恶徼以为知者,恶不孙以为勇者,恶讦以为直者。"徼,古尧反。知、孙,并去声。讦,居谒反。○恶徼以下,子贡之言也。徼,伺察也。讦,谓攻发人之阴私。○杨氏曰:"仁者无不爱,则君子疑若无恶矣。子贡之有是心也,故问焉以质其是非。"侯氏曰:"圣贤之所恶如此,所谓唯仁者能恶人也。"

子曰:"唯女子与小人为难养也,近之则不孙,远之则怨。"

近、孙、远,并去声。○此小人,亦谓仆隶下人也。君子之于臣妾,庄以莅之,慈以畜之,则无二者之患矣。

子曰:"年四十而见恶焉,其终也已。"恶,去声。○四十,成德之时。见恶于人,则止于此而已,勉人及时迁善改过也。苏氏曰:"此亦有为而言,不知其为谁也。"

微子第十八 此篇多记圣贤之出处,凡十一章。

微子去之,箕子为之奴,比干谏而死。微、箕,二国名。子,爵也。微子,纣庶兄。箕子、比干,纣诸父。微子见纣无道,去之以存宗祀。箕子、比干皆谏,纣杀比干,囚箕子以为奴,箕子因佯狂而受辱。孔子曰:"殷有三仁焉。"三人之行不同,而同出于至诚恻怛之意,故不咈乎爱之理,而有以全其心之德也。杨氏曰:"此三人者,各得其本心,故同谓之仁。"

柳下惠为士师,三黜。人曰:"子未可以去乎?"曰:"直道而事人,焉往而不三黜?枉道而事人,何必去父母之邦。"三,去声。焉,于虔反。○士师,狱官。黜,退也。柳下惠三黜不去,而其辞气雍容如此,可谓和矣。然其不能枉道之意,则有确乎其不可拔者。是则所谓必以其道,而不自失焉者也。○胡氏曰:"此必有孔子断之之言而亡之矣。"

齐景公待孔子,曰:"若季氏则吾不能,以季、孟之间待之。"曰:"吾老矣,不能用也。"孔子行。鲁三卿,季氏最贵,孟氏为下卿。孔子去之,事见世家。然此言必非面语孔子,盖自以告其臣,而孔子闻之尔。○程子曰:"季氏强臣,君待之之礼极隆,然非所以待孔子也。以季、孟之间待之,则礼亦至矣。然复曰'吾老矣,不能用也',故孔子去之。盖不系待之轻重,特以不用而去尔。"

齐人归女乐,季桓子受之。三日不朝,孔子行。归,如字,或作馈。朝,音潮。○季桓子,鲁大夫,名斯。按史记,"定公十四年,孔子为鲁司寇,摄行相事。齐人惧,归女乐以沮之"。尹氏曰:"受女乐而怠于政事如此,其简贤弃礼,不足与有为可知矣。夫子所以行也,所谓见几而作,不俟终日者与?"○范氏曰:"此篇记仁贤之出处,而折中以圣人之行,所以明中庸之道也。"

楚狂接舆歌而过孔子曰:"凤兮!凤兮!何德之衰?往者不可谏,来者犹可追。已而,已而!今之从政者殆而!"接舆,楚人,佯狂辟世。夫子时将适楚,故接舆歌而过其车前也。凤有道则见,无道则隐,接舆以比孔子,而讥其不能隐为德衰也。来者可追,言及今尚可隐去。已,止也。而,语助辞。殆,危也。接舆盖知尊孔子而趋不同者也。孔子下,欲与之言。趋而辟之,不得与之言。辟,去声。○孔子下车,盖欲告之以出处之意。接舆自以为是,故不欲闻而避之也。

长沮、桀溺耦而耕,孔子过之,使子路问津焉。沮,七余反。溺,乃历反。○二人,隐者。耦,并耕也。时孔子自楚反乎蔡。津,济渡处。长沮曰:"夫执舆者为谁?"子路曰:"为孔丘。"曰:"是鲁孔丘与?"曰:"是也。"曰:"是知津矣。"夫,音扶。与,平声。○执舆,执辔在车也。盖本子路御而执辔,今下问津,故夫子代之也。知津,言数周流,自知津处。问于桀溺,桀溺曰:"子为谁?"曰:"为仲由。"曰:"是鲁孔丘之徒与?"对曰:"然。"曰:"滔滔者天下皆是也,而谁以易之?且而与其从辟人之士也,岂若从辟世之士哉?"耰而不辍。徒与之与,平声。滔,吐刀反。辟,去声。耰,音忧。○滔滔,流而不反之意。以,犹与也。言天下皆乱,将谁与变易之?而,汝也。辟人,谓孔子。辟世,桀溺自谓。耰,覆种也。亦不告以津处。子路行以告。夫子怃然曰:"鸟兽不可与同群,吾非斯人之徒与而谁与? 天下有道,丘不与易也。"怃,音武。与,如字。○怃然,犹怅然,惜其不喻己意也。言所当与同群者,斯人而已,岂可绝人逃世以为洁哉?天下若已平治,则我无用变易之。正为天下无道,故欲以道易之耳。○程子曰:"圣人不敢有忘天下之心,故其言如此也。"张子曰:"圣人之仁,不以无道必天下而弃之也。"

子路从而后,遇丈人,以杖荷蓧。**子路**问曰:"子见夫子乎?"丈人曰:"四体不勤,五谷不分。孰为夫子?"植其杖而芸。蓧,徒吊反。植,音值。○丈人,亦隐者。蓧,竹器。分,辨也。五谷不分,犹言不辨菽麦尔,责其不事农业而从师远游也。植,立之也。芸,去草也。**子路**拱而立。知其隐者,敬之也。止**子路**宿,杀鸡为黍而食之,见其二子焉。食,音嗣。见,贤遍反。明日,**子路**行以告。子曰:"隐者也。"使**子路**反见之。至则行矣。孔子使**子路**反见之,盖欲告之以君臣之义。而丈人意**子路**必将复来,故先去之以灭其迹,亦接舆之意也。**子路**曰:"不仕无义。长幼之节,不可废也;君臣之义,如之何其废之? 欲洁其身,而乱大伦。君子之仕也,行其义也。道之不行,已知之矣。"长,上声。○**子路**述夫子之意如此。盖丈人之接**子路**甚倨,而**子路**益恭,丈人因见其二子焉。则于长幼之节,固知其不可废矣,故因其所明以晓之。伦,序也。人之大伦有五:父子有亲,君臣有义,夫妇有别,长幼有序,朋友有信是也。仕所以行君臣之义,故虽知道之不行而不可废。然谓之义,则事之可否,身之去就,亦自有不可苟者。是以虽不洁身以乱伦,亦非忘义以殉禄也。**福州**有国初时写本,路下有"反子"二字,以此为**子路**反而夫子言之也。未知是否? ○范氏曰:"隐者为高,故往而不反。仕者为通,故溺而不止。不与鸟兽同群,则决性命之情以饕富贵。此二者皆惑也,是以依乎中庸者为难。惟圣人不废君臣之义,而必以其正,所以或出或处而终不离于道也。"

逸民:伯夷、叔齐、虞仲、夷逸、朱张、柳下惠、少连。少,去声,下同。○逸,遗逸。民者,无位之称。**虞仲**,即**仲雍**,与**大伯**同窜**荆蛮**者。**夷逸、朱张**,不见经传。**少连**,东夷人。子曰:"不降其志,不辱其身,**伯夷、叔齐**与!"与,平声。谓:"**柳下惠、少连**,降志辱身矣。言中伦,行中虑,其斯而已矣。"中,去声,下同。○**柳下惠**,事见上。伦,义理之次第也。虑,思虑也。中虑,言有意义合人心。少连事不可考。然记称其"善居丧,三日不息,三月不解,期悲哀,三年忧",则行之中虑,亦可见矣。**谓:"虞仲、夷逸,隐居放言。身中清,废中权。**仲雍居吴,断发文身,裸以为饰。隐居独善,合乎道之清。放言自废,合乎道之权。**我则异于是,无可无不可。"**孟子曰:"孔子可以仕则仕,可以止则止,可以久则久,可以速则速。"所谓无可无不可也。○谢氏曰:"七人隐遁不污则同,其立心造行则异。伯夷、叔齐,天子不得臣,诸侯不得友,盖已遁世离群矣,下圣人一等,此其最高与!柳下惠、少连,虽降志而不枉己,虽辱身而不求合,其心有不屑也。故言能中伦,行能中虑。虞仲、夷逸隐居放言,则言不合先王之法者多矣。然清而不污也,权而适宜也,与方外之士害义伤教而乱大伦者殊科。是以均谓之逸民。"尹氏曰:"七人各守其一节,而孔子则无可无不可,此所以常适其可,而异于逸民之徒也。"扬雄曰:"观乎圣人则见贤人。是以孟子语夷、惠,亦必以孔子断之。"

大师挚适齐,大,音泰。○大师,鲁乐官之长。挚,其名也。**亚饭干适楚,三饭缭适蔡,四饭缺适秦。**饭,扶晚反。缭,音了。○亚饭以下,以乐侑食之官。干、缭、缺,皆名也。**鼓方叔入于河**,鼓,击鼓者。方叔,名。河,河内。**播鼗武入于汉**,鼗,徒刀反。○播,摇也。鼗,小鼓。两旁有耳,持其柄而摇之,则旁耳还自击。武,名也。汉,汉中。**少师阳、击磬襄入于海。**少,去声。○少师,乐官之佐。阳、襄,二人名。襄即孔子所从学琴者。海,海岛也。○此记贤人之隐遁以附前章,然未必夫子之言也。末章放此。张子曰:"周衰乐废,夫子自卫反鲁,一尝治之。其后伶人贱工识乐之正。及鲁益衰,三桓僭妄,自大师以下,皆知散之四方,逾河蹈海以去乱。圣人俄顷之助,功化如此。如有用我,期月而可。岂虚语哉?"

周公谓鲁公曰:"君子不施其亲,不使大臣怨乎不以。故旧无大故,则不弃也。无求备于一人。"施,陆氏本作弛,诗纸反。福本同。○鲁公,周公子伯禽也。弛,遗弃也。以,用也。大臣非其人则去之,在其位则不可不用。大故,谓恶逆。李氏曰:"四者皆君子之事,忠厚之至也。"○胡氏曰:"此伯禽受封之国,周公训戒之辞。鲁人传诵,久而不忘也。其或夫子尝与门弟子言之欤?"

周有八士:伯达、伯适、仲突、仲忽、叔夜、叔夏、季随、季䯄。

䯄,乌瓜反。○或曰"成王时人",或曰"宣王时人"。盖一母四乳而生八子也,然不可考矣。○张子曰:"记善人之多也。"○愚按:此篇孔子于三仁、逸民、师挚、八士,既皆称赞而品列之;于接舆、沮、溺、丈人,又每有惓惓接引之意。皆衰世之志也,其所感者深矣。在陈之叹,盖亦如此。三仁则无间然矣,其余数君子者,亦皆一世之高士。若使得闻圣人之道,以裁其所过而勉其所不及,则其所立,岂止于此而已哉?

论语集注卷十

子张第十九 此篇皆记弟子之言,而子夏为多,子贡次之。盖孔门自颜子以下,颖悟莫若子贡;自曾子以下,笃实无若子夏。故特记之详焉。凡二十五章。

子张曰:"士见危致命,见得思义,祭思敬,丧思哀,其可已矣。"致命,谓委致其命,犹言授命也。四者立身之大节,一有不至,则余无足观。故言士能如此,则庶乎其可矣。

子张曰:"执德不弘,信道不笃,焉能为有?焉能为亡?"焉,于虔反。亡,读作无,下同。○有所得而守之太狭,则德孤;有所闻而信之不笃,则道废。焉能为有无,犹言不足为轻重。

子夏之门人问交于子张。子张曰:"子夏云何?"对曰:"子夏曰:'可者与之,其不可者拒之。'"子张曰:"异乎吾所闻:君子尊贤而容众,嘉善而矜不能。我之大贤与,于人何所不容?我之不贤与,人将拒我,如之何其拒人也?"贤与之与,平声。○子夏之言迫狭,子张讥之是也,但其所言亦有过高之病。盖大贤虽无所不容,然大故亦所当绝;不贤固不可以拒人,然损友亦所当远。学者不可不察。

子夏曰:"虽小道,必有可观者焉;致远恐泥,是以君子不为也。"泥,去声。〇小道,如农圃医卜之属。泥,不通也。〇杨氏曰:"百家众技,犹耳目鼻口,皆有所明而不能相通。非无可观也,致远则泥矣,故君子不为也。"

子夏曰:"日知其所亡,月无忘其所能,可谓好学也已矣。"亡,读作无。好,去声。〇亡,无也。谓己之所未有。〇尹氏曰:"好学者日新而不失。"

子夏曰:"博学而笃志,切问而近思,仁在其中矣。"四者皆学问思辨之事耳,未及乎力行而为仁也。然从事于此,则心不外驰,而所存自熟,故曰仁在其中矣。〇程子曰:"博学而笃志,切问而近思,何以言仁在其中矣?学者要思得之。了此,便是彻上彻下之道。"又曰:"学不博则不能守约,志不笃则不能力行。切问近思在己者,则仁在其中矣。"又曰:"近思者以类而推。"苏氏曰:"博学而志不笃,则大而无成;泛问远思,则劳而无功。"

子夏曰:"百工居肆以成其事,君子学以致其道。"肆,谓官府造作之处。致,极也。工不居肆,则迁于异物而业不精。君子不学,则夺于外诱而志不笃。尹氏曰:"学所以致其道也。百工居肆,必务成其事。君子之于学,可不知所务哉?"愚按:二说相须,其义始备。

子夏曰:"小人之过也必文。"文,去声。〇文,饰之也。小人惮于改过,而不惮于自欺,故必文以重其过。

子夏曰:"君子有三变:望之俨然,即之也温,听其言也厉。"俨然者,貌之庄。温者,色之和。厉者,辞之确。〇程子曰:"他人俨然则不温,温则不厉,惟孔子全之。"谢氏曰:"此非有意于变,盖并行而不相悖也,如良玉温润而栗然。"

子夏曰:"君子信而后劳其民,未信则以为厉己也;信而后谏,未信则以为谤己也。"信,谓诚意恻怛而人信之也。厉,犹病也。事上使下,皆必诚意交孚,而后可以有为。

子夏曰:"大德不逾闲,小德出入可也。"大德、小德,犹言大节、小节。闲,阑也,所以止物之出入。言人能先立乎其大者,则小节虽或未尽合理,亦无害也。○吴氏曰:"此章之言,不能无弊,学者详之。"

子游曰:"子夏之门人小子,当洒扫、应对、进退,则可矣。抑末也,本之则无。如之何?"洒,色卖反。扫,素报反。○子游讥子夏弟子,于威仪容节之间则可矣。然此小学之末耳,推其本,如大学正心诚意之事,则无有。子夏闻之曰:"噫!言游过矣!君子之道,孰先传焉?孰后倦焉?譬诸草木,区以别矣。君子之道,焉可诬也?有始有卒者,其惟圣人乎!"别,必列反。焉,于虔反。○倦,如诲人不倦之倦。区,犹类也。言君子之道,非以其末为先而传之,非以其本为后而倦教。但学者所至,自有浅深,如草木之有大小,其类固有别矣。若不量其浅深,不问其生熟,而概以高且远者强而语之,则是诬之而已。君子之道,岂可如此?若夫始终本末一以贯之,则惟圣人为然,岂可责之门人小子乎?○程子曰:"君子教人有序,先传以小者近者,而后教以大者远者。非先传以近小,而后不教以远大也。"又曰:"洒扫应对,便是形而上者,理无大小故也。故君子只在慎独。"又曰:"圣人之道,更无精粗。从洒扫应对,与精义入神贯通只一理。虽洒扫应对,只看所以然如何。"又曰:"凡物有本末,不可分本末为两段事。洒扫应对是其然,必有所以然。"又曰:"自洒扫应对上,便可到圣人事。"愚按:程子第一条,说此章文意,最为详尽。其后四条,皆以明精粗本末。其分虽殊,而理则一。学者当循序而渐进,不可厌末而求本。盖与第一条之意实相表里,非谓末即是本,但学其末而本便在此也。

子夏曰:"仕而优则学,学而优则仕。"优,有余力也。仕与学同而事异,故当其事者,必先有以尽其事,而后可及其余。然仕而学,则所以资其仕者益深;学而仕,则所以验其学者益广。

子游曰:"丧致乎哀而止。"致极其哀,不尚文饰也。杨氏曰:"丧,与其易也宁戚,不若礼不足而哀有余之意。"愚按:"而止"二字,亦微有过于高远而简略细微之弊,学者详之。

子游曰:"吾友张也,为难能也,然而未仁。"子张行过高,而少诚实恻怛之意。

曾子曰:"堂堂乎张也,难与并为仁矣。"堂堂,容貌之盛。言其务外自高,不可辅而为仁,亦不能有以辅人之仁也。○范氏曰:"子张外有余而内不足,故门人皆不与其为仁。子曰:'刚毅木讷近仁。'宁外不足而内有余,庶可以为仁矣。"

曾子曰:"吾闻诸夫子:人未有自致者也,必也亲丧乎!"致,尽其极也。盖人之真情所不能自已者。○尹氏曰:"亲丧固所自尽也,于此不用其诚,恶乎用其诚。"

曾子曰:"吾闻诸夫子:孟庄子之孝也,其他可能也;其不改父之臣与父之政,是难能也。"孟庄子,鲁大夫,名速。其父献子,名蔑。献子有贤德,而庄子能用其臣,守其政,故其他孝行虽有可称,而皆不若此事之为难。

孟氏使阳肤为士师,问于曾子。曾子曰:"上失其道,民散久矣。如得其情,则哀矜而勿喜。"阳肤,曾子弟子。民散,谓情义乖离,不相维系。谢氏曰:"民之散也,以使之无道,教之无素。故其犯法也,非迫于不得已,则陷于不知也。故得其情,则哀矜而勿喜。"

子贡曰:"纣之不善,不如是之甚也。是以君子恶居下流,天下之恶皆归焉。"恶居之恶,去声。○下流,地形卑下之处,众流之所归。喻人身有污贱之实,亦恶名之所聚也。子贡言此,欲人常自警省,不可一置其身于不善之地。非谓纣本无罪,而虚被恶名也。

子贡曰:"君子之过也,如日月之食焉:过也,人皆见之;更也,人皆仰之。"更,平声。

卫公孙朝问于子贡曰:"仲尼焉学?"朝,音潮。焉,于虔反。○公孙朝,卫大夫。子贡曰:"文、武之道,未坠于地,在人。贤者识其大者,不贤者识其小者,莫不有文、武之道焉。夫子焉不学?而亦何常师之有?"识,音志。下焉字,于虔反。○文、武之道,谓文王、武王之谟训功烈,与凡周之礼乐文章皆是也。在人,言人有能记之者。识,记也。

叔孙武叔语大夫于朝,曰:"子贡贤于仲尼。"语,去声。朝,音潮。○武叔,鲁大夫,名州仇。子服景伯以告子贡。子贡曰:"譬之宫墙,赐之墙也及肩,窥见室家之好。墙卑室浅。夫子之墙数仞,不得其门而入,不见宗庙之美,百官之富。七尺曰仞。不入其门,则不见其中之所有,言墙高而官广也。得其门者或寡矣。夫子之云,不亦宜乎!"此夫子,指武叔。

叔孙武叔毁仲尼。子贡曰:"无以为也,仲尼不可毁也。他人之贤者,丘陵也,犹可逾也;仲尼,日月也,无得而逾焉。人虽欲自绝,其何伤于日月乎?多见其不知量也!"量,去声。○无以为,犹言无用为此。土高曰丘,大阜曰陵。日月,喻其至高。自绝,谓以谤毁自绝于孔子。多,与祇同,适也。不知量,谓不自知其分量。

陈子禽谓子贡曰:"子为恭也,仲尼岂贤于子乎?"为恭,谓为恭敬推逊其师也。子贡曰:"君子一言以为知,一言以为不知,言不可不慎也。知,去声。○责子禽不谨言。夫子之不可及也,犹天之不可阶而升也。阶,梯也。大可为也,化不可为也,故曰不可阶而升。夫子之得邦家者,所谓立之斯立,道之斯行,绥之斯来,动之斯和。其生也荣,其死也哀,如之何其可及也。"道,去声。○立之,谓植其生也。道,引也,谓教之也。行,从也。绥,安也。来,归附也。动,谓鼓舞之也。和,所谓于变时雍。言其感应之妙,神速如此。荣,谓莫不尊亲。哀,则如丧考妣。程子曰:"此圣人之神化,上下与天地同流者也。"○谢氏曰:"观子贡称圣人语,乃知晚年进德,盖极于高远也。夫子之得邦家者,其鼓舞群动,捷于桴鼓影响。人虽见其变化,而莫窥其所以变化也。盖不离于圣,而有不可知者存焉,此殆难以思勉及也。"

尧曰第二十 凡三章。

尧曰:"咨！尔舜！天之历数在尔躬,允执其中。四海困穷,天禄永终。"此尧命舜,而禅以帝位之辞。咨,嗟叹声。历数,帝王相继之次第,犹岁时气节之先后也。允,信也。中者,无过不及之名。四海之人困穷,则君禄亦永绝矣,戒之也。**舜亦以命禹。**舜后逊位于禹,亦以此辞命之。今见于虞书大禹谟,比此加详。曰:"予小子履,敢用玄牡,敢昭告于皇皇后帝:有罪不敢赦。帝臣不蔽,简在帝心。朕躬有罪,无以万方;万方有罪,罪在朕躬。"此引商书汤诰之辞。盖汤既放桀而告诸侯也。与书文大同小异。曰上当有汤字。履,盖汤名。用玄牡,夏尚黑,未变其礼也。简,阅也。言桀有罪,己不敢赦。而天下贤人,皆上帝之臣,己不敢蔽。简在帝心,惟帝所命。此述其初请命而伐桀之辞也。又言君有罪非民所致,民有罪实君所为,见其厚于责己薄于责人之意。此其告诸侯之辞也。**周有大赉,善人是富。**赉,来代反。○此以下述武王事。赉,予也。武王克商,大赉于四海。见周书武成篇。此言其所富者,皆善人也。诗序云"赉所以锡予善人",盖本于此。"虽有周亲,不如仁人。百姓有过,在予一人。"此周书太誓之辞。孔氏曰:"周,至也。言纣至亲虽多,不如周家之多仁人。"**谨权量,审法度,修废官,四方之政行焉。**权,称锤也。量,斗斛也。法度,礼乐制度皆是也。**兴灭国,继绝世,举逸民,天下之民归心焉。**兴灭继绝,谓封黄帝、尧、舜、夏、商之后。举逸民,谓释箕子之囚,复商容之位。三者皆人心之所欲也。**所重:民、食、丧、祭。**武成曰:"重民五教,惟食丧祭。"**宽则得众,信则民任焉,敏则有功,公则说。**说,音悦。○此于武王之事无所见,恐或泛言帝王之道也。○杨氏曰:"论语之书,皆圣人微言,而其徒传守之,以明斯道者也。故于终篇,具载尧、舜咨命之言,汤、武誓师之意,与夫施诸政事者,以明圣学之所传者,一于是而已,所以著明二十篇之大旨也。孟子于终篇,亦历叙尧、舜、汤、文、孔子相承之次,皆此意也。"

子张问于孔子曰:"何如斯可以从政矣?"子曰:"尊五美,屏四恶,斯可以从政矣。"子张曰:"何谓五美?"子曰:"君子惠而不费,劳而不怨,欲而不贪,泰而不骄,威而不猛。"费,芳味反。子张曰:"何谓惠而不费?"子曰:"因民之所利而利之,斯不亦惠而不费乎?择可劳而劳之,又谁怨?欲仁而得仁,又焉贪?君子无众寡,无小大,无敢慢,斯不亦泰而不骄乎?君子正其衣冠,尊其瞻视,俨然人望而畏之,斯不亦威而不猛乎?"焉,于虔反。子张曰:"何谓四恶?"子曰:"不教而杀谓之虐;不戒视成谓之暴;慢令致期谓之贼;犹之与人也,出纳之吝,谓之有司。"出,去声。○虐,谓残酷不仁。暴,谓卒遽无渐。致期,刻期也。贼者,切害之意。缓于前而急于后,以误其民,而必刑之,是贼害之也。犹之,犹言均之也。均之以物与人,而于其出纳之际,乃或吝而不果。则是有司之事,而非为政之体。所与虽多,人亦不怀其惠矣。项羽使人,有功当封,刻印刓,忍弗能予,卒以取败,亦其验也。○尹氏曰:"告问政者多矣,未有如此之备者也。故记之以继帝王之治,则夫子之为政可知也。"

子曰:"不知命,无以为君子也。程子曰:"知命者,知有命而信之也。人不知命,则见害必避,见利必趋,何以为君子?"不知礼,无以立也。不知礼,则耳目无所加,手足无所措。不知言,无以知人也。"言之得失,可以知人之邪正。○尹氏曰:"知斯三者,则君子之事备矣。弟子记此以终篇,得无意乎?学者少而读之,老而不知一言为可用,不几于侮圣言者乎?夫子之罪人也,可不念哉?"

孟子集注

孟子序说

史记列传曰：孟轲，赵氏曰："孟子，鲁公族孟孙之后。"汉书注云："字子车。"一说："字子舆。"驺人也，驺亦作邹，本邾国也。受业子思之门人。子思，孔子之孙，名伋。索隐云："王劭以人为衍字。"而赵氏注及孔丛子等书亦皆云："孟子亲受业于子思。"未知是否？道既通，赵氏曰："孟子通五经，尤长于诗、书。"程子曰："孟子曰：'可以仕则仕，可以止则止，可以久则久，可以速则速。''孔子，圣之时者也。'故知易者莫如孟子。又曰：'王者之迹熄而诗亡，诗亡然后春秋作。'又曰：'春秋无义战。'又曰：'春秋天子之事'，故知春秋者莫如孟子。"尹氏曰："以此而言，则赵氏谓孟子长于诗、书而已，岂知孟子者哉？"游事齐宣王，宣王不能用。适梁，梁惠王不果所言，则见以为迂远而阔于事情。按史记："梁惠王之三十五年乙酉，孟子始至梁。其后二十三年，当齐湣王之十年丁未，齐人伐燕，而孟子在齐。"故古史谓"孟子先事齐宣王，后乃见梁惠王、襄王、齐湣王。"独孟子以伐燕为宣王时事，与史记、荀子等书皆不合。而通鉴以伐燕之岁为宣王十九年，则是孟子先游梁而后至齐见宣王矣。然考异亦无他据，又未知孰是也。当是之时，秦用商鞅，楚、魏用吴起，齐用孙子、田忌。天下方务于合从连衡，以攻伐为贤，而孟轲乃述唐、虞、三代之德，是以所如者不合。退而与万章之徒序诗、书,述仲尼之意,作孟子七篇。赵氏曰:"凡二百六十一章,三万四千六百八十五字。"韩子曰:"孟轲之书,非轲自著。轲既没,其徒万章、公孙丑相与记轲所言焉耳。"愚按:二说不同,史记近是。

韩子曰:"尧以是传之舜,舜以是传之禹,禹以是传之汤,汤以是传之文、武、周公,文、武、周公传之孔子,孔子传之孟轲,轲之死不得其传焉。荀与扬也,择焉而不精,语焉而不详。"程子曰:"韩子此语,非是蹈袭前人,又非凿空撰得出,必有所见。若无所见,不知言所传者何事。"

又曰:"孟氏醇乎醇者也。荀与扬,大醇而小疵。"程子曰:"韩子论孟子甚善。非见得孟子意,亦道不到。其论荀、扬则非也。荀子极偏驳,只一句性恶,大本已失。扬子虽少过,然亦不识性,更说甚道。"

又曰:"孔子之道大而能博,门弟子不能遍观而尽识也,故学焉而皆得其性之所近。其后离散,分处诸侯之国,又各以其所能授弟子,源远而末益分。惟孟轲师子思,而子思之学出于曾子。自孔子没,独孟轲氏之传得其宗。故求观圣人之道者,必自孟子始。"程子曰:"孔子言参也鲁,然颜子没后,终得圣人之道者,曾子也。观其启手足时之言,可以见矣。所传者子思、孟子,皆其学也。"

又曰:"扬子云曰:'古者杨、墨塞路,孟子辞而辟之,廓如也。'夫杨、墨行,正道废。孟子虽贤圣,不得位,空言无施,虽切何补?然赖其言,而今之学者尚知宗孔氏,崇仁义,贵王贱霸而已。其大经大法,皆亡灭而不救,坏烂而不收,所谓存十一于千百,安在其能廓如也?然向无孟氏,则皆服左衽而言侏离矣。故愈尝推尊孟氏,以为功不在禹下者,为此也。"

或问于程子曰:"孟子还可谓圣人否?"程子曰:"未敢便道他是圣人,然学已到至处。"愚按:至字,恐当作圣字。

程子又曰:"孟子有功于圣门,不可胜言。仲尼只说一个仁字,孟子开口便说仁义。仲尼只说一个志,孟子便说许多养气出来。只此二字,其功甚多。"

又曰:"孟子有大功于世,以其言性善也。"

又曰:"孟子性善、养气之论,皆前圣所未发。"

又曰:"学者全要识时。若不识时,不足以言学。颜子陋巷自乐,以有孔子在焉。若孟子之时,世既无人,安可不以道自任。"

又曰:"孟子有些英气。才有英气,便有圭角,英气甚害事。如颜子便浑厚不同,颜子去圣人只豪发间。孟子大贤,亚圣之次也。"或曰:"英气见于甚处?"曰:"但以孔子之言比之,便可见。且如冰与水精非不光,比之玉,自是有温润含蓄气象,无许多光耀也。"

杨氏曰:"孟子一书,只是要正人心,教人存心养性,收其放心。至论仁、义、礼、智,则以恻隐、善恶、辞让、是非之心为之端。论邪说之害,则曰'生于其心,害于其政'。论事君,则曰'格君心之非','一正君而国定'。千变万化,只说从心上来。人能正心,则事无足为者矣。大学之修身、齐家、治国、平天下,其本只是正心、诚意而已。心得其正,然后知性之善。故孟子遇人便道性善。欧阳永叔却言'圣人之教人,性非所先',可谓误矣。人性上不可添一物,尧、舜所以为万世法,亦是率性而已。所谓率性,循天理是也。外边用计用数,假饶立得功业,只是人欲之私。与圣贤作处,天地悬隔。"

孟子集注卷一

梁惠王章句上 凡七章。

孟子见梁惠王。梁惠王，魏侯䓨也。都大梁，僭称王，谥曰惠。史记："惠王三十五年，卑礼厚币以招贤者，而孟轲至梁。"王曰："叟不远千里而来，亦将有以利吾国乎？"叟，长老之称。王所谓利，盖富国强兵之类。孟子对曰："王何必曰利？亦有仁义而已矣。仁者，心之德、爱之理。义者，心之制、事之宜也。此二句乃一章之大指，下文乃详言之。后多放此。王曰：'何以利吾国？'大夫曰：'何以利吾家？'士庶人曰：'何以利吾身？'上下交征利而国危矣。万乘之国弑其君者，必千乘之家；千乘之国弑其君者，必百乘之家。万取千焉，千取百焉，不为不多矣。苟为后义而先利，不夺不餍。乘，去声。餍，于艳反。○此言求利之害，以明上文何必曰利之意也。征，取也。上取乎下，下取乎上，故曰交征。国危，谓将有弑夺之祸。乘，车数也。万乘之国者，天子畿内地方千里，出车万乘。千乘之家者，天子之公卿采地方百里，出车千乘也。千乘之国，诸侯之国。百乘之家，诸侯之大夫也。弑，下杀上也。餍，足也。言臣之于君，每十分而取其一分，亦已多矣。若又以义为后而以利为先，则不夺其君而尽夺之，其心未肯以为足也。**未有仁而遗其亲者也，未有义而后其君者也。** 此言仁义未尝不利，以明上文亦有仁义而已之意也。遗，犹弃也。后，不急也。言仁者必爱其亲，义者必急其君。故人君躬行仁义而无求利之心，则其下化之，自亲戴于己也。**王亦曰仁义而已矣，何必曰利？** 重言之，以结上文两节之意。〇此章言仁义根于人心之固有，天理之公也。利心生于物我之相形，人欲之私也。循天理，则不求利而自无不利；殉人欲，则求利未得而害已随之。所谓毫厘之差，千里之缪。此孟子之书所以造端托始之深意，学者所宜精察而明辨也。〇太史公曰："余读孟子书至梁惠王问何以利吾国，未尝不废书而叹也。曰：嗟乎！利诚乱之始也。夫子罕言利，常防其源也。故曰'放于利而行，多怨'。自天子以至于庶人，好利之弊，何以异哉？"程子曰："君子未尝不欲利，但专以利为心则有害。惟仁义则不求利而未尝不利也。当是之时，天下之人惟利是求，而不复知有仁义。故孟子言仁义而不言利，所以拔本塞源而救其弊，此圣贤之心也。"

孟子见梁惠王，王立于沼上，顾鸿雁麋鹿，曰："贤者亦乐此乎？" 乐，音洛，篇内同。〇沼，池也。鸿，雁之大者。麋，鹿之大者。**孟子对曰："贤者而后乐此，不贤者虽有此，不乐也。** 此一章之大指。**诗云：'经始灵台，经之营之，庶民攻之，不日成之。经始勿亟，庶民子来。王在灵囿，麀鹿攸伏，麀鹿濯濯，白鸟鹤鹤。王在灵沼，於牣鱼跃。'文王以民力为台为沼，而民欢乐之，谓其台曰灵台，谓其沼曰灵沼，乐其有麋鹿鱼鳖。古之人与民偕乐，故能乐也。** 亟，音棘。麀，音忧。鹤，诗作翯，户角反。於，音乌。〇此引诗而释之，以明贤者而后乐此之意。诗大雅灵台之篇。经，量度也。灵台，文王台名也。营，谋为也。攻，治也。不日，不终日也。亟，速也，言文王戒以勿亟也。子来，如子来趋父事也。灵囿、灵沼，台下有囿，囿中有沼也。麀，牝鹿也。伏，安其所，不惊动也。濯濯，肥泽貌。鹤鹤，洁白貌。於，叹美辞。牣，满也。孟子言文王虽用民力,而民反欢乐之,既加以美名,而又乐其所有。盖由文王能爱其民,故民乐其乐,而文王亦得以享其乐也。汤誓曰:'时日害丧?予及女偕亡。'民欲与之偕亡,虽有台池鸟兽,岂能独乐哉?"害,音曷。丧,去声。女,音汝。○此引书而释之,以明不贤者虽有此不乐之意也。汤誓,商书篇名。时,是也。日,指夏桀。害,何也。桀尝自言,吾有天下,如天之有日,日亡吾乃亡耳。民怨其虐,故因其自言而目之曰,此日何时亡乎?若亡则我宁与之俱亡,盖欲其亡之甚也。孟子引此,以明君独乐而不恤其民,则民怨之而不能保其乐也。

梁惠王曰:"寡人之于国也,尽心焉耳矣。河内凶,则移其民于河东,移其粟于河内。河东凶亦然。察邻国之政,无如寡人之用心者。邻国之民不加少,寡人之民不加多,何也?"寡人,诸侯自称,言寡德之人也。河内、河东皆魏地。凶,岁不熟也。移民以就食,移粟以给其老稚之不能移者。孟子对曰:"王好战,请以战喻。填然鼓之,兵刃既接,弃甲曳兵而走。或百步而后止,或五十步而后止。以五十步笑百步,则何如?"曰:"不可,直不百步耳,是亦走也。"曰:"王如知此,则无望民之多于邻国也。好,去声。填,音田。○填,鼓音也。兵以鼓进,以金退。直,犹但也。言此以譬邻国不恤其民,惠王能行小惠,然皆不能行王道以养其民,不可以此而笑彼也。杨氏曰:"移民移粟,荒政之所不废也,然不能行先王之道,而徒以是为尽心焉,则末矣。"不违农时,谷不可胜食也;数罟不入洿池,鱼鳖不可胜食也;斧斤以时入山林,材木不可胜用也。谷与鱼鳖不可胜食,材木不可胜用,是使民养生丧死无憾也。养生丧死无憾,王道之始也。胜,音升。数,音促。罟,音古。洿,音乌。○农时,谓春耕夏耘秋收之时。凡有兴作,不违此时,至冬乃役之也。不可胜食,言多也。数,密也。罟,网也。洿,窊下之地,水所聚也。古者网罟必用四寸之目,鱼不满尺,市不得粥,人不得食。山林川泽,与民共之,而有厉禁。草木零落,然后斧斤入焉。此皆为治之初,法制未备,且因天地自然之利,而撙节爱养之事也。然饮食宫室所以养生,祭祀棺椁所以送死,皆民所急而不可无者。今皆有以资之,则人无所恨矣。王道以得民心为本,故以此为王道之始。**五亩之宅,树之以桑,五十者可以衣帛矣;鸡豚狗彘之畜,无失其时,七十者可以食肉矣;百亩之田,勿夺其时,数口之家可以无饥矣;谨庠序之教,申之以孝悌之义,颁白者不负戴于道路矣。七十者衣帛食肉,黎民不饥不寒,然而不王者,未之有也。**衣,去声。畜,许六反。数,去声。王,去声。凡有天下者人称之曰王,则平声;据其身临天下而言曰王,则去声。后皆放此。○五亩之宅,一夫所受,二亩半在田,二亩半在邑。田中不得有木,恐妨五谷,故于墙下植桑以供蚕事。五十始衰,非帛不暖,未五十者不得衣也。畜,养也。时,谓孕字之时,如孟春牺牲毋用牝之类也。七十非肉不饱,未七十者不得食也。百亩之田,亦一夫所受。至此则经界正,井地均,无不受田之家矣。庠序,皆学名也。申,重也,丁宁反覆之意。善事父母为孝,善事兄长为悌。颁,与斑同,老人头半白黑者也。负,任在背。戴,任在首。夫民衣食不足,则不暇治礼义;而饱暖无教,则又近于禽兽。故既富而教以孝悌,则人知爱亲敬长而代其劳,不使之负戴于道路矣。衣帛食肉但言七十,举重以见轻也。黎,黑也。黎民,黑发之人,犹秦言黔首也。少壮之人,虽不得衣帛食肉,然亦不至于饥寒也。此言尽法制品节之详,极财成辅相之道,以左右民,是王道之成也。**狗彘食人食而不知检,涂有饿莩而不知发;人死,则曰:'非我也,岁也。'是何异于刺人而杀之,曰:'非我也,兵也。'王无罪岁,斯天下之民至焉。"**莩,平表反。刺,七亦反。○检,制也。莩,饿死人也。发,发仓廪以赈贷也。岁,谓岁之丰凶也。惠王不能制民之产,又使狗彘得以食人之食,则与先王制度品节之意异矣。至于民饥而死,犹不知发,则其所移粟民间之粟而已。乃以民不加多归罪于岁凶,是知刃之杀人,而不知操刃者之杀人也。不罪岁,则必能自反而益修其政,天下之民至焉,则不但多于邻国而已。○程子曰:"孟子之论王道,不过如此,可谓实矣。"又曰:"孔子之时,周室虽微,天下犹知尊周之为义,故春秋以尊周为本。至孟子时,七国争雄,天下不复知有周,而生民之涂炭已极。当是时,诸侯能行王道,则可以王矣。此孟子所以劝齐、梁之君也。盖王者,天下之义主也。圣贤亦何心哉?视天命之改与未改耳。"

梁惠王曰:"寡人愿安承教。"承上章言愿安意以受教。孟子对曰:"杀人以梃与刃,有以异乎?"曰:"无以异也。"梃,徒顶反。○梃,杖也。"以刃与政,有以异乎?"曰:"无以异也。"孟子又问而王答也。曰:"庖有肥肉,厩有肥马,民有饥色,野有饿莩,此率兽而食人也。厚敛于民以养禽兽,而使民饥以死,则无异于驱兽以食人矣。兽相食,且人恶之。为民父母,行政不免于率兽而食人,恶在其为民父母也?恶之之恶,去声。恶在之恶,平声。○君者,民之父母也。恶在,犹言何在也。仲尼曰:'始作俑者,其无后乎!'为其象人而用之也。如之何其使斯民饥而死也?"俑,音勇。为,去声。○俑,从葬木偶人也。古之葬者,束草为人以为从卫,谓之刍灵,略似人形而已。中古易之以俑,则有面目机发,而大似人矣。故孔子恶其不仁,而言其必无后也。孟子言此作俑者,但用象人以葬,孔子犹恶之,况实使民饥而死乎?○李氏曰:"为人君者,固未尝有率兽食人之心。然殉一己之欲,而不恤其民,则其流必至于此。故以为民父母告之。夫父母之于子,为之就利避害,未尝顷刻而忘于怀,何至视之不如犬马乎?"

梁惠王曰:"晋国,天下莫强焉,叟之所知也。及寡人之身,东败于齐,长子死焉;西丧地于秦七百里;南辱于楚。寡人耻之,愿比死者一洒之,如之何则可?"长,上声。丧,去声。比,必二反。洒与洗同。○魏本晋大夫魏斯,与韩氏、赵氏共分晋地,号曰三晋。故惠王犹自谓晋国。惠王三十年,齐击魏,破其军,虏太子申。十七年,秦取魏少梁,后魏又数献地于秦。又与楚将昭阳战败,亡其七邑。比,犹为也。言欲为死者雪其耻也。孟子对曰:"地方百里而可以王。百里,小国也。然能行仁政,则天下之民归之矣。王如施仁政于民,省刑罚,薄税敛,深耕易耨。壮者以暇日修其孝悌忠信，入以事其父兄，出以事其长上，可使制梃以挞秦、楚之坚甲利兵矣。省，所梗反。敛、易皆去声。耨，奴豆反。长，上声。○省刑罚，薄税敛，此二者仁政之大目也。易，治也。耨，耘也。尽己之谓忠，以实之谓信。君行仁政，则民得尽力于农亩，而又有暇日以修礼义，是以尊君亲上而乐于效死也。彼夺其民时，使不得耕耨以养其父母，父母冻饿，兄弟妻子离散。养，去声。○彼，谓敌国也。彼陷溺其民，王往而征之，夫谁与王敌？夫，音扶。○陷，陷于阱。溺，溺于水。暴虐之意。征，正也。以彼暴虐其民，而率吾尊君亲上之民往正其罪。彼民方怨其上而乐归于我，则谁与我为敌哉？故曰：'仁者无敌。'王请勿疑！""仁者无敌"，盖古语也。百里可王，以此而已。恐王疑其迂阔，故勉使勿疑也。○孔氏曰："惠王之志在于报怨，孟子之论在于救民。所谓惟天吏则可以伐之，盖孟子之本意。"

　　孟子见梁襄王。襄王，惠王子，名赫。出，语人曰："望之不似人君，就之而不见所畏焉。卒然问曰：'天下恶乎定？'吾对曰：'定于一。'语，去声。卒，七没反。恶，平声。○语，告也。不似人君，不见所畏，言其无威仪也。卒然，急遽之貌。盖容貌辞气，乃德之符。其外如此，则其中之所存者可知。王问列国分争，天下当何所定。孟子对以必合于一，然后定也。'孰能一之？'王问也。对曰：'不嗜杀人者能一之。'嗜，甘也。'孰能与之？'王复问也。与，犹归也。对曰：'天下莫不与也。王知夫苗乎？七八月之间旱，则苗槁矣。天油然作云，沛然下雨，则苗浡然兴之矣。其如是，孰能御之？今夫天下之人牧，未有不嗜杀人者也，如有不嗜杀人者，则天下之民皆引领而望之矣。诚如是也，民归之，由水之就下，沛然谁能御之？'"夫，音扶。浡，音勃。由当作犹，古字借用。后多放此。○周七八月，夏五六月也。油然，云盛貌。沛然，雨盛貌。浡然，兴起貌。御，禁止也。人牧，谓牧民之君也。领，颈也。盖好生恶死，人心所同，故人君不嗜杀人，则天下悦而归之。○苏氏曰："孟子之言，非苟为大而已。然不深原其意而详究其实，未有不以为迂者矣。予观孟子以来，自汉高祖及光武及唐太宗及我太祖皇帝，能一天下者四君，皆以不嗜杀人致之。其余杀人愈多而天下愈乱。秦、晋及隋，力能合之，而好杀不已，故或合而复分，或遂以亡国。孟子之言，岂偶然而已哉？"

齐宣王问曰："齐桓、晋文之事可得闻乎？"齐宣王，姓田氏，名辟疆，诸侯僭称王也。齐桓公、晋文公，皆霸诸侯者。孟子对曰："仲尼之徒无道桓、文之事者，是以后世无传焉。臣未之闻也。无以，则王乎？"道，言也。董子曰："仲尼之门，五尺童子羞称五霸，为其先诈力而后仁义也。"亦此意也。以、已通用。无已，必欲言之而不止也。王，谓王天下之道。曰："德何如，则可以王矣？"曰："保民而王，莫之能御也。"保，爱护也。曰："若寡人者，可以保民乎哉？"曰："可。"曰："何由知吾可也？"曰："臣闻之胡龁曰，王坐于堂上，有牵牛而过堂下者，王见之，曰：'牛何之？'对曰：'将以衅钟。'王曰：'舍之！吾不忍其觳觫，若无罪而就死地。'对曰：'然则废衅钟与？'曰：'何可废也？以羊易之！'不识有诸？"龁，音核。舍，上声。觳，音斛。觫，音速。与，平声。○胡龁，齐臣也。衅钟，新铸钟成，而杀牲取血以涂其衅郄也。觳觫，恐惧貌。孟子述所闻胡龁之语而问王，不知果有此事否？曰："有之。"曰："是心足以王矣。百姓皆以王为爱也，臣固知王之不忍也。"王见牛之觳觫而不忍杀，即所谓恻隐之心，仁之端也。扩而充之，则可以保四海矣。故孟子指而言之，欲王察识于此而扩充之也。爱，犹吝也。王曰："然。诚有百姓者。齐国虽褊小，吾何爱一牛？即不忍其觳觫，若无罪而就死地，故以羊易之也。"言以羊易牛，其迹似吝，实有如百姓所讥者，然我之心不如是也。曰："王无异于百姓之以王为爱也。以小易大，彼恶知之？王若隐其无罪而就死地，则牛羊何择焉？"王笑曰："是诚何心哉？我非爱其财，而易之以羊也，宜乎百姓之谓我爱也。"恶,平声。○异,怪也。隐,痛也。择,犹分也。言牛羊皆无罪而死,何所分别而以羊易牛乎?孟子故设此难,欲王反求而得其本心。王不能然,故卒无以自解于百姓之言也。曰:"无伤也,是乃仁术也,见牛未见羊也。君子之于禽兽也,见其生,不忍见其死;闻其声,不忍食其肉。是以君子远庖厨也。"远,去声。○无伤,言虽有百姓之言,不为害也。术,谓法之巧者。盖杀牛既所不忍,衅钟又不可废。于此无以处之,则此心虽发而终不得施矣。然见牛则此心已发而不可遏,未见羊则其理未形而无所妨。故以羊易牛,则二者得以两全而无害,此所以为仁之术也。声,谓将死而哀鸣也。盖人之于禽兽,同生而异类。故用之以礼,而不忍之心施于见闻之所及。其所以必远庖厨者,亦以预养是心,而广为仁之术也。王说曰:"诗云:'他人有心,予忖度之。'夫子之谓也。夫我乃行之,反而求之,不得吾心。夫子言之,于我心有戚戚焉。此心之所以合于王者,何也?"说,音悦。忖,七本反。度,待洛反。夫我之夫,音扶。○诗小雅巧言之篇。戚戚,心动貌。王因孟子之言,而前日之心复萌,乃知此心不从外得,然犹未知所以反其本而推之也。曰:"有复于王者曰'吾力足以举百钧,而不足以举一羽;明足以察秋毫之末,而不见舆薪',则王许之乎?"曰:"否。""今恩足以及禽兽,而功不至于百姓者,独何与?然则一羽之不举,为不用力焉;舆薪之不见,为不用明焉;百姓之不见保,为不用恩焉。故王之不王,不为也,非不能也。"与,平声。为不之为,去声。○复,白也。钧,三十斤。百钧,至重难举也。羽,鸟羽。一羽,至轻易举也。秋毫之末,毛至秋而末锐,小而难见也。舆薪,以车载薪,大而易见也。许,犹可也。今恩以下,又孟子之言也。盖天地之性,人为贵。故人之与人,又为同类而相亲。是以恻隐之发,则于民切而于物缓;推广仁术,则仁民易而爱物难。今王此心能及物矣,则其保民而王,非不能也,但自不肯为耳。曰:"不为者与不能者之形何以异?"曰:"挟太山以超北海,语人曰'我不能',是诚不能也。为长者折枝,语人曰'我不能',是不为也,非不能也。故王之不王,非挟太山以超北海之类也;王之不王,是折枝之类也。语,去声。为长之为,去声。长,上声。折,之舌反。○形,状也。挟,以腋持物也。超,跃而过也。为长者折枝,以长者之命,折草木之枝,言不难也。是心固有,不待外求,扩而充之,在我而已。何难之有?**老吾老,以及人之老;幼吾幼,以及人之幼。天下可运于掌。诗云:'刑于寡妻,至于兄弟,以御于家邦。'言举斯心加诸彼而已。故推恩足以保四海,不推恩无以保妻子。古之人所以大过人者无他焉,善推其所为而已矣。今恩足以及禽兽,而功不至于百姓者,独何与?** 与,平声。○老,以老事之也。吾老,谓我之父兄。人之老,谓人之父兄。幼,以幼畜之也。吾幼,谓我之子弟。人之幼,谓人之子弟。运于掌,言易也。诗大雅思齐之篇。刑,法也。寡妻,寡德之妻,谦辞也。御,治也。不能推恩,则众叛亲离,故无以保妻子。盖骨肉之亲,本同一气,又非但若人之同类而已。故古人必由亲亲推之,然后及于仁民;又推其余,然后及于爱物,皆由近以及远,自易以及难。今王反之,则必有故矣,故复推本而再问之。**权,然后知轻重;度,然后知长短。物皆然,心为甚。王请度之!** 度之之度,待洛反。○权,称锤也。度,丈尺也。度之,谓称量之也。言物之轻重长短,人所难齐,必以权度度之而后可见。若心之应物,则其轻重长短之难齐,而不可不度以本然之权度,又有甚于物者。今王恩及禽兽,而功不至于百姓,是其爱物之心重且长,而仁民之心轻且短,失其当然之序而不自知也。故上文既发其端,而于此请王度之也。**抑王兴甲兵,危士臣,构怨于诸侯,然后快于心与?** 与,平声。○抑,发语辞。士,战士也。构,结也。孟子以王爱民之心所以轻且短者,必其以是三者为快也,然三事实非人心之所快,有甚于杀觳觫之牛者,故指以问王,欲其以此而度之也。**王曰:"否。吾何快于是?将以求吾所大欲也。"** 不快于此者,心之正也;而必为此者,欲诱之也。欲之所诱者独在于是,是以其心尚明于他而独暗于此,此其爱民之心所以轻短,而功不至于百姓也。

曰:"王之所大欲可得闻与?"王笑而不言。曰:"为肥甘不足于口与?轻暖不足于体与?抑为采色不足视于目与?声音不足听于耳与?便嬖不足使令于前与?王之诸臣皆足以供之,而王岂为是哉?"曰:"否。吾不为是也。"曰:"然则王之所大欲可知已。欲辟土地,朝秦、楚,莅中国而抚四夷也。以若所为,求若所欲,犹缘木而求鱼也。"与,平声。为肥、抑为、岂为、不为之为,皆去声。便、令皆平声。辟,与辟同。朝,音潮。○便嬖,近习嬖幸之人也。已,语助辞。辟,开广也。朝,致其来朝也。秦、楚,皆大国。莅,临也。若,如此也。所为,指兴兵结怨之事。缘木求鱼,言必不可得。王曰:"若是其甚与?"曰:"殆有甚焉。缘木求鱼,虽不得鱼,无后灾。以若所为,求若所欲,尽心力而为之,后必有灾。"曰:"可得闻与?"曰:"邹人与楚人战,则王以为孰胜?"曰:"楚人胜。"曰:"然则小固不可以敌大,寡固不可以敌众,弱固不可以敌强。海内之地方千里者九,齐集有其一。以一服八,何以异于邹敌楚哉?盖亦反其本矣。甚与、闻与之与,平声。○殆、盖,皆发语辞。邹,小国。楚,大国。齐集有其一,言集合齐地,其方千里,是有天下九分之一也。以一服八,必不能胜,所谓后灾也。反本,说见下文。今王发政施仁,使天下仕者皆欲立于王之朝,耕者皆欲耕于王之野,商贾皆欲藏于王之市,行旅皆欲出于王之涂,天下之欲疾其君者皆欲赴愬于王。其若是,孰能御之?"朝,音潮。贾,音古。愬,与诉同。○行货曰商,居货曰贾。发政施仁,所以王天下之本也。近者悦,远者来,则大小强弱非所论矣。盖力求所欲,则所欲者反不可得;能反其本,则所欲者不求而至。与首章意同。王曰:"吾惛,不能进于是矣。愿夫子辅吾志,明以教我。我虽不敏,请尝试之。"惛,与昏同。曰:"无恒产而有恒心者,惟士为能。若民,则无恒产,因无恒心。苟无恒心,放辟邪侈,无不为已。及陷于罪,然后从而刑之,是罔民也。焉有仁人在位,罔民而可为也?恒,胡登反。辟,与僻同。焉,于虔反。○恒,常也。产,生业也。恒产,可常生之业也。恒心,人所常有之善心也。士尝学问,知义理,故虽无常产而有常心。民则不能然矣。罔,犹罗网,欺其不见而取之也。是故明君制民之产,必使仰足以事父母,俯足以畜妻子,乐岁终身饱,凶年免于死亡。然后驱而之善,故民之从之也轻。畜,许六反,下同。○轻,犹易也。此言民有常产而有常心也。今也制民之产,仰不足以事父母,俯不足以畜妻子,乐岁终身苦,凶年不免于死亡。此惟救死而恐不赡,奚暇治礼义哉?治,平声。凡治字为理物之义者,平声;为己理之义者,去声。后皆放此。○赡,足也。此所谓无常产而无常心者也。王欲行之,则盍反其本矣。盍,何不也。使民有常产者,又发政施仁之本也。说具下文。五亩之宅,树之以桑,五十者可以衣帛矣;鸡豚狗彘之畜,无失其时,七十者可以食肉矣;百亩之田,勿夺其时,八口之家可以无饥矣;谨庠序之教,申之以孝悌之义,颁白者不负戴于道路矣。老者衣帛食肉,黎民不饥不寒,然而不王者,未之有也。"音见前章。○此言制民之产之法也。赵氏曰:"八口之家,次上农夫也。此王政之本,常生之道,故孟子为齐、梁之君各陈之也。"杨氏曰:"为天下者,举斯心加诸彼而已。然虽有仁心仁闻,而民不被其泽者,不行先王之道故也,故以制民之产告之。"○此章言人君当黜霸功,行王道。而王道之要,不过推其不忍之心,以行不忍之政而已。齐王非无此心,而夺于功利之私,不能扩充以行仁政。虽以孟子反覆晓告,精切如此,而蔽固已深,终不能悟,是可叹也。

孟子集注卷二

梁惠王章句下 凡十六章。

庄暴见孟子,曰:"暴见于王,王语暴以好乐,暴未有以对也。"曰:"好乐何如?"孟子曰:"王之好乐甚,则齐国其庶几乎!"见于之见,音现,下见于同。语,去声,下同。好,去声,篇内并同。○庄暴,齐臣也。庶几,近辞也。言近于治。他日,见于王曰:"王尝语庄子以好乐,有诸?"王变乎色,曰:"寡人非能好先王之乐也,直好世俗之乐耳。"变色者,惭其好之不正也。曰:"王之好乐甚,则齐其庶几乎!今之乐犹古之乐也。"今乐,世俗之乐。古乐,先王之乐。曰:"可得闻与?"曰:"独乐乐,与人乐乐,孰乐?"曰:"不若与人。"曰:"与少乐乐,与众乐乐,孰乐?"曰:"不若与众。"闻与之与,平声。乐乐,下字音洛。孰乐,亦音洛。○独乐不若与人,与少乐不若与众,亦人之常情也。"臣请为王言乐:为,去声。○此以下,皆孟子之言也。今王鼓乐于此,百姓闻王钟鼓之声,管籥之音,举疾首蹙頞而相告曰:'吾王之好鼓乐,夫何使我至于此极也?父子不相见,兄弟妻子离散。'今王田猎于此,百姓闻王车马之音,见羽旄之美,举疾首蹙𩈹而相告曰:'吾王之好田猎,夫何使我至于此极也?父子不相见,兄弟妻子离散。'此无他,不与民同乐也。蹙,子六反。𩈹,音遏。夫,音扶。同乐之乐,音洛。○钟鼓管籥,皆乐器也。举,皆也。疾首,头痛也。蹙,聚也。𩈹,额也。人忧戚则蹙其额。极,穷也。羽旄,旌属。不与民同乐,谓独乐其身而不恤其民,使之穷困也。今王鼓乐于此,百姓闻王钟鼓之声,管籥之音,举欣欣然有喜色而相告曰:'吾王庶几无疾病与?何以能鼓乐也?'今王田猎于此,百姓闻王车马之音,见羽旄之美,举欣欣然有喜色而相告曰'吾王庶几无疾病与?何以能田猎也?'此无他,与民同乐也。病与之与,平声。同乐之乐,音洛。○与民同乐者,推好乐之心以行仁政,使民各得其所也。今王与百姓同乐,则王矣。"好乐而能与百姓同之,则天下之民归之矣,所谓齐其庶几者如此。○范氏曰:"战国之时,民穷财尽,人君独以南面之乐自奉其身。孟子切于救民,故因齐王之好乐,开导其善心,深劝其与民同乐,而谓今乐犹古乐。其实今乐古乐,何可同也?但与民同乐之意,则无古今之异耳。若必欲以礼乐治天下,当如孔子之言,必用韶舞,必放郑声。盖孔子之言,为邦之正道;孟子之言,救时之急务,所以不同。"杨氏曰:"乐以和为主,使人闻钟鼓管弦之音而疾首蹙𩈹,则虽奏以咸、英、韶、濩,无补于治也。故孟子告齐王以此,姑正其本而已。"

齐宣王问曰:"文王之囿方七十里,有诸?"孟子对曰:"于传有之。"囿,音又。传,直恋反。○囿者,蕃育鸟兽之所。古者四时之田,皆于农隙以讲武事,然不欲驰骛于稼穑场圃之中,故度闲旷之地以为囿。然文王七十里之囿,其亦三分天下有其二之后也与?传,谓古书。曰:"若是其大乎?"曰:"民犹以为小也。"曰:"寡人之囿方四十里,民犹以为大,何也?"曰:"文王之囿方七十里,刍荛者往焉,雉兔者往焉,与民同之。民以为小,不亦宜乎?刍,音初。荛,音饶。○刍,草也。荛,薪也。臣始至于境,问国之大禁,然后敢入。臣闻郊关之内有囿方四十里,杀其麋鹿者如杀人之罪,则是方四十里为阱于国中。民以为大,不亦宜乎?"阱,才性反。○礼:入国而问禁。国外百里为郊,郊外有关。阱,坎地以陷兽者,言陷民于死也。

齐宣王问曰:"交邻国有道乎?"孟子对曰:"有。惟仁者为能以大事小,是故汤事葛,文王事昆夷;惟智者为能以小事大,故大王事獯鬻,句践事吴。獯,音熏。鬻,音育。句,音钩。○仁人之心,宽洪恻怛,而无较计大小强弱之私。故小国虽或不恭,而吾所以字之之心自不能已。智者明义理,识时势。故大国虽见侵陵,而吾所以事之之礼尤不敢废。汤事见后篇。文王事见诗大雅。大王事见后章。所谓狄人,即獯鬻也。句践,越王名。事见国语、史记。以大事小者,乐天者也;以小事大者,畏天者也。乐天者保天下,畏天者保其国。乐,音洛。○天者,理而已矣。大之字小,小之事大,皆理之当然也。自然合理,故曰乐天。不敢违理,故曰畏天。包含遍覆,无不周遍,保天下之气象也。制节谨度,不敢纵逸,保一国之规模也。诗云:'畏天之威,于时保之。'"诗周颂我将之篇。时,是也。王曰:"大哉言矣!寡人有疾,寡人好勇。"言以好勇,故不能事大而恤小也。对曰:"王请无好小勇。夫抚剑疾视曰:'彼恶敢当我哉!'此匹夫之勇,敌一人者也。王请大之! 夫抚之夫,音扶。恶,平声。○疾视,怒目而视也。小勇,血气所为。大勇,义理所发。诗云:'王赫斯怒,爰整其旅,以遏徂莒,以笃周祜,以对于天下。'此文王之勇也。文王一怒而安天下之民。诗大雅皇矣篇。赫,赫然怒貌。爰,于也。旅,众也。遏,诗作"按",止也。徂,往也。莒,诗作旅。徂旅,谓密人侵阮徂共之众也。笃,厚也。祜,福也。对,答也,以答天下仰望之心也。此文王之大勇也。书曰:'天降下民,作之君,作之师。惟曰其助上帝,宠之四方。有罪无罪,惟我在,天下曷敢有越厥志?'一人衡行于天下,武王耻之。此武王之勇也。而武王亦一怒而安天下之民。衡,与横同。○书周书大誓之篇也。然所引与今书文小异,今且依此解之。宠之四方,宠异之于四方也。有罪者我得而诛之,无罪者我得而安之。我既在此,则天下何敢有过越其心志而作乱者乎?衡行,谓作乱也。孟子释书意如此,而言武王亦大勇也。今王亦一怒而安天下之民,民惟恐王之不好勇也。"王若能如文武之为,则天下之民望其一怒以除暴乱,而拯己于水火之中,惟恐王之不好勇耳。○此章言人君能惩小忿,则能恤小事大,以交邻国;能养大勇,则能除暴救民,以安天下。张敬夫曰:"小勇者,血气之怒也。大勇者,理义之怒也。血气之怒不可有,理义之怒不可无。知此,则可以见性情之正,而识天理人欲之分矣。"

齐宣王见孟子于雪宫。王曰:"贤者亦有此乐乎?"孟子对曰:"有。人不得,则非其上矣。乐,音洛,下同。○雪宫,离宫名。言人君能与民同乐,则人皆有此乐;不然,则下之不得此乐者,必有非其君上之心。明人君当与民同乐,不可使人有不得者,非但当与贤者共之而已也。不得而非其上者,非也;为民上而不与民同乐者,亦非也。下不安分,上不恤民,皆非理也。乐民之乐者,民亦乐其乐;忧民之忧者,民亦忧其忧。乐以天下,忧以天下,然而不王者,未之有也。乐民之乐而民乐其乐,则乐以天下矣;忧民之忧而民忧其忧,则忧以天下矣。昔者齐景公问于晏子曰:'吾欲观于转附、朝儛,遵海而南,放于琅邪。吾何修而可以比于先王观也?'朝,音潮。放,上声。○晏子,齐臣,名婴。转附、朝儛,皆山名也。遵,循也。放,至也。琅邪,齐东南境上邑名。观,游也。晏子对曰:'善哉问也!天子适诸侯曰巡狩,巡狩者巡所守也;诸侯朝于天子曰述职,述职者述所职也。无非事者。春省耕而补不足,秋省敛而助不给。夏谚曰:"吾王不游,吾何以休？吾王不豫，吾何以助？一游一豫，为诸侯度。"狩，舒救反。省，悉井反。○述，陈也。省，视也。敛，收获也。给，亦足也。夏谚，夏时之俗语也。豫，乐也。巡所守，巡行诸侯所守之土也。述所职，陈其所受之职也。皆无有无事而空行者，而又春秋循行郊野，察民之所不足而补助之。故夏谚以为王者一游一豫，皆有恩惠以及民，而诸侯皆取法焉，不敢无事慢游以病其民也。今也不然：师行而粮食，饥者弗食，劳者弗息。睊睊胥谗，民乃作慝。方命虐民，饮食若流。流连荒亡，为诸侯忧。睊，古县反。○今，谓晏子时也。师，众也。二千五百人为师。春秋传曰："君行师从。"粮，谓糗糒之属。睊睊，侧目貌。胥，相也。谗，谤也。慝，怨恶也，言民不胜其劳而起谤怨也。方，逆也。命，王命也。若流，如水之流，无穷极也。流连荒亡，解见下文。诸侯，谓附庸之国，县邑之长。从流下而忘反谓之流，从流上而忘反谓之连，从兽无厌谓之荒，乐酒无厌谓之亡。厌，平声。○此释上文之义也。从流下，谓放舟随水而下。从流上，谓挽舟逆水而上。从兽，田猎也。荒，废也。乐酒，以饮酒为乐也。亡，犹失也，言废时失事也。先王无流连之乐，荒亡之行。行，去声。惟君所行也。'言先王之法，今时之弊，二者惟在君所行耳。景公说，大戒于国，出舍于郊。于是始兴发补不足。召大师曰：'为我作君臣相说之乐！'盖徵招、角招是也。其诗曰：'畜君何尤？'畜君者，好君也。"说，音悦。为，去声。乐，如字。徵，陟里反。招，与韶同。畜，敕六反。○戒，告命也。出舍，自责以省民也。兴发，发仓廪也。大师，乐官也。君臣，己与晏子也。乐有五声，三曰角，为民，四曰徵，为事。招，舜乐也。其诗，徵招、角招之诗也。尤，过也。言晏子能畜止其君之欲，宜为君之所尤，然其心则何过哉？孟子释之，以为臣能畜止其君之欲，乃是爱其君者也。○尹氏曰："君之与民，贵贱虽不同，然其心未始有异也。孟子之言，可谓深切矣。齐王不能推而用之，惜哉！"

　　齐宣王问曰："人皆谓我毁明堂。毁诸？已乎？"赵氏曰："明堂,太山明堂。周天子东巡守朝诸侯之处,汉时遗址尚在。人欲毁之者,盖以天子不复巡守,诸侯又不当居之也。王问当毁之乎?且止乎?"孟子对曰:"夫明堂者,王者之堂也。王欲行王政,则勿毁之矣。"夫,音扶。○明堂,王者所居,以出政令之所也。能行王政,则亦可以王矣。何必毁哉?

王曰:"王政可得闻与?"对曰:"昔者文王之治岐也,耕者九一,仕者世禄,关市讥而不征,泽梁无禁,罪人不孥。老而无妻曰鳏。老而无夫曰寡。老而无子曰独。幼而无父曰孤。此四者,天下之穷民而无告者。文王发政施仁,必先斯四者。诗云:'哿矣富人,哀此茕独。'"与,平声。孥,音奴。鳏,姑顽反。哿,工〔1〕可反。茕,音琼。○岐,周之旧国也。九一者,井田之制也。方一里为一井,其田九百亩。中画井字,界为九区。一区之中,为田百亩。中百亩为公田,外八百亩为私田。八家各受私田百亩,而同养公田,是九分而税其一也。世禄者,先王之世,仕者之子孙皆教之,教之而成材则官之。如不足用,亦使之不失其禄。盖其先世尝有功德于民,故报之如此,忠厚之至也。关,谓道路之关。市,谓都邑之市。讥,察也。征,税也。关市之吏,察异服异言之人,而不征商贾之税也。泽,谓潴水。梁,谓鱼梁。与民同利,不设禁也。孥,妻子也。恶恶止其身,不及妻子也。先王养民之政:导其妻子,使之养其老而恤其幼。不幸而有鳏寡孤独之人,无父母妻子之养,则尤宜怜恤,故必以为先也。诗小雅正月之篇。哿,可也。茕,困悴貌。王曰:"善哉言乎!"曰:"王如善之,则何为不行?"王曰:"寡人有疾,寡人好货。"对曰:"昔者公刘好货。诗云:'乃积乃仓,乃裹糇粮,于橐于囊。思戢用光。弓矢斯张,干戈戚扬,爰方启行。'故居者有积仓,行者有裹粮〔2〕也,然后可以爰方启行。王如好货,与百姓同之,于王何有?"糇,音侯。橐,音

〔1〕"工"原作"二",据清仿宋大字本改。
〔2〕"粮",清仿宋大字本作"囊"。

托。戢，诗作辑，音集。○王自以为好货，故取民无制，而不能行此王政。公刘，后稷之曾孙也。诗大雅公刘之篇。积，露积也。粮，干粮也。无底曰橐，有底曰囊。皆所以盛粮粮也。戢，安集也。言思安集其民人，以光大其国家也。戚，斧也。扬，钺也。爰，于也。启行，言往迁于豳也。何有，言不难也。孟子言公刘之民富足如此，是公刘好货，而能推己之心以及民也。今王好货，亦能如此，则其于王天下也，何难之有？王曰："寡人有疾，寡人好色。"对曰："昔者大王好色，爱厥妃。诗云：'古公亶甫，来朝走马，率西水浒，至于岐下。爰及姜女，聿来胥宇。'当是时也，内无怨女，外无旷夫。王如好色，与百姓同之，于王何有？"大，音泰。○王又言此者，好色则心志蛊惑，用度奢侈，而不能行王政也。大王，公刘九世孙。诗大雅绵之篇也。古公，大王之本号，后乃追尊为大王也。亶甫，大王名也。来朝走马，避狄人之难也。率，循也。浒，水涯也。岐下，岐山之下也。姜女，大王之妃也。胥，相也。宇，居也。旷，空也。无怨旷者，是大王好色，而能推己之心以及民也。○杨氏曰："孟子与人君言，皆所以扩充其善心而格其非心，不止就事论事。若使为人臣者，论事每如此，岂不能尧、舜其君乎？"愚谓此篇自首章至此，大意皆同。盖钟鼓、苑囿、游观之乐，与夫好勇、好货、好色之心，皆天理之所有，而人情之所不能无者。然天理人欲，同行异情。循理而公于天下者，圣贤之所以尽其性也；纵欲而私于一己者，众人之所以灭其天也。二者之间，不能以发，而其是非得失之归，相去远矣。故孟子因时君之问，而剖析于几微之际，皆所以遏人欲而存天理。其法似疏而实密，其事似易而实难。学者以身体之，则有以识其非曲学阿世之言，而知所以克己复礼之端矣。

孟子谓齐宣王曰："王之臣有托其妻子于其友，而之楚游者。比其反也，则冻馁其妻子，则如之何？"王曰："弃之。"比，必二反。○托，寄也。比，及也。弃，绝也。曰："士师不能治士，则如之何？"王曰："已之。"士师，狱官也。其属有乡士遂士之官，士师皆当治之。已，罢去也。曰："四境之内不治，则如之何？"王顾左右而言他。

治，去声。○孟子将问此而先设上二事以发之，及此而王不能答也。其惮于自责，耻于下问如此，不足与有为可知矣。○赵氏曰："言君臣上下各勤其任，无堕其职，乃安其身。"

孟子见齐宣王曰："所谓故国者，非谓有乔木之谓也，有世臣之谓也。王无亲臣矣，昔者所进，今日不知其亡也。"世臣，累世勋旧之臣，与国同休戚者也。亲臣，君所亲信之臣，与君同休戚者也。此言乔木世臣，皆故国所宜有。然所以为故国者，则在此而不在彼也。昨日所进用之人，今日有亡去而不知者，则无亲臣矣。况世臣乎？王曰："吾何以识其不才而舍之？"舍，上声。○王意以为此亡去者，皆不才之人。我初不知而误用之，故今不以其去为意耳。因问何以先识其不才而舍之邪？曰："国君进贤，如不得已，将使卑逾尊，疏逾戚，可不慎与？与，平声。○如不得已，言谨之至也。盖尊尊亲亲，礼之常也。然或尊者亲者未必贤，则必进疏远之贤而用之。是使卑者逾尊，疏者逾戚，非礼之常，故不可不谨也。左右皆曰贤，未可也；诸大夫皆曰贤，未可也；国人皆曰贤，然后察之，见贤焉，然后用之。左右皆曰不可，勿听；诸大夫皆曰不可，勿听；国人皆曰不可，然后察之，见不可焉，然后去之。去，上声。○左右近臣，其言固未可信。诸大夫之言，宜可信矣，然犹恐其蔽于私也。至于国人，则其论公矣，然犹必察之者，盖人有同俗而为众所悦者，亦有特立而为俗所憎者。故必自察之，而亲见其贤否之实，然后从而用舍之；则于贤者知之深，任之重，而不才者不得以幸进矣。所谓进贤如不得已者如此。左右皆曰可杀，勿听；诸大夫皆曰可杀，勿听；国人皆曰可杀，然后察之，见可杀焉，然后杀之。故曰，国人杀之也。此言非独以此进退人才，至于用刑，亦以此道。盖所谓天命天讨，皆非人君之所得私也。如此，然后可以为民父母。"传曰："民之所好好之，民之所恶恶之，此之谓民之父母。"

齐宣王问曰："汤放桀，武王伐纣，有诸？"孟子对曰："于传有之。"传，直恋反。○放，置也。书曰："成汤放桀于南巢。"曰："臣弑其君可乎?"桀、纣,天子。汤、武,诸侯。曰:"贼仁者谓之贼,贼义者谓之残,残贼之人谓之一夫。闻诛一夫纣矣,未闻弑君也。"贼,害也。残,伤也。害仁者,凶暴淫虐,灭绝天理,故谓之贼。害义者,颠倒错乱,伤败彝伦,故谓之残。一夫,言众叛亲离,不复以为君也。书曰:"独夫纣。"盖四海归之,则为天子;天下叛之,则为独夫。所以深警齐王,垂戒后世也。○王勉曰:"斯言也,惟在下者有汤、武之仁,而在上者有桀、纣之暴则可。不然,是未免于篡弑之罪也。"

孟子见齐宣王曰:"为巨室,则必使工师求大木。工师得大木,则王喜,以为能胜其任也。匠人斲而小之,则王怒,以为不胜其任矣。夫人幼而学之,壮而欲行之。王曰'姑舍女所学而从我',则何如?胜,平声。夫,音扶。舍,上声。女,音汝,下同。○巨室,大宫也。工师,匠人之长。匠人,众工人也。姑,且也。言贤人所学者大,而王欲小之也。今有璞玉于此,虽万镒,必使玉人雕琢之。至于治国家,则曰'姑舍女所学而从我',则何以异于教玉人雕琢玉哉?"镒,音溢。○璞,玉之在石中者。镒,二十两也。玉人,玉工也。不敢自治而付之能者,爱之甚也。治国家则殉私欲而不任贤,是爱国家不如爱玉也。○范氏曰:"古之贤者,常患人君不能行其所学;而世之庸君,亦常患贤者不能从其所好。是以君臣相遇,自古以为难。孔、孟终身而不遇,盖以此耳。"

齐人伐燕,胜之。按史记,燕王哙让国于其相子之,而国大乱。齐因伐之。燕士卒不战,城门不闭,遂大胜燕。宣王问曰:"或谓寡人勿取,或谓寡人取之。以万乘之国伐万乘之国,五旬而举之,人力不至于此。不取,必有天殃。取之,何如?"乘,去声,下同。○以伐燕为宣王事,与史记诸书不同,已见序说。孟子对曰:"取之而燕民悦,则取之。古之人有行之者,武王是也。取之而燕民不悦,则勿取。古之人有行之者,文王是也。商纣之世,文王三分天下有其二,以服事殷。至武王十三年,乃伐纣而有天下。张子曰:"此事间不容发。一日之间,天命未绝,则是君臣。当日命绝,则为独夫。然命之绝否,何以知之?人情而已。诸侯不期而会者八百,武王安得而止之哉?"以万乘之国伐万乘之国,箪食壶浆,以迎王师。岂有他哉?避水火也。如水益深,如火益热,亦运而已矣。"箪,音丹。食,音嗣。○箪,竹器。食,饭也。运,转也。言齐若更为暴虐,则民将转而望救于他人矣。○赵氏曰:"征伐之道,当顺民心。民心悦,则天意得矣。"

齐人伐燕,取之。诸侯将谋救燕。宣王曰:"诸侯多谋伐寡人者,何以待之?"孟子对曰:"臣闻七十里为政于天下者,汤是也。未闻以千里畏人者也。千里畏人,指齐王也。书曰:'汤一征,自葛始。'天下信之。'东面而征,西夷怨;南面而征,北狄怨。曰,奚为后我?'民望之,若大旱之望云霓也。归市者不止,耕者不变。诛其君而吊其民,若时雨降,民大悦。书曰:'徯我后,后来其苏。'霓,五稽反。徯,胡礼反。○两引书,皆商书仲虺之诰文也。与今书文亦小异。一征,初征也。天下信之,信其志在救民,不为暴也。奚为后我,言汤何为不先来征我之国也。霓,虹也。云合则雨,虹见则止。变,动也。徯,待也。后,君也。苏,复生也。他国之民,皆以汤为我君,而待其来,使己得苏息也。此言汤之所以七十里而为政于天下也。今燕虐其民,王往而征之。民以为将拯己于水火之中也,箪食壶浆,以迎王师。若杀其父兄,系累其子弟,毁其宗庙,迁其重器,如之何其可也?天下固畏齐之强也。今又倍地而不行仁政,是动天下之兵也。累,力追反。○拯,救也。系累,絷缚也。重器,宝器也。畏,忌也。倍地,并燕而增一倍之地也。齐之取燕,若能如汤之征葛,则燕人悦之,而齐可为政于天下矣。今乃不行仁政而肆为残虐,则无以慰燕民之望,而服诸侯之心,是以不免乎以千里而畏人也。王速出令,反其旄倪,止其重器,谋于燕众,置君而后去之,则犹可及止也。"旄与耄同。倪,五稽反。○反,还也。旄,老人也。倪,小儿也。谓所虏略之老小也。犹,尚也。及止,及其未发而止之也。〇范氏曰:"孟子事齐、梁之君,论道德则必称尧、舜,论征伐则必称汤、武。盖治民不法尧、舜,则是为暴;行师不法汤、武,则是为乱。岂可谓吾君不能,而舍所学以徇之哉?"

邹与鲁哄。穆公问曰:"吾有司死者三十三人,而民莫之死也。诛之,则不可胜诛;不诛,则疾视其长上之死而不救,如之何则可也?"哄,胡弄反。胜,平声。长,上声,下同。〇哄,斗声也。穆公,邹君也。不可胜诛,言人众不可尽诛也。长上,谓有司也。民怨其上,故疾视其死而不救也。孟子对曰:"凶年饥岁,君之民老弱转乎沟壑,壮者散而之四方者,几千人矣,而君之仓廪实,府库充,有司莫以告,是上慢而残下也。曾子曰:'戒之戒之!出乎尔者,反乎尔者也。'夫民今而后得反之也。君无尤焉。几,上声。夫,音扶。〇转,饥饿辗转而死也。充,满也。上,谓君及有司也。尤,过也。君行仁政,斯民亲其上、死其长矣。"君不仁而求富,是以有司知重敛而不知恤民。故君行仁政,则有司皆爱其民,而民亦爱之矣。〇范氏曰:"书曰:'民惟邦本,本固邦宁。'有仓廪府库,所以为民也。丰年则敛之,凶年则散之,恤其饥寒,救其疾苦。是以民亲爱其上,有危难则赴救之,如子弟之卫父兄,手足之捍头目也。穆公不能反己,犹欲归罪于民,岂不误哉?"

滕文公问曰:"滕,小国也,间于齐、楚。事齐乎?事楚乎?"间,去声。〇滕,国名。孟子对曰:"是谋非吾所能及也。无已,则有一焉:凿斯池也,筑斯城也,与民守之,效死而民弗去,则是可为也。"无已见前篇。一,谓一说也。效,犹致也。国君死社稷,故致死以守国。至于民亦为之死守而不去,则非有以深得其心者不能也。〇此章言有国者当守义而爱民,不可侥幸而苟免。

滕文公问曰:"齐人将筑薛,吾甚恐。如之何则可?"薛,国名,近滕。齐取其地而城之,故文公以其逼已而恐也。孟子对曰:"昔者大王居邠,狄人侵之,去之岐山之下居焉。非择而取之,不得已也。邠，与豳同。○邠，地名。言大王非以岐下为善，择取而居之也。详见下章。苟为善，后世子孙必有王者矣。君子创业垂统，为可继也。若夫成功，则天也。君如彼何哉？强为善而已矣。"夫，音扶。强，上声。○创，造。统，绪也。言能为善，则如大王虽失其地，而其后世遂有天下，乃天理也。然君子造基业于前，而垂统绪于后，但能不失其正，令后世可继续而行耳。若夫成功，则岂可必乎？彼，齐也。君之力既无如之何，则但强于为善，使其可继而俟命于天耳。○此章言人君但当竭力于其所当为，不可徼幸于其所难必。

滕文公问曰："滕，小国也。竭力以事大国，则不得免焉。如之何则可？"孟子对曰："昔者大王居邠，狄人侵之。事之以皮币，不得免焉；事之以犬马，不得免焉；事之以珠玉，不得免焉。乃属其耆老而告之曰：'狄人之所欲者，吾土地也。吾闻之也：君子不以其所以养人者害人。二三子何患乎无君？我将去之。'去邠，逾梁山，邑于岐山之下居焉。邠人曰：'仁人也，不可失也。'从之者如归市。属，音烛。○皮，谓虎、豹、麋、鹿之皮也。币，帛也。属，会集也。土地本生物以养人，今争地而杀人，是以其所以养人者害人也。邑，作邑也。归市，人众而争先也。或曰：'世守也，非身之所能为也。效死勿去。'又言或谓土地乃先人所受而世守之者，非己所能专，但当致死守之，不可舍去。此国君死社稷之常法。传所谓国灭君死之，正也，正谓此也。君请择于斯二者。"能如大王则避之，不能则谨守常法。盖迁国以图存者，权也；守正而俟死者，义也。审己量力，择而处之可也。○杨氏曰："孟子之于文公，始告之以效死而已，礼之正也。至其甚恐，则以大王之事告之，非得已也。然无大王之德而去，则民或不从而遂至于亡，则又不若效死之为愈。故又请择于斯二者。"又曰："孟子所论，自世俗观之，则可谓无谋矣。然理之可为者，不过如此。舍此则必为仪、秦之为矣。凡事求可，功求成。取必于智谋之末而不循天理之正者，非圣贤之道也。"

鲁平公将出。嬖人臧仓者请曰:"他日君出,则必命有司所之。今乘舆已驾矣,有司未知所之。敢请。"公曰:"将见孟子。"曰:"何哉?君所为轻身以先于匹夫者,以为贤乎?礼义由贤者出,而孟子之后丧逾前丧。君无见焉!"公曰:"诺。"乘,去声。○乘舆,君车也。驾,驾马也。孟子前丧父,后丧母。逾,过也,言其厚母薄父也。诺,应辞也。乐正子入见,曰:"君奚为不见孟轲也?"曰:"或告寡人曰'孟子之后丧逾前丧',是以不往见也。"曰:"何哉君所谓逾者?前以士,后以大夫;前以三鼎,而后以五鼎与?"曰:"否。谓棺椁衣衾之美也。"曰:"非所谓逾也,贫富不同也。"入见之见,音现。与,平声。○乐正[1]子,孟子弟子也,仕于鲁。三鼎,士祭礼。五鼎,大夫祭礼。乐正子见孟子,曰:"克告于君,君为来见也。嬖人有臧仓者沮君,君是以不果来也。"曰:"行或使之,止或尼之。行止,非人所能也。吾之不遇鲁侯,天也。臧氏之子焉能使予不遇哉?"为,去声。沮,慈吕反。尼,女乙反。焉,于虔反。○克,乐正子名。沮尼,皆止之之意也。言人之行,必有人使之者。其止,必有人尼之者。然其所以行所以止,则固有天命,而非此人所能使,亦非此人所能尼也。然则我之不遇,岂臧仓之所能为哉?○此章言圣贤之出处,关时运之盛衰。乃天命之所为,非人力之可及。

---

〔1〕 "正"字,原误作"王"。

孟子集注卷三

公孙丑章句上 凡九章。

公孙丑问曰:"夫子当路于齐,管仲、晏子之功,可复许乎?"复,扶又反。〇公孙丑,孟子弟子,齐人也。当路,居要地也。管仲,齐大夫,名夷吾,相桓公,霸诸侯。许,犹期也。孟子未尝得政,丑盖设辞以问也。孟子曰:"子诚齐人也,知管仲、晏子而已矣。齐人但知其国有二子而已,不复知有圣贤之事。或问乎曾西曰:'吾子与子路孰贤?'曾西蹵然曰:'吾先子之所畏也。'曰:'然则吾子与管仲孰贤?'曾西艴然不悦,曰:'尔何曾比予于管仲?管仲得君,如彼其专也;行乎国政,如彼其久也;功烈,如彼其卑也。尔何曾比予于是?'"蹵,子六反。艴,音拂,又音勃。曾,并音增。〇孟子引曾西与或人问答如此。曾西,曾子之孙。蹵,不安貌。先子,曾子也。艴,怒色也。曾之言则也。烈,犹光也。桓公独任管仲四十余年,是专且久也。管仲不知王道而行霸术,故言功烈之卑也。杨氏曰:"孔子言子路之才,曰:'千乘之国,可使治其赋也。'使其见于施为,如是而已。其于九合诸侯,一匡天下,固有所不逮也。然则曾西推尊子路如此,而羞比管仲者何哉?譬之御者,子路则范我驰驱而不获者也;管仲之功,诡遇而获禽耳。曾西,仲尼之徒也,故不道管仲之事。"曰:"管仲,曾西之所不为也,而子为我愿之乎?"子为之为,去声。○曰,孟子言也。愿,望也。曰:"管仲以其君霸,晏子以其君显。管仲、晏子犹不足为与?"与,平声。○显,显名也。曰:"以齐王,由反手也。"王,去声。由犹通。○反手,言易也。曰:"若是,则弟子之惑滋甚。且以文王之德,百年而后崩,犹未洽于天下;武王、周公继之,然后大行。今言王若易然,则文王不足法与?"易,去声,下同。与,平声。○滋,益也。文王九十七而崩,言百年,举成数也。文王三分天下,才有其二;武王克商,乃有天下。周公相成王,制礼作乐,然后教化大行。曰:"文王何可当也?由汤至于武丁,贤圣之君六七作。天下归殷久矣,久则难变也。武丁朝诸侯有天下,犹运之掌也。纣之去武丁未久也,其故家遗俗,流风善政,犹有存者;又有微子、微仲、王子比干、箕子、胶鬲皆贤人也,相与辅相之,故久而后失之也。尺地莫非其有也,一民莫非其臣也,然而文王犹方百里起,是以难也。朝,音潮。鬲,音隔,又音历。辅相之相,去声。犹方之犹,与由通。○当,犹敌也。商自成汤至于武丁,中间大甲、大戊、祖乙、盘庚皆贤圣之君。作,起也。自武丁至纣凡九世。故家,旧臣之家也。齐人有言曰:'虽有智能,不如乘势;虽有镃基,不如待时。'今时则易然也。镃音兹。○镃基,田器也。时,谓耕种之时。夏后、殷、周之盛,地未有过千里者也,而齐有其地矣;鸡鸣狗吠相闻,而达乎四境,而齐有其民矣。地不改辟矣,民不改聚矣,行仁政而王,莫之能御也。辟,与闢同。○此言其势之易也。三代盛时,王畿不过千里。今齐已有之,异于文王之百里。又鸡犬之声相闻,自国都以至于四境,言民居稠密也。且王者之不作,未有疏于此时者也;民之憔悴于虐政,未有甚于此时者也。饥者易为食,渴者易为饮。此言其时之易也。自文、武至此七百余年,异于商之贤圣继作;民苦虐政之甚,异于纣之犹有善政。易为饮食,言饥渴之甚,不待甘美也。

孔子曰:'德之流行,速于置邮而传命。'邮,音尤。○置,驿也。邮,驲也。所以传命也。孟子引孔子之言如此。当今之时,万乘之国行仁政,民之悦之,犹解倒悬也。故事半古之人,功必倍之,惟此时为然。"乘,去声。○倒悬,喻困苦也。所施之事,半于古人,而功倍于古人,由时势易而德行速也。

公孙丑问曰:"夫子加齐之卿相,得行道焉,虽由此霸王不异矣。如此,则动心否乎?"孟子曰:"否。我四十不动心。"相,去声。○此承上章,又设问孟子,若得位而行道,则虽由此而成霸王之业,亦不足怪。任大责重如此,亦有所恐惧疑惑而动其心乎?四十强仕,君子道明德立之时。孔子四十而不惑,亦不动心之谓。曰:"若是,则夫子过孟贲远矣。"曰:"是不难,告子先我不动心。"贲,音奔。○孟贲,勇士。告子,名不害。孟贲血气之勇,丑盖借之以赞孟子不动心之难。孟子言告子未为知道,乃能先我不动心,则此亦未足为难也。曰:"不动心有道乎?"曰:"有。程子曰:"心有主,则能不动矣。"北宫黝之养勇也,不肤挠,不目逃,思以一豪挫于人,若挞之于市朝。不受于褐宽博,亦不受于万乘之君。视刺万乘之君,若刺褐夫。无严诸侯。恶声至,必反之。黝,伊纠反。挠,奴效反。朝,音潮。乘,去声。○北宫姓,黝名。肤挠,肌肤被刺而挠屈也。目逃,目被刺而转睛逃避也。挫,犹辱也。褐,毛布。宽博,宽大之衣,贱者之服也。不受者,不受其挫也。刺,杀也。严,畏惮也。言无可畏惮之诸侯也。黝盖刺客之流,以必胜为主,而不动心者也。孟施舍之所养勇也,曰:'视不胜犹胜也。量敌而后进,虑胜而后会,是畏三军者也。舍岂能为必胜哉?能无惧而已矣。'舍,去声,下同。○孟,姓。施,发语声。舍,名也。会,合战也。舍自言其战虽不胜,亦无所惧。若量敌虑胜而后进战,则是无勇而畏三军矣。舍盖力战之士,以无惧为主,而不动心者也。孟施舍似曾子,北宫黝似子夏。夫二子之勇,未知其孰贤,然而孟施舍守约也。夫,音扶。○黝务敌人,舍专守己。子夏笃信圣人,曾子反求诸己。故二子之与曾子、子夏,虽非等伦,然论其气象,则各有所似。贤,犹胜也。约,要也。言论二子之勇,则未知谁胜;论其所守,则舍比于黝,为得其要也。昔者曾子谓子襄曰:'子好勇乎?吾尝闻大勇于夫子矣:自反而不缩,虽褐宽博,吾不惴焉;自反而缩,虽千万人,吾往矣。'好,去声。惴,之瑞反。○此言曾子之勇也。子襄,曾子弟子也。夫子,孔子也。缩,直也。檀弓曰:"古者冠缩缝,今也衡缝。"又曰:"棺束缩二衡三。"惴,恐惧之也。往,往而敌之也。孟施舍之守气,又不如曾子之守约也。"言孟施舍虽似曾子,然其所守乃一身之气,又不如曾子之反身循理,所守尤得其要也。孟子之不动心,其原盖出于此,下文详之。曰:"敢问夫子之不动心,与告子之不动心,可得闻与?""告子曰:'不得于言,勿求于心;不得于心,勿求于气。'不得于心,勿求于气,可;不得于言,勿求于心,不可。夫志,气之帅也;气,体之充也。夫志至焉,气次焉。故曰:'持其志,无暴其气。'"闻与之与,平声。夫志之夫,音扶。○此一节,公孙丑之问。孟子诵告子之言,又断以己意而告之也。告子谓于言有所不达,则当舍置其言,而不必反求其理于心;于心有所不安,则当力制其心,而不必更求其助于气,此所以固守其心而不动之速也。孟子既诵其言而断之曰,彼谓不得于心而勿求诸气者,急于本而缓其末,犹之可也;谓不得于言而不求诸心,则既失于外,而遂遗其内,其不可也必矣。然凡曰可者,亦仅可而有所未尽之辞耳。若论其极,则志固心之所之,而为气之将帅;然气亦人之所以充满于身,而为志之卒徒者也。故志固为至极,而气即次之。人固当敬守其志,然亦不可不致养其气。盖其内外本末,交相培养。此则孟子之心所以未尝必其不动而自然不动之大略也。"既曰'志至焉,气次焉',又曰'持其志无暴其气'者,何也?"曰:"志壹则动气,气壹则动志也。今夫蹶者趋者,是气也,而反动其心。"夫,音扶。○公孙丑见孟子言志至而气次,故问如此则专持其志可矣,又言无暴其气何也?壹,专一也。蹶,颠踬也。趋,走也。孟子言志之所向专一,则气固从之;然气之所在专一,则志亦反为之动。如人颠踬趋走,则气专在是而反动其心焉。所以既持其志,而又必无暴其气也。程子曰:"志动气者什九,气动志者什一。""敢问夫子恶乎长?"曰:"我知言,我善养吾浩然之气。"恶,平声。○公孙丑复问孟子之不动心所以异于告子如此者,有何所长而能然,而孟子又详告之以其故也。知言者,尽心知性,于凡天下之言,无不有以究极其理,而识其是非得失之所以然也。浩然,盛大流行之貌。气,即所谓体之充者。本自浩然,失养故馁,惟孟子为善养之以复其初也。盖惟知言,则有以明夫道义,而于天下之事无所疑;养气,则有以配夫道义,而于天下之事无所惧,此其所以当大任而不动心也。告子之学,与此正相反。其不动心,殆亦冥然无觉,悍然不顾而已尔。"敢问何谓浩然之气?"曰:"难言也。孟子先言知言而丑先问气者,承上文方论志气而言也。难言者,盖其心所独得,而无形声之验,有未易以言语形容者。故程子曰:"观此一言,则孟子之实有是气可知矣。"其为气也,至大至刚,以直养而无害,则塞于天地之间。至大初无限量,至刚不可屈挠。盖天地之正气,而人得以生者,其体段本如是也。惟其自反而缩,则得其所养;而又无所作为以害之,则其本体不亏而充塞无间矣。○程子曰:"天人一也,更不分别。浩然之气,乃吾气也。养而无害,则塞乎天地;一为私意所蔽,则欿然而馁,却甚小也。"谢氏曰:"浩然之气,须于心得其正时识取。"又曰:"浩然是无亏欠时。"其为气也,配义与道;无是,馁也。馁,奴罪反。○配者,合而有助之意。义者,人心之裁制。道者,天理之自然。馁,饥乏而气不充体也。言人能养成此气,则其气合乎道义而为之助,使其行之勇决,无所疑惮;若无此气,则其一时所为虽未必不出于道义,然其体有所不充,则亦不免于疑惧,而不足以有为矣。是集义所生者,非义袭而取之也。行有不慊于心,则馁矣。我故曰,告子未尝知义,以其外之也。慊,口簟反,又口劫反。○集义,犹言积善,盖欲事事皆合于义也。袭,掩取也,如齐侯袭莒之袭。言气虽可以配乎道义,而其养之之始,乃由事皆合义,自反常直,是以无所愧怍,而此气自然发生于中。非由只行一事偶合于义,便可掩袭于外而得之也。慊,快也,足也。言所行一有不合于义,而自反不直,则不足于心而其体有所不充矣。然则义岂在外哉?告子不知此理,乃曰仁内义外,而不复以义为事,则必不能集义以生浩然之气矣。上文不得于言勿求于心,即外义之意,详见告子上篇。必有事焉而勿正,心勿忘,勿助长也。无若宋人然:宋人有闵其苗之不长而揠之者,芒芒然归。谓其人曰:'今日病矣,予助苗长矣。'其子趋而往视之,苗则槁矣。天下之不助苗长者寡矣。以为无益而舍之者,不耘苗者也;助之长者,揠苗者也。非徒无益,而又害之。"长,上声。揠,乌八反。舍,上声。○必有事焉而勿正,赵氏、程子以七字为句。近世或并下文心字读之者亦通。必有事焉,有所事也,如有事于颛臾之有事。正,预期也。春秋传曰"战不正胜",是也。如作正心义亦同。此与大学之所谓正心者,语意自不同也。此言养气者,必以集义为事,而勿预期其效。其或未充,则但当勿忘其所有事,而不可作为以助其长,乃集义养气之节度也。闵,忧也。揠,拔也。芒芒,无知之貌。其人,家人也。病,疲倦也。舍之不耘者,忘其所有事。揠而助之长者,正之不得,而妄有作为者也。然不耘则失养而已,揠则反以害之。无是二者,则气得其养而无所害矣。如告子不能集义,而欲强制其心,则必不能免于正助之病。其于所谓浩然者,盖不惟不善养,而又反害之矣。"何谓知言?"曰:"诐辞知其所蔽,淫辞知其所陷,邪辞知其所离,遁辞知其所穷。生于其心,害于其政;发于其政,害于其事。圣人复起,必从吾言矣。"诐,彼寄反。复,扶又反。○此公孙丑复问而孟子答之也。诐,偏陂也。淫,放荡也。邪,邪僻也。遁,逃避也。四者相因,言之病也。蔽,遮隔也。陷,沉溺也。离,叛去也。穷,困屈也。四者亦相因,则心之失也。人之有言,皆本于心。其心明乎正理而无蔽,然后其言平正通达而无病;苟为不然,则必有是四者之病矣。即其言之病,而知其心之失,又知其害于政事之决然而不可易者如此。非心通于道,而无疑于天下之理，其孰能之？彼告子者，不得于言而不肯求之于心，至为义外之说，则自不免于四者之病，其何以知天下之言而无所疑哉？○程子曰："心通乎道，然后能辨是非，如持权衡以较轻重，孟子所谓知言是也。"又曰："孟子知言，正如人在堂上，方能辨堂下人曲直。若犹未免杂于堂下众人之中，则不能辨决矣。"

"宰我、子贡善为说辞，冉牛、闵子、颜渊善言德行。孔子兼之，曰：'我于辞命则不能也。'然则夫子既圣矣乎？"行，去声。○此一节，林氏以为皆公孙丑之问是也。说辞，言语也。德行，得于心而见于行事者也。三子善言德行者，身有之，故言之亲切而有味也。公孙丑言数子各有所长，而孔子兼之，然犹自谓不能于辞命。今孟子乃自谓我能知言，又善养气，则是兼言语德行而有之，然则岂不既圣矣乎？此夫子，指孟子也。○程子曰："孔子自谓不能于辞命者，欲使学者务本而已。"曰："恶！是何言也？昔者子贡问于孔子曰：'夫子圣矣乎？'孔子曰：'圣则吾不能，我学不厌而教不倦也。'子贡曰：'学不厌，智也；教不倦，仁也。仁且智，夫子既圣矣！'夫圣，孔子不居，是何言也？"恶，平声。夫圣之夫，音扶。○恶，惊叹辞也。昔者以下，孟子不敢当丑之言，而引孔子、子贡问答之辞以告之也。此夫子，指孔子也。学不厌者，智之所以自明；教不倦者，仁之所以及物。再言"是何言也"，以深拒之。"昔者窃闻之：子夏、子游、子张皆有圣人之一体，冉牛、闵子、颜渊则具体而微。敢问所安。"此一节，林氏亦以为皆公孙丑之问，是也。一体，犹一肢也。具体而微，谓有其全体，但未广大耳。安，处也。公孙丑复问孟子既不敢比孔子，则于此数子欲何所处也。曰："姑舍是。"舍，上声。○孟子言且置是者，不欲以数子所至者自处也。曰："伯夷、伊尹何如？"曰："不同道。非其君不事，非其民不使；治则进，乱则退，伯夷也。何事非君，何使非民；治亦进，乱亦进，伊尹也。可以仕则仕，可以止则止，可以久则久，可以速则速，孔子也。皆古圣人也，吾未能有行焉；乃所愿，则学孔子也。"治，去声。○伯夷，孤竹君之长子。兄弟逊国，避纣隐居,闻文王之德而归之。及武王伐纣,去而饿死。伊尹,有莘之处士。汤聘而用之,使之就桀。桀不能用,复归于汤。如是者五,乃相汤而伐桀也。三圣人事,详见此篇之末及万章下篇。"伯夷、伊尹于孔子,若是班乎?"曰:"否。自有生民以来,未有孔子也。"班,齐等之貌。公孙丑问,而孟子答之以不同也。曰:"然则有同与?"曰:"有。得百里之地而君之,皆能以朝诸侯有天下。行一不义、杀一不辜而得天下,皆不为也。是则同。"与,平声。朝,音潮。○有,言有同也。以百里而王天下,德之盛也。行一不义、杀一不辜而得天下有所不为,心之正也。圣人之所以为圣人,其本根节目之大者,惟在于此。于此不同,则亦不足以为圣人矣。曰:"敢问其所以异?"曰:"宰我、子贡、有若智足以知圣人。污,不至阿其所好。"污,音蛙。好,去声。○污,下也。三子智足以知夫子之道,假使污下,必不阿私所好而空誉之,明其言之可信也。宰我曰:'以予观于夫子,贤于尧、舜远矣。'程子曰:"语圣则不异,事功则有异。夫子贤于尧、舜,语事功也。盖尧、舜治天下,夫子又推其道以垂教万世。尧、舜之道,非得孔子,则后世亦何所据哉?"子贡曰:'见其礼而知其政,闻其乐而知其德。由百世之后,等百世之王,莫之能违也。自生民以来,未有夫子也。'言大凡见人之礼,则可以知其政;闻人之乐,则可以知其德。是以我从百世之后,差等百世之王,无有能遁其情者,而见其皆莫若夫子之盛也。有若曰:'岂惟民哉?麒麟之于走兽,凤凰之于飞鸟,太山之于丘垤,河海之于行潦,类也。圣人之于民,亦类也。出于其类,拔乎其萃,自生民以来,未有盛于孔子也。'"垤,大结反。潦,音老。○麒麟,毛虫之长。凤凰,羽虫之长。垤,蚁封也。行潦,道上无源之水也。出,高出也。拔,特起也。萃,聚也。言自古圣人,固皆异于众人,然未有如孔子之尤盛者也。○程子曰:"孟子此章,扩前圣所未发,学者所宜潜心而玩索也。"

孟子曰:"以力假仁者霸,霸必有大国,以德行仁者王,王不待大。汤以七十里,文王以百里。力[1],谓土地甲兵之力。假仁者,本无是心,而借其事以为功者也。霸,若齐桓、晋文是也。以德行仁,则自吾之得于心者推之,无适而非仁也。以力服人者,非心服也,力不赡也;以德服人者,中心悦而诚服也,如七十子之服孔子也。诗云:'自西自东,自南自北,无思不服。'此之谓也。"赡,足也。诗大雅文王有声之篇。王霸之心,诚伪不同。故人所以应之者,其不同亦如此。○邹氏曰:"以力服人者,有意于服人,而人不敢不服;以德服人者,无意于服人,而人不能不服。从古以来,论王霸者多矣,未有若此章之深切而著明也。"

孟子曰:"仁则荣,不仁则辱。今恶辱而居不仁,是犹恶湿而居下也。恶,去声,下同。○好荣恶辱,人之常情。然徒恶之而不去其得之之道,不能免也。如恶之,莫如贵德而尊士,贤者在位,能者在职。国家闲暇,及是时明其政刑。虽大国,必畏之矣。闲,音闲。○此因其恶辱之情,而进之以强仁之事也。贵德,犹尚德也。士,则指其人而言。贤,有德者,使之在位,则足以正君而善俗。能,有才者,使之在职,则足以修政而立事。国家闲暇,可以有为之时也。详味及字,则惟日不足之意可见矣。诗云:'迨天之未阴雨,彻彼桑土,绸缪牖户。今此下民,或敢侮予?'孔子曰:'为此诗者,其知道乎!能治其国家,谁敢侮之?'彻,直列反。土,音杜。绸,音稠。缪,武彪反。○诗豳风鸱鸮之篇,周公之所作也。迨,及也。彻,取也。桑土,桑根之皮也。绸缪,缠绵补葺也。牖户,巢之通气出入处也。予,鸟自谓也。言我之备患详密如此,今此在下之人,或敢有侮予者乎?周公以鸟之为巢如此,比君之为国,亦当思患而预防之。孔子读而赞之,以为知道也。今国家闲暇,及是时般乐怠敖,是自求祸也。般,音盘。乐,音洛。敖,音傲。○言其纵欲偷安,亦惟日不足也。祸福无不自己求之者。结上文之意。诗云:'永言配命,自求多福。'太

---

[1] "力"字,原书误为"券"。

甲曰：'天作孽，犹可违；自作孽，不可活。'此之谓也。"孽，鱼列反。○诗大雅文王之篇。永，长也。言，犹念也。配，合也。命，天命也。此言福之自己求者。太甲，商书篇名。孽，祸也。违，避也。活，生也，书作逭。逭，犹缓也。此言祸之自己求者。

孟子曰："尊贤使能，俊杰在位，则天下之士皆悦而愿立于其朝矣。朝，音潮。○俊杰，才德之异于众者。市廛而不征，法而不廛，则天下之商皆悦而愿藏于其市矣。廛，市宅也。张子曰："或赋其市地之廛，而不征其货；或治之以市官之法，而不赋其廛。盖逐末者多则廛以抑之，少则不必廛也。"关讥而不征，则天下之旅皆悦而愿出于其路矣。解见前篇。耕者助而不税，则天下之农皆悦而愿耕于其野矣。但使出力以助耕公田，而不税其私田也。廛无夫里之布，则天下之民皆悦而愿为之氓矣。氓，音盲。○周礼："宅不毛者有里布，民无职事者，出夫家之征。"郑氏谓："宅不种桑麻者，罚之使出一里二十五家之布；民无常业者，罚之使出一夫百亩之税，一家力役之征也。"今战国时，一切取之。市宅之民，已赋其廛，又令出此夫里之布，非先王之法也。氓，民也。信能行此五者，则邻国之民仰之若父母矣。率其子弟，攻其父母，自生民以来，未有能济者也。如此，则无敌于天下。无敌于天下者，天吏也。然而不王者，未之有也。"吕氏曰："奉行天命，谓之天吏。废兴存亡，惟天所命，不敢不从，若汤、武是也。'○此章言能行王政，则寇戎为父子；不行王政，则赤子为仇雠。

孟子曰："人皆有不忍人之心。天地以生物为心，而所生之物因各得夫天地生物之心以为心，所以人皆有不忍人之心也。先王有不忍人之心，斯有不忍人之政矣。以不忍人之心，行不忍人之政，治天下可运之掌上。言众人虽有不忍人之心，然物欲害之，存焉者寡，故不能察识而推之政事之间。惟圣人全体此心，随感而应，故其所行无非不忍人之政也。所以谓人皆有不忍人之心者，今人乍见孺子将入于井，皆有怵惕恻隐之心。非所以内交于孺子之父母也,非所以要誉于乡党朋友也,非恶其声而然也。怵,音黜。内,读为纳。要,平声。恶,去声,下同。○乍,犹忽也。怵惕,惊动貌。恻,伤之切也。隐,痛之深也。此即所谓不忍人之心也。内,结。要,求。声,名也。言乍见之时,便有此心,随见而发,非由此三者而然也。程子曰:"满腔子是恻隐之心。"谢氏曰:"人须是识其真心。方乍见孺子入井之时,其心怵惕,乃真心也。非思而得,非勉而中,天理之自然也。内交、要誉、恶其声而然,即人欲之私矣。"由是观之,无恻隐之心,非人也;无羞恶之心,非人也;无辞让之心,非人也;无是非之心,非人也。恶,去声,下同。○羞,耻己之不善也。恶,憎人之不善也。辞,解使去己也。让,推以与人也。是,知其善而以为是也。非,知其恶而以为非也。人之所以为心,不外乎是四者,故因论恻隐而悉数之。言人若无此,则不得谓之人,所以明其必然也。恻隐之心,仁之端也;羞恶之心,义之端也;辞让之心,礼之端也;是非之心,智之端也。恻隐、羞恶、辞让、是非,情也。仁、义、礼、智,性也。心,统性情者也。端,绪也。因其情之发,而性之本然可得而见,犹有物在中而绪见于外也。人之有是四端也,犹其有四体也。有是四端而自谓不能者,自贼者也;谓其君不能者,贼其君者也。四体,四支,人之所必有者也。自谓不能者,物欲蔽之耳。凡有四端于我者,知皆扩而充之矣,若火之始然,泉之始达。苟能充之,足以保四海;苟不充之,不足以事父母。"扩,音廓。○扩,推广之意。充,满也。四端在我,随处发见。知皆即此推广,而充满其本然之量,则其日新又新,将有不能自已者矣。能由此而遂充之,则四海虽远,亦吾度内,无难保者;不能充之,则虽事之至近而不能矣。○此章所论人之性情、心之体用,本然全具,而各有条理如此。学者于此,反求默识而扩充之,则天之所以与我者,可以无不尽矣。○程子曰:"人皆有是心,惟君子为能扩而充之。不能然者,皆自弃也。然其充与不充,亦在我而已矣。"又曰:"四端不言信者,既有诚心为四端,则信在其中矣。"愚按:四端之信,犹五行之土。无定位,无成名，无专气。而水、火、金、木，无不待是以生者。故土于四行无不在，于四时则寄王焉，其理亦犹是也。

孟子曰："矢人岂不仁于函人哉？矢人唯恐不伤人，函人唯恐伤人。巫匠亦然，故术不可不慎也。函，音含。○函，甲也。恻隐之心人皆有之，是矢人之心，本非不如函人之仁也。巫者为人祈祝，利人之生。匠者作为棺椁，利人之死。孔子曰：'里仁为美。择不处仁，焉得智？'夫仁，天之尊爵也，人之安宅也。莫之御而不仁，是不智也。焉，于虔反。夫，音扶。○里有仁厚之俗者，犹以为美。人择所以自处而不于仁，安得为智乎？此孔子之言也。仁、义、礼、智，皆天所与之良贵。而仁者天地生物之心，得之最先，而兼统四者，所谓元者善之长也，故曰尊爵。在人则为本心全体之德，有天理自然之安，无人欲陷溺之危。人当常在其中，而不可须臾离者也，故曰安宅。此又孟子释孔子之意，以为仁道之大如此，而自不为之，岂非不智之甚乎？不仁、不智、无礼、无义，人役也。人役而耻为役，由弓人而耻为弓，矢人而耻为矢也。由，与犹通。○以不仁故不智，不智故不知礼义之所在。如耻之，莫如为仁。此亦因人愧耻之心，而引之使志于仁也。不言智、礼、义者，仁该全体。能为仁，则三者在其中矣。仁者如射，射者正己而后发。发而不中，不怨胜己者，反求诸己而已矣。"中，去声。○为仁由己，而由人乎哉？

孟子曰："子路，人告之以有过则喜。喜其得闻而改之，其勇于自修如此。周子曰："仲由喜闻过，令名无穷焉。今人有过，不喜人规，如讳疾而忌医，宁灭其身而无悟也。噫！"程子曰："子路，人告之以有过则喜，亦可谓百世之师矣。"禹闻善言则拜。书曰："禹拜昌言。"盖不待有过，而能屈己以受天下之善也。大舜有大焉，善与人同。舍己从人，乐取于人以为善。舍，上声。乐，音洛。○言舜之所为，又有大于禹与子路者。善与人同，公天下之善而不为私也。己未善，则无所系吝而舍以从人；人有善，则不待勉强而取之于己，此善与人同之目也。自耕、稼、陶、渔以至为帝，无非取于人者。舜之侧微,耕于历山,陶于河滨,渔于雷泽。取诸人以为善,是与人为善者也。故君子莫大乎与人为善。"与,犹许也,助也。取彼之善而为之于我,则彼益劝于为善矣,是我助其为善也。能使天下之人皆劝于为善,君子之善,孰大于此。○此章言圣贤乐善之诚,初无彼此之间。故其在人者有以裕于己,在己者有以及于人。

孟子曰:"伯夷,非其君不事,非其友不友。不立于恶人之朝,不与恶人言。立于恶人之朝,与恶人言,如以朝衣朝冠坐于涂炭。推恶恶之心,思与乡人立,其冠不正,望望然去之,若将浼焉。是故诸侯虽有善其辞命而至者,不受也。不受也者,是亦不屑就已。朝,音潮。恶恶,上去声,下如字。浼,莫罪反。○涂,泥也。乡人,乡里之常人也。望望,去而不顾之貌。浼,污也。屑,赵氏曰:"洁也。"说文曰:"动作切切也。"不屑就,言不以就之为洁,而切切于是也。已,语助辞。柳下惠,不羞污君,不卑小官。进不隐贤,必以其道。遗佚而不怨,阨穷而不悯。故曰:'尔为尔,我为我,虽袒裼裸裎于我侧,尔焉能浼我哉?'故由由然与之偕而不自失焉,援而止之而止。援而止之而止者,是亦不屑去已。"佚,音逸。袒,音但。裼,音锡。裸,鲁果反。裎,音程。焉能之焉,于虔反。○柳下惠,鲁大夫展禽,居柳下而谥惠也。不隐贤,不枉道也。遗佚,放弃也。阨,困也。悯,忧也。尔为尔至焉能浼我哉,惠之言也。袒裼,露臂也。裸裎,露身也。由由,自得之貌。偕,并处也。不自失,不失其正也。援而止之而止者,言欲去而可留也。孟子曰:"伯夷隘,柳下惠不恭。隘与不恭,君子不由也。"隘,狭窄也。不恭,简慢也。夷、惠之行,固皆造乎至极之地,然既有所偏,则不能无弊,故不可由也。

孟子集注卷四

四书章句集注

公孙丑章句下 凡十四章。自第二章以下,记孟子出处行实为详。

孟子曰:"天时不如地利,地利不如人和。天时,谓时日支干、孤虚、王相之属也。地利,险阻、城池之固也。人和,得民心之和也。三里之城,七里之郭,环而攻之而不胜。夫环而攻之,必有得天时者矣,然而不胜者,是天时不如地利也。夫,音扶。○三里七里,城郭之小者。郭,外城。环,围也。言四面攻围,旷日持久,必有值天时之善者。城非不高也,池非不深也,兵革非不坚利也,米粟非不多也,委而去之,是地利不如人和也。革,甲也。粟,谷也。委,弃也。言不得民心,民不为守也。故曰:域民不以封疆之界,固国不以山豀之险,威天下不以兵革之利。得道者多助,失道者寡助。寡助之至,亲戚畔之;多助之至,天下顺之。域,界限也。以天下之所顺,攻亲戚之所畔,故君子有不战,战必胜矣。"言不战则已,战则必胜。○尹氏曰:"言得天下者,凡以得民心而已。"

孟子将朝王,王使人来曰:"寡人如就见者也,有寒疾,不可以风。朝将视朝,不识可使寡人得见乎?"对曰:"不幸而有疾,不能造朝。"章内朝并音潮,惟朝将之朝如字。造,七到反,下同。○王,齐王也。孟子本将朝王,王不知而托疾以召孟子,故孟子亦以疾辞也。明日出吊于东郭氏。公孙丑曰:"昔者辞以病,今日吊,或者不可乎?"曰:"昔者疾,今日愈,如之何不吊?"东郭氏,齐大夫家也。昔者,昨日也。或者,疑辞。辞疾而出吊,与孔子不见孺悲取瑟而歌同意。王使人问疾,医来。孟仲子对曰:"昔者有王命,有采薪之忧,不能造朝。今病小愈,趋造于朝,我不识能至否乎?"使数人要于路,曰:"请必无归,而造于朝!"要,平声。○孟仲子,赵氏以为孟子之从昆弟,学于孟子者也。采薪之忧,言病不能采薪,谦辞也。仲子权辞以对,又使人要孟子令勿归而造朝,以实已言。不得已而之景丑氏宿焉。景子曰:"内则父子,外则君臣,人之大伦也。父子主恩,君臣主敬。丑见王之敬子也,未见所以敬王也。"曰:"恶!是何言也!齐人无以仁义与王言者,岂以仁义为不美也?其心曰'是何足与言仁义也'云尔,则不敬莫大乎是。我非尧、舜之道,不敢以陈于王前,故齐人莫如我敬王也。"恶,平声,下同。○景丑氏,齐大夫家也。景子,景丑也。恶,叹辞也。景丑所言,敬之小者也;孟子所言,敬之大者也。景子曰:"否,非此之谓也。礼曰:'父召,无诺;君命召,不俟驾。'固将朝也,闻王命而遂不果,宜与夫礼若不相似然。"夫,音扶,下同。○礼曰:"父命呼,唯而不诺。"又曰:"君命召,在官不俟屦,在外不俟车。"言孟子本欲朝王,而闻命中止,似与此礼之意不同也。曰:"岂谓是与?曾子曰:'晋、楚之富,不可及也。彼以其富,我以吾仁;彼以其爵,我以吾义。吾何慊乎哉?'夫岂不义而曾子言之?是或一道也。天下有达尊三:爵一,齿一,德一。朝廷莫如爵,乡党莫如齿,辅世长民莫如德。恶得有其一以慢其二哉?与,平声。慊,口簟反。长,上声。○慊,恨也,少也。或作嗛,字书以为口衔物也。然则慊亦但为心有所衔之义,其为快、为足、为恨、为少,则因其事而所衔有不同耳。孟子言我之意,非如景子之所言者。因引曾子之言,而云夫以岂是不义,而曾子肯以为言,是或别有一种道理也。达,通也。盖通天下之所尊,有此三者。曾子之说,盖以德言之也。今齐王但有爵耳,安得以此慢于齿德乎?故将大有为之君,必有所不召之臣。欲有谋焉,则就之。其尊德乐道不如是,不足与有为也。乐,音洛。○大有为之君,大有作为,非常之君也。程子曰:"古之人所以必待人君致敬尽礼而后往者,非欲自为尊大也,为是故耳。"故汤之于伊尹,学焉而后臣之,故不劳而王;桓公之于管仲,学焉而后臣之,故不劳而霸。先从受学,师之也。后以为臣,任之也。今天下地丑德齐,莫能相尚。无他,好臣其所教,而不好臣其所受教。好,去声。○丑,类也。尚,过也。所教,谓听从于己,可役使者也。所受教,谓己之所从学者也。汤之于伊尹,桓公之于管仲,则不敢召。管仲且犹不可召,而况不为管仲者乎?"不为管仲,孟子自谓也。范氏曰:"孟子之于齐,处宾师之位,非当仕有官职者,故其言如此。"○此章见宾师不以趋走承顺为恭,而以责难陈善为敬;人君不以崇高富贵为重,而以贵德尊士为贤,则上下交而德业成矣。

陈臻问曰:"前日于齐,王馈兼金一百而不受;于宋,馈七十镒而受;于薛,馈五十镒而受。前日之不受是,则今日之受非也;今日之受是,则前日之不受非也。夫子必居一于此矣。"陈臻,孟子弟子。兼金,好金也,其价兼倍于常者。一百,百镒也。孟子曰:"皆是也。皆适于义也。当在宋也,予将有远行。行者必以赆,辞曰:'馈赆。'予何为不受?赆,徐刃反。○赆,送行者之礼也。当在薛也,予有戒心。辞曰:'闻戒。'故为兵馈之,予何为不受?为兵之为,去声。○时人有欲害孟子者,孟子设兵以戒备之。薛君以金馈孟子,为兵备。辞曰"闻子之有戒心也"。若于齐,则未有处也。无处而馈之,是货之也。焉有君子而可以货取乎?"焉,于虔反。○无远行戒心之事,是未有所处也。取,犹致也。○尹氏曰:"言君子之辞受取予,惟当于理而已。"

孟子之平陆,谓其大夫曰:"子之持戟之士,一日而三失伍,则去之否乎?"曰:"不待三。"去,上声。○平陆,齐下邑也。大夫,邑宰也。戟,有枝兵也。士,战士也。伍,行列也。去之,杀之也。"然则子之失伍也亦多矣。凶年饥岁,子之民,老羸转于沟壑,壮者散而之四方者,几千人矣。"曰:"此非距心之所得为也。"几,上声。○子之伍,言其失职,犹士之失伍也。距心,大夫名。对言此乃王之失政使然,非我所得专为也。曰:"今有受人之牛羊而为之牧之者,则必为之求牧与刍矣。求牧与刍而不得,则反诸其人乎?抑亦立而视其死与?"曰:"此则距心之罪也。"为,去声。死与之与,平声。○牧之,养之也。牧,牧地也。刍,草也。孟子言若不得自专,何不致其事而去。他日,见于王曰:"王之为都者,臣知五人焉。知其罪者,惟孔距心。为王诵之。"王曰:"此则寡人之罪也。"见,音现。为王之为,去声。○为都,治邑也。邑有先君之庙曰都。孔,大夫姓也。为王诵其语,欲以讽晓王也。○陈氏曰:"孟子一言而齐之君臣举知其罪,固足以兴邦矣。然而齐卒不得为善国者,岂非说而不绎,从而不改故邪?"

孟子谓蚔鼃曰:"子之辞灵丘而请士师,似也,为其可以言也。今既数月矣,未可以言与?"蚔,音迟。鼃,乌花反。为,去声。与,平声。○蚔鼃,齐大夫也。灵丘,齐下邑。似也,言所为近似有理。可以言,谓士师近王,得以谏刑罚之不中者。蚔鼃谏于王而不用,致为臣而去。

致,犹还也。齐人曰:"所以为蚔鼃,则善矣;所以自为,则吾不知也。"为,去声。○讥孟子道不行而不能去也。公都子以告。公都子,孟子弟子也。曰:"吾闻之也:有官守者,不得其职则去;有言责者,不得其言则去。我无官守,我无言责也,则吾进退岂不绰绰然有余裕哉?"官守,以官为守者。言责,以言为责者。绰绰,宽貌。裕,宽意也。孟子居宾师之位,未尝受禄,故其进退之际宽裕如此。尹氏曰:"进退久速,当于理而已。"

孟子为卿于齐,出吊于滕,王使盖大夫王驩为辅行。王驩朝暮见,反齐、滕之路,未尝与之言行事也。盖,古盍反。见,音现。○盖,齐下邑也。王驩,王嬖臣也。辅行,副使也。反,往而还也。行事,使事也。公孙丑曰:"齐卿之位,不为小矣;齐、滕之路,不为近矣。反之而未尝与言行事,何也?"曰:"夫既或治之,予何言哉?"夫,音扶。○王驩盖摄卿以行,故曰齐卿。夫既或治之,言有司已治之矣。孟子之待小人,不恶而严如此。

孟子自齐葬于鲁,反于齐,止于嬴。充虞请曰:"前日不知虞之不肖,使虞敦匠事。严,虞不敢请。今愿窃有请也,木若以美然。"孟子仕于齐,丧母,归葬于鲁。嬴,齐南邑。充虞,孟子弟子,尝董治作棺之事者也。严,急也。木,棺木也。以,已通。以美,太美也。曰:"古者棺椁无度,中古棺七寸,椁称之。自天子达于庶人。非直为观美也,然后尽于人心。称,去声。○度,厚薄尺寸也。中古,周公制礼时也。椁称之,与棺相称也。欲其坚厚久远,非特为人观视之美而已。不得,不可以为悦;无财,不可以为悦。得之为有财,古之人皆用之,吾何为独不然?不得,谓法制所不当得。得之为有财,言得之而又为有财也。或曰:"为当作而。"且比化者,无使土亲肤,于人心独无恔乎?比,必二反。恔,音效。○比,犹为也。化者,死者也。恔,快也。言为死者不使土近其肌肤,于人子之心,岂不快然无所恨乎?**吾闻之君子:不以天下俭其亲。**"送终之礼,所当得为而不自尽,是为天下爱惜此物,而薄于吾亲也。

沈同以其私问曰:"燕可伐与?"孟子曰:"可。子哙不得与人燕,子之不得受燕于子哙。有仕于此,而子悦之,不告于王而私与之吾子之禄爵;夫士也,亦无王命而私受之于子,则可乎?何以异于是?"伐与之与,平声;下伐与、杀与同。夫,音扶。○沈同,齐臣。以私问,非王命也。子哙、子之,事见前篇。诸侯土地人民,受之天子,传之先君。私以与人,则与者受者皆有罪也。仕,为官也。士,即从仕之人也。齐人伐燕。或问曰:"劝齐伐燕,有诸?"曰:"未也。沈同问'燕可伐与?'吾应之曰'可',彼然而伐之也。彼如曰'孰可以伐之?'则将应之曰:'为天吏,则可以伐之。'今有杀人者,或问之曰'人可杀与?'则将应之曰'可'。彼如曰'孰可以杀之?'则将应之曰:'为士师则可以杀之。'今以燕伐燕,何为劝之哉?"天吏,解见上篇。言齐无道,与燕无异,如以燕伐燕也。史记亦谓孟子劝齐伐燕,盖传闻此说之误。○杨氏曰:"燕固可伐矣,故孟子曰可。使齐王能诛其君,吊其民,何不可之有?乃杀其父兄,虏其子弟,而后燕人畔之。乃以是归咎孟子之言,则误矣。"

燕人畔。王曰:"吾甚惭于孟子。"齐破燕后二年,燕人共立太子平为王。陈贾曰:"王无患焉。王自以为与周公,孰仁且智?"王曰:"恶!是何言也?"曰:"周公使管叔监殷,管叔以殷畔。知而使之,是不仁也;不知而使之,是不智也。仁智,周公未之尽也,而况于王乎?贾请见而解之。"恶、监,皆平声。○陈贾,齐大夫也。管叔,名鲜,武王弟,周公兄也。武王胜商杀纣,立纣子武庚,而使管叔与弟蔡叔、霍叔监其国。武王崩,成王幼,周公摄政。管叔与武庚畔,周公讨而诛之。见孟子问曰:"周公何人也?"曰:"古圣人也。"曰:"使管叔监殷,管叔以殷畔也,有诸?"曰:"然。"曰:"周公知其将畔而使之与?"曰:"不知也。""然则圣人且有过与?"曰:"周公,弟也;管叔,兄也。周公之过,不亦宜乎?与,平声。○言周公乃管叔之弟,管叔乃周公之兄,然则周公不知管叔之将畔而使之,其过有所不免矣。或曰:"周公之处管叔,不如舜之处象,何也?"游氏曰:"象之恶已著,而其志不过富贵而已,故舜得以是而全之;若管叔之恶则未著,而其志其才皆非象比也,周公讵忍逆探其兄之恶而弃之耶?周公爱兄,宜无不尽者。管叔之事,圣人之不幸也。舜诚信而喜象,周公诚信而任管叔,此天理人伦之至,其用心一也。且古之君子,过则改之;今之君子,过则顺之。古之君子,其过也,如日月之食,民皆见之;及其更也,民皆仰之。今之君子,岂徒顺之,又从为之辞。"更,平声。○顺,犹遂也。更,改也。辞,辩也。更之则无损于明,故民仰之。顺而为之辞,则其过愈深矣。责贾不能勉其君以迁善改过,而教之以遂非文过也。○林氏曰:"齐王惭于孟子,盖羞恶之心,有不能自已者。使其臣有能因是心而将顺之,则义不可胜用矣。而陈贾鄙夫,方且为之曲为辩说,而沮其迁善改过之心,长其饰非拒谏之恶,故孟子深责之。然此书记事散出而无先后之次,故其说必参考而后通。若以第二篇十章十一章置于前章之后,此章之前,则孟子之意,不待论说而自明矣。"

孟子致为臣而归。孟子久于齐而道不行,故去也。王就见孟子,曰:"前日愿见而不可得,得侍,同朝甚喜。今又弃寡人而归,不识可以继此而得见乎?"对曰:"不敢请耳,固所愿也。"朝,音潮。他日,王谓时子曰:"我欲中国而授孟子室,养弟子以万钟,使诸大夫国人皆有所矜式。子盍为我言之?"为,去声。○时子,齐臣也。中国,当国之中也。万钟,穀禄之数也。钟,量名,受六斛四斗。矜,敬也。式,法也。盍,何不也。时子因陈子而以告孟子,陈子以时子之言告孟子。陈子,即陈臻也。孟子曰:"然。夫时子恶知其不可也?如使予欲富,辞十万而受万,是为欲富乎?夫,音扶。恶,平声。○孟子既以道不行而去,则其义不可以复留;而时子不知,则又有难显言者,故但言设使我欲富,则我前日为卿,尝辞十万之禄,今乃受此万钟之馈,是我虽欲富,亦不为此也。季孙曰:'异哉子叔疑!使己为政,不用,则亦已矣,又使其子弟为卿。人亦孰不欲富贵?而独于富贵之中,有私龙断焉。'龙,音垄。○此孟子引季孙之语也。季孙、子叔疑,不知何时人。龙断,冈垄之断而高也,义见下文。盖子叔疑者尝不用,而使其子弟为卿。季孙讥其既不得于此,而又欲求得于彼,如下文贱丈夫登龙断者之所为也。孟子引此以明道既不行,复受其禄,则无以异矣。古之为市也,以其所有易其所无者,有司者治之耳。有贱丈夫焉,必求龙断而登之,以左右望而罔市利。人皆以为贱,故从而征之。征商,自此贱丈夫始矣。"孟子释龙断之说如此。治之,谓治其争讼。左右望者,欲得此而又取彼也。罔,谓罔罗取之也。从而征之,谓人恶其专利,故就征其税,后世缘此遂征商人也。○程子曰:"齐王所以处孟子者,未为不可,孟子亦非不肯为国人矜式者。但齐王实非欲尊孟子,乃欲以利诱之,故孟子拒而不受。"

孟子去齐,宿于昼。昼,如字,或曰:"当作画,音获。"下同。○昼,齐西南近邑也。有欲为王留行者,坐而言。不应,隐几而卧。为,去声,下同。隐,于靳反。○隐,凭也。客坐而言,孟子不应而卧也。客不悦曰:"弟子齐宿而后敢言,夫子卧而不听,请勿复敢见矣。"曰:"坐!我明语子。昔者鲁缪公无人乎子思之侧,则不能安子思;泄柳、申详,无人乎缪公之侧,则不能安其身。齐,侧皆反。复,扶又反。语,去声。○齐宿,齐戒越宿也。缪公尊礼子思,常使人候伺道达诚意于其侧,乃能安而留之也。泄柳,鲁人。申详,子张之子也。缪公尊之不如子思,然二子义不苟容,非有贤者在其君之左右维持调护之,则亦不能安其身矣。子为长者虑,而不及子思,子绝长者乎?长者绝子乎?"长,上声。○长者,孟子自称也。言齐王不使子来,而子自欲为王留我;是所以为我谋者,不及缪公留子思之事,而先绝我也。我之卧而不应,岂为先绝子乎?

孟子去齐。尹士语人曰:"不识王之不可以为汤、武,则是不明也;识其不可,然且至,则是干泽也。千里而见王,不遇故去。三宿而后出昼,是何濡滞也?士则兹不悦。"语,去声。○尹士,齐人也。干,求也。泽,恩泽也。濡滞,迟留也。高子以告。高子,亦齐人,孟子弟子也。曰:"夫尹士恶知予哉?千里而见王,是予所欲也;不遇故去,岂予所欲哉?予不得已也。夫,音扶,下同。恶,平声。○见王,欲以行道也。今道不行,故不得已而去,非本欲如此也。予三宿而出昼,于予心犹以为速。王庶几改之。王如改诸,则必反予。所改必指一事而言,然今不可考矣。夫出昼而王不予追也,予然后浩然有归志。予虽然,岂舍王哉?王由足用为善。王如用予,则岂徒齐民安,天下之民举安。王庶几改之,予日望之。浩然,如水之流不可止也。○杨氏曰:"齐王天资朴实,如好勇、好货、好色、好世俗之乐,皆以直告而不隐于孟子,故足以为善。若乃其心不然,而谬为大言以欺人,是人终不可与入尧、舜之道矣,何善之能为?"予岂若是小丈夫然哉?谏于其君而不受,则怒,悻悻然见于其面。去则穷日之力而后宿哉?"悻,形顶反。见,音现。○悻悻,怒意也。穷,尽也。尹士闻之曰:"士诚小人也。"此章见圣贤行道济时,汲汲之本心;爱君泽民,惓惓之余意。李氏曰:"于此见君子忧则违之之情,而荷蒉者所以为果也。"

孟子去齐。充虞路问曰:"夫子若有不豫色然。前日虞闻诸夫子曰:'君子不怨天,不尤人。'"路问,于路中问也。豫,悦也。尤,过也。此二句实孔子之言,盖孟子尝称之以教人耳。曰:"彼一时,此一时也。彼,前日。此,今日。五百年必有王者兴,其间必有名世者。自尧、舜至汤,自汤至文、武,皆五百余年而圣人出。名世,谓其人德业闻望可名于一世者,为之辅佐,若皋陶、稷、契、伊尹、莱朱、太公望、散宜生之属。

由<u>周</u>而来,七百有余岁矣。以其数则过矣,以其时考之则可矣。<u>周</u>,谓<u>文</u>、<u>武</u>之间。数,谓五百年之期。时,谓乱极思治可以有为之日。于是而不得一有所为,此<u>孟子</u>所以不能无不豫也。**夫天未欲平治天下也,如欲平治天下,当今之世,舍我其谁也?吾何为不豫哉?**"夫,音扶。舍,上声。○言当此之时,而使我不遇于<u>齐</u>,是天未欲平治天下也。然天意未可知,而其具又在我,我何为不豫哉? 然则<u>孟子</u>虽若有不豫然者,而实未尝不豫也。盖圣贤忧世之志,乐天之诚,有并行而不悖者,于此见矣。

<u>孟子</u>去<u>齐</u>,居<u>休</u>。公孙丑问曰:"仕而不受禄,古之道乎?" <u>休</u>,地名。**曰:"非也。于<u>崇</u>,吾得见王。退而有去志,不欲变,故不受也。** <u>崇</u>,亦地名。<u>孟子</u>始见<u>齐</u>王,必有所不合,故有去志。变,谓变其去志。**继而有师命,不可以请。久于<u>齐</u>,非我志也。"** 师命,师旅之命也。国既被兵,难请去也。○<u>孔</u>氏曰:"仕而受禄,礼也;不受<u>齐</u>禄,义也。义之所在,礼有时而变,<u>公孙丑</u>欲以一端裁之,不亦误乎?"

孟子集注卷五

滕文公章句上 凡五章。

滕文公为世子,将之楚,过宋而见孟子。世子,太子也。孟子道性善,言必称尧、舜。道,言也。性者,人所禀于天以生之理也,浑然至善,未尝有恶。人与尧、舜初无少异,但众人汩于私欲而失之,尧、舜则无私欲之蔽,而能充其性尔。故孟子与世子言,每道性善,而必称尧、舜以实之,欲其知仁义不假外求,圣人可学而至,而不懈于用力也。门人不能悉记其辞,而撮其大旨如此。程子曰:"性即理也。天下之理,原其所自,未有不善。喜、怒、哀、乐未发,何尝不善。发而中节,即无往而不善;发不中节,然后为不善。故凡言善恶,皆先善而后恶;言吉凶,皆先吉而后凶;言是非,皆先是而后非。"世子自楚反,复见孟子。孟子曰:"世子疑吾言乎?夫道一而已矣。复,扶又反。夫,音扶。○时人不知性之本善,而以圣贤为不可企及;故世子于孟子之言不能无疑,而复来求见,盖恐别有卑近易行之说也。孟子知之,故但告之如此,以明古今圣愚本同一性,前言已尽,无复有他说也。成覵谓齐景公曰:'彼丈夫也,我丈夫也,吾何畏彼哉?'颜渊曰:'舜何人也？予何人也？有为者亦若是。'公明仪曰：'文王我师也，周公岂欺我哉？'觑，古苋反。○成觑，人姓名。彼，谓圣贤也。有为者亦若是，言人能有为，则皆如舜也。公明，姓；仪，名，鲁贤人也。文王我师也，盖周公之言。公明仪亦以文王为必可师，故诵周公之言，而叹其不我欺也。孟子既告世子以道无二致，而复引此三言以明之，欲世子笃信力行，以师圣贤，不当复求他说也。今滕，绝长补短，将五十里也，犹可以为善国。书曰：'若药不瞑眩，厥疾不瘳。'"瞑，莫甸反。眩，音县。○绝，犹截也。书商书说命篇。瞑眩，愦乱。言滕国虽小，犹足为治，但恐安于卑近，不能自克，则不足以去恶而为善也。○愚按：孟子之言性善，始见于此，而详具于告子之篇。然默识而旁通之，则七篇之中，无非此理。其所以扩前圣之未发，而有功于圣人之门，程子之言信矣。

滕定公薨。世子谓然友曰："昔者孟子尝与我言于宋，于心终不忘。今也不幸至于大故，吾欲使子问于孟子，然后行事。"定公，文公父也。然友，世子之傅也。大故，大丧也。事，谓丧礼。**然友之邹问于孟子。孟子曰："不亦善乎！亲丧固所自尽也。曾子曰：'生，事之以礼；死，葬之以礼，祭之以礼，可谓孝矣。'诸侯之礼，吾未之学也；虽然，吾尝闻之矣。三年之丧，齐疏之服，饘粥之食，自天子达于庶人，三代共之。"**齐，音资。疏，所居反。饘，诸延[1]反。○当时诸侯莫能行古丧礼，而文公独能以此为问，故孟子善之。又言父母之丧，固人子之心所自尽者。盖悲哀之情，痛疾之意，非自外至，宜乎文公于此有所不能自已也。但所引曾子之言，本孔子告樊迟者，岂曾子尝诵之以告其门人欤？三年之丧者，子生三年，然后免于父母之怀，故父母之丧，必以三年也。齐，衣下缝也。不缉曰斩衰，缉之曰齐衰。疏，粗也，粗布也。饘，糜也。丧礼：三日始食粥。既葬，乃疏食。此古今贵贱通行之礼也。**然友反命，定为三**

---

[1]"延"原作"筵"，据清仿宋大字本改。

年之丧。父兄百官皆不欲，曰："吾宗国鲁先君莫之行，吾先君亦莫之行也，至于子之身而反之，不可。且志曰：'丧祭从先祖。'"曰："吾有所受之也。"父兄，同姓老臣也。滕与鲁俱文王之后，而鲁祖周公为长。兄弟宗之，故滕谓鲁为宗国也。然谓二国不行三年之丧者，乃其后世之失，非周公之法本然也。志，记也，引志之言而释其意。以为所以如此者，盖为上世以来有所传受，虽或不同，不可改也。然志所言，本谓先王之世旧俗所传，礼文小异而可以通行者耳，不谓后世失礼之甚者也。谓然友曰："吾他日未尝学问，好驰马试剑。今也父兄百官不我足也，恐其不能尽于大事，子为我问孟子。"然友复之邹问孟子。孟子曰："然。不可以他求者也。孔子曰：'君薨，听于冢宰。歠粥，面深墨。即位而哭，百官有司，莫敢不哀，先之也。'上有好者，下必有甚焉者矣。'君子之德，风也；小人之德，草也。草尚之风必偃。'是在世子。"好、为，皆去声。复，扶又反。歠，川悦反。○不我足，谓不以我满足其意也。然者，然其不我足之言。不可他求者，言当责之于己。冢宰，六卿之长也。歠，饮也。深墨，甚黑色也。即，就也。尚，加也。论语作上，古字通也。偃，伏也。孟子言但在世子自尽其哀而已。然友反命。世子曰："然。是诚在我。"五月居庐，未有命戒。百官族人可，谓曰知。及至葬，四方来观之，颜色之戚，哭泣之哀，吊者大悦。诸侯五月而葬，未葬，居倚庐于中门之外。居丧不言，故未有命令教戒也。可谓曰知，疑有阙误。或曰："皆谓世子之知礼也。"○林氏曰："孟子之时，丧礼既坏，然三年之丧，恻隐之心，痛疾之意，出于人心之所固有者，初未尝亡也。惟其溺于流俗之弊，是以丧其良心而不自知耳。文公见孟子而闻性善尧、舜之说，则固有以启发其良心矣，是以至此而哀痛之诚心发焉。及其父兄百官皆不欲行，则亦反躬自责，悼其前行之不足以取信，而不敢有非其父兄百官之心。虽其资质有过人者，而学问之力，亦不可诬也。及其断然行之，而远近见闻无不悦服，则以人心之所同然者自我发之，而彼之心悦诚服，亦有所不期然而然者。人性之善,岂不信哉?"

滕文公问为国。文公以礼聘孟子,故孟子至滕,而文公问之。孟子曰:"民事不可缓也。诗云:'昼尔于茅,宵尔索绹;亟其乘屋,其始播百谷。'绹,音陶。亟,纪力反。○民事,谓农事。诗豳风七月之篇。于,往取也。绹,绞也。亟,急也。乘,升也。播,布也。言农事至重,人君不可以为缓而忽之。故引诗言治屋之急如此者,盖以来春将复始播百谷,而不暇为此也。民之为道也,有恒产者有恒心,无恒产者无恒心。苟无恒心,放辟邪侈,无不为已。及陷乎罪,然后从而刑之,是罔民也。焉有仁人在位,罔民而可为也?音义并见前篇。是故贤君必恭俭礼下,取于民有制。恭则能以礼接下,俭则能取民以制。阳虎曰:'为富不仁矣,为仁不富矣。'阳虎,阳货,鲁季氏家臣也。天理人欲,不容并立。虎之言此,恐为仁之害于富也;孟子引之,恐为富之害于仁也。君子小人,每相反而已矣。夏后氏五十而贡,殷人七十而助,周人百亩而彻,其实皆什一也。彻者,彻也;助者,藉也。彻,敕列反。藉,子夜反。○此以下,乃言制民常产与其取之之制也。夏时一夫授田五十亩,而每夫计其五亩之入以为贡。商人始为井田之制,以六百三十亩之地画为九区,区七十亩。中为公田,其外八家各授一区,但借其力以助耕公田,而不复税其私田。周时一夫授田百亩。乡遂用贡法,十夫有沟;都鄙用助法,八家同井。耕则通力而作,收则计亩而分,故谓之彻。其实皆什一者,贡法固以十分之一为常数,惟助法乃是九一,而商制不可考。周制则公田百亩,中以二十亩为庐舍,一夫所耕公田实计十亩。通私田百亩,为十一分而取其一,盖又轻于什一矣。窃料商制亦当似此,而以十四亩为庐舍,一夫实耕公田七亩,是亦不过什一也。彻,通也,均也。藉,借也。龙子曰:'治地莫善于助,莫不善于贡。贡者校数岁之中以为常。乐岁,粒米狼戾,多取之而不为虐,则寡取之;凶年,粪其田而不足,则必取盈焉。为民父母,使民盻盻然,将终岁勤动,不得以养其父母,又称贷而益之,使老稚转乎沟壑,恶在其为民父母也?'乐,音洛。盻,五礼反,从目从兮。或音普苋反者非。养,去声。恶,平声。○龙子,古贤人。狼戾,犹狼藉,言多也。粪,壅[1]也。盈,满也。盻,恨视也。勤动,劳苦也。称,举也。贷,借也。取物于人,而出息以偿之也。益之,以足取盈之数也。稚,幼子也。**夫世禄,滕固行之矣。**夫,音扶。○孟子尝言文王治岐,耕者九一,仕者世禄,二者王政之本也。今世禄滕已行之,惟助法未行,故取于民者无制耳。盖世禄者,授之土田,使之食其公田之入,实与助法相为表里,所以使君子野人各有定业,而上下相安者也,故下文遂言助法。**诗云:'雨我公田,遂及我私。'惟助为有公田。由此观之,虽周亦助也。**雨,于付反。○诗小雅大田之篇。雨,降雨也。言愿天雨于公田,而遂及私田,先公而后私也。当时助法尽废,典籍不存,惟有此诗可见周亦用助,故引之也。**设为庠序学校以教之:庠者,养也;校者,教也;序者,射也。夏曰校,殷曰序,周曰庠,学则三代共之,皆所以明人伦也。人伦明于上,小民亲于下。**庠以养老为义,校以教民为义,序以习射为义,皆乡学也。学,国学也。共之,无异名也。伦,序也。父子有亲,君臣有义,夫妇有别,长幼有序,朋友有信,此人之大伦也。庠序学校,皆以明此而已。**有王者起,必来取法,是为王者师也。**滕国褊小,虽行仁政,未必能兴王业,然为王者师,则虽不有天下,而其泽亦足以及天下矣。圣贤至公无我之心,于此可见。**诗云'周虽旧邦,其命惟新',文王之谓也。子力行之,亦以新子之国。"**诗大雅文王之篇。言周虽后稷以来,旧为诸侯,其受天命而有天下,则自文王始也。子,指文公,诸侯未逾年之称也。**使毕战问井地。孟子曰:"子之君将行仁政,选择而使子,子必勉之!夫仁政,必自经界始。经界不正,井地不钧,穀禄不平。是故暴君污吏必慢其经界。经界既正,分田制禄可坐而定也。**夫,音扶。○毕战,滕臣。文公因孟子之言,而使毕战

---

〔1〕 "壅"原作"擁",据清仿宋大字本改。

主为井地之事,故又使之来问其详也。井地,即井田也。经界,谓治地分田,经画其沟涂封植之界也。此法不修,则田无定分,而豪强得以兼并,故井地有不钧;赋无定法,而贪暴得以多取,故穀禄有不平。此欲行仁政者之所以必从此始,而暴君污吏则必欲慢而废之也。有以正之,则分田制禄,可不劳而定矣。**夫滕壤地褊小,将为君子焉,将为野人焉。无君子莫治野人,无野人莫养君子。**夫,音扶。养,去声。○言滕地虽小,然其间亦必有为君子而仕者,亦必有为野人而耕者,是以分田制禄之法,不可偏废也。**请野九一而助,国中什一使自赋。**此分田制禄之常法,所以治野人使养君子也。野,郊外都鄙之地也。九一而助,为公田而行助法也。国中,郊门之内,乡遂之地也,田不井授,但为沟洫,使什而自赋其一,盖用贡法也。周所谓彻法者盖如此,以此推之,当时非惟助法不行,其贡亦不止什一矣。**卿以下必有圭田,圭田五十亩。**此世禄常制之外,又有圭田,所以厚君子也。圭,洁也,所以奉祭祀也。不言世禄者,滕已行之,但此未备耳。**余夫二十五亩。**程子曰:"一夫上父母,下妻子,以五口八口为率,受田百亩。如有弟,是余夫也。年十六,别受田二十五亩,俟其壮而有室,然后更受百亩之田。"愚按:此百亩常制之外,又有余夫之田,以厚野人也。**死徙无出乡,乡田同井。出入相友,守望相助,疾病相扶持,则百姓亲睦。**死,谓葬也。徙,谓徙其居也。同井者,八家也。友,犹伴也。守望,防寇盗也。**方里而井,井九百亩,其中为公田。八家皆私百亩,同养公田。公事毕,然后敢治私事,所以别野人也。**养,去声。别,彼列反。○此详言井田形体之制,乃周之助法也。公田以为君子之禄,而私田野人之所受。先公后私,所以别君子野人之分也。不言君子,据野人而言,省文耳。上言野及国中二法,此独详于治野者,国中贡法,当时已行,但取之过于什一尔。**此其大略也。若夫润泽之,则在君与子矣。"**夫,音扶。○井地之法,诸侯皆去其籍,此特其大略而已。润泽,谓因时制宜,使合于人情,宜于土俗,而不失乎先王之意也。○吕氏曰:"子张子慨然有意三代之治。论治人先务,未始不以经界为急。讲求法制,粲然备具。要之可以行于今,如有用我者,举而措之耳。尝曰:'仁政必自经界始。贫富不均,教养无法,虽欲言治,皆苟而已。世之病难行者,未始不以亟夺富人之田为辞。然兹法之行,悦之者众。苟处之有术,期以数年,不刑一人而可复。所病者,特上之未行耳。'乃言曰:'纵不能行之天下,犹可验之一乡。'方与学者议古之法,买田一方,画为数井。上不失公家之赋役,退以其私,正经界,分宅里,立敛法,广储蓄,兴学校,成礼俗,救菑恤患,厚本抑末。足以推先王之遗法,明当今之可行。有志未就而卒。"○愚按:丧礼经界两章,见孟子之学,识其大者。是以虽当礼法废坏之后,制度节文不可考,而能因略以致详,推旧而为新,不屑屑于既往之迹,而能合乎先王之意,真可谓命世亚圣之才矣。

有为神农之言者许行,自楚之滕,踵门而告文公曰:"远方之人闻君行仁政,愿受一廛而为氓。"文公与之处,其徒数十人,皆衣褐,捆屦、织席以为食。衣,去声。捆,音阃。○神农,炎帝神农氏。始为耒耜,教民稼穑者也。为其言者,史迁所谓农家者流也。许,姓,行,名也。踵门,足至门也。仁政,上章所言井地之法也。廛,民所居也。氓,野人之称。褐,毛布,贱者之服也。捆,扣椓之欲其坚也。以为食,卖以供食也。程子曰:"许行所谓神农之言,乃后世称述上古之事,失其义理者耳,犹阴阳、医、方称黄帝之说也。"陈良之徒陈相与其弟辛,负耒耜而自宋之滕,曰:"闻君行圣人之政,是亦圣人也,愿为圣人氓。"陈良,楚之儒者。耜,所以起土。耒,其柄也。陈相见许行而大悦,尽弃其学而学焉。陈相见孟子,道许行之言曰:"滕君,则诚贤君也;虽然,未闻道也。贤者与民并耕而食,饔飧而治。今也滕有仓廪府库,则是厉民以自养也,恶得贤?"饔,音雍。飧,音孙。恶,平声。○饔飧,熟食也。朝曰饔,夕曰飧。言当自炊爨以为食,而兼治民事也。厉,病也。许行此言,盖欲阴坏孟子分别君子野人之法。孟子曰:"许子必种粟而后食乎?"曰:"然。""许子必织布而后衣乎?"曰:"否。许子衣褐。"

"许子冠乎？"曰："冠。"曰："奚冠？"曰："冠素。"曰："自织之与？"曰："否。以粟易之。"曰："许子奚为不自织？"曰："害于耕。"曰："许子以釜甑爨，以铁耕乎？"曰："然。""自为之与？"曰："否。以粟易之。"衣，去声。与，平声。○釜，所以煮。甑，所以炊。爨，然火也。铁，耜属也。此语八反，皆孟子问而陈相对也。"以粟易械器者，不为厉陶冶；陶冶亦以其械器易粟者，岂为厉农夫哉？且许子何不为陶冶，舍皆取诸其宫中而用之？何为纷纷然与百工交易？何许子之不惮烦？"曰："百工之事，固不可耕且为也。"舍，去声。○此孟子言而陈相对也。械器，釜甑之属也。陶，为甑者。冶，为釜铁者。舍，止也，或读属上句。舍，谓作陶冶之处也。"然则治天下独可耕且为与？有大人之事，有小人之事。且一人之身，而百工之所为备。如必自为而后用之，是率天下而路也。故曰：或劳心，或劳力；劳心者治人，劳力者治于人；治于人者食人，治人者食于人：天下之通义也。与，平声。食，音嗣。○此以下皆孟子言也。路，谓奔走道路，无时休息也。治于人者，见治于人也。食人者，出赋税以给公上也。食于人者，见食于人也。此四句皆古语，而孟子引之也。君子无小人则饥，小人无君子则乱。以此相易，正犹农夫陶冶以粟与械器相易，乃所以相济而非所以相病也。治天下者，岂必耕且为哉？当尧之时，天下犹未平，洪水横流，泛滥于天下。草木畅茂，禽兽繁殖，五谷不登，禽兽逼人。兽蹄鸟迹之道，交于中国。尧独忧之，举舜而敷治焉。舜使益掌火，益烈山泽而焚之，禽兽逃匿。禹疏九河，瀹济、漯，而注诸海；决汝、汉，排淮、泗，而注之江，然后中国可得而食也。当是时也，禹八年于外，三过其门而不入，虽欲耕，得乎？瀹，音药。济，子礼反。漯，他合反。○天下犹未平者，洪荒之世，生民之害多矣；圣人迭兴，渐次除治，至此尚未尽平也。洪，大也。横流，不由其道而散溢妄行也。泛滥，横流之貌。畅茂,长盛也。繁殖,众多也。五谷,稻、黍、稷、麦、菽也。登,成熟也。道,路也。兽蹄鸟迹交于中国,言禽兽多也。敷,布也。益,舜臣名。烈,炽也。禽兽逃匿,然后禹得施治水之功。疏,通也,分也。九河:曰徒骇,曰太史,曰马颊,曰覆釜,曰胡苏,曰简,曰洁,曰钩盘,曰鬲津。瀹,亦疏通之意。济、漯,二水名。决、排,皆去其壅塞也。汝、汉、淮、泗,亦皆水名也。据禹贡及今水路,惟汉水入江耳。汝、泗则入淮,而淮自入海。此谓四水皆入于江,记者之误也。

后稷教民稼穑,树艺五谷,五谷熟而民人育。人之有道也,饱食、暖衣、逸居而无教,则近于禽兽。圣人有忧之,使契为司徒,教以人伦:父子有亲,君臣有义,夫妇有别,长幼有序,朋友有信。放勋曰:'劳之来之,匡之直之,辅之翼之,使自得之,又从而振德之。'圣人之忧民如此,而暇耕乎?契,音薛。别,彼列反。长、放,皆上声。劳、来,皆去声。○言水土平,然后得以教稼穑;衣食足,然后得以施教化。后稷,官名,弃为之。然言教民,则亦非并耕矣。树,亦种也。艺,殖也。契,亦舜臣名也。司徒,官名也。人之有道,言其皆有秉彝之性也。然无教则亦放逸怠惰而失之,故圣人设官而教以人伦,亦因其固有者而道之耳。书曰:"天叙有典,敕我五典五惇哉。"此之谓也。放勋,本史臣赞尧之辞,孟子因以为尧号也。德,犹惠也。尧言,劳者劳之,来者来之,邪者正之,枉者直之,辅以立之,翼以行之,使自得其性矣,又从而提撕警觉以加惠焉,不使其放逸怠惰而或失之。盖命契之辞也。尧以不得舜为己忧,舜以不得禹、皋陶为己忧。夫以百亩之不易为己忧者,农夫也。夫,音扶。易,去声。○易,治也。尧、舜之忧民,非事事而忧之也,急先务而已。所以忧民者其大如此,则不惟不暇耕,而亦不必耕矣。分人以财谓之惠,教人以善谓之忠,为天下得人者谓之仁。是故以天下与人易,为天下得人难。为、易,并去声。○分人以财,小惠而已。教人以善,虽有爱民之实,然其所及亦有限而难久。惟若尧之得舜,舜之得禹、皋陶,及所谓为天下得人者,而其恩惠广大,教化无穷矣,此其所以为仁也。孔子曰:'大哉尧之为君!惟天为大，惟尧则之，荡荡乎民无能名焉！君哉舜也！巍巍乎有天下而不与焉！'尧、舜之治天下，岂无所用其心哉？亦不用于耕耳。与，去声。○则，法也。荡荡，广大之貌。君哉，言尽君道也。巍巍，高大之貌。不与，犹言不相关，言其不以位为乐也。吾闻用夏变夷者，未闻变于夷者也。陈良，楚产也。悦周公、仲尼之道，北学于中国。北方之学者，未能或之先也。彼所谓豪杰之士也。子之兄弟事之数十年，师死而遂倍之。此以下责陈相倍师而学许行也。夏，诸夏礼义之教也。变夷，变化蛮夷之人也。变于夷，反见变化于蛮夷之人也。产，生也。陈良生于楚，在中国之南，故北游而学于中国也。先，过也。豪杰，才德出众之称，言其能自拔于流俗也。倍，与背同。言陈良用夏变夷，陈相变于夷也。昔者孔子没，三年之外，门人治任将归，入揖于子贡，相向而哭，皆失声，然后归。子贡反，筑室于场，独居三年，然后归。他日，子夏、子张、子游以有若似圣人，欲以所事孔子事之，强曾子。曾子曰：'不可。江、汉以濯之，秋阳以暴之，皜皜乎不可尚已。'任，平声。强，上声。暴，蒲木反。皜，音杲。○三年，古者为师心丧三年，若丧父而无服也。任，担也。场，冢上之坛场也。有若似圣人，盖其言行气象有似之者，如檀弓所记子游谓有若之言似夫子之类是也。所事孔子，所以事夫子之礼也。江、汉水多，言濯之洁也。秋日燥烈，言暴之干也。皜皜，洁白貌。尚，加也。言夫子道德明著，光辉洁白，非有若所能彷佛也。或曰："此三语者，孟子赞美曾子之辞也。"今也南蛮鴃舌之人，非先王之道，子倍子之师而学之，亦异于曾子矣。鴃，亦作䴂，古役反。○鴃，博劳也，恶声之鸟。南蛮之声似之，指许行也。吾闻出于幽谷迁于乔木者，未闻下乔木而入于幽谷者。小雅伐木之诗云："伐木丁丁，鸟鸣嘤嘤。出自幽谷，迁于乔木。"鲁颂曰：'戎狄是膺，荆、舒是惩。'周公方且膺之，子是之学，亦为不善变矣。"鲁颂閟宫之篇也。膺，击也。荆，楚本号也。

舒，国名，近楚者也。芑，艾也。按今此诗为僖公之颂，而孟子以周公言之，亦断章取义也。"从许子之道，则市贾不贰，国中无伪。虽使五尺之童适市，莫之或欺。布帛长短同，则贾相若；麻缕丝絮轻重同，则贾相若；五谷多寡同，则贾相若；屦大小同，则贾相若。"贾音价，下同。○陈相又言许子之道如此。盖神农始为市井，故许行又托于神农而有是说也。五尺之童，言幼小无知也。许行欲使市中所粥之物，皆不论精粗美恶，但以长短轻重多寡大小为价也。曰："夫物之不齐，物之情也；或相倍蓰，或相什伯，或相千万。子比而同之，是乱天下也。巨屦小屦同贾，人岂为之哉？从许子之道，相率而为伪者也，恶能治国家？"夫，音扶。蓰，音师，又山绮反。比，必二反。恶，平声。○倍，一倍也。蓰，五倍也。什伯千万，皆倍数也。比，次也。孟子言物之不齐，乃其自然之理，其有精粗，犹其有大小也。若大屦小屦同价，则人岂肯为其大者哉？今不论精粗，使之同价，是使天下之人皆不肯为其精者，而竞为滥恶之物以相欺耳。

墨者夷之，因徐辟而求见孟子。孟子曰："吾固愿见，今吾尚病，病愈，我且往见，夷子不来！"辟，音璧，又音闢。○墨者，治墨翟之道者。夷，姓；之，名。徐辟，孟子弟子。孟子称疾，疑亦托辞以观其意之诚否。他日又求见孟子。孟子曰："吾今则可以见矣。不直，则道不见，我且直之。吾闻夷子墨者。墨之治丧也，以薄为其道也。夷子思以易天下，岂以为非是而不贵也？然而夷子葬其亲厚，则是以所贱事亲也。"不见之见，音现。○又求见，则其意已诚矣，故因徐辟以质之如此。直，尽言以相正也。庄子曰："墨子生不歌，死无服，桐棺三寸而无椁。"是墨之治丧，以薄为道也。易天下，谓移易天下之风俗也。夷子学于墨氏而不从其教，其心必有所不安者，故孟子因以诘之。徐子以告夷子。夷子曰："儒者之道，古之人'若保赤子'，此言何谓也？之则以为爱无差等，施由亲始。"徐子以告孟子。孟子曰："夫夷子，信以为人之亲其兄之子为若亲其邻之赤子乎？彼有取尔也。赤子匍匐将入井，非赤子之罪也。且天之生物也，使之一本，而夷子二本故也。夫，音扶，下同。匍，音蒲。匐，蒲北反。○"若保赤子"，周书康诰篇文，此儒者之言也。夷子引之，盖欲援儒而入于墨，以拒孟子之非己。又曰"爱无差等，施由亲始"，则推墨而附于儒，以释己所以厚葬其亲之意，皆所谓遁辞也。孟子言人之爱其兄子与邻之子，本有差等。书之取譬，本为小民无知而犯法，如赤子无知而入井耳。且人物之生，必各本于父母而无二，乃自然之理，若天使之然也。故其爱由此立，而推以及人，自有差等。今如夷子之言，则是视其父母本无异于路人，但其施之之序，姑自此始耳。非二本而何哉？然其于先后之间，犹知所择，则又其本心之明有终不得而息者，此其所以卒能受命而自觉其非也。盖上世尝有不葬其亲者。其亲死，则举而委之于壑。他日过之，狐狸食之，蝇蚋姑嘬之。其颡有泚，睨而不视。夫泚也，非为人泚，中心达于面目。盖归反虆梩而掩之。掩之诚是也，则孝子仁人之掩其亲，亦必有道矣。"蚋，音汭。嘬，楚怪反。泚，七礼反。睨，音诣。为，去声。虆，力追反。梩，力知反。○因夷子厚葬其亲而言此，以深明一本之意。上世，谓太古也。委，弃也。壑，山水所趋也。蚋，蚊属。姑，语助声，或曰螻蛄也。嘬，攒共食之也。颡，额也。泚，泚然汗出之貌。睨，邪视也。视，正视也。不能不视，而又不忍正视，哀痛迫切，不能为心之甚也。非为人泚，言非为他人见之而然也。所谓一本者，于此见之，尤为亲切。盖惟至亲故如此，在他人，则虽有不忍之心，而其哀痛迫切，不至若此之甚矣。反，覆也。虆，土笼也。梩，土轝也。于是归而掩覆其亲之尸，此葬埋之礼所由起也。此掩其亲者，若所当然，则孝子仁人所以掩其亲者，必有其道，而不以薄为贵矣。徐子以告夷子。夷子怃然为间曰："命之矣。"怃，音武。间，如字。○怃然，茫然自失之貌。为间者，有顷之间也。命，犹教也。言孟子已教我矣。盖因其本心之明，以攻其所学之蔽，是以吾之言易入，而彼之惑易解也。

孟子集注卷六

滕文公章句下 凡十章。

陈代曰："不见诸侯，宜若小然；今一见之，大则以王，小则以霸。且志曰：'枉尺而直寻'，宜若可为也。"王，去声。○陈代，孟子弟子也。小，谓小节也。枉，屈也。直，伸也。八尺曰寻。枉尺直寻，犹屈己一见诸侯，而可以致王霸，所屈者小，所伸者大也。孟子曰："昔齐景公田，招虞人以旌，不至，将杀之。志士不忘在沟壑，勇士不忘丧其元。孔子奚取焉？取非其招不往也。如不待其招而往，何哉？丧，去声。○田，猎也。虞人，守苑囿之吏也。招大夫以旌，招虞人以皮冠。元，首也。志士固穷，常念死无棺椁，弃沟壑而不恨；勇士轻生，常念战斗而死，丧其首而不顾也。此二句，乃孔子叹美虞人之言。夫虞人招之不以其物，尚守死而不往，况君子岂可不待其招而自往见之邪？此以上告之以不可往见之意。且夫枉尺而直寻者，以利言也。如以利，则枉寻直尺而利，亦可为与？夫，音扶。与，平声。○此以下，正其所称枉尺直寻之非。夫所谓枉小而所伸者大则为之者，计其利耳。一有计利之心，则虽枉多伸少而有利,亦将为之邪?甚言其不可也。**昔者赵简子使王良与嬖奚乘**,终日而不获一禽。**嬖奚反命曰:'天下之贱工也。'或以告王良。良曰:'请复之。'强而后可,一朝而获十禽。嬖奚反命曰:'天下之良工也。'简子曰:'我使掌与女乘。'谓王良。良不可,曰:'吾为之范我驰驱,终日不获一;为之诡遇,一朝而获十。诗云:"不失其驰,舍矢如破。"我不贯与小人乘,请辞。'**乘,去声。强,上声。女,音汝。为,去声。舍,上声。○赵简子,晋大夫赵鞅也。王良,善御者也。嬖奚,简子幸臣。与之乘,为之御也。复之,再乘也。强而后可,嬖奚不肯,强之而后肯也。一朝,自晨至食时也。掌,专主也。范,法度也。诡遇,不正而与禽遇也。言奚不善射,以法驰驱则不获,废法诡遇而后中也。诗小雅车攻之篇。言御者不失其驰驱之法,而射者发矢皆中而力,今嬖奚不能也。贯,习也。**御者且羞与射者比。比而得禽兽,虽若丘陵,弗为也。如枉道而从彼,何也?且子过矣,枉己者,未有能直人者也。"**比,必二反。○比,阿党也。若丘陵,言多也。○或曰:"居今之世,出处去就不必一一中节,欲其一一中节,则道不得行矣。"杨氏曰:"何其不自重也,枉己其能直人乎?古之人宁道之不行,而不轻其去就;是以孔、孟虽在春秋、战国之时,而进必以正,以至终不得行而死也。使不恤其去就而可以行道,孔、孟当先为之矣。孔、孟岂不欲道之行哉?"

景春曰:"公孙衍、张仪岂不诚大丈夫哉?一怒而诸侯惧,安居而天下熄。"景春,人姓名。公孙衍、张仪,皆魏人。怒则说诸侯使相攻伐,故诸侯惧也。**孟子曰:"是焉得为大丈夫乎?子未学礼乎?丈夫之冠也,父命之;女子之嫁也,母命之,往送之门,戒之曰:'往之女家,必敬必戒,无违夫子!'以顺为正者,妾妇之道也。**焉,于虔反。冠,去声。女家之女,音汝。○加冠于首曰冠。女家,夫家也。妇人内夫家,以嫁为归也。夫子,夫也。女子从人,以顺为正道也。盖言二子阿谀苟容,窃取权势,乃妾妇顺从之道耳,非丈夫之事也。**居天下之广居,立**

天下之正位,行天下之大道。得志与民由之,不得志独行其道。富贵不能淫,贫贱不能移,威武不能屈。此之谓大丈夫。"广居,仁也。正位,礼也。大道,义也。与民由之,推其所得于人也;独行其道,守其所得于己也。淫,荡其心也。移,变其节也。屈,挫其志也。〇何叔京曰:"战国之时,圣贤道否,天下不复见其德业之盛,但见奸巧之徒得志横行,气焰可畏,遂以为大丈夫。不知由君子观之,是乃妾妇之道耳,何足道哉?"

周霄问曰:"古之君子仕乎?"孟子曰:"仕。传曰:'孔子三月无君,则皇皇如也,出疆必载质。'公明仪曰:'古之人三月无君则吊。'"传,直恋反。质与贽同,下同。〇周霄,魏人。无君,谓不得仕而事君也。皇皇,如有求而弗得之意。出疆,谓失位而去国也。质,所执以见人者,如士则执雉也。出疆载之者,将以见所适国之君而事之也。"三月无君则吊,不以急乎?"周霄问也。以,已通,太也。后章放此。曰:"士之失位也,犹诸侯之失国家也。礼曰:'诸侯耕助,以供粢盛;夫人蚕缫,以为衣服。牺牲不成,粢盛不洁,衣服不备,不敢以祭。惟士无田,则亦不祭。'牲杀器皿衣服不备,不敢以祭,则不敢以宴,亦不足吊乎?"盛,音成。缫,素刀反。皿,武永反。〇礼曰:"诸侯为藉百亩,冕而青紘,躬秉耒以耕,而庶人助以终亩。收而藏之御廪,以供宗庙之粢盛。使世妇蚕于公桑蚕室,奉茧以示于君,遂献于夫人。夫人副袆受之,缫三盆手,遂布于三宫世妇,使缫以为黼黻文章,而服以祀先王先公。"又曰:"士有田则祭,无田则荐。"黍稷曰粢,在器曰盛。牲杀,牲必特杀也。皿,所以覆器者。"出疆必载质,何也?"周霄问也。曰:"士之仕也,犹农夫之耕也,农夫岂为出疆舍其耒耜哉?"为,去声。舍,上声。曰:"晋国亦仕国也,未尝闻仕如此其急。仕如此其急也,君子之难仕,何也?"曰:"丈夫生而愿为之有室,女子生而愿为之有家。父母之心,人皆有之。不待父母之命、媒妁之言,钻穴隙相窥,逾墙相从,则父母国人皆贱之。古之人未尝不欲仕也,又恶不由其道。

不由其道而往者,与钻穴隙之类也。"为,去声。妁,音酌。隙,去逆反。恶,去声。○晋国,解见首篇。仕国,谓君子游宦之国。霄意以孟子不见诸侯为难仕,故先问古之君子仕否,然后言此以风切之也。男以女为室,女以男为家。妁,亦媒也。言为父母者,非不愿其男女之有室家,而亦恶其不由道。盖君子虽不洁身以乱伦,而亦不殉利而忘义也。

彭更问曰:"后车数十乘,从者数百人,以传食于诸侯,不以泰乎?"孟子曰:"非其道,则一箪食不可受于人;如其道,则舜受尧之天下,不以为泰。子以为泰乎?"更,平声。乘、从,皆去声。传,直恋反。箪,音丹。食,音嗣。○彭更,孟子弟子也。泰,侈也。曰:"否。士无事而食,不可也。"言不以舜为泰,但谓今之士无功而食人之食,则不可也。曰:"子不通功易事,以羡补不足,则农有余粟,女有余布;子如通之,则梓匠轮舆皆得食于子。于此有人焉,入则孝,出则悌,守先王之道,以待后之学者,而不得食于子。子何尊梓匠轮舆而轻为仁义者哉?"羡,延面反。○通功易事,谓通人之功而交易其事。羡,余也。有余,言无所贸易,而积于无用也。梓人匠人,木工也。轮人舆人,车工也。曰:"梓匠轮舆,其志将以求食也;君子之为道也,其志亦将以求食与?"曰:"子何以其志为哉?其有功于子,可食而食之矣。且子食志乎?食功乎?"曰:"食志。"与,平声。可食而食、食志、食功之食,皆音嗣,下同。○孟子言自我而言,固不求食;自彼而言,凡有功者则当食之。曰:"有人于此,毁瓦画墁,其志将以求食也,则子食之乎?"曰:"否。"曰:"然则子非食志也,食功也。"墁,武安反。子食之食,亦音嗣。○墁,墙壁之饰也。毁瓦画墁,言无功而有害也。既曰食功,则以士为无事而食者,真尊梓匠轮舆而轻为仁义者矣。

万章问曰:"宋,小国也。今将行王政,齐、楚恶而伐之,则如之何?"恶,去声。○万章,孟子弟子。宋王偃尝灭滕伐薛,败齐、楚、魏之兵，欲霸天下，疑即此时也。孟子曰："汤居亳，与葛为邻，葛伯放而不祀。汤使人问之曰：'何为不祀？'曰：'无以供牺牲也。'汤使遗之牛羊。葛伯食之，又不以祀。汤又使人问之曰：'何为不祀？'曰：'无以供粢盛也。'汤使亳众往为之耕，老弱馈食。葛伯率其民，要其有酒食黍稻者夺之，不授者杀之。有童子以黍肉饷，杀而夺之。书曰：'葛伯仇饷。'此之谓也。遗，唯季反。盛，音成。往为之为，去声。馈食、酒食之食，音嗣。要，平声。饷，式亮反。○葛，国名。伯，爵也。放而不祀，放纵无道，不祀先祖也。亳众，汤之民。其民，葛民也。授，与也。饷，亦馈也。书商书仲虺之诰也。仇饷，言与饷者为仇也。为其杀是童子而征之，四海之内皆曰：'非富天下也，为匹夫匹妇复仇也。'为，去声。○非富天下，言汤之心，非以天下为富而欲得之也。'汤始征，自葛载'，十一征而无敌于天下。东面而征，西夷怨；南面而征，北狄怨，曰：'奚为后我？'民之望之，若大旱之望雨也。归市者弗止，芸者不变，诛其君，吊其民，如时雨降。民大悦。书曰：'徯我后，后来其无罚。'载，亦始也。十一征，所征十一国也。余已见前篇。'有攸不惟臣，东征，绥厥士女，匪厥玄黄，绍我周王见休，惟臣附于大邑周。'其君子实玄黄于匪以迎其君子，其小人箪食壶浆以迎其小人，救民于水火之中，取其残而已矣。食，音嗣。○按周书武成篇载武王之言，孟子约其文如此。然其辞时与今书文不类，今姑依此文解之。有所不惟臣，谓助纣为恶，而不为周臣者。匪，与篚同。玄黄，币也。绍，继也，犹言事也。言其士女以筐盛玄黄之币，迎武王而事之也。商人而曰我周王，犹商书所谓我后也。休，美也。言武王能顺天休命，而事之者皆见休也。臣附，归服也。孟子又释其意，言商人闻周师之来，各以其类相迎者，以武王能救民于水火之中，取其残民者诛之，而不为暴虐耳。君子，谓在位之人。小人，谓细民也。太誓曰：'我武惟扬，侵于之疆，则取于残,杀伐用张,于汤有光。'太誓,周书也。今书文亦小异。言武王威武奋扬,侵彼纣之疆界,取其残贼,而杀伐之功因以张大,比于汤之伐桀又有光焉,引此以证上文取其残之义。不行王政云尔,苟行王政,四海之内皆举首而望之,欲以为君。齐、楚虽大,何畏焉?"宋实不能行王政,后果为齐所灭,王偃走死。○尹氏曰:"为国者能自治而得民心,则天下皆将归往之,恨其征伐之不早也。尚何强国之足畏哉?苟不自治,而以强弱之势言之,是可畏而已矣。"

孟子谓戴不胜曰:"子欲子之王之善与?我明告子。有楚大夫于此,欲其子之齐语也,则使齐人傅诸?使楚人傅诸?"曰:"使齐人傅之。"曰:"一齐人傅之,众楚人咻之,虽日挞而求其齐也,不可得矣;引而置之庄岳之间数年,虽日挞而求其楚,亦不可得矣。与,平声。咻,音休。○戴不胜,宋臣也。齐语,齐人语也。傅,教也。咻,讙也。齐,齐语也。庄岳,齐街里名也。楚,楚语也。此先设譬以晓之也。子谓薛居州,善士也,使之居于王所。在于王所者,长幼卑尊,皆薛居州也,王谁与为不善?在王所者,长幼卑尊,皆非薛居州也,王谁与为善?一薛居州,独如宋王何?"长,上声。○居州,亦宋臣。言小人众而君子独,无以成正君之功。

公孙丑问曰:"不见诸侯何义?"孟子曰:"古者不为臣不见。不为臣,谓未仕于其国者也,此不见诸侯之义也。段干木逾垣而辟之,泄柳闭门而不内,是皆已甚。迫,斯可以见矣。辟,去声。内,与纳同。○段干木,魏文侯时人。泄柳,鲁缪公时人。文侯、缪公欲见此二人,而二人不肯见之,盖未为臣也。已甚,过甚也。迫,谓求见之切也。阳货欲见孔子而恶无礼,大夫有赐于士,不得受于其家,则往拜其门。阳货瞰孔子之亡也,而馈孔子蒸豚;孔子亦瞰其亡也,而往拜之。当是时,阳货先,岂得不见?欲见之见,音现。恶,去声。瞰,音勘。○此又引孔子之事,以明可见之节也。欲见孔子,欲召孔子来见己也。恶无礼,畏人以己为无礼也。受于其家,对使人拜受于家也。其门,大夫之门也。瞰,窥也。阳货为鲁为大夫,孔子为士,故以此物及其不在而馈之,欲其来拜而见之也。先,谓先来加礼也。曾子曰:'胁肩谄笑,病于夏畦。'子路曰:'未同而言,观其色赧赧然,非由之所知也。'由是观之,则君子之所养可知已矣。"胁,虚业反。赧,奴简反。○胁肩,竦体。谄笑,强笑。皆小人侧媚之态也。病,劳也。夏畦,夏月治畦之人也。言为此者,其劳过于夏畦之人也。未同而言,与人未合而强与之言也。赧赧,惭而面赤之貌。由,子路名。言非己所知,甚恶之之辞也。孟子言由此二言观之,则二子之所养可知,必不肯不俟其礼之至,而辄往见之也。○此章言圣人礼义之中正,过之者伤于迫切而不洪,不及者沦于污贱而可耻。

戴盈之曰:"什一,去关市之征,今兹未能。请轻之,以待来年,然后已,何如?"去,上声。○盈之,亦宋大夫也。什一,井田之法也。关市之征,商贾之税也。已,止也。孟子曰:"今有人日攘其邻之鸡者,或告之曰:'是非君子之道。'曰:'请损之,月攘一鸡,以待来年,然后已。'"攘,如羊反。○攘,物自来而取之也。损,减也。"如知其非义,斯速已矣,何待来年。"知义理之不可而不能速改,与月攘一鸡何以异哉?

公都子曰:"外人皆称夫子好辩,敢问何也?"孟子曰:"予岂好辩哉?予不得已也。好,去声,下同。天下之生久矣,一治一乱。治,去声。○生,谓生民也。一治一乱,气化盛衰,人事得失,反覆相寻,理之常也。当尧之时,水逆行,泛滥于中国。蛇龙居之,民无所定。下者为巢,上者为营窟。书曰:'洚水警余。'洚水者,洪水也。洚,音降,又胡贡、胡工二反。○水逆行,下流壅塞,故水倒流而旁溢也。下,下地。上,高地也。营窟,穴处也。书虞书大禹谟也。洚水,洚洞无涯之水也。警,戒也。此一乱也。使禹治之,禹掘地而注之海,驱蛇龙而放之菹。水由地中行,江、淮、河、汉是也。险阻既远,鸟兽之害人者消,然后人得平土而居之。菹，侧鱼反。〇掘地，掘去壅塞也。菹，泽生草者也。地中，两涯之间也。险阻，谓水之泛滥也。远，去也。消，除也。此一治也。尧、舜既没，圣人之道衰。暴君代作，坏宫室以为污池，民无所安息；弃田以为园囿，使民不得衣食。邪说暴行又作，园囿、污池、沛泽多而禽兽至。及纣之身，天下又大乱。坏，音怪。行，去声，下同。沛，蒲内反。〇暴君，谓夏太康、孔甲、履癸、商武乙之类也。宫室，民居也。沛，草木之所生也。泽，水所钟也。自尧、舜没至此，治乱非一，及纣而又一大乱。周公相武王，诛纣伐奄，三年讨其君，驱飞廉于海隅而戮之。灭国者五十，驱虎、豹、犀、象而远之。天下大悦。书曰：'丕显哉，文王谟！丕承哉，武王烈！佑启我后人，咸以正无缺。'相，去声。奄，平声。〇奄，东方之国，助纣为虐者也。飞廉，纣幸臣也。五十国，皆纣党虐民者也。书周书君牙之篇。丕，大也。显，明也。谟，谋也。承，继也。烈，光也。佑，助也。启，开也。缺，坏也。此一治也。世衰道微，邪说暴行有作，臣弑其君者有之，子弑其父者有之。有作之有，读为又，古字通用。〇此周室东迁之后，又一乱也。孔子惧，作春秋。春秋，天子之事也。是故孔子曰：'知我者其惟春秋乎！罪我者其惟春秋乎！'胡氏曰："仲尼作春秋以寓王法。惇典、庸礼、命德、讨罪，其大要皆天子之事也。知孔子者，谓此书之作，遏人欲于横流，存天理于既灭，为后世虑，至深远也。罪孔子者，以谓无其位而托二百四十二年南面之权，使乱臣贼子禁其欲而不得肆，则戚矣。"愚谓孔子作春秋以讨乱贼，则致治之法垂于万世，是亦一治也。圣王不作，诸侯放恣，处士横议，杨朱、墨翟之言盈天下。天下之言，不归杨，则归墨。杨氏为我，是无君也；墨氏兼爱，是无父也。无父无君，是禽兽也。公明仪曰：'庖有肥肉，厩有肥马，民有饥色，野有饿莩，此率兽而食人也。'杨、墨之道不息，孔子之道不著，是邪说诬民，充塞仁义也。仁义充塞，则率兽食人，人将相食。横、为，皆去声。荤，皮表反。○杨朱但知爱身，而不复知有致身之义，故无君；墨子爱无差等，而视其至亲无异众人，故无父。无父无君，则人道灭绝，是亦禽兽而已。公明仪之言，义见首篇。充塞仁义，谓邪说遍满，妨于仁义也。孟子引仪之言，以明杨、墨道行，则人皆无父无君，以陷于禽兽，而大乱将起，是亦率兽食人而人又相食也。此又一乱也。**吾为此惧，闲先圣之道，距杨、墨，放淫辞，邪说者不得作。作于其心，害于其事；作于其事，害于其政。圣人复起，不易吾言矣。**为，去声。复，扶又反。○闲，卫也。放，驱而远之也。作，起也。事，所行。政，大体也。孟子虽不得志于时，然杨、墨之害，自是灭息，而君臣父子之道，赖以不坠。是亦一治也。程子曰："杨、墨之害，甚于申、韩；佛氏之害，甚于杨、墨。盖杨氏为我疑于义，墨氏兼爱疑于仁，申、韩则浅陋易见。故孟子止辟杨、墨，为其惑世之甚也。佛氏之言近理，又非杨、墨之比，所以为害尤甚。"**昔者禹抑洪水而天下平，周公兼夷狄驱猛兽而百姓宁，孔子成春秋而乱臣贼子惧。**抑，止也。兼，并之也。总结上文也。**诗云：'戎狄是膺，荆、舒是惩，则莫我敢承。'无父无君，是周公所膺也。**说见上篇。承，当也。**我亦欲正人心，息邪说，距诐行，放淫辞，以承三圣者。岂好辩哉？予不得已也。**行、好，皆去声。○诐、淫，解见前篇。辞者，说之详也。承，继也。三圣，禹、周公、孔子也。盖邪说横流，坏人心术，甚于洪水猛兽之灾，惨于夷狄篡弑之祸，故孟子深惧而力救之。再言岂好辩哉，予不得已也，所以深致意焉。然非知道之君子，孰能真知其所以不得已之故哉？**能言距杨、墨者，圣人之徒也。"**言苟有能为此距杨、墨之说者，则其所趋正矣，虽未必知道，是亦圣人之徒也。孟子既答公都子之问，而意有未尽，故复言此。盖邪说害正，人人得而攻之，不必圣贤；如春秋之法，乱臣贼子，人人得而讨之，不必士师也。圣人救世立法之意，其切如此。若以此意推之，则不能攻讨，而又唱为不必攻讨之说者，其为邪诐之徒、乱贼之党可知矣。○尹氏曰："学者于是非之原毫厘有差，则害流于生民，祸及于后世，故孟子辨邪说如是之严,而自以为承三圣之功也。当是时,方且以好辩目之,是以常人之心而度圣贤之心也。"

匡章曰:"陈仲子岂不诚廉士哉?居於陵,三日不食,耳无闻,目无见也。井上有李,螬食实者过半矣,匍匐往将食之,三咽,然后耳有闻,目有见。"於,音乌。下於陵同。螬,音曹。咽,音宴。○匡章、陈仲子,皆齐人。廉,有分辨,不苟取也。於陵,地名。螬,蛴螬,虫也。匍匐,言无力不能行也。咽,吞也。孟子曰:"于齐国之士,吾必以仲子为巨擘焉。虽然,仲子恶能廉?充仲子之操,则蚓而后可者也。擘,薄厄反。恶,平声。蚓,音引。○巨擘,大指也。言齐人中有仲子,如众小指中有大指也。充,推而满之也。操,所守也。蚓,丘蚓也。言仲子未得为廉也,必若满其所守之志,则惟丘蚓之无求于世,然后可以为廉耳。夫蚓,上食槁壤,下饮黄泉。仲子所居之室,伯夷之所筑与?抑亦盗跖之所筑与?所食之粟,伯夷之所树与?抑亦盗跖之所树与?是未可知也。"夫,音扶。与,平声。○槁壤,干土也。黄泉,浊水也。抑,发语辞也。言蚓无求于人而自足,而仲子未免居室食粟,若所从来或有非义,则是未能如蚓之廉也。曰:"是何伤哉?彼身织屦,妻辟纑,以易之也。"辟,音壁。纑,音卢。○辟,绩也。纑,练麻也。曰:"仲子,齐之世家也。兄戴,盖禄万钟。以兄之禄为不义之禄而不食也,以兄之室为不义之室而不居也,辟兄离母,处于於陵。他日归,则有馈其兄生鹅者,己频顣曰:'恶用是鶃鶃者为哉?'他日,其母杀是鹅也,与之食之。其兄自外至,曰:'是鶃鶃之肉也。'出而哇之。盖,音合。辟,音避。频,与颦同。顣,与蹙同,子六反。恶,平声。鶃,鱼一反。哇,音蛙。○世家,世卿之家。兄名戴,食采于盖,其入万钟也。归,自於陵归也。己,仲子也。鶃鶃,鹅声也。频顣而言,以其兄受馈为不义也。哇,吐之也。以母则不食,以妻则食之;以兄之室则弗居,於陵则居之。是尚为能充其类也乎?若仲子者,蚓而后充其操者也。"言仲子以母之食、兄之室,为不义而不食不居,其操守如此。至于妻所易之粟,於陵所居之室,既未必伯夷之所为,则亦不义之类耳。今仲子于此则不食不居,于彼则食之居之,岂为能充满其操守之类者乎?必其无求自足,如丘蚓然,乃为能满其志而得为廉耳,然岂人之所可为哉?○范氏曰:"天之所生,地之所养,惟人为大。人之所以为大者,以其有人伦也。仲子避兄离母,无亲戚君臣上下,是无人伦也。岂有无人伦而可以为廉哉?"

孟子集注卷七

离娄章句上 凡二十八章。

孟子曰:"离娄之明,公输子之巧,不以规矩,不能成方员;师旷之聪,不以六律,不能正五音;尧、舜之道,不以仁政,不能平治天下。离娄,古之明目者。公输子,名班,鲁之巧人也。规,所以为员之器也。矩,所以为方之器也。师旷,晋之乐师,知音者也。六律,截竹为筒,阴阳各六,以节五音之上下。黄钟、太蔟、姑洗、蕤宾、夷则、无射,为阳;大吕、夹钟、仲吕、林钟、南吕、应钟,为阴也。五音:宫、商、角、徵、羽也。范氏曰:"此言治天下不可无法度,仁政者,治天下之法度也。"今有仁心仁闻而民不被其泽,不可法于后世者,不行先王之道也。闻,去声。○仁心,爱人之心也。仁闻者,有爱人之声闻于人也。先王之道,仁政是也。范氏曰:"齐宣王不忍一牛之死,以羊易之,可谓有仁心。梁武帝终日一食蔬素,宗庙以面为牺牲,断死刑必为之涕泣,天下知其慈仁,可谓有仁闻。然而宣王之时,齐国不治;武帝之末,江南大乱。其故何哉,有仁心仁闻而不行先王之道故也。"故曰,徒善不足以为政,徒法不能以自行。徒,犹空也。有其心，无其政，是谓徒善；有其政，无其心，是为徒法。程子尝言："为政须要有纲纪文章，谨权、审量、读法、平价，皆不可阙。"而又曰，"必有关雎、麟趾之意，然后可以行周官之法度"，正谓此也。**诗云：'不愆不忘，率由旧章。'遵先王之法而过者，未之有也。** 诗大雅假乐之篇。愆，过也。率，循也。章，典法也。所行不过差不遗忘者，以其循用旧典故也。**圣人既竭目力焉，继之以规矩准绳，以为方员平直，不可胜用也；既竭耳力焉，继之以六律，正五音，不可胜用也；既竭心思焉，继之以不忍人之政，而仁覆天下矣。** 胜，平声。〇准，所以为平。绳，所以为直。覆，被也。此言古之圣人，既竭耳目心思之力，然犹以为未足以遍天下，及后世，故制为法度以继续之，则其用不穷，而仁之所被者广矣。**故曰，为高必因丘陵，为下必因川泽。为政不因先王之道，可谓智乎？** 丘陵本高，川泽本下，为高下者因之，则用力少而成功多矣。邹氏曰："自章首至此，论以仁心仁闻行先王之道。"**是以惟仁者宜在高位。不仁而在高位，是播其恶于众也。** 仁者，有仁心仁闻而能扩而充之，以行先王之道者也。播恶于众，谓贻患于下也。**上无道揆也，下无法守也，朝不信道，工不信度，君子犯义，小人犯刑，国之所存者幸也。** 朝，音潮。〇此言不仁而在高位之祸也。道，义理也。揆，度也。法，制度也。道揆，谓以义理度量事物而制其宜。法守，谓以法度自守。工，官也。度，即法也。君子小人，以位而言也。由上无道揆，故下无法守。无道揆，则朝不信道而君子犯义；无法守，则工不信度而小人犯刑。有此六者，其国必亡；其不亡者，侥幸而已。**故曰：城郭不完，兵甲不多，非国之灾也；田野不辟，货财不聚，非国之害也。上无礼，下无学，贼民兴，丧无日矣。** 辟，与闢同。丧，去声。〇上不知礼，则无以教民；下不知学，则易与为乱。邹氏曰："自是以惟仁者至此，所以责其君。"**诗曰：'天之方蹶，无然泄泄。'** 蹶，居卫反。泄，弋制反。〇诗大雅板之篇。蹶，颠覆之意。泄泄，怠缓悦从之貌。言天欲颠覆周室，群臣无得泄泄然，不急救正之。**泄泄，犹沓沓也。** 沓，徒合反。〇沓沓,即泄泄之意。盖孟子时人语如此。事君无义,进退无礼,言则非先王之道者,犹沓沓也。非,诋毁也。故曰:责难于君谓之恭,陈善闭邪谓之敬,吾君不能谓之贼。"范氏曰:"人臣以难事责于君,使其君为尧、舜之君者,尊君之大也;开陈善道以禁闭君之邪心,惟恐其君或陷于有过之地者,敬君之至也;谓其君不能行善道而不以告者,贼害其君之甚也。"邹氏曰:"自诗云'天之方蹶'至此,所以责其臣。"〇邹氏曰:"此章言为治者,当有仁心仁闻以行先王之政,而君臣又当各任其责也。"

孟子曰:"规矩,方员之至也;圣人,人伦之至也。至,极也。人伦说见前篇。规矩尽所以为方员之理,犹圣人尽所以为人之道。欲为君尽君道,欲为臣尽臣道,二者皆法尧、舜而已矣。不以舜之所以事尧事君,不敬其君者也;不以尧之所以治民治民,贼其民者也。法尧、舜以尽君臣之道,犹用规矩以尽方员之极,此孟子所以道性善而称尧、舜也。孔子曰:'道二:仁与不仁而已矣。'法尧、舜,则尽君臣之道而仁矣;不法尧、舜,则慢君贼民而不仁矣。二端之外,更无他道。出乎此,则入乎彼矣,可不谨哉?暴其民甚,则身弑国亡;不甚,则身危国削。名之曰'幽厉',虽孝子慈孙,百世不能改也。幽,暗。厉,虐。皆恶谥也。苟得其实,则虽有孝子慈孙,爱其祖考之甚者,亦不得废公义而改之。言不仁之祸必至于此,可惧之甚也。诗云'殷鉴不远,在夏后之世',此之谓也。"诗大雅荡之篇。言商纣之所当鉴者,近在夏桀之世,而孟子引之,又欲后人以幽、厉为鉴也。

孟子曰:"三代之得天下也以仁,其失天下也以不仁。三代,谓夏、商、周也。禹、汤、文、武,以仁得之;桀、纣、幽、厉,以不仁失之。国之所以废兴存亡者亦然。国,谓诸侯之国。天子不仁,不保四海;诸侯不仁,不保社稷;卿大夫不仁,不保宗庙;士庶人不仁,不保四体。言必死亡。今恶死亡而乐不仁,是犹恶醉而强酒。"恶,去声。

乐，音洛。强，上声。○此承上章之意而推言之也。

孟子曰："爱人不亲反其仁，治人不治反其智，礼人不答反其敬。治人之治，平声。不治之治，去声。○我爱人而人不亲我，则反求诸己，恐我之仁未至也。智敬放此。行有不得者，皆反求诸己，其身正而天下归之。不得，谓不得其所欲，如不亲、不治、不答是也。反求诸己，谓反其仁、反其智、反其敬也。如此，则其自治益详，而身无不正矣。天下归之，极言其效也。诗云：'永言配命，自求多福。'"解见前篇。○亦承上章而言。

孟子曰："人有恒言，皆曰'天下国家'。天下之本在国，国之本在家，家之本在身。"恒，胡登反。○恒，常也。虽常言之，而未必知其言之有序也。故推言之，而又以家本乎身也。此亦承上章而言之，大学所谓"自天子至于庶人，壹是皆以修身为本"，为是故也。

孟子曰："为政不难，不得罪于巨室。巨室之所慕，一国慕之；一国之所慕，天下慕之，故沛然德教溢乎四海。"巨室，世臣大家也。得罪，谓身不正而取怨恕也。麦丘邑人祝齐桓公曰："愿主君无得罪于群臣百姓。"意盖如此。慕，向也，心悦诚服之谓也。沛然，盛大流行之貌。溢，充满也。盖巨室之心，难以力服，而国人素所取信；今既悦服，则国人皆服，而吾德教之所施，可以无远而不至矣。此亦承上章而言，盖君子不患人心之不服，而患吾身之不修；吾身既修，则人心之难服者先服，而无一人之不服矣。○林氏曰："战国之世，诸侯失德，巨室擅权，为患甚矣。然或者不修其本而遽欲胜之，则未必能胜而适以取祸。故孟子推本而言，惟务修德以服其心。彼既悦服，则吾之德教无所留碍，可以及乎天下矣。裴度所谓韩弘舆疾讨贼，承宗敛手削地，非朝廷之力能制其死命，特以处置得宜，能服其心故尔，正此类也。"

孟子曰："天下有道，小德役大德，小贤役大贤；天下无道，小役大，弱役强。斯二者天也。顺天者存，逆天者亡。有道之世，人皆修德，而位必称其德之大小；天下无道，人不修德，则但以力相役而已。天者，理势之当然也。齐景公曰:'既不能令,又不受命,是绝物也。'涕出而女于吴。女,去声。○引此以言小役大弱役强之事也。令,出令以使人也。受命,听命于人也。物,犹人也。女,以女与人也。吴,蛮夷之国也。景公羞与为昏而畏其强,故涕泣而以女与之。今也小国师大国而耻受命焉,是犹弟子而耻受命于先师也。言小国不修德以自强,其般乐怠敖,皆若效大国之所为者,而独耻受其教命,不可得也。如耻之,莫若师文王。师文王,大国五年,小国七年,必为政于天下矣。此因其愧耻之心而勉以修德也。文王之政,布在方策,举而行之,所谓师文王也。五年七年,以其所乘之势不同为差。盖天下虽无道,然修德之至,则道自我行,而大国反为吾役矣。程子曰:"五年七年,圣人度其时则可矣。然凡此类,学者皆当思其作为如何,乃有益耳。"诗云:'商之孙子,其丽不亿。上帝既命,侯于周服。侯服于周,天命靡常。殷士肤敏,裸将于京。'孔子曰:'仁不可为众也。夫国君好仁,天下无敌。'裸,音灌。夫,音扶。好,去声。○诗大雅文王之篇。孟子引此诗及孔子之言,以言文王之事。丽,数也。十万曰亿。侯,维也。商士,商孙子之臣也。肤,大也。敏,达也。裸,宗庙之祭,以郁鬯之酒灌地而降神也。将,助也。言商之孙子众多,其数不但十万而已。上帝既命周以天下,则凡此商之孙子,皆臣服于周矣。所以然者,以天命不常,归于有德故也。是以商士之肤大而敏达者,皆执裸献之礼,助王祭事于周之京师也。孔子因读此诗,而言有仁者则虽有十万之众,不能当之。故国君好仁,则必无敌于天下也。不可为众,犹所谓难为兄难为弟云尔。今也欲无敌于天下而不以仁,是犹执热而不以濯也。诗云:'谁能执热,逝不以濯?'"耻受命于大国,是欲无敌于天下也;乃师大国而不师文王,是不以仁也。诗大雅桑柔之篇。逝,语辞也。言谁能执持热物,而不以水自濯其手乎?○此章言不能自强,则听天所命;修德行仁,则天命在我。

孟子曰:"不仁者可与言哉?安其危而利其菑,乐其所以亡者。不仁而可与言,则何亡国败家之有?菑,与灾同。乐,音洛。○

安其危利其菑者,不知其为危菑而反以为安利也。所以亡者,谓荒淫暴虐,所以致亡之道也。不仁之人,私欲固蔽,失其本心,故其颠倒错乱至于如此,所以不可告以忠言,而卒至于败亡也。**有孺子歌曰:'沧浪之水清兮,可以濯我缨;沧浪之水浊兮,可以濯我足。'**浪,音郎。○沧浪,水名。缨,冠系也。**孔子曰:'小子听之!清斯濯缨,浊斯濯足矣,自取之也。'**言水之清浊有以自取之也。圣人声入心通,无非至理,此类可见。**夫人必自侮,然后人侮之;家必自毁,而后人毁之;国必自伐,而后人伐之。**夫,音扶。○所谓自取之者。**太甲曰:'天作孽,犹可违;自作孽,不可活。'此之谓也。"**解见前篇。○此章言心存则有以审夫得失之几,不存则无以辨于存亡之著。祸福之来,皆其自取。

孟子曰:"桀、纣之失天下也,失其民也;失其民者,失其心也。得天下有道:得其民,斯得天下矣;得其民有道:得其心,斯得民矣;得心有道:所欲与之聚之,所恶勿施尔也。恶,去声。○民之所欲,皆为致之,如聚敛然。民之所恶,则勿施于民。晁错所谓"人情莫不欲寿,三王生之而不伤;人情莫不欲富,三王厚之而不困;人情[1]莫不欲安,三王扶之而不危;人情莫不欲逸,三王节其力而不尽",此类之谓也。**民之归仁也,犹水之就下、兽之走圹也。**走,音奏。○圹,广野也。言民之所以归乎此,以其所欲之在乎此也。**故为渊驱鱼者,獭也;为丛驱爵者,鹯也;为汤、武驱民者,桀与纣也。**为,去声。驱,与驱同。獭,音闼。爵,与雀同。鹯,诸延反。○渊,深水也。獭,食鱼者也。丛,茂林也。鹯,食雀者也。言民之所以去此,以其所欲在彼而所畏在此也。**今天下之君有好仁者,则诸侯皆为之驱矣。虽欲无王,不可得已。**好、为、王,皆去声。**今之欲王者,犹七年之病求三年之艾也。苟为不畜,终身不

---

[1]"情"原作"惰",据清仿宋大字本改。

得。苟不志于仁,终身忧辱,以陷于死亡。王,去声。○艾,草名,所以灸者,干久益善。夫病已深而欲求干久之艾,固难卒办,然自今畜之,则犹或可及;不然,则病日益深,死日益迫,而艾终不可得矣。**诗云'其何能淑,载胥及溺',此之谓也。"** 诗大雅桑柔之篇。淑,善也。载,则也。胥,相也。言今之所为,其何能善,则相引以陷于乱亡而已。

孟子曰:"自暴者,不可与有言也;自弃者,不可与有为也。言非礼义,谓之自暴也;吾身不能居仁由义,谓之自弃也。 暴,犹害也。非,犹毁也。自害其身者,不知礼义之为美而非毁之,虽与之言,必不见信也。自弃其身者,犹知仁义之为美,但溺于怠惰,自谓必不能行,与之有为必不能勉也。程子曰:"人苟以善自治,则无不可移者,虽昏愚之至,皆可渐磨而进也。惟自暴者拒之以不信,自弃者绝之以不为,虽圣人与居,不能化而入也。此所谓下愚之不移也。" **仁,人之安宅也;义,人之正路也。** 仁宅已见前篇。义者,宜也,乃天理之当行,无人欲之邪曲,故曰正路。**旷安宅而弗居,舍正路而不由,哀哉!"** 舍,上声。○旷,空也。由,行也。○此章言道本固有而人自绝之,是可哀也。此圣贤之深戒,学者所当猛省也。

孟子曰:"道在尔而求诸远,事在易而求之难。人人亲其亲、长其长而天下平。" 尔、迩,古字通用。易,去声。长,上声。○亲长在人为甚迩,亲之长之在人为甚易,而道初不外是也。舍此而他求,则远且难而反失之。但人人各亲其亲、各长其长,则天下自平矣。

孟子曰:"居下位而不获于上,民不可得而治也。获于上有道:不信于友,弗获于上矣;信于友有道:事亲弗悦,弗信于友矣;悦亲有道:反身不诚,不悦于亲矣;诚身有道:不明乎善,不诚其身矣。 获于上,得其上之信任也。诚,实也。反身不诚,反求诸身而其所以为善之心有不实也。不明乎善,不能即事以穷理,无以真知善之所在也。游氏曰:"欲诚其意,先致其知;不明乎善,不诚乎身矣。学至于诚身,则安往而不致其极哉?以内则顺乎亲,以外则信乎友,以上则可以得君,以下则可以得民矣。"是故诚者,天之道也;思诚者,人之道也。诚者,理之在我者皆实而无伪,天道之本然也;思诚者,欲此理之在我者皆实而无伪,人道之当然也。至诚而不动者,未之有也;不诚,未有能动者也。"至,极也。杨氏曰:"动便是验处,若获乎上、信乎友、悦于亲之类是也。"○此章述中庸孔子之言,见思诚为修身之本,而明善又为思诚之本。乃子思所闻于曾子,而孟子所受乎子思者,亦与大学相表里,学者宜潜心焉。

孟子曰:"伯夷辟纣,居北海之滨,闻文王作,兴曰:'盍归乎来!吾闻西伯善养老者。'太公辟纣,居东海之滨,闻文王作,兴曰:'盍归乎来!吾闻西伯善养老者。'"辟,去声。○作、兴,皆起也。盍,何不也。西伯,即文王也。纣命为西方诸侯之长,得专征伐,故称西伯。太公,姜姓,吕氏,名尚。文王发政,必先鳏寡孤独,庶人之老皆无冻馁,故伯夷、太公来就其养,非求仕也。"二老者,天下之大老也,而归之,是天下之父归之也。天下之父归之,其子焉往?"焉,于虔反。○二老,伯夷、太公也。大老,言非常人之老者。天下之父,言齿德皆尊,如众父然。既得其心,则天下之心不能外矣。萧何所谓养民致贤以图天下者,暗与此合,但其意则有公私之辨,学者又不可以不察也。"诸侯有行文王之政者,七年之内,必为政于天下矣。"七年,以小国而言也。大国五年,在其中矣。

孟子曰:"求也为季氏宰,无能改于其德,而赋粟倍他日。孔子曰:'求非我徒也,小子鸣鼓而攻之可也。'"求,孔子弟子冉求。季氏,鲁卿。宰,家臣。赋,犹取也,取民之粟倍于他日也。小子,弟子也。鸣鼓而攻之,声其罪而责之也。"由此观之,君不行仁政而富之,皆弃于孔子者也,况于为之强战?争地以战,杀人盈野;争城以战,杀人盈城。此所谓率土地而食人肉,罪不容于死。"为,去声。○林氏曰:"富其君者,夺民之财耳,而夫子犹恶之。况为土地之故而杀人,使其肝脑涂地,则是率土地而食人之肉。其罪之大,虽至于死,犹不足以容之也。""故善战者服上刑,连诸侯者次之,辟草莱、任土地者次之。"辟与闢同。○善战,如孙膑、吴起之徒。连结诸侯,如苏秦、张仪之类。辟,开垦也。任土地,谓分土授民,使任耕稼之责,如李悝尽地力,商鞅开阡陌之类也。

孟子曰:"存乎人者,莫良于眸子。眸子不能掩其恶。胸中正,则眸子瞭焉;胸中不正,则眸子眊焉。"眸,音牟。瞭,音了。眊,音耄。○良,善也。眸子,目瞳子也。瞭,明也。眊者,蒙蒙,目不明之貌。盖人与物接之时,其神在目,故胸中正则神精而明,不正则神散而昏。"听其言也,观其眸子,人焉廋哉?"焉,于虔反。廋,音搜。○廋,匿也。言亦心之所发,故并此以观,则人之邪正不可匿矣。然言犹可以伪为,眸子则有不容伪者。

孟子曰:"恭者不侮人,俭者不夺人。侮夺人之君,惟恐不顺焉,恶得为恭俭?恭俭岂可以声音笑貌为哉?"恶,平声。○惟恐不顺,言恐人之不顺己。声音笑貌,伪为于外也。

淳于髡曰:"男女授受不亲,礼与?"孟子曰:"礼也。"曰:"嫂溺则援之以手乎?"曰:"嫂溺不援,是豺狼也。男女授受不亲,礼也;嫂溺援之以手者,权也。"与,平声。援,音爰。○淳于,姓;髡,名,齐之辩士。授,与也。受,取也。古礼,男女不亲授受,以远别也。援,救之也。权,称锤也,称物轻重而往来以取中者也。权而得中,是乃礼也。曰:"今天下溺矣,夫子之不援,何也?"言今天下大乱,民遭陷溺,亦当从权以援之,不可守先王之正道也。曰:"天下溺,援之以道;嫂溺,援之以手。子欲手援天下乎?"言天下溺,惟道可以救之,非若嫂溺可手援也。今子欲援天下,乃欲使我枉道求合,则先失其所以援之之具矣。是欲使我以手援天下乎?○此章言直己守道,所以济时;枉道殉人,徒为失己。

公孙丑曰:"君子之不教子,何也?"不亲教也。孟子曰:"势不行也。教者必以正;以正不行,继之以怒;继之以怒,则反夷矣。'夫子教我以正,夫子未出于正也。'则是父子相夷也。父子相夷,则恶矣。"夷,伤也。教子者,本为爱其子也,继之以怒,则反伤其子矣。父既伤其子,子之心又责其父曰:"夫子教我以正道,而夫子之身未必自行正道。"则是子又伤其父也。**古者易子而教之。**易子而教,所以全父子之恩,而亦不失其为教。**父子之间不责善。责善则离,离则不祥莫大焉。"**责善,朋友之道也。○王氏曰:"父有争子,何也?所谓争者,非责善也,当不义则争之而已矣。父之于子也如何?曰,当不义,则亦戒之而已矣。"

孟子曰:"**事孰为大?事亲为大;守孰为大?守身为大。不失其身而能事其亲者,吾闻之矣;失其身而能事其亲者,吾未之闻也。**守身,持守其身,使不陷于不义也。一失其身,则亏体辱亲,虽日用三牲之养,亦不足以为孝矣。**孰不为事?事亲,事之本也;孰不为守?守身,守之本也。**事亲孝,则忠可移于君,顺可移于长。身正,则家齐国治而天下平。**曾子养曾皙,必有酒肉。将彻,必请所与。问有余,必曰'有'。曾皙死,曾元养曾子,必有酒肉。将彻,不请所与。问有余,曰'亡矣'。将以复进也。此所谓养口体者也。若曾子,则可谓养志也。**养,去声。复,扶又反。○此承上文事亲言之。曾皙,名点,曾子父也。曾元,曾子子也。曾子养其父,每食必有酒肉。食毕将彻去,必请于父曰:"此余者与谁?"或父问此物尚有余否?必曰"有",恐亲意更欲与人也。曾元不请所与,虽有言无,其意将以复进于亲,不欲其与人也。此但能养父母之口体而已。曾子则能承顺父母之志,而不忍伤之也。**事亲若曾子者,可也。"**言当如曾子之养志,不可如曾元但养口体。程子曰:"子之身所能为者,皆所当为,无过分之事也。故事亲若曾子可谓至矣,而孟子止曰可也,岂以曾子之孝为有余哉?"

孟子曰:"**人不足与适也,政不足间也。惟大人为能格君心之非。君仁莫不仁,君义莫不义,君正莫不正。一正君而国定矣。"**适,音谪。间,去声。○赵氏曰:"适,过也。间,非也。格,正也。"徐氏曰:"格者,物之所取正也。书曰:'格其非心。'"愚谓间字上亦当有与字。言人君用人之非，不足过谪；行政之失，不足非间。惟有大人之德，则能格其君心之不正以归于正，而国无不治矣。大人者，大德之人，正己而物正者也。○程子曰："天下之治乱，系乎人君之仁与不仁耳。心之非即害于政，不待发之于外也。昔者孟子三见齐王而不言事，门人疑之。孟子曰：'我先攻其邪心，心既正，而后天下之事可从而理也。'夫政事之失，用人之非，知者能更之，直者能谏之。然非心存焉，则事事而更之，后复有其事，将不胜其更矣；人人而去之，后复用其人，将不胜其去矣。是以辅相之职，必在乎格君心之非，然后无所不正；而欲格君心之非者，非有大人之德，则亦莫之能也。"

孟子曰："有不虞之誉，有求全之毁。"虞，度也。吕氏曰："行不足以致誉而偶得誉，是谓不虞之誉。求免于毁而反致毁，是谓求全之毁。言毁誉之言，未必皆实，修己者不可以是遽为忧喜，观人者不可以是轻为进退。"

孟子曰："人之易其言也，无责耳矣。"易，去声。○人之所以轻易其言者，以其未遭失言之责故耳。盖常人之情，无所惩于前，则无所警于后。非以为君子之学，必俟有责而后不敢易其言也。然此岂亦有为而言之与？

孟子曰："人之患在好为人师。"好，去声。○王勉曰："学问有余，人资于己，以不得已而应之可也。若好为人师，则自足而不复有进矣，此人之大患也。"

乐正子从于子敖之齐。子敖，王驩字。乐正子见孟子。孟子曰："子亦来见我乎？"曰："先生何为出此言也？"曰："子来几日矣？"曰："昔者。"曰："昔者，则我出此言也，不亦宜乎？"曰："舍馆未定。"曰："子闻之也，舍馆定，然后求见长者乎？"长，上声。○昔者，前日也。馆，客舍也。王驩，孟子所不与言者，则其人可知矣。乐正子乃从之行，其失身之罪大矣；又不早见长者，则其罪又有甚者焉，故孟子姑以此责之。曰："克有罪。"陈氏曰："乐正子固不能无罪矣，然其勇于受责如此，非好善而笃信之，其能若是乎？世有强辩饰非，闻谏愈甚者，又乐正子之罪人也。"

孟子谓乐正子曰："子之从于子敖来，徒餔啜也。我不意子学古之道，而以馎啜也。"馎，博孤反。啜，昌悦反。○徒，但也。馎，食也。啜，饮也。言其不择所从，但求食耳。此乃正其罪而切责之。

孟子曰："不孝有三，无后为大。赵氏曰："于礼有不孝者三事：谓阿意曲从，陷亲不义，一也；家贫亲老，不为禄仕，二也；不娶无子，绝先祖祀，三也。三者之中，无后为大。"舜不告而娶，为无后也，君子以为犹告也。"为无之为，去声。○舜告焉则不得娶，而终于无后矣。告者礼也，不告者权也。犹告，言与告同也。盖权而得中，则不离于正矣。○范氏曰："天下之道，有正有权。正者万世之常，权者一时之用。常道人皆可守，权非体道者不能用也。盖权出于不得已者也，若父非瞽瞍，子非大舜，而欲不告而娶，则天下之罪人也。"

孟子曰："仁之实，事亲是也；义之实，从兄是也。仁主于爱，而爱莫切于事亲；义主于敬，而敬莫先于从兄。故仁义之道，其用至广，而其实不越于事亲从兄之间。盖良心之发，最为切近而精实者。有子以孝弟为为仁之本，其意亦犹此也。智之实，知斯二者弗去是也；礼之实，节文斯二者是也；乐之实，乐斯二者，乐则生矣，生则恶可已也，恶可已，则不知足之蹈之、手之舞之。"乐斯、乐则之乐，音洛。恶，平声。○斯二者，指事亲从兄而言。知而弗去，则见之明而守之固矣。节文，谓品节文章。乐则生矣，谓和顺从容，无所勉强，事亲从兄之意油然自生，如草木之有生意也。既有生意，则其畅茂条达，自有不可遏者，所谓恶可已也。其又盛，则至于手舞足蹈而不自知矣。○此章言事亲从兄，良心真切，天下之道，皆原于此。然必知之明而守之固，然后节之密而乐之深也。

孟子曰："天下大悦而将归己。视天下悦而归己，犹草芥也，惟舜为然。不得乎亲，不可以为人；不顺乎亲，不可以为子。言舜视天下之归己如草芥，而惟欲得其亲而顺之也。得者，曲为承顺以得其心之悦而已。顺则有以谕之于道，心与之一而未始有违，尤人所难也。为人盖泛言之，为子则愈密矣。舜尽事亲之道而瞽瞍厎豫，瞽瞍厎豫而天下化,瞽瞍厎豫而天下之为父子者定,此之谓大孝。"厎,之尔反。○瞽瞍,舜父名。厎,致也。豫,悦乐也。瞽瞍至顽,尝欲杀舜,至是而厎豫焉。书所谓"不格奸""亦允若"是也。盖舜至此而有以顺乎亲矣。是以天下之为子者,知天下无不可事之亲,顾吾所以事之者未若舜耳。于是莫不勉而为孝,至于其亲亦厎豫焉,则天下之为父者,亦莫不慈,所谓化也。子孝父慈,各止其所,而无不安其位之意,所谓定也。为法于天下,可传于后世,非止一身一家之孝而已,此所以为大孝也。○李氏曰:"舜之所以能使瞽瞍厎豫者,尽事亲之道,其为子职,不见父母之非而已。昔罗仲素语此云:'只为天下无不是厎父母。'了翁闻而善之曰:'惟如此而后天下之为父子者定。彼臣弑其君、子弑其父者,常始于见其有不是处耳。'"

孟子集注卷八

离娄章句下 凡三十三章。

孟子曰:"舜生于诸冯,迁于负夏,卒于鸣条,东夷之人也。诸冯、负夏、鸣条,皆地名,在东方夷服之地。文王生于岐周,卒于毕郢,西夷之人也。岐周,岐山下周旧邑,近畎夷。毕郢,近丰、镐,今有文王墓。地之相去也,千有余里;世之相后也,千有余岁。得志行乎中国,若合符节。得志行乎中国,谓舜为天子,文王为方伯,得行其道于天下也。符节,以玉为之,篆刻文字而中分之,彼此各藏其半,有故则左右相合以为信也。若合符节,言其同也。先圣后圣,其揆一也。"揆,度也。其揆一者,言度之而其道无不同也。○范氏曰:"言圣人之生,虽有先后远近之不同,然其道则一也。"

子产听郑国之政,以其乘舆济人于溱、洧。乘,去声。溱,音臻。洧,荣美反。○子产,郑大夫公孙侨也。溱、洧,二水名也。子产见人有徒涉此水者,以其所乘之车载而渡之。孟子曰:"惠而不知为政。惠,谓私恩小利。政,则有公平正大之体,纲纪法度之施焉。岁十一月徒杠成,十二月舆梁成,民未病涉也。杠,音江。○杠,方桥也。徒杠,可通徒行者。梁,亦桥也。舆梁,可通车舆者。周十一月,夏九月也。周十二月,夏十月也。夏令曰:"十月成梁。"盖农功已毕,可用民力,又时将寒冱,水有桥梁,则民不患于徒涉,亦王政之一事也。**君子平其政,行辟人可也。焉得人人而济之?** 辟,与闢同。焉,于虔反。○辟,辟除也,如周礼阍人为之辟之辟。言能平其政,则出行之际,辟除行人,使之避己,亦不为过。况国中之水,当涉者众,岂能悉以乘舆济之哉? **故为政者,每人而悦之,日亦不足矣。**"言每人皆欲致私恩以悦其意,则人多日少,亦不足于用矣。诸葛武侯尝言,"治世以大德,不以小惠",得孟子之意矣。

孟子告齐宣王曰:"君之视臣如手足,则臣视君如腹心;君之视臣如犬马,则臣视君如国人;君之视臣如土芥,则臣视君如寇仇。" 孔氏曰:"宣王之遇臣下,恩礼衰薄,至于昔者所进,今日不知其亡,则其于群臣,可谓邈然无敬矣,故孟子告之以此。手足腹心,相待一体,恩义之至也。如犬马则轻贱之,然犹有豢养之恩焉。国人,犹言路人,言无怨无德也。土芥,则践踏之而已矣,斩艾之而已矣,其贱恶之又甚矣。寇仇之报,不亦宜乎?" **王曰:"礼,为旧君有服,何如斯可为服矣?"** 为,去声,下为之同。○仪礼曰:"以道去君而未绝者,服齐衰三月。"王疑孟子之言太甚,故以此礼为问。**曰:"谏行言听,膏泽下于民;有故而去,则君使人导之出疆,又先于其所往;去三年不反,然后收其田里。此之谓三有礼焉。如此,则为之服矣。** 导之出疆,防剽掠也。先于其所往,称道其贤,欲其收用之也。三年而后收其田禄里居,前此犹望其归也。**今也为臣,谏则不行,言则不听,膏泽不下于民;有故而去,则君搏执之,又极之于其所往;去之日,遂收其田里。此之谓寇仇。寇仇何服之有?"** 极,穷也。穷之于其所往之国,如晋锢栾盈也。○潘兴嗣曰:"孟子告齐王之言,犹孔子对定公之意也;而其言有迹,不若孔子之浑然也。盖圣贤之别如此。"杨氏曰:"君臣以义合者也。故孟子为齐王深言报施之道,使知为君者不可不以礼遇其臣耳。若君子之自处,则岂处其薄乎?孟子曰'王庶几改之,予日望之',君子之言盖如此。"

孟子曰:"无罪而杀士,则大夫可以去;无罪而戮民,则士可以徙。"言君子当见几而作,祸已迫,则不能去矣。

孟子曰:"君仁莫不仁,君义莫不义。"张氏曰:"此章重出。然上篇主言人臣当以正君为急,此章直戒人君,义亦小异耳。"

孟子曰:"非礼之礼,非义之义,大人弗为。"察理不精,故有二者之蔽。大人则随事而顺理,因时而处宜,岂为是哉?

孟子曰:"中也养不中,才也养不才,故人乐有贤父兄也。如中也弃不中,才也弃不才,则贤不肖之相去,其间不能以寸。"乐,音洛。○无过不及之谓中,足以有为之谓才。养,谓涵育薰陶,俟其自化也。贤,谓中而才者也。乐有贤父兄者,乐其终能成己也。为父兄者,若以子弟之不贤,遂遽绝之而不能教,则吾亦过中而不才矣。其相去之间,能几何哉?

孟子曰:"人有不为也,而后可以有为。"程子曰:"有不为,知所择也。惟能有不为,是以可以有为。无所不为者,安能有所为邪?"

孟子曰:"言人之不善,当如后患何?"此亦有为而言。

孟子曰:"仲尼不为已甚者。"已,犹太也。杨氏曰:"言圣人所为,本分之外,不加毫末。非孟子真知孔子,不能以是称之。"

孟子曰:"大人者,言不必信,行不必果,惟义所在。"行,去声。○必,犹期也。大人言行,不先期于信果,但义之所在,则必从之,卒亦未尝不信果也。○尹氏曰:"主于义,则信果在其中矣;主于信果,则未必合义。"王勉曰:"若不合于义而不信不果,则妄人尔。"

孟子曰:"大人者,不失其赤子之心者也。"大人之心,通达万变;赤子之心,则纯一无伪而已。然大人之所以为大人,正以其不为物诱,而有以全其纯一无伪之本然。是以扩而充之,则无所不知,无所不能,而极其大也。

孟子曰:"养生者不足以当大事,惟送死可以当大事。"养,去声。○事生固当爱敬,然亦人道之常耳;至于送死,则人道之大变。孝子之事亲,舍是无以用其力矣。故尤以为大事,而必诚必信,不使少有后日之悔也。

孟子曰:"君子深造之以道,欲其自得之也。自得之,则居之安;居之安,则资之深;资之深,则取之左右逢其原,故君子欲其自得之也。"造,七到反。○造,诣也。深造之者,进而不已之意。道,则其进为之方也。资,犹藉也。左右,身之两旁,言至近而非一处也。逢,犹值也。原,本也,水之来处也。言君子务于深造而必以其道者,欲其有所持循,以俟夫默识心通,自然而得之于己也。自得于己,则所以处之者安固而不摇;处之安固,则所藉者深远而无尽;所藉者深,则日用之间取之至近,无所往而不值其所资之本也。○程子曰:"学不言而自得者,乃自得也。有安排布置者,皆非自得也。然必潜心积虑,优游餍饫于其间,然后可以有得。若急迫求之,则是私己而已,终不足以得之也。"

孟子曰:"博学而详说之,将以反说约也。"言所以博学于文而详说其理者,非欲以夸多而斗靡也;欲其融会贯通,有以反而说到至约之地耳。盖承上章之意而言,学非欲其徒博,而亦不可以径约也。

孟子曰:"以善服人者,未有能服人者也;以善养人,然后能服天下。天下不心服而王者,未之有也。"王,去声。○服人者,欲以取胜于人;养人者,欲其同归于善。盖心之公私小异,而人之向背顿殊,学者于此不可以不审也。

孟子曰:"言无实不祥。不祥之实,蔽贤者当之。"或曰:"天下之言无有实不祥者,惟蔽贤为不祥之实。"或曰:"言而无实者不祥,故蔽贤为不祥之实。"二说不同,未知孰是,疑或有阙文焉。

徐子曰:"仲尼亟称于水,曰:'水哉,水哉!'何取于水也?"亟,去吏反。○亟,数也。水哉水哉,叹美之辞。孟子曰:"原泉混混,不舍昼夜。盈科而后进,放乎四海,有本者如是,是之取尔。舍、放,皆上声。○原泉,有原之水也。混混,涌出之貌。不舍昼夜,言常出不竭也。

盈,满也。科,坎也。言其进以渐也。放,至也。言水有原本,不已而渐进以至于海;如人有实行,则亦不已而渐进以至于极也。**苟为无本,七八月之间雨集,沟浍皆盈;其涸也,可立而待也。故声闻过情,君子耻之。**"浍,古外反。涸,下各反。闻,去声。○集,聚也。浍,田间水道也。涸,干也。如人无实行,而暴得虚誉,不能长久也。声闻,名誉也。情,实也。耻者,耻其无实而将不继也。林氏曰:"徐子之为人,必有躐等干誉之病,故孟子以是答之。"○邹氏曰:"孔子之称水,其旨微矣。孟子独取此者,自徐子之所急者言之也。孔子尝以闻达告子张矣,达者有本之谓也,闻则无本之谓也。然则学者其可以不务本乎?"

孟子曰:"**人之所以异于禽兽者几希,庶民去之,君子存之。**几希,少也。庶,众也。人物之生,同得天地之理以为性,同得天地之气以为形;其不同者,独人于其间得形气之正,而能有以全其性,为少异耳。虽曰少异,然人物之所以分,实在于此。众人不知此而去之,则名虽为人,而实无以异于禽兽。君子知此而存之,是以战兢惕厉,而卒能有以全其所受之理也。**舜明于庶物,察于人伦,由仁义行,非行仁义也。**"物,事物也。明,则有以识其理也。人伦,说见前篇。察,则有以尽其理之详也。物理固非度外,而人伦尤切于身,故其知之有详略之异。在舜则皆生而知之也。由仁义行,非行仁义,则仁义已根于心,而所行皆从此出。非以仁义为美,而后勉强行之,所谓安而行之也。此则圣人之事,不待存之,而无不存矣。○尹氏曰:"存之者,君子也;存者,圣人也。君子所存,存天理也。由仁义行,存者能之。"

孟子曰:"**禹恶旨酒而好善言。**恶、好,皆去声。○战国策曰:"仪狄作酒,禹饮而甘之,曰'后世必有以酒亡其国者',遂疏仪狄而绝旨酒。"书曰:"禹拜昌言。"**汤执中,立贤无方。**执,谓守而不失。中者,无过不及之名。方,犹类也。立贤无方,惟贤则立之于位,不问其类也。**文王视民如伤,望道而未之见。**而,读为如,古字通用。○民已安矣,而视之犹若有伤;道已至矣,而望之犹若未见。圣人之爱民深而求道切如此。不自满足,终日乾乾之心也。**武王不泄迩,不忘远**。泄,狎也。迩者人所易狎而不泄,远者人所易忘而不忘,德之盛,仁之至也。**周公思兼三王,以施四事;其有不合者,仰而思之,夜以继日;幸而得之,坐以待旦。**"三王:禹也,汤也,文、武也。四事,上四条之事也。时异势殊,故其事或有所不合,思而得之,则其理初不异矣。坐以待旦,急于行也。○此承上章言舜,因历叙群圣以继之;而各举其一事,以见其忧勤惕厉之意。盖天理之所以常存,而人心之所以不死也。○程子曰:"孟子所称,各因其一事而言,非谓武王不能执中立贤,汤却泄迩忘远也。人谓各举其盛,亦非也,圣人亦无不盛。"

孟子曰:"**王者之迹熄而诗亡,诗亡然后春秋作**。王者之迹熄,谓平王东迁,而政教号令不及于天下也。诗亡,谓黍离降为国风而雅亡也。春秋,鲁史记之名。孔子因而笔削之。始于鲁隐公之元年,实平王之四十九年也。**晋之乘,楚之梼杌,鲁之春秋,一也**。乘,去声。梼,音逃。杌,音兀。○乘义未详。赵氏以为兴于田赋乘马之事。或曰:"取记载当时行事而名之也。"梼杌,恶兽名,古者因以为凶人之号,取记恶垂戒之义也。春秋者,记事者必表年以首事。年有四时,故错举以为所记之名也。古者列国皆有史官,掌记时事。此三者皆其所记册书之名也。**其事则齐桓、晋文,其文则史。孔子曰:'其义则丘窃取之矣。'**"春秋之时,五霸迭兴,而桓、文为盛。史,史官也。窃取者,谦辞也。公羊传作"其辞则丘有罪焉尔",意亦如此。盖言断之在己,所谓笔则笔、削则削,游、夏不能赞一辞者也。尹氏曰:"言孔子作春秋,亦以史之文载当时之事也,而其义则定天下之邪正,为百王之大法。"○此又承上章历叙群圣,因以孔子之事继之,而孔子之事莫大于春秋,故特言之。

孟子曰:"**君子之泽五世而斩,小人之泽五世而斩**。泽,犹言流风余韵也。父子相继为一世,三十年亦为一世。斩,绝也。大约君子小人之泽,五世而绝也。杨氏曰:"四世而缌,服之穷也;五世袒免,杀同姓也;六世亲属竭矣。服穷则遗泽寖微,故五世而斩。"**予未得为孔子徒也,予私淑诸**

人也。"私，犹窃也。淑，善也。李氏以为方言是也。人，谓子思之徒也。自孔子卒至孟子游梁时，方百四十余年，而孟子已老。然则孟子之生，去孔子未百年也。故孟子言予虽未得亲受业于孔子之门，然圣人之泽尚存，犹有能传其学者。故我得闻孔子之道于人，而私窃以善其身，盖推尊孔子而自谦之辞也。〇此又承上三章，历叙舜、禹，至于周、孔，而以是终之。其辞虽谦，然其所以自任之重，亦有不得而辞者矣。

孟子曰："可以取，可以无取，取伤廉；可以与，可以无与，与伤惠；可以死，可以无死，死伤勇。"先言可以者，略见而自许之辞也；后言可以无者，深察而自疑之辞也。过取固害于廉，然过与反害其惠，过死亦反害其勇，盖过犹不及之意也。林氏曰："公西华受五秉之粟，是伤廉也；冉子与之，是伤惠也；子路之死于卫，是伤勇也。"

逢蒙学射于羿，尽羿之道，思天下惟羿为愈己，于是杀羿。孟子曰："是亦羿有罪焉。"公明仪曰："宜若无罪焉。"曰："薄乎云尔，恶得无罪？逢，薄江反。恶，平声。〇羿，有穷后羿也。逢蒙，羿之家众也。羿善射，篡夏自立，后为家众所杀。愈，犹胜也。薄，言其罪差薄耳。郑人使子濯孺子侵卫，卫使庾公之斯追之。子濯孺子曰：'今日我疾作，不可以执弓，吾死矣夫！'问其仆曰：'追我者谁也？'其仆曰：'庾公之斯也。'曰：'吾生矣。'其仆曰：'庾公之斯，卫之善射者也，夫子曰"吾生"，何谓也？'曰：'庾公之斯学射于尹公之他，尹公之他学射于我。夫尹公之他，端人也，其取友必端矣。'庾公之斯至，曰：'夫子何为不执弓？'曰：'今日我疾作，不可以执弓。'曰：'小人学射于尹公之他，尹公之他学射于夫子。我不忍以夫子之道反害夫子。虽然，今日之事，君事也，我不敢废。'抽矢扣轮，去其金，发乘矢而后反。"他，徒何反。矣夫、夫尹之夫，并音扶。去，上声。乘，去声。〇之，语助也。仆，御也。尹公他亦卫人也。端，正也。孺子以尹公正人，知其取友必正，故度庾公必不害己。小人，庾公自称也。金，镞也。扣轮出镞，令不害人，乃以射也。乘矢，四矢也。<u>孟子</u>言使<u>羿</u>如<u>子濯孺子</u>得<u>尹公他</u>而教之，则必无<u>逢蒙</u>之祸。然<u>夷羿</u>篡弑之贼，<u>蒙</u>乃逆俦；<u>庚斯</u>虽全私恩，亦废公义。其事皆无足论者，<u>孟子</u>盖特以取友而言耳。

<u>孟子</u>曰："<u>西子</u>蒙不洁，则人皆掩鼻而过之。<u>西子</u>，美妇人。蒙，犹冒也。不洁，污秽之物也。掩鼻，恶其臭也。虽有恶人，齐戒沐浴，则可以祀上帝。"齐，侧皆反。○恶人，丑貌者也。○<u>尹氏</u>曰："此章戒人之丧善，而勉人以自新也。"

<u>孟子</u>曰："天下之言性也，则故而已矣。故者，以利为本。性者，人物所得以生之理也。故者，其已然之迹，若所谓天下之故者也。利，犹顺也，语其自然之势也。言事物之理，虽若无形而难知；然其发见之已然，则必有迹而易见。故天下之言性者，但言其故而理自明，犹所谓善言天者必有验于人也。然其所谓故者，又必本其自然之势，如人之善、水之下，非有所矫揉造作而然者也。若人之为恶、水之在山，则非自然之故矣。所恶于智者，为其凿也。如智者若<u>禹</u>之行水也，则无恶于智矣。<u>禹</u>之行水也，行其所无事也。如智者亦行其所无事，则智亦大矣。恶、为，皆去声。○天下之理，本皆顺利，小智之人，务为穿凿，所以失之。<u>禹</u>之行水，则因其自然之势而导之，未尝以私智穿凿而有所事，是以水得其润下之性而不为害也。天之高也，星辰之远也，苟求其故，千岁之日至，可坐而致也。"天虽高，星辰虽远，然求其已然之迹，则其运有常。虽千岁之久，其日至之度，可坐而得。况于事物之近，若因其故而求之，岂有不得其理者，而何以穿凿为哉？必言日至者，造历者以上古十一月甲子朔夜半冬至为历元也。○<u>程子</u>曰："此章专为智而发。"愚谓事物之理，莫非自然。顺而循之，则为大智。若用小智而凿以自私，则害于性而反为不智。<u>程子</u>之言，可谓深得此章之旨矣。

<u>公行子</u>有子之丧，右师往吊，入门，有进而与右师言者，有就右师之位而与右师言者。<u>公行子</u>，<u>齐</u>大夫。右师，<u>王驩</u>也。<u>孟子</u>不

与右师言,右师不悦曰:"诸君子皆与驩言,孟子独不与驩言,是简驩也。"简,略也。孟子闻之,曰:"礼,朝廷不历位而相与言,不逾阶而相揖也。我欲行礼,子敖以我为简,不亦异乎?"朝,音潮。○是时齐卿大夫以君命吊,各有位次。若周礼,凡有爵者之丧礼,则职丧莅其禁令,序其事,故云朝廷也。历,更涉也。位,他人之位也。右师未就位而进与之言,则右师历己之位矣;右师已就位而就与之言,则己历右师之位矣。孟子右师之位又不同阶,孟子不敢失此礼,故不与右师言也。

孟子曰:"君子所以异于人者,以其存心也。君子以仁存心,以礼存心。以仁礼存心,言以是存于心而不忘也。仁者爱人,有礼者敬人。此仁礼之施。爱人者人恒爱之,敬人者人恒敬之。恒,胡登反。○此仁礼之验。有人于此,其待我以横逆,则君子必自反也:我必不仁也,必无礼也,此物奚宜至哉?横,去声,下同。○横逆,谓强暴不顺理也。物,事也。其自反而仁矣,自反而有礼矣,其横逆由是也,君子必自反也:我必不忠。由与犹同,下放此。○忠者,尽己之谓。我必不忠,恐所以爱敬人者,有所不尽其心也。自反而忠矣,其横逆由是也,君子曰:'此亦妄人也已矣。如此则与禽兽奚择哉?于禽兽又何难焉?'难,去声。○奚择,何异也。又何难焉,言不足与之校也。是故君子有终身之忧,无一朝之患也。乃若所忧则有之:舜人也,我亦人也。舜为法于天下,可传于后世,我由未免为乡人也,是则可忧也。忧之如何?如舜而已矣。若夫君子所患则亡矣。非仁无为也,非礼无行也。如有一朝之患,则君子不患矣。"夫,音扶。○乡人,乡里之常人也。君子存心不苟,故无后忧。

禹、稷当平世,三过其门而不入,孔子贤之。事见前篇。颜子当乱世,居于陋巷,一箪食,一瓢饮,人不堪其忧,颜子不改其乐,孔子贤之。食,音嗣。乐,音洛。孟子曰:"禹、稷、颜回同道。圣贤之道,进则救民,退则修己,其心一而已矣。禹思天下有溺者,由己溺之也;稷思天下有饥者,由己饥之也,是以如是其急也。由,与犹同。○禹、稷身任其职,故以为己责而救之急也。禹、稷、颜子易地则皆然。圣贤之心无所偏倚,随感而应,各尽其道。故使禹、稷居颜子之地,则亦能乐颜子之乐;使颜子居禹、稷之任,亦能忧禹、稷之忧也。今有同室之人斗者,救之,虽被发缨冠而救之,可也。不暇束发,而结缨往救,言急也。以喻禹、稷。乡邻有斗者,被发缨冠而往救之,则惑也,虽闭户可也。"喻颜子也。○此章言圣贤心无不同,事则所遭或异;然处之各当其理,是乃所以为同也。尹氏曰:"当其可之谓时,前圣后圣,其心一也,故所遇皆尽善。"

公都子曰:"匡章,通国皆称不孝焉。夫子与之游,又从而礼貌之,敢问何也?"匡章,齐人。通国,尽一国之人也。礼貌,敬之也。孟子曰:"世俗所谓不孝者五:惰其四支,不顾父母之养,一不孝也;博弈好饮酒,不顾父母之养,二不孝也;好货财,私妻子,不顾父母之养,三不孝也;从耳目之欲,以为父母戮,四不孝也;好勇斗很,以危父母,五不孝也。章子有一于是乎?好、养、从皆去声。很,胡恳反。○戮,羞辱也。很,忿戾也。夫章子,子父责善而不相遇也。夫,音扶。○遇,合也。相责以善而不相合,故为父所逐也。责善,朋友之道也;父子责善,贼恩之大者。贼,害也。朋友当相责以善。父子行之,则害天性之恩也。夫章子,岂不欲有夫妻子母之属哉?为得罪于父,不得近。出妻屏子,终身不养焉。其设心以为不若是,是则罪之大者,是则章子已矣。"夫章之夫,音扶。为,去声。屏,必郢反。养,去声。○言章子非不欲身有夫妻之配、子有子母之属,但为身不得近于父,故不敢受妻子之养,以自责罚。其心以为不如此,则其罪益大也。○

此章之旨,于众所恶而必察焉,可以见圣贤至公至仁之心矣。杨氏曰:"章子之行,孟子非取之也,特哀其志而不与之绝耳。"

曾子居武城,有越寇。或曰:"寇至,盍去诸?"曰:"无寓人于我室,毁伤其薪木。"寇退,则曰:"修我墙屋,我将反。"寇退,曾子反。左右曰:"待先生,如此其忠且敬也。寇至则先去以为民望,寇退则反,殆于不可。"沈犹行曰:"是非汝所知也。昔沈犹有负刍之祸,从先生者七十人,未有与焉。"与,去声。○武城,鲁邑名。盍,何不也。左右,曾子之门人也。忠敬,言武城之大夫事曾子,忠诚恭敬也。为民望,言使民望而效之。沈犹行,弟子姓名也。言曾子尝舍于沈犹氏,时有负刍者作乱,来攻沈犹氏,曾子率其弟子去之,不与其难。言师宾不与臣同。子思居于卫,有齐寇。或曰:"寇至,盍去诸?"子思曰:"如伋去,君谁与守?"言所以不去之意如此。孟子曰:"曾子、子思同道。曾子,师也,父兄也;子思,臣也,微也。曾子、子思易地则皆然。"微,犹贱也。尹氏曰:"或远害,或死难,其事不同者,所处之地不同也。君子之心不系于利害,惟其是而已,故易地则皆能为之。"○孔氏曰:"古之圣贤,言行不同,事业亦异,而其道未始不同也。学者知此,则因所遇而应之;若权衡之称物,低昂屡变,而不害其为同也。"

储子曰:"王使人瞯夫子,果有以异于人乎?"孟子曰:"何以异于人哉?尧、舜与人同耳。"瞯,古苋反。○储子,齐人也。瞯,窃视也。圣人亦人耳,岂有异于人哉?

齐人有一妻一妾而处室者,其良人出,则必餍酒肉而后反。其妻问所与饮食者,则尽富贵也。其妻告其妾曰:"良人出,则必餍酒肉而后反;问其与饮食者,尽富贵也,而未尝有显者来,吾将瞯良人之所之也。"蚤起,施从良人之所之,遍国中无与立谈者。卒之东郭墦间,之祭者,乞其余;不足,又顾而之他,此其为餍足之道也。其妻归,告其妾曰:"良人者,所仰望而终身也。

今若此。"与其妾讪其良人,而相泣于中庭。而良人未之知也,施施从外来,骄其妻妾。施,音迤,又音易。墦,音燔。施施,如字。○章首当有"孟子曰"字,阙文也。良人,夫也。餍,饱也。显者,富贵人也。施,邪施而行,不使良人知也。墦,冢也。顾,望也。讪,怨詈也。施施,喜悦自得之貌。由君子观之,则人之所以求富贵利达者,其妻妾不羞也,而不相泣者,几希矣。孟子言自君子而观,今之求富贵者,皆若此人耳。使其妻妾见之,不羞而泣者少矣,言可羞之甚也。○赵氏曰:"言今之求富贵者,皆以枉曲之道,昏夜乞哀以求之,而以骄人于白日,与斯人何以异哉?"

孟子集注卷九

万章章句上 凡九章。

万章问曰:"舜往于田,号泣于旻天,何为其号泣也?"孟子曰:"怨慕也。"号,平声。○舜往于田,耕历山时也。仁覆闵下,谓之旻天。号泣于旻天,呼天而泣也。事见虞书大禹谟篇。怨慕,怨己之不得其亲而思慕也。万章曰:"父母爱之,喜而不忘;父母恶之,劳而不怨。然则舜怨乎?"曰:"长息问于公明高曰:'舜往于田,则吾既得闻命矣;号泣于旻天,于父母,则吾不知也。'公明高曰:'是非尔所知也。'夫公明高以孝子之心,为不若是恝,我竭力耕田,共为子职而已矣,父母之不我爱,于我何哉?恶,去声。夫,音扶。恝,苦八反。共,平声。○长息,公明高弟子。公明高,曾子弟子。于父母,亦书辞,言呼父母而泣也。恝,无愁之貌。于我何哉,自责不知己有何罪耳,非怨父母也。杨氏曰:"非孟子深知舜之心,不能为此言。盖舜惟恐不顺于父母,未尝自以为孝也;若自以为孝,则非孝矣。"帝使其子九男二女,百官牛羊仓廪备,以事舜于畎亩之中。天下之士多就之者,帝将胥天下而迁之焉。为不顺于父母,如穷人无所归。为,去声。○帝,尧也。史记云:"二女妻之,以观其内;九男事之,以观其外。"又言:"一年所居成聚,二年成邑,三年成都。"是天下之士就之也。胥,相视也。迁之,移以与之也。如穷人之无所归,言其怨慕迫切之甚也。天下之士悦之,人之所欲也,而不足以解忧;好色,人之所欲,妻帝之二女,而不足以解忧;富,人之所欲,富有天下,而不足以解忧;贵,人之所欲,贵为天子,而不足以解忧。人悦之、好色、富贵,无足以解忧者,惟顺于父母,可以解忧。孟子推舜之心如此,以解上文之意。极天下之欲,不足以解忧;而惟顺于父母,可以解忧。孟子真知舜之心哉!人少,则慕父母;知好色,则慕少艾;有妻子,则慕妻子;仕则慕君,不得于君则热中。大孝终身慕父母。五十而慕者,予于大舜见之矣。"少、好,皆去声。○言常人之情,因物有迁,惟圣人为能不失其本心也。艾,美好也。楚辞、战国策所谓幼艾,义与此同。不得,失意也。热中,躁急心热也。言五十者,舜摄政时年五十也。五十而慕,则其终身慕可知矣。○此章言舜不以得众人之所欲为己乐,而以不顺乎亲之心为己忧。非圣人之尽性,其孰能之?

万章问曰:"诗云:'娶妻如之何?必告父母。'信斯言也,宜莫如舜。舜之不告而娶,何也?"孟子曰:"告则不得娶。男女居室,人之大伦也。如告,则废人之大伦,以怼父母,是以不告也。"怼,直类反。○诗齐国风南山之篇也。信,诚也,诚如此诗之言也。怼,仇怨也。舜父顽母嚚,常欲害舜。告则不听其娶,是废人之大伦,以仇怨于父母也。万章曰:"舜之不告而娶,则吾既得闻命矣;帝之妻舜而不告,何也?"曰:"帝亦知告焉则不得妻也。"妻,去声。○以女为人妻曰妻。程子曰:"尧妻舜而不告者,以君治之而已,如今之官府治民之私者亦多。"万章曰:"父母使舜完廪,捐阶,瞽瞍焚廪。使浚井,出,从而掩之。象曰:'谟盖都君咸我绩。牛羊父母,仓廪父母,干戈朕,琴朕,弤朕,二嫂使治朕棲。'象往入舜宫,舜在床琴。象曰:'鬱陶思君爾。'忸怩。舜曰:'惟兹臣庶,汝其于予治。'不識舜不知象之將殺己與?"曰:"奚而不知也?象憂亦憂,象喜亦喜。"弤,都禮反。忸,女六反。怩,音尼。與,平聲。○完,治也。捐,去也。階,梯也。掩,蓋也。按史記,曰:"使舜上塗廩,瞽瞍從下縱火焚廩,舜乃以兩笠自捍而下去,得不死。後又使舜穿井,舜穿井為匿空旁出。舜既入深,瞽瞍與象共下土實井,舜從匿空中出去。"即其事也。象,舜異母弟也。謨,謀也。蓋,蓋井也。舜所居三年成都,故謂之都君。咸,皆也。績,功也。舜既入井,象不知舜已出,欲以殺舜為己功也。干,盾也。戈,戟也。琴,舜所彈五弦琴也。弤,雕弓也。象欲以舜之牛羊倉廩與父母,而自取此物也。二嫂,堯二女也。棲,床也。象欲使為己妻也。象往舜宫,欲分取所有,見舜生在床彈琴,蓋既出即潛歸其宫也。鬱陶,思之甚而氣不得伸也。象言己思君之甚,故來見爾。忸怩,慚色也。臣庶,謂其百官也。象素憎舜,不至其宫,故舜見其來而喜,使之治其臣庶也。孟子言舜非不知其將殺己,但見其憂則憂,見其喜則喜,兄弟之情,自有所不能已耳。萬章所言,其有無不可知,然舜之心則孟子有以知之矣,他亦不足辨也。程子曰:"象憂亦憂,象喜亦喜,人情天理,于是為至。"曰:"然則舜偽喜者與?"曰:"否。昔者有饋生魚於鄭子產,子產使校人畜之池。校人烹之,反命曰:'始舍之圉圉焉,少則洋洋焉,攸然而逝。'子產曰:'得其所哉!得其所哉!'校人出,曰:'孰謂子產智?予既烹而食之,曰:得其所哉,得其所哉。'故君子可欺以其方,難罔以非其道。彼以愛兄之道來,故誠信而喜之,奚偽焉?"

與,平聲。校,音效,又音教。畜,許六反。○校人,主池沼小吏也。圉圉,困而未紓之貌。洋洋,則稍縱矣。攸然而逝者,自得而遠去也。方,亦道也。罔,蒙蔽也。欺以其方,謂誑之以理之所有。罔以非其道,謂昧之以理之所無。象以愛兄之道來,所謂欺之以其方也。舜本不知其偽,故實喜之,何偽之有?○此章又言舜遭人倫之變,而不失天理之常也。

万章问曰:"象日以杀舜为事,立为天子,则放之,何也?"孟子曰:"封之也,或曰放焉。"放,犹置也。置之于此,使不得去也。万章疑舜何不诛之,孟子言舜实封之,而或者误以为放也。万章曰:"舜流共工于幽州,放驩兜于崇山,杀三苗于三危,殛鲧于羽山,四罪而天下咸服,诛不仁也。象至不仁,封之有庳。有庳之人奚罪焉?仁人固如是乎?在他人则诛之,在弟则封之。"曰:"仁人之于弟也,不藏怒焉,不宿怨焉,亲爱之而已矣。亲之欲其贵也,爱之欲其富也。封之有庳,富贵之也。身为天子,弟为匹夫,可谓亲爱之乎?"庳,音鼻。○流,徙也。共工,官名。驩兜,人名。二人比周,相与为党。三苗,国名,负固不服。杀,杀其君也。殛,诛也。鲧,禹父名,方命圮族,治水无功,皆不仁之人也。幽州、崇山、三危、羽山、有庳,皆地名也。或曰:"今道州鼻亭,即有庳之地也。"未知是否?万章疑舜不当封象,使彼有庳之民无罪而遭象之虐,非仁人之心也。藏怒,谓藏匿其怒。宿怨,谓留蓄其怨。"敢问或曰放者,何谓也?"曰:"象不得有为于其国,天子使吏治其国,而纳其贡税焉,故谓之放。岂得暴彼民哉?虽然,欲常常而见之,故源源而来。'不及贡,以政接于有庳',此之谓也。"孟子言象虽封为有庳之君,然不得治其国,天子使吏代之治,而纳其所收之贡税于象。有似于放,故或者以为放也。盖象至不仁,处之如此,则既不失吾亲爱之心,而彼亦不得虐有庳之民也。源源,若水之相继也。来,谓来朝觐也。"不及贡,以政接于有庳",谓不待及诸侯朝贡之期,而以政事接见有庳之君。盖古书之辞,而孟子引以证源源而来之意,见其亲爱之无已如此也。○吴氏曰:"言圣人不以公义废私恩,亦不以私恩害公义。舜之于象,仁之至,义之尽也。"

咸丘蒙问曰:"语云:'盛德之士,君不得而臣,父不得而子。'舜南面而立,尧帅诸侯北面而朝之,瞽瞍亦北面而朝之。舜见瞽瞍,其容有蹙。孔子曰:'于斯时也,天下殆哉,岌岌乎!'

不识此语诚然乎哉?"孟子曰:"否。此非君子之言,齐东野人之语也。尧老而舜摄也。尧典曰:'二十有八载,放勋乃徂落,百姓如丧考妣,三年,四海遏密八音。'孔子曰:'天无二日,民无二王。'舜既为天子矣,又帅天下诸侯以为尧三年丧,是二天子矣。"朝,音潮。叝,鱼及反。○咸丘蒙,孟子弟子。语者,古语也。蹙,颦蹙不自安也。叝叝,不安貌也。言人伦乖乱,天下将危也。齐东,齐国之东鄙也。孟子言尧但老不治事,而舜摄天子之事耳。尧在时,舜未尝即天子位,尧何由北面而朝乎?又引书及孔子之言以明之。尧典,虞书篇名。今此文乃见于舜典,盖古书二篇或合为一耳。言舜摄位二十八年而尧死也。徂,升也。落,降也。人死则魂升而魄降,故古者谓死为徂落。遏,止也。密,静也。八音,金、石、丝、竹、匏、土、革、木,乐器之音也。咸丘蒙曰:"舜之不臣尧,则吾既得闻命矣。诗云:'普天之下,莫非王土;率土之滨,莫非王臣。'而舜既为天子矣,敢问瞽瞍之非臣,如何?"曰:"是诗也,非是之谓也;劳于王事,而不得养父母也。曰:'此莫非王事,我独贤劳也。'故说诗者,不以文害辞,不以辞害志。以意逆志,是为得之。如以辞而已矣,云汉之诗曰:'周余黎民,靡有孑遗。'信斯言也,是周无遗民也。不臣尧,不以尧为臣,使北面而朝也。诗小雅北山之篇也。普,遍也。率,循也。此诗今毛氏序云:"役使不均,已劳于王事而不得养其父母焉。"其诗下文亦云:"大夫不均,我从事独贤。"乃作诗者自言天下皆王臣,何为独使我以贤才而劳苦乎?非谓天子可臣其父也。文,字也。辞,语也。逆,迎也。云汉,大雅篇名也。孑,独立之貌。遗,脱也。言说诗之法,不可以一字而害一句之义,不可以一句而害设辞之志,当以己意迎取作者之志,乃可得之。若但以其辞而已,则如云汉所言,是周之民真无遗种矣。惟以意逆之,则知作诗者之志在于忧旱,而非真无遗民也。孝子之至,莫大乎尊亲;尊亲之至,莫大乎以天下养。为天子父,尊之至也;以天下养,养之至也。诗曰:'永言孝思,孝思维则。'此之谓也。

养,去声。○言瞽瞍既为天子之父,则当享天下之养,此舜之所以为尊亲养亲之至也。岂有使之北面而朝之理乎?诗大雅下武之篇。言人能长言孝思而不忘,则可以为天下法则也。书曰:'祗载见瞽瞍,夔夔齐栗,瞽瞍亦允若。'是为父不得而子也。"见,音现。齐,侧皆反。○书大禹谟篇也。祗,敬也。载,事也。夔夔齐栗,敬谨恐惧之貌。允,信也。若,顺也。言舜敬事瞽瞍,往而见之,敬谨如此,瞽瞍亦信而顺之也。孟子引此而言瞽瞍不能以不善及其子,而反见化于其子,则是所谓父不得而子者,而非如咸丘蒙之说也。

万章曰:"尧以天下与舜,有诸?"孟子曰:"否。天子不能以天下与人。"天下者,天下之天下,非一人之私有故也。"然则舜有天下也,孰与之?"曰:"天与之。"万章问而孟子答也。"天与之者,谆谆然命之乎?"谆,之淳反。○万章问也。谆谆,详语之貌。曰:"否。天不言,以行与事示之而已矣。"行,去声,下同。○行之于身谓之行,措诸天下谓之事。言但因舜之行事,而示以与之之意耳。曰:"以行与事示之者如之何?"曰:"天子能荐人于天,不能使天与之天下;诸侯能荐人于天子,不能使天子与之诸侯;大夫能荐人于诸侯,不能使诸侯与之大夫。昔者尧荐舜于天而天受之,暴之于民而民受之,故曰:天不言,以行与事示之而已矣。"暴,步卜反,下同。○暴,显也。言下能荐人于上,不能令上必用之。舜为天人所受,是因舜之行与事,而示之以与之之意也。曰:"敢问荐之于天而天受之,暴之于民而民受之,如何?"曰:"使之主祭而百神享之,是天受之;使之主事而事治,百姓安之,是民受之也。天与之,人与之,故曰:天子不能以天下与人。治,去声。舜相尧二十有八载,非人之所能为也,天也。尧崩,三年之丧毕,舜避尧之子于南河之南。天下诸侯朝觐者,不之尧之子而之舜;讼狱者,不之尧之子而之舜;讴歌者,不讴歌尧之子而讴歌舜,故曰天也。夫然后之中国,践天子位焉。

而居尧之宫,逼尧之子,是篡也,非天与也。相,去声。朝,音潮。夫,音扶。○南河在冀州之南,其南即豫州也。讼狱,谓狱不决而讼之也。太誓曰'天视自我民视,天听自我民听',此之谓也。"自,从也。天无形,其视听皆从于民之视听。民之归舜如此,则天与之可知矣。

万章问曰:"人有言:'至于禹而德衰,不传于贤而传于子。'有诸?"孟子曰:"否,不然也。天与贤,则与贤;天与子,则与子。昔者舜荐禹于天,十有七年,舜崩。三年之丧毕,禹避舜之子于阳城。天下之民从之,若尧崩之后,不从尧之子而从舜也。禹荐益于天,七年,禹崩。三年之丧毕,益避禹之子于箕山之阴。朝觐讼狱者不之益而之启,曰:'吾君之子也。'讴歌者不讴歌益而讴歌启,曰:'吾君之子也。'朝,音潮。○阳城,箕山之阴,皆嵩山下深谷中可藏处。启,禹之子也。杨氏曰:"此语孟子必有所受,然不可考矣。但云天与贤则与贤,天与子则与子,可以见尧、舜、禹之心,皆无一毫私意也。"丹朱之不肖,舜之子亦不肖。舜之相尧,禹之相舜也,历年多,施泽于民久。启贤,能敬承继禹之道。益之相禹也,历年少,施泽于民未久。舜、禹、益相去久远,其子之贤不肖皆天也,非人之所能为也。莫之为而为者,天也;莫之致而至者,命也。之相之相,去声。相去之相,如字。○尧、舜之子皆不肖,而舜、禹之为相久,此尧、舜之子所以不有天下,而舜、禹有天下也。禹之子贤,而益相不久,此启所以有天下而益不有天下也。然此皆非人力所为而自为,非人力所致而自至者。盖以理言之谓之天,自人言之谓之命,其实则一而已。匹夫而有天下者,德必若舜、禹,而又有天子荐之者,故仲尼不有天下。孟子因禹、益之事,历举此下两条以推明之。言仲尼之德,虽无愧于舜、禹,而无天子荐之者,故不有天下。继世以有天下,天之所废,必若桀、纣者也,故益、伊尹、周公不有天下。继世而有天下者,其先世皆有大功德于民,故必有大恶如桀、纣,则天乃废之。如启及大甲、成王虽不及益、伊尹、周公之贤圣,但能嗣守先业,则天亦不废之。故益、伊尹、周公,虽有舜、禹之德,而亦不有天下。**伊尹相汤以王于天下。汤崩,太丁未立,外丙二年,仲壬四年。太甲颠覆汤之典刑,伊尹放之于桐。三年,太甲悔过,自怨自艾,于桐处仁迁义;三年,以听伊尹之训己也,复归于亳。** 相、王,皆去声。艾,音乂。○此承上文言伊尹不有天下之事。赵氏曰:"太丁,汤之太子,未立而死。外丙立二年,仲壬立四年,皆太丁弟也。太甲,太丁子也。"程子曰:"古人谓岁为年。汤崩时,外丙方二岁,仲壬方四岁,惟太甲差长,故立之也。"二说未知孰是。颠覆,坏乱也。典刑,常法也。桐,汤墓所在。艾,治也;说文云"芟草也",盖斩绝自新之意。亳,商所都也。**周公之不有天下,犹益之于夏,伊尹之于殷也。** 此复言周公所以不有天下之意。**孔子曰:'唐、虞禅,夏后、殷、周继,其义一也。'"** 禅,音擅。○禅,授也。或禅或继,皆天命也。圣人岂有私意于其间哉?○尹氏曰:"孔子曰:'唐、虞禅,夏后、殷、周继,其义一也。'孟子曰:'天与贤则与贤,天与子则与子。'知前圣之心者,无如孔子,继孔子者,孟子而已矣。"

万章问曰:"人有言'伊尹以割烹要汤'有诸?" 要,平声,下同。○要,求也。按史记"伊尹欲行道以致君而无由,乃为有莘氏之媵臣,负鼎俎以滋味说汤,致于王道"。盖战国时有为此说者。**孟子曰:"否,不然。伊尹耕于有莘之野,而乐尧、舜之道焉。非其义也,非其道也,禄之以天下,弗顾也;系马千驷,弗视也。非其义也,非其道也,一介不以与人,一介不以取诸人。** 乐,音洛。○莘,国名。乐尧、舜之道者,诵其诗,读其书,而欣慕爱乐之也。驷,四匹也。介与草芥之芥同。言其辞受取与,无大无细,一以道义而不苟也。**汤使人以币聘之,嚣嚣然曰:'我何以汤之聘币为哉?我岂若处畎亩之中,由是以乐尧、舜之道哉?'** 嚣,五高反,又户骄反。○嚣嚣,无欲自得之貌。**汤三使往聘之,既而幡然改曰:'与我处畎亩之中,由是以乐尧、舜之道,吾岂若**

使是君为尧、舜之君哉？吾岂若使是民为尧、舜之民哉？吾岂若于吾身亲见之哉？幡然，变动之貌。于吾身亲见之，言于我之身亲见其道之行，不徒诵说向慕之而已也。天之生此民也，使先知觉后知，使先觉觉后觉也。予，天民之先觉者也；予将以斯道觉斯民也。非予觉之，而谁也？'此亦伊尹之言也。知，谓识其事之所当然。觉，谓悟其理之所以然。觉后知后觉，如呼寐者而使之寤也。言天使者，天理当然，若使之也。程子曰："予天民之先觉，谓我乃天生此民中，尽得民道而先觉者也。既为先觉之民，岂可不觉其未觉者。及彼之觉，亦非分我所有以予之也，皆彼自有此理，我但能觉之而已。"思天下之民匹夫匹妇有不被尧、舜之泽者，若己推而内之沟中。其自任以天下之重如此，故就汤而说之以伐夏救民。推，吐回反。内，音纳。说，音税。○书曰："昔先正保衡作我先王，曰：'予弗克俾厥后为尧、舜，其心愧耻，若挞于市。'一夫不获，则曰：'时予之辜。'"孟子之言盖取诸此。是时夏桀无道，暴虐其民，故欲使汤伐夏以救之。徐氏曰："伊尹乐尧、舜之道。尧、舜揖逊，而伊尹说汤以伐夏者，时之不同，义则一也。"吾未闻枉己而正人者也，况辱己以正天下者乎？圣人之行不同也，或远或近，或去或不去，归洁其身而已矣。行，去声。○辱己甚于枉己，正天下难于正人。若伊尹以割烹要汤，辱己甚矣，何以正天下乎？远，谓隐遁也。近，谓仕近君也。言圣人之行虽不必同，然其要归在洁其身而已。伊尹岂肯以割烹要汤哉？吾闻其以尧、舜之道要汤，未闻以割烹也。林氏曰："以尧、舜之道要汤者，非实以是要之也，道在此而汤之聘自来耳，犹子贡言夫子之求之，异乎人之求之也。"愚谓此语亦犹前章所论父不得而子之意。伊训曰：'天诛造攻自牧宫，朕载自亳。'"伊训，商书篇名。孟子引以证伐夏救民之事也。今[1]书牧宫作鸣条。造、载，皆始也。伊尹言始攻桀无道，由我始其事于亳也。

---

〔1〕"今"原作"令"，据清仿宋大字本改。

万章问曰:"或谓孔子于卫主痈疽,于齐主侍人瘠环,有诸乎?"孟子曰:"否,不然也。好事者为之也。痈,于容反。疽,七余反。好,去声。○主,谓舍于其家,以之为主人也。痈疽,疡医也。侍人,奄人也。瘠,姓。环,名。皆时君所近狎之人也。好事,谓喜造言生事之人也。于卫主颜雠由。弥子之妻与子路之妻,兄弟也。弥子谓子路曰:'孔子主我,卫卿可得也。'子路以告。孔子曰:'有命。'孔子进以礼,退以义,得之不得曰'有命'。而主痈疽与侍人瘠环,是无义无命也。雠,如字,又音雔。○颜雠由,卫之贤大夫也,史记作颜浊邹。弥子,卫灵公幸臣弥子瑕也。徐氏曰:"礼主于辞逊,故进以礼;义主于制断,故退以义。难进而易退者也,在我者有礼义而已,得之不得则有命存焉。"孔子不悦于鲁、卫,遭宋桓司马将要而杀之,微服而过宋。是时孔子当厄,主司城贞子,为陈侯周臣。要,平声。○不悦,不乐居其国也。桓司马,宋大夫向魋也。司城贞子,亦宋大夫之贤者也。陈侯,名周。按史记:"孔子为鲁司寇,齐人馈女乐以间之,孔子遂行。适卫月余,去卫适宋。司马魋欲杀孔子,孔子去至陈,主于司城贞子。"孟子言孔子虽当厄难,然犹择所主,况在齐、卫无事之时,岂有主痈疽侍人之事乎?吾闻观近臣,以其所为主;观远臣,以其所主。若孔子主痈疽与侍人瘠环,何以为孔子?"近臣,在朝之臣。远臣,远方来仕者。君子小人各从其类,故观其所为主与其所主者,而其人可知。

万章问曰:"或曰:'百里奚自鬻于秦养牲者五羊之皮,食牛,以要秦穆公。'信乎?"孟子曰:"否,不然。好事者为之也。食,音嗣。好,去声,下同。○百里奚,虞之贤臣。人言其自卖于秦养牲者之家,得五羊之皮而为之食牛,因以干秦穆公也。百里奚,虞人也。晋人以垂棘之璧与屈产之乘,假道于虞以伐虢。宫之奇谏,百里奚不谏。屈,求勿反。乘,去声。○虞、虢,皆国名。垂棘之璧,垂棘之地所出之璧也。屈产之乘,屈地所生之良马也。乘,四匹也。晋欲伐虢,道经于虞,故以此物借道,其实欲并取虞。宫之奇,亦虞之贤臣。谏虞公令勿许,虞公不用,遂为晋所灭。百里奚知其不可谏,故不谏而去之。知虞公之不可谏而去,之秦,年已七十矣,曾不知以食牛干秦穆公之为污也,可谓智乎?不可谏而不谏,可谓不智乎?知虞公之将亡而先去之,不可谓不智也。时举于秦,知穆公之可与有行也而相之,可谓不智乎?相秦而显其君于天下,可传于后世,不贤而能之乎?自鬻以成其君,乡党自好者不为,而谓贤者为之乎?"相,去声。○自好,自爱其身之人也。孟子言百里奚之智如此,必知食牛以干主之为污。其贤又如此,必不肯自鬻以成其君也。然此事当孟子时已无所据。孟子直以事理反覆推之,而知其必不然耳。○范氏曰:"古之圣贤未遇之时,鄙贱之事,不耻为之。如百里奚为人养牛,无足怪也。惟是人君不致敬尽礼,则不可得而见。岂有先自污辱以要其君哉? 庄周曰:'百里奚爵禄不入于心,故饭牛而牛肥,使穆公忘其贱而与之政。'亦可谓知百里奚矣。伊尹、百里奚之事,皆圣贤出处之大节,故孟子不得不辩。"尹氏曰:"当时好事者之论大率类此,盖以其不正之心度圣贤也。"

孟子集注卷十

万章章句下 凡九章。

孟子曰:"伯夷,目不视恶色,耳不听恶声。非其君不事,非其民不使。治则进,乱则退。横政之所出,横民之所止,不忍居也。思与乡人处,如以朝衣朝冠坐于涂炭也。当纣之时,居北海之滨,以待天下之清也。故闻伯夷之风者,顽夫廉,懦夫有立志。治,去声,下同。横,去声。朝,音潮。○横,谓不循法度。顽者,无知觉。廉者,有分辨。懦,柔弱也。余并见前篇。伊尹曰:'何事非君?何使非民?'治亦进,乱亦进。曰:'天之生斯民也,使先知觉后知,使先觉觉后觉。予,天民之先觉者也;予将以此道觉此民也。'思天下之民匹夫匹妇有不与被尧、舜之泽者,若己推而内之沟中,其自任以天下之重也。与,音预。○何事非君,言所事即君。何使非民,言所使即民。无不可事之君,无不可使之民也。余见前篇。柳下惠,不羞污君,不辞小官。进不隐贤,必以其道。遗佚而不怨,厄穷而不悯。与乡人处,由由然不忍去也。'尔为尔,我为我,虽袒裼裸裎于我侧,尔焉能浼我哉?'故闻柳下惠之风者,鄙夫宽,薄夫敦。鄙,狭陋也。敦,厚也。余见前篇。孔子之去齐,接淅而行;去鲁,曰:'迟迟吾行也。'去父母国之道也。可以速而速,可以久而久,可以处而处,可以仕而仕,孔子也。"淅,先历反。○接,犹承也。淅,渍米水也。渍米将炊,而欲去之速,故以手承水取米而行,不及炊也。举此一端,以见其久、速、仕、止,各当其可也。或曰:"孔子去鲁,不税冕而行,岂得为迟?"杨氏曰:"孔子欲去之意久矣,不欲苟去,故迟迟其行也。膰肉不至,则得以微罪行矣,故不税冕而行,非速也。"孟子曰:"伯夷,圣之清者也;伊尹,圣之任者也;柳下惠,圣之和者也;孔子,圣之时者也。张子曰:"无所杂者清之极,无所异者和之极。勉而清,非圣人之清;勉而和,非圣人之和。所谓圣者,不勉不思而至焉者也。"孔氏曰:"任者,以天下为己责也。"愚谓孔子仕、止、久、速,各当其可,盖兼三子之所以圣者而时出之,非如三子之可以一德名也。或疑伊尹出处合乎孔子,而不得为圣之时,何也?程子曰:"终是任底意思在。"孔子之谓集大成。集大成也者,金声而玉振之也。金声也者,始条理也;玉振之也者,终条理也。始条理者,智之事也;终条理者,圣之事也。此言孔子集三圣之事而为一大圣之事;犹作乐者,集众音之小成而为一大成也。成者,乐之一终,书所谓"箫韶九成"是也。金,钟属。声,宣也,如声罪致讨之声。玉,磬也。振,收也,如振河海而不泄之振。始,始之也。终,终之也。条理,犹言脉络,指众音而言也。智者,知之所及;圣者,德之所就也。盖乐有八音:金、石、丝、竹、匏、土、革、木。若独奏一音,则其一音自为始终,而为一小成,犹三子之所知偏于一,而其所就亦偏于一也。八音之中,金石为重,故特为众音之纲纪。又金始震而玉终诎然也,故并奏八音,则于其未作,而先击镈钟以宣其声;俟其既阕,而后击特磬以收其韵。宣以始之,收以终之。二者之间,脉络通贯,无所不备,则合众小成而为一大成,犹孔子之知无不尽而德无不全也。金声玉振,始终条理,疑古乐经之言。故兒宽云：“惟天子建中和之极，兼总条贯，金声而玉振之。”亦此意也。**智，譬则巧也；圣，譬则力也。由射于百步之外也，其至，尔力也；其中，非尔力也。”**中，去声。○此复以射之巧力发明智、圣二字之义。见孔子巧力俱全，而圣智兼备，三子则力有余而巧不足，是以一节虽至于圣，而智不足以及乎时中也。○此章言三子之行各极其一偏孔子之道兼全于众理。所以偏者，由其蔽于始，是以缺于终；所以全者，由其知之至，是以行之尽。三子犹春夏秋冬之各一其时，孔子则大和元气之流行于四时也。

北宫锜问曰："周室班爵禄也，如之何？"锜，鱼绮反。○北宫，姓；锜，名，卫人。班，列也。**孟子曰："其详不可得闻也。诸侯恶其害己也，而皆去其籍。然而轲也，尝闻其略也**。恶，去声。去，上声。○当时诸侯兼并僭窃，故恶周制妨害己之所为也。**天子一位，公一位，侯一位，伯一位，子、男同一位，凡五等也。君一位，卿一位，大夫一位，上士一位，中士一位，下士一位，凡六等**。此班爵之制也。五等通于天下，六等施于国中。**天子之制，地方千里，公侯皆方百里，伯七十里，子、男五十里，凡四等。不能五十里，不达于天子，附于诸侯，曰附庸**。此以下，班禄之制也。不能，犹不足也。小国之地不足五十里者，不能自达于天子，因大国以姓名通，谓之附庸，若春秋邾仪父之类是也。**天子之卿受地视侯，大夫受地视伯，元士受地视子、男**。视，比也。徐氏曰："王畿之内，亦制都鄙受地也。"元士，上士也。**大国地方百里，君十卿禄，卿禄四大夫，大夫倍上士，上士倍中士，中士倍下士，下士与庶人在官者同禄，禄足以代其耕也**。十，十倍之也。四，四倍之也。倍，加一倍也。徐氏曰："大国君田三万二千亩，其入可食二千八百八十人。卿田三千二百亩，可食二百八十八人。大夫田八百亩，可食七十二人。上士田四百亩，可食三十六人。中士田二百亩，可食十八人。下士与庶人在官者田百亩，可食九人至五人。庶人在官，府史胥徒也。"愚按：君以下所食之禄，皆助法之公田，藉农夫之力以耕而收其租。士之无田，与庶人在官者，则但受禄于官,如田之入而已。**次国地方七十里,君十卿禄,卿禄三大夫,大夫倍上士,上士倍中士,中士倍下士,下士与庶人在官者同禄,禄足以代其耕也。**三,谓三倍之也。徐氏曰:"次国君田二万四千亩,可食二[1]千一百六十人。卿田二千四百亩,可食二百十六人。"**小国地方五十里,君十卿禄,卿禄二大夫,大夫倍上士,上士倍中士,中士倍下士,下士与庶人在官者同禄,禄足以代其耕也。**二,即倍也。徐氏曰:"小国君田一万六千亩,可食千四百四十人。卿田一千六百亩,可食百四十四人。"**耕者之所获,一夫百亩。百亩之粪,上农夫食九人,上次食八人,中食七人,中次食六人,下食五人。庶人在官者,其禄以是为差。"**食,音嗣。○获,得也。一夫一妇,佃田百亩。加之以粪,粪多而力勤者为上农,其所收可供九人。其次用力不齐,故有此五等。庶人在官者,其受禄不同,亦有此五等也。○愚按:此章之说,与周礼、王制不同,盖不可考,阙之可也。程子曰:"孟子之时,去先王未远,载籍未经秦火,然而班爵禄之制已不闻其详。今之礼书,皆掇拾于煨烬之余,而多出于汉儒一时之傅会,奈何欲尽信而句为之解乎?然则其事固不可一一追复矣。"

万章问曰:"敢问友。"孟子曰:"不挟长,不挟贵,不挟兄弟而友。友也者,友其德也,不可以有挟也。挟者,兼有而恃之之称。**孟献子,百乘之家也,有友五人焉:乐正裘、牧仲,其三人,则予忘之矣。献子之与此五人者友也,无献子之家者也。此五人者,亦有献子之家,则不与之友矣。**乘,去声,下同。○孟献子,鲁之贤大夫仲孙蔑也。张子曰:"献子忘其势,五人者忘之势。不资其势而利其有,然后能忘人之势。若五人者有献子之家,则反为献子之所贱矣。"**非惟百乘之家为然也。虽小国之君亦有之。费惠公曰:'吾于子思,则**

---

[1] "二"原作"三",据清仿宋大字本改。

师之矣;吾于颜般,则友之矣;王顺、长息则事我者也。'费,音秘。般,音班。○惠公,费邑之君也。师,所尊也。友,所敬也。事我者,所使也。非惟小国之君为然也,虽大国之君亦有之。晋平公之于亥唐也,入云则入,坐云则坐,食云则食。虽疏食菜羹,未尝不饱,盖不敢不饱也,然终于此而已矣。弗与共天位也,弗与治天职也,弗与食天禄也,士之尊贤者也,非王公之尊贤也。疏食之食,音嗣。平公、王公下,诸本多无之字,疑阙文也。○亥唐,晋贤人也。平公造之,唐言入,公乃入。言坐乃坐,言食乃食也。疏食,粝饭也。不敢不饱,敬贤者之命也。范氏曰:"位曰天位,职曰天职,禄曰天禄。言天所以待贤人,使治天民,非人君所得专者也。"舜尚见帝,帝馆甥于贰室,亦飨舜,迭为宾主,是天子而友匹夫也。尚,上也。舜上而见于帝尧也。馆,舍也。礼,妻父曰外舅。谓我舅者,吾谓之甥。尧以女妻舜,故谓之甥。贰室,副宫也。尧舍舜于副宫,而就飨其食。用下敬上,谓之贵贵;用上敬下,谓之尊贤。贵贵、尊贤,其义一也。"贵贵、尊贤,皆事之宜者。然当时但知贵贵,而不知尊贤,故孟子曰"其义一也"。○此言朋友人伦之一,所以辅仁,故以天子友匹夫而不为诎,以匹夫友天子而不为僭。此尧、舜所以为人伦之至,而孟子言必称之也。

万章问曰:"敢问交际何心也?"孟子曰:"恭也。"际,接也。交际,谓人以礼仪币帛相交接也。曰:"却之却之为不恭,何哉?"曰:"尊者赐之,曰'其所取之者,义乎,不义乎',而后受之,以是为不恭,故弗却也。"却,不受而还之也。再言之,未详。万章疑交际之间,有所却者,人便以为不恭,何哉?孟子言尊者之赐,而心窃计其所以得此物者,未知合义与否,必其合义,然后可受,不然则却之矣,所以却之为不恭也。曰:"请无以辞却之,以心却之,曰'其取诸民之不义也',而以他辞无受,不可乎?"曰:"其交也以道,其接也以礼,斯孔子受之矣。"万章以为彼既得之不义,则其馈不可受。但无以言语间而却之,直以心度其不义,而托于他辞以却之,如此可否耶?交以道,如馈赆、闻戒、周其饥饿之类。接以礼,谓辞命恭敬之节。孔子受之,如受阳货烝豚之类也。万章曰:"今有御人于国门之外者,其交也以道,其馈也以礼,斯可受御与?"曰:"不可。康诰曰:'杀越人于货,闵不畏死,凡民罔不譈。'是不待教而诛者也。殷受夏,周受殷,所不辞也。于今为烈,如之何其受之?"与,平声。譈,书作憝,徒对反。○御,止也。止人而杀之,且夺其货也。国门之外,无人之处也。万章以为苟不问其物之所从来,而但观其交接之礼,则设有御人者,用其御得之货以礼馈我,则可受乎?康诰,周书篇名。越,颠越也。今书闵作愍,无凡民二字。譈,怨也。言杀人而颠越之,因取其货,闵然不知畏死,凡民无不怨之。孟子言此乃不待教戒而当即诛者也。如何而可受之乎?"殷[1]受"至"为烈"十四字,语意不伦。李氏以为此必有断简或阙文者近之,而愚意其直为衍字耳。然不可考,姑阙之可也。曰:"今之诸侯取之于民也,犹御也。苟善其礼际矣,斯君子受之,敢问何说也?"曰:"子以为有王者作,将比今之诸侯而诛之乎?其教之不改而后诛之乎?夫谓非其有而取之者盗也,充类至义之尽也。孔子之仕于鲁也,鲁人猎较,孔子亦猎较。猎较犹可,而况受其赐乎?"比,去声。夫,音扶。较,音角。○比,连也。言今诸侯之取于民,固多不义,然有王者起,必不连合而尽诛之。必教之不改而后诛之,则其与御人之盗,不待教而诛者不同矣。夫御人于国门之外,与非其有而取之,二者固皆不义之类,然必御人乃为真盗。其谓非有而取为盗者,乃推其类,至于义之至精至密之处而极言之耳,非便以为真盗也。然则今之诸侯,虽曰取非其有,而岂可遽以同于御人之盗也哉?又引孔子之事,以明世俗所尚,犹或可从,况受其赐,何为不可乎?猎较未详。赵氏以为田猎相较,夺禽兽以祭。孔子不违,所以小同于俗也。张氏以为猎而较所获之多少也。二说未知孰是。曰:

---

[1] "殷"原作"商",据清仿宋大字本改。

"然则孔子之仕也,非事道与?"曰:"事道也。""事道奚猎较也?"曰:"孔子先簿正祭器,不以四方之食供簿正。"曰:"奚不去也?"曰:"为之兆也。兆足以行矣,而不行,而后去,是以未尝有所终三年淹也。与,平声。○此因孔子事而反覆辩论也。事道者,以行道为事也。事道奚猎较也,万章问也。先簿正祭器,未详。徐氏曰:"先以簿书正其祭器,使有定数,不以四方难继之物实之。夫器有常数、实有常品,则其本正矣,彼猎较者,将久而自废矣。"未知是否也。兆,犹卜之兆,盖事之端也。孔子所以不去者,亦欲小试行道之端,以示于人,使知吾道之果可行也。若其端既可行,而人不能遂行之,然后不得已而必去之。盖其去虽不轻,而亦未尝不决,是以未尝终三年留于一国也。孔子有见行可之仕,有际可之仕,有公养之仕。于季桓子,见行可之仕也;于卫灵公,际可之仕也;于卫孝公,公养之仕也。"见行可,见其道之可行也。际可,接遇以礼也。公养,国君养贤之礼也。季桓子,鲁卿季孙斯也。卫灵公,卫侯元也。孝公,春秋、史记皆无之,疑出公辄也。因孔子仕鲁,而言其仕有此三者。故于鲁则兆足以行矣而不行然后去,而于卫之事,则又受其交际问馈而不却之一验也。○尹氏曰:"不闻孟子之义,则自好者为於陵仲子而已。圣贤辞受进退,惟义所在。"愚按:此章文义多不可晓,不必强为之说。

孟子曰:"仕非为贫也,而有时乎为贫;娶妻非为养也,而有时乎为养。为、养,并去声,下同。○仕本为行道,而亦有家贫亲老,或道与时违,而但为禄仕者。如娶妻本为继嗣,而亦有为不能亲操井臼而欲资其馈养者。为贫者,辞尊居卑,辞富居贫。贫富,谓禄之厚薄。盖仕不为道,已非出处之正,故其所处但当如此。辞尊居卑,辞富居贫,恶乎宜乎?抱关击柝。恶,平声。柝,音托。○柝,行夜所击木也。盖为贫者虽不主于行道,而亦不可以苟禄。故惟抱关击柝之吏,位卑禄薄,其职易称,为所宜居也。李氏曰:"道不行矣,为贫而仕者,此其律令也。若不能然,则是贪位慕禄而已矣。"孔子尝为委吏矣,曰'会计当而已矣'。尝为乘田矣,曰'牛羊茁壮,长而已矣'。委,乌伪反。会,工外反。当,丁浪反。乘,去声。茁,阻刮反。长,上声。○此孔子之为贫而仕者也。委吏,主委积之吏也。乘田,主苑囿刍牧之吏也。茁,肥貌。言以孔子大圣,而尝为贱官不以为辱者,所谓为贫而仕,官卑禄薄,而职易称也。**位卑而言高,罪也;立乎人之本朝,而道不行,耻也。**"朝,音潮。○以出位为罪,则无行道之责;以废道为耻,则非窃禄之官,此为贫者之所以必辞尊富而宁处贫贱也。○尹氏曰:"言为贫者不可以居尊,居尊者必欲以行道。"

万章曰:"士之不托诸侯,何也?"孟子曰:"不敢也。诸侯失国,而后托于诸侯,礼也;士之托于诸侯,非礼也。"托,寄也,谓不仕而食其禄也。古者诸侯出奔他国,食其廪饩,谓之寄公。士无爵土,不得比诸侯。不仕而食禄,则非礼也。**万章曰:"君馈之粟,则受之乎?"曰:"受之。""受之何义也?"曰:"君之于氓也,固周之。"**周,救也。视其空乏,则周恤之,无常数,君待民之礼也。曰:"**周之则受,赐之则不受,何也?"曰:"不敢也。"曰:"敢问其不敢何也?"曰:"抱关击柝者,皆有常职以食于上。无常职而赐于上者,以为不恭也。"**赐,谓予之禄,有常数,君所以待臣之礼也。曰:"**君馈之,则受之,不识可常继乎?"曰:"缪公之于子思也,亟问,亟馈鼎肉。子思不悦。于卒也,摽使者出诸大门之外,北面稽首再拜而不受。曰:'今而后知君之犬马畜伋。'盖自是台无馈也。悦贤不能举,又不能养也,可谓悦贤乎?"**亟,去声,下同。摽,音杓。使,去声。○亟,数也。鼎肉,熟肉也。卒,末也。摽,麾也。数以君命来馈,当拜受之,非养贤之礼,故不悦。而于其末后复来馈时,麾使者出拜而辞之。犬马畜伋,言不以人礼待己也。台,贱官,主使令者。盖缪公愧悟,自此不复令台来致馈也。举,用也。能养者未必能用也,况又不能养乎? 曰:"**敢问国君欲养君子,如何斯可谓养矣?"曰:"以君命将之,再拜稽首而受。其后廪人继粟,庖**

人继肉,不以君命将之。子思以为鼎肉使己仆仆尔亟拜也,非养君子之道也。初以君命来馈,则当拜受。其后有司各以其职继续所无,不以君命来馈,不使贤者有亟拜之劳也。仆仆,烦猥貌。尧之于舜也,使其子九男事之,二女女焉,百官牛羊仓廪备,以养舜于畎亩之中,后举而加诸上位。故曰:'王公之尊贤者也。'"女下字,去声。〇能养能举,悦贤之至也,惟尧、舜为能尽之,而后世之所当法也。

万章曰:"敢问不见诸侯,何义也?"孟子曰:"在国曰市井之臣,在野曰草莽之臣,皆谓庶人。庶人不传质为臣,不敢见于诸侯,礼也。"质,与贽同。〇传,通也。质者,士执雉,庶人执鹜,相见以自通者也。国内莫非君臣,但未仕者与执贽在位之臣不同,故不敢见也。万章曰:"庶人,召之役,则往役;君欲见之,召之,则不往见之,何也?"曰:"往役,义也;往见,不义也。往役者,庶人之职;不往见者,士之礼。且君之欲见之也,何为也哉?"曰:"为其多闻也,为其贤也。"曰:"为其多闻也,则天子不召师,而况诸侯乎?为其贤也,则吾未闻欲见贤而召之也。为并去声。缪公亟见于子思,曰:'古千乘之国以友士,何如?'子思不悦,曰:'古之人有言:曰事之云乎,岂曰友之云乎?'子思之不悦也,岂不曰:'以位,则子,君也;我,臣也。何敢与君友也?以德,则子事我者也,奚可以与我友?'千乘之君求与之友,而不可得也,而况可召与?亟、乘,皆去声。召与之与,平声。〇孟子引子思之言而释之,以明不可召之意。齐景公田,招虞人以旌,不至,将杀之。志士不忘在沟壑,勇士不忘丧其元。孔子奚取焉?取非其招不往也。"丧,息浪反。〇说见前篇。曰:"敢问招虞人何以?"曰:"以皮冠。庶人以旃,士以旂,大夫以旌。皮冠,田猎之冠也。事见春秋传。然则皮冠者,虞人之所有事也,故以是招之。庶人,未仕之臣。通帛曰旃。士,谓已仕者。交龙为旂,析羽而注于旐干之首曰旟。以大夫之招招虞人,虞人死不敢往。以士之招招庶人,庶人岂敢往哉?况乎以不贤人之招招贤人乎?欲见而召之,是不贤人之招也。以士之招招庶人,则不敢往;以不贤人之招招贤人,则不可往矣。欲见贤人而不以其道,犹欲其入而闭之门也。夫义,路也;礼,门也。惟君子能由是路,出入是门也。诗云:'周道如底,其直如矢;君子所履,小人所视。'"夫,音扶。底,诗作砥,之履反。○诗小雅大东之篇。底,与砥同,砺石也。言其平也。矢,言其直也。视,视以为法也。引此以证上文能由是路之义。万章曰:"孔子,君命召,不俟驾而行。然则孔子非与?"曰:"孔子当仕有官职,而以其官召之也。"与,平声。○孔子方仕而任职,君以其官名召之,故不俟驾而行。徐氏曰:"孔子、孟子,易地则皆然。"○此章言不见诸侯之义,最为详悉,更合陈代、公孙丑所问者而观之,其说乃尽。

孟子谓万章曰:"一乡之善士,斯友一乡之善士;一国之善士,斯友一国之善士;天下之善士,斯友天下之善士。言己之善盖于一乡,然后能尽友一乡之善士。推而至于一国、天下皆然,随其高下以为广狭也。以友天下之善士为未足,又尚论古之人。颂其诗,读其书,不知其人,可乎?是以论其世也。是尚友也。"尚上同。言进而上也。颂诵通。论其世,论其当世行事之迹也。言既观其言,则不可以不知其为人之实,是以又考其行也。夫能友天下之善士,其所友众矣,犹以为未足,又进而取于古人。是能进其取友之道,而非止为一世之士矣。

齐宣王问卿。孟子曰:"王何卿之问也?"王曰:"卿不同乎?"曰:"不同。有贵戚之卿,有异姓之卿。"王曰:"请问贵戚之卿。"曰:"君有大过则谏,反覆之而不听,则易位。"大过,谓足以亡其国者。易位,易君之位,更立亲戚之贤者。盖与君有亲亲之恩,无可去之义。以宗庙为重,不忍坐视其亡,故不得已而至于此也。王勃然变乎色。勃然,变色貌。曰:"王勿异也。王问臣,臣不敢不以正对。"孟子言也。王色定,然后请问异姓之卿。曰:"君有过则谏,反覆之而不听,则去。"君臣义合,不合则去。○此章言大臣之义,亲疏不同,守经行权,各有其分。贵戚之卿,小过非不谏也,但必大过而不听,乃可易位。异姓之卿,大过非不谏也,虽小过而不听,已可去矣。然三仁贵戚,不能行之于纣;而霍光异姓,乃能行之于昌邑。此又委任权力之不同,不可以执一论也。

孟子集注卷十一

告子章句上 凡二十章。

告子曰："性，犹杞柳也；义，犹桮棬也。以人性为仁义，犹以杞柳为桮棬。"桮，音杯。棬，丘圆反。○性者，人生所禀之天理也。杞柳，柜柳。桮棬，屈木所为，若卮匜之属。告子言人性本无仁义，必待矫揉而后成，如荀子性恶之说也。孟子曰："子能顺杞柳之性而以为桮棬乎？将戕贼杞柳而后以为桮棬也？如将戕贼杞柳而以为桮棬，则亦将戕贼人以为仁义与？率天下之人而祸仁义者，必子之言夫！"戕，音墙。与，平声。夫，音扶。○言如此则天下之人皆以仁义为害性而不肯为，是因子之言而为仁义之祸也。

告子曰："性犹湍水也，决诸东方则东流，决诸西方则西流。人性之无分于善不善也，犹水之无分于东西也。"湍，他端反。○湍，波流潆回之貌也。告子因前说而小变之，近于扬子善恶混之说。孟子曰："水信无分于东西，无分于上下乎？人性之善也，犹水之就下也。人无有不善,水无有不下。言水诚不分东西矣,然岂不分上下乎?性即天理,未有不善者也。今夫水,搏而跃之,可使过颡;激而行之,可使在山。是岂水之性哉?其势则然也。人之可使为不善,其性亦犹是也。"夫,音扶。搏,补各反。〇搏,击也。跃,跳也。颡,额也。水之过颡在山,皆不就下也。然其本性未尝不就下,但为搏激所使而逆其性耳。〇此章言性本善,故顺之而无不善;本无恶,故反之而后为恶,非本无定体,而可以无所不为也。

告子曰:"生之谓性。"生,指人物之所以知觉运动者而言。告子论性,前后四章,语虽不同,然其大指不外乎此,与近世佛氏所谓作用是性者略相似。孟子曰:"生之谓性也,犹白之谓白与?"曰:"然。""白羽之白也,犹白雪之白;白雪之白,犹白玉之白与?"曰:"然。"与,平声。下同。〇白之谓白,犹言凡物之白者,同谓之白,更无差别也。白羽以下,孟子再问而告子曰然,则是谓凡有生者同是一性矣。"然则犬之性,犹牛之性;牛之性,犹人之性与?"孟子又言若果如此,则犬牛与人皆有知觉,皆能运动,其性皆无以异矣,于是告子自知其说之非而不能对也。〇愚按:性者,人之所得于天之理也;生者,人之所得于天之气也。性,形而上者也;气,形而下者也。人物之生,莫不有是性,亦莫不有是气。然以气言之,则知觉运动,人与物若不异也;以理言之,则仁义礼智之禀,岂物之所得而全哉?此人之性所以无不善,而为万物之灵也。告子不知性之为理,而以所谓气者当之,是以杞柳湍水之喻,食色无善无不善之说,纵横缪戾,纷纭舛错,而此章之误乃其本根。所以然者,盖徒知知觉运动之蠢然者,人与物同;而不知仁义礼智之粹然者,人与物异也。孟子以是折之,其义精矣。

告子曰:"食色,性也。仁,内也,非外也;义,外也,非内也。"告子以人之知觉运动者为性,故言人之甘食悦色者即其性。故仁爱之心生于内,而事物之宜由乎外。学者但当用力于仁,而不必求合于义也。孟子曰:"何以谓仁内义外也?"曰:"彼长而我长之,非有长于我也;犹彼白而我白之,从其白于外也,故谓之外也。"长,上声,下同。○我长之,我以彼为长也;我白之,我以彼为白也。曰:"异于白马之白也,无以异于白人之白也;不识长马之长也,无以异于长人之长与? 且谓长者义乎? 长之者义乎?"与,平声,下同。○张氏曰:"上异于二字疑衍。"李氏曰:"或有阙文焉。"愚按:白马白人,所谓彼白而我白之也;长马长人,所谓彼长而我长之也。白马白人不异,而长马长人不同,是乃所谓义也。义不在彼之长,而在我长之之心,则义之非外明矣。曰:"吾弟则爱之,秦人之弟则不爱也,是以我为悦者也,故谓之内。长楚人之长,亦长吾之长,是以长为悦者也,故谓之外也。"言爱主于我,故仁在内;敬主于长,故义在外。曰:"耆秦人之炙,无以异于耆吾炙。夫物则亦有然者也,然则耆炙亦有外与?"耆,与嗜同。夫,音扶。○言长之耆之,皆出于心也。林氏曰:"告子以食色为性,故因其所明者而通之。"○自篇首至此四章,告子之辩屡屈,而屡变其说以求胜,卒不闻其能自反而有所疑也。此正其所谓不得于言勿求于心者,所以卒于卤莽而不得其正也。

孟季子问公都子曰:"何以谓义内也?"孟季子,疑孟仲子之弟也。盖闻孟子之言而未达,故私论之。曰:"行吾敬,故谓之内也。"所敬之人虽在外,然知其当敬而行吾心之敬以敬之,则不在外也。"乡人长于伯兄一岁,则谁敬?"曰:"敬兄。""酌则谁先?"曰:"先酌乡人。""所敬在此,所长在彼,果在外,非由内也。"长,上声。○伯,长也。酌,酌酒也。此皆季子问、公都子答,而季子又言,如此则敬长之心,果不由中出也。公都子不能答,以告孟子。孟子曰:"敬叔父乎? 敬弟乎? 彼将曰'敬叔父'。曰:'弟为尸,则谁敬?'彼将曰'敬弟'。子曰:'恶在其敬叔父也?'彼将曰'在位故也'。子亦曰:'在位故也。庸敬在兄,斯须之敬在乡人。'"恶,平声。○尸,祭祀所主以象神,虽子弟为之,然敬之当如祖考也。在位,弟在尸位,乡人在宾客之位也。

庸,常也。斯须,暂时也。言因时制宜,皆由中出也。季子闻之曰:"敬叔父则敬,敬弟则敬,果在外,非由内也。"公都子曰:"冬日则饮汤,夏日则饮水,然则饮食亦在外也?"此亦上章耆炙之意。○范氏曰:"二章问答,大指略同,皆反覆譬喻以晓当世,使明仁义之在内,则知人之性善,而皆可以为尧、舜矣。"

公都子曰:"告子曰:'性无善无不善也。'此亦"生之谓性、食色性也"之意,近世苏氏、胡氏之说盖如此。或曰:'性可以为善,可以为不善;是故文、武兴,则民好善;幽、厉兴,则民好暴。'好,去声。○此即湍水之说也。或曰:'有性善,有性不善;是故以尧为君而有象,以瞽瞍为父而有舜;以纣为兄之子且以为君,而有微子启、王子比干。'韩子性有三品之说盖如此。按此文,则微子、比干皆纣之叔父,而书称微子为商王元子,疑此或有误字。今曰'性善',然则彼皆非与?"与,平声。孟子曰:"乃若其情,则可以为善矣,乃所谓善也。乃若,发语辞。情者,性之动也。人之情,本但可以为善而不可以为恶,则性之本善可知矣。若夫为不善,非才之罪也。夫,音扶。○才,犹材质,人之能也。人有是性,则有是才,性既善则才亦善。人之为不善,乃物欲陷溺而然,非其才之罪也。恻隐之心,人皆有之;羞恶之心,人皆有之;恭敬之心,人皆有之;是非之心,人皆有之。恻隐之心,仁也;羞恶之心,义也;恭敬之心,礼也;是非之心,智也。仁义礼智,非由外铄我也,我固有之也,弗思耳矣。故曰:'求则得之,舍则失之。'或相倍蓰而无算者,不能尽其才者也。恶,去声。舍,上声。蓰,音师。○恭者,敬之发于外者也;敬者,恭之主于中者也。铄,以火销金之名,自外以至内也。算,数也。言四者之心人所固有,但人自不思而求之耳,所以善恶相去之远,由不思不求而不能扩充以尽其才也。前篇言是四者为仁义礼智之端,而此不言端者,彼欲其扩而充之,此直因用以著其本体,故言有不同耳。

诗曰:'天生蒸民,有物有则。民之秉夷,好是懿德。'孔子曰:'为此诗者,其知道乎!故有物必有则,民之秉夷也,故好是懿德。'"好,去声。○诗大雅烝民之篇。蒸,诗作烝,众也。物,事也。则,法也。夷,诗作彝,常也。懿,美也。有物必有法:如有耳目,则有聪明之德;有父子,则有慈孝之心,是民所秉执之常性也,故人之情无不好此懿德者。以此观之,则人性之善可见,而公都子所问之三说,皆不辩而自明矣。○程子曰:"性即理也,理则尧、舜至于涂人一也。才禀于气,气有清浊,禀其清者为贤,禀其浊者为愚。学而知之,则气无清浊,皆可至于善而复性之本,汤、武身之是也。孔子所言下愚不移者,则自暴自弃之人也。"又曰:"论性不论气,不备;论气不论性,不明,二之则不是。"张子曰:"形而后有气质之性,善反之则天地之性存焉。故气质之性,君子有弗性者焉。"愚按:程子此说才字,与孟子本文小异。盖孟子专指其发于性者言之,故以为才无不善;程子兼指其禀于气者言之,则人之才固有昏明强弱之不同矣,张子所谓气质之性是也。二说虽殊,各有所当,然以事理考之,程子为密。盖气质所禀虽有不善,而不害性之本善;性虽本善,而不可以无省察矫揉之功,学者所当深玩也。

孟子曰:"富岁,子弟多赖;凶岁,子弟多暴,非天之降才尔殊也,其所以陷溺其心者然也。富岁,丰年也。赖,藉也。丰年衣食饶足,故有所顾藉而为善;凶年衣食不足,故有以陷溺其心而为暴。今夫𪍿麦,播种而耰之,其地同,树之时又同,浡然而生,至于日至之时,皆熟矣。虽有不同,则地有肥硗,雨露之养,人事之不齐也。夫,音扶。𪍿,音牟。耰,音忧。硗,苦交反。○𪍿,大麦也。耰,覆种也。日至之时,谓当成熟之期也。硗,瘠薄也。故凡同类者,举相似也,何独至于人而疑之?圣人与我同类者。圣人亦人耳,其性之善,无不同也。故龙子曰:'不知足而为屦,我知其不为蒉也。'屦之相似,天下之足同也。蒉,音匮。○蒉,草器也。不知人足之大小而为之屦,虽未必适中,然必似足形,不至成蒉也。口之于味,有同耆也。易牙先得我口之所耆者也。如使口之于味也，其性与人殊，若犬马之与我不同类也，则天下何耆皆从易牙之于味也？至于味，天下期于易牙，是天下之口相似也。耆，与嗜同，下同。○易牙，古之知味者。言易牙所调之味，则天下皆以为美也。惟耳亦然。至于声，天下期于师旷，是天下之耳相似也。师旷，能审音者也。言师旷所和之音，则天下皆以为美也。惟目亦然。至于子都，天下莫不知其姣也。不知子都之姣者，无目者也。姣，古卯反。○子都，古之美人也。姣，好也。故曰：口之于味也，有同耆焉；耳之于声也，有同听焉；目之于色也，有同美焉。至于心，独无所同然乎？心之所同然者何也？谓理也，义也。圣人先得我心之所同然耳。故理义之悦我心，犹刍豢之悦我口。"然，犹可也。草食曰刍，牛羊是也；谷食曰豢，犬豕是也。程子曰："在物为理，处物为义，体用之谓也。孟子言人心无不悦理义者，但圣人则先知先觉乎此耳，非有以异于人也。"程子又曰："理义之悦我心，犹刍豢之悦我口，此语亲切有味。须实体察得理义之悦心，真犹刍豢之悦口，始得。"

孟子曰："牛山之木尝美矣，以其郊于大国也，斧斤伐之，可以为美乎？是其日夜之所息，雨露之所润，非无萌蘖之生焉，牛羊又从而牧之，是以若彼濯濯也。人见其濯濯也，以为未尝有材焉，此岂山之性也哉？蘖，五割反。○牛山，齐之东南山也。邑外谓之郊。言牛山之木，前此固尝美矣，今为大国之郊，伐之者众，故失其美耳。息，生长也。日夜之所息，谓气化流行未尝间断，故日夜之间，凡物皆有所生长也。萌，芽也。蘖，芽之旁出者也。濯濯，光洁之貌。材，材木也。言山木虽伐，犹有萌蘖，而牛羊又从而害之，是以至于光洁而无草木也。虽存乎人者，岂无仁义之心哉？其所以放其良心者，亦犹斧斤之于木也，旦旦而伐之，可以为美乎？其日夜之所息，平旦之气，其好恶与人相近也者几希，则其旦昼之所为，有梏亡之矣。梏之反覆，则其夜气不足以存;夜气不足以存,则其违禽兽不远矣。人见其禽兽也,而以为未尝有才焉者,是岂人之情也哉?好、恶,并去声。○良心者,本然之善心,即所谓仁义之心也。平旦之气,谓未与物接之时,清明之气也。好恶与人相近,言得人心之所同然也。几希,不多也。梏,械也。反覆,展转也。言人之良心虽已放失,然其日夜之间,亦必有所生长。故平旦未与物接,其气清明之际,良心犹必有发见者。但其发见至微,而旦昼所为之不善,又已随而梏亡之,如山木既伐,犹有萌蘖,而牛羊又牧之也。昼之所为,既有以害其夜之所息;夜之所息,又不能胜其昼之所为,是以展转相害。至于夜气之生,日以寖薄,而不足以存其仁义之良心,则平旦之气亦不能清,而所好恶遂与人远矣。故苟得其养,无物不长;苟失其养,无物不消。长,上声。○山木人心,其理一也。孔子曰:'操则存,舍则亡;出入无时,莫知其乡。'惟心之谓与?"舍,音捨。与,平声。○孔子言心,操之则在此,舍之则失去,其出入无定时,亦无定处如此。孟子引之,以明心之神明不测,得失之易,而保守之难,不可顷刻失其养。学者当无时而不用其力,使神清气定,常如平旦之时,则此心常存,无适而非仁义也。程子曰:"心岂有出入,亦以操舍而言耳。操之之道,敬以直内而已。"○愚闻之师曰:"人,理义之心未尝无,惟持守之即在尔。若于旦昼之间,不至梏亡,则夜气愈清。夜气清,则平旦未与物接之时,湛然虚明气象,自可见矣。"孟子发此夜气之说,于学者极有力,宜熟玩而深省之也。

孟子曰:"无或乎王之不智也。或,与惑同,疑怪也。王,疑指齐王。虽有天下易生之物也,一日暴之,十日寒之,未有能生者也。吾见亦罕矣,吾退而寒之者至矣,吾如有萌焉何哉?易,去声。暴,步卜反。见,音现。○暴,温之也。我见王之时少,犹一日暴之也;我退则谄谀杂进之日多,是十日寒之也。虽有萌蘖之生,我亦安能如之何哉?今夫弈之为数,小数也;不专心致志,则不得也。弈秋,通国之善弈者也。使弈秋诲二人弈,其一人专心致志,惟弈秋之为听。一人虽听之,一心以为有鸿鹄将至,思援弓缴而射之,虽与之俱学,弗若之矣。为是其智弗若与?曰:非然也。"夫,音扶。缴,音灼。射,食亦反。为是之为,去声。若与之与,平声。○弈,围棋也。数,技也。致,极也。弈秋,善弈者名秋也。缴,以绳系矢而射也。○程子为讲官,言于上曰:"人主一日之间,接贤士大夫之时多,亲宦官宫妾之时少,则可以涵养气质,而薰陶德性。"时不能用,识者恨之。范氏曰:"人君之心,惟在所养。君子养之以善则智,小人养之以恶则愚。然贤人易疏,小人易亲,是以寡不能胜众,正不能胜邪。自古国家治日常少,而乱日常多,盖以此也。"

孟子曰:"鱼,我所欲也;熊掌,亦我所欲也,二者不可得兼,舍鱼而取熊掌者也。生,亦我所欲也;义,亦我所欲也,二者不可得兼,舍生而取义者也。舍,上声。○鱼与熊掌皆美味,而熊掌尤美也。生亦我所欲,所欲有甚于生者,故不为苟得也;死亦我所恶,所恶有甚于死者,故患有所不辟也。恶、辟,皆去声,下同。○释所以舍生取义之意。得,得生也。欲生恶死者,虽众人利害之常情,而欲恶有甚于生死者,乃秉彝义理之良心,是以欲生而不为苟得,恶死而有所不避也。如使人之所欲莫甚于生,则凡可以得生者,何不用也?使人之所恶莫甚于死者,则凡可以辟患者,何不为也?设使人无秉彝之良心,而但有利害之私情,则凡可以偷生免死者,皆将不顾礼义而为之矣。由是则生而有不用也,由是则可以辟患而有不为也。由其必有秉彝之良心,是以其能舍生取义如此。是故所欲有甚于生者,所恶有甚于死者,非独贤者有是心也,人皆有之,贤者能勿丧耳。丧,去声。○羞恶之心,人皆有之,但众人汩于利欲而忘之,惟贤者能存之而不丧耳。一箪食,一豆羹,得之则生,弗得则死。嘑尔而与之,行道之人弗受;蹴尔而与之,乞人不屑也。食,音嗣。嘑,呼故反。蹴,子六反。○豆,木器也。嘑,咄啐之貌。行道之人,路中凡人也。蹴,践踏也。乞人,丐乞之人也。不屑,不以为洁也。言虽欲食之急而犹恶无礼,有宁死而不食者。是其羞恶之本心,欲恶有甚于生死者,人皆有之也。**万钟则不辨礼义而受之,万钟于我何加焉?为宫室之美、妻妾之奉、所识穷乏者得我与?** 为,去声。与,平声。○万钟于我何加,言于我身无所增益也。所识穷乏者得我,谓所知识之穷乏者感我之惠也。上言人皆有羞恶之心,此言众人所以丧之,由此三者。盖理义之心虽曰固有,而物欲之蔽,亦人所易昏也。**乡为身死而不受,今为宫室之美为之;乡为身死而不受,今为妻妾之奉为之;乡为身死而不受,今为所识穷乏者得我而为之,是亦不可以已乎?此之谓失其本心。** 乡、为,并去声。为之之为,并如字。○言三者身外之物,其得失比生死为甚轻。乡为身死犹不肯受嘑蹴之食,今乃为此三者而受无礼义之万钟,是岂不可以止乎?本心,谓羞恶之心。○此章言羞恶之心人所固有,或能决死生于危迫之际,而不免计丰约于宴安之时,是以君子不可顷刻而不省察于斯焉。

孟子曰:"仁,人心也;义,人路也。 仁者心之德,程子所谓"心如谷种,仁则其生之性"是也。然但谓之仁,则人不知其切于己,故反而名之曰人心,则可以见其为此身酬酢万变之主,而不可须臾失矣。义者行事之宜,谓之人路,则可以见其为出入往来必由之道,而不可须臾舍矣。**舍其路而弗由,放其心而不知求,哀哉!** 舍,上声。○哀哉二字,最宜详味,令人惕然有深省处。**人有鸡犬放,则知求之;有放心,而不知求。** 程子曰:"心至重,鸡犬至轻。鸡犬放则知求之,心放而不知求,岂爱其至轻而忘其至重哉?弗思而已矣。"愚谓上兼言仁义,而此下专论求放心者,能求放心,则不违于仁而义在其中矣。**学问之道无他,求其放心而已矣。"** 学问之事固非一端,然其道则在于求其放心而已。盖能如是则志气清明,义理昭著,而可以上达;不然则昏昧放逸,虽曰从事于学,而终不能有所发明矣。故程子曰:"圣贤千言万语,只是欲人将已放之心约之,使反复入身来,自能寻向上去,下学而上达也。"此乃孟子开示切要之言,程子又发明之,曲尽其指,学者宜服膺而勿失也。

孟子曰："今有无名之指，屈而不信，非疾痛害事也，如有能信之者，则不远秦、楚之路，为指之不若人也。信，与伸同。为，去声。○无名指，手之第四指也。指不若人，则知恶之；心不若人，则不知恶，此之谓不知类也。"恶，去声。○不知类，言其不知轻重之等也。

孟子曰："拱把之桐梓，人苟欲生之，皆知所以养之者。至于身，而不知所以养之者，岂爱身不若桐梓哉？弗思甚也。"拱，两手所围也。把，一手所握也。桐梓，二木名。

孟子曰："人之于身也，兼所爱。兼所爱，则兼所养也。无尺寸之肤不爱焉，则无尺寸之肤不养也。所以考其善不善者，岂有他哉？于己取之而已矣。人于一身，固当兼养，然欲考其所养之善否者，惟在反之于身，以审其轻重而已矣。体有贵贱，有小大。无以小害大，无以贱害贵。养其小者为小人，养其大者为大人。贱而小者，口腹也；贵而大者，心志也。今有场师，舍其梧槚，养其樲棘，则为贱场师焉。舍，上声。槚，音贾。樲，音贰。○场师，治场圃者。梧，桐也；槚，梓也，皆美材也。樲棘，小枣，非美材也。养其一指而失其肩背，而不知也，则为狼疾人也。狼善顾，疾则不能，故以为失肩背之喻。饮食之人，则人贱之矣，为其养小以失大也。为，去声。○饮食之人，专养口腹者也。饮食之人无有失也，则口腹岂适为尺寸之肤哉？"此言若使专养口腹，而能不失其大体，则口腹之养，躯命所关，不但为尺寸之肤而已。但养小之人，无不失其大者，故口腹虽所当养，而终不可以小害大、贱害贵也。

公都子问曰："钧是人也，或为大人，或为小人，何也？"孟子曰："从其大体为大人，从其小体为小人。"钧，同也。从，随也。大体，心也。小体，耳目之类也。曰："钧是人也，或从其大体，或从其小体，何也？"曰："耳目之官不思，而蔽于物，物交物，则引之而已矣。心之官则思，思则得之，不思则不得也。此天之所与我者，先立乎其大者，则其小者弗能夺也。此为大人而已矣。"官之为言司也。耳司听，目司视，各有所职而不能思，是以蔽于外物。既不能思而蔽于外物，则亦一物而已。又以外物交于此物，其引之而去不难矣。心则能思，而以思为职。凡事物之来，心得其职，则得其理，而物不能蔽；失其职，则不得其理，而物来蔽之。此三者，皆天之所以与我者，而心为大。若能有以立之，则事无不思，而耳目之欲不能夺之矣，此所以为大人也。然此天之此，旧本多作比，而赵注亦以比方释之。今本既多作此，而注亦作此，乃未详孰是。但作比字〔1〕，于义为短，故且从今本云。○范浚心箴曰："茫茫堪舆，俯仰无垠。人于其间，眇然有身。是身之微，大仓稊米，参为三才，曰惟心耳。往古来今，孰无此心？心为形役，乃兽乃禽。惟口耳目，手足动静，投间抵隙，为厥心病。一心之微，众欲攻之，其与存者，呜呼几希！君子存诚，克念克敬，天君泰然，百体从令。"

孟子曰："有天爵者，有人爵者。仁义忠信，乐善不倦，此天爵也；公卿大夫，此人爵也。乐，音洛。○天爵者，德义可尊，自然之贵也。古之人修其天爵，而人爵从之。修其天爵，以为吾分之所当然者耳。人爵从之，盖不待求之而自至也。今之人修其天爵，以要人爵；既得人爵，而弃其天爵，则惑之甚者也，终亦必亡而已矣。"要，音邀。○要，求也。修天爵以要人爵，其心固已惑矣；得人爵而弃天爵，则其惑又甚焉，终必并其所得之人爵而亡之也。

孟子曰："欲贵者，人之同心也。人人有贵于己者，弗思耳。贵于己者，谓天爵也。人之所贵者，非良贵也。赵孟之所贵，赵孟能贱之。人之所贵，谓人以爵位加己而后贵也。良者，本然之善也。赵孟，晋卿也。能以爵禄与人而使之贵，则亦能夺之而使之贱矣。若良贵，则人安得而

---

〔1〕"字"原作"方"，据清仿宋大字本改。

贱之哉？诗云：'既醉以酒，既饱以德。'言饱乎仁义也，所以不愿人之膏粱之味也；令闻广誉施于身，所以不愿人之文绣也。"闻，去声。○诗大雅既醉之篇。饱，充足也。愿，欲也。膏，肥肉。粱，美谷。令，善也。闻，亦誉也。文绣，衣之美者也。仁义充足而闻誉彰著，皆所谓良贵也。○尹氏曰："言在我者重，则外物轻。"

孟子曰："仁之胜不仁也，犹水胜火。今之为仁者，犹以一杯水救一车薪之火也；不熄，则谓之水不胜火。此又与于不仁之甚者也，与，犹助也。仁之能胜不仁，必然之理也。但为之不力，则无以胜不仁，而人遂以为真不能胜，是我之所为有以深助于不仁者也。亦终必亡而已矣。"言此人之心，亦且自息于为仁，终必并与其所为而亡之。○赵氏曰："言为仁不至，而不反诸己也。"

孟子曰："五谷者，种之美者也；苟为不熟，不如荑稗。夫仁亦在乎熟之而已矣。"荑，音蹄。稗，蒲卖反。夫，音扶。○荑稗，草之似谷者，其实亦可食，然不能如五谷之美也。但五谷不熟，则反不如荑稗之熟；犹为仁而不熟，则反不如为他道之有成。是以为仁必贵乎熟，而不可徒恃其种之美，又不可以仁之难熟，而甘为他道之有成也。○尹氏曰："日新而不已则熟。"

孟子曰："羿之教人射，必志于彀，学者亦必志于彀。彀，古候反。○羿，善射者也。志，犹期也。彀，弓满也。满而后发，射之法也。学，谓学射。大匠诲人，必以规矩，学者亦必以规矩。"大匠，工师也。规矩，匠之法也。○此章言事必有法，然后可成，师舍是则无以教，弟子舍是则无以学。曲艺且然，况圣人之道乎？

孟子集注卷十二

告子章句下 凡十六章。

任人有问屋庐子曰:"礼与食孰重?"曰:"礼重。"任,平声。〇任,国名。屋庐子,名连,孟子弟子也。**"色与礼孰重?"**任人复问也。**曰:"礼重。"曰:"以礼食,则饥而死;不以礼食,则得食,必以礼乎?亲迎,则不得妻;不亲迎,则得妻,必亲迎乎!"**迎,去声。**屋庐子不能对,明日之邹以告孟子。孟子曰:"于答是也何有?**于,如字。〇何有,不难也。**不揣其本而齐其末,方寸之木可使高于岑楼。**揣,初委反。〇本,谓下。末,谓上。方寸之木至卑,喻食色。岑楼,楼之高锐似山者,至高,喻礼。若不取其下之平,而升寸木于岑楼之上,则寸木反高,岑楼反卑矣。**金重于羽者,岂谓一钩金与一舆羽之谓哉?**钩,带钩也。金本重而带钩小,故轻,喻礼有轻于食色者;羽本轻而一舆多,故重,喻食色有重于礼者。**取食之重者与礼之轻者而比之,奚翅食重?取色之重者与礼之轻者而比之,奚翅色重?**翅,与啻同,古字通用,施智反。〇礼食亲迎,礼之轻者也。饥而死以灭其性,不得妻而废人伦,食色之重者也。奚翅,犹言何但。言其相去悬绝,不但有轻重之差而已。往应之曰:'紾兄之臂而夺之食,则得食;不紾,则不得食,则将紾之乎?逾东家墙而搂其处子,则得妻;不搂,则不得妻,则将搂之乎?'"紾,音轸。搂,音娄。〇紾,戾也。搂,牵也。处子,处女也。此二者,礼与食色皆其重者,而以之相较,则礼为尤重也。〇此章言义理事物,其轻重固有大分,然于其中,又各自有轻重之别。圣贤于此,错综斟酌,毫发不差,固不肯枉尺而直寻,亦未尝胶柱而调瑟,所以断之,一视于理之当然而已矣。

曹交问曰:"人皆可以为尧、舜,有诸?"孟子曰:"然。"赵氏曰:"曹交,曹君之弟也。"人皆可以为尧、舜,疑古语,或孟子所尝言也。交闻文王十尺,汤九尺,今交九尺四寸以长,句。食粟而已,如何则可?"曹交问也。食粟而已,言无他材能也。曰:"奚有于是?亦为之而已矣。有人于此,力不能胜一匹雏,则为无力人矣;今曰举百钧,则为有力人矣。然则举乌获之任,是亦为乌获而已矣。夫人岂以不胜为患哉?弗为耳。胜,平声。〇匹,字本作鴄,鸭也,从省作匹。礼记说"匹为鹜"是也。乌获,古之有力人也,能举移千钧。徐行后长者谓之弟,疾行先长者谓之不弟。夫徐行者,岂人所不能哉?所不为也。尧、舜之道,孝弟而已矣。后,去声。长,上声。先,去声。夫,音扶。〇陈氏曰:"孝弟者,人之良知良能,自然之性也。尧、舜人伦之至,亦率是性而已。岂能加毫末于是哉?"杨氏曰:"尧、舜之道大矣,而所以为之,乃在夫行止疾徐之间,非有甚高难行之事也,百姓盖日用而不知耳。"子服尧之服,诵尧之言,行尧之行,是尧而已矣;子服桀之服,诵桀之言,行桀之行,是桀而已矣。"之、行,并去声。〇言为善为恶,皆在我而已。详曹交之问,浅陋粗率,必其进见之时,礼貌衣冠言动之间,多不循理,故孟子告之如此两节云。曰:"交得见于邹君,可以假馆,愿留而受业于门。"见,音现。○假馆而后受业,又可见其求道之不笃。曰:"夫道若大路然,岂难知哉?人病不求耳。子归而求之,有余师。"夫,音扶。○言道不难知,若归而求之事亲敬长之间,则性分之内,万理皆备,随处发见,无不可师,不必留此而受业也。○曹交事长之礼既不至,求道之心又不笃,故孟子教之以孝弟,而不容其受业。盖孔子余力学文之意,亦不屑之教诲也。

公孙丑问曰:"高子曰:'小弁,小人之诗也。'"孟子曰:"何以言之?"曰:"怨。"弁,音盘。○高子,齐人也。小弁,小雅篇名。周幽王娶申后,生太子宜臼;又得褒姒,生伯服,而黜申后、废宜臼。于是宜臼之傅为作此诗,以叙其哀痛迫切之情也。曰:"固哉,高叟之为诗也!有人于此,越人关弓而射之,则己谈笑而道之;无他,疏之也。其兄关弓而射之,则己垂涕泣而道之;无他,戚之也。小弁之怨,亲亲也。亲亲,仁也。固矣夫,高叟之为诗也!"关,与弯同。射,食亦反。夫,音扶。○固,谓执滞不通也。为,犹治也。越,蛮夷国名。道,语也。亲亲之心,仁之发也。曰:"凯风何以不怨?"凯风,邶风篇名。卫有七子之母,不能安其室,七子作此以自责也。曰:"凯风,亲之过小者也;小弁,亲之过大者也。亲之过大而不怨,是愈疏也;亲之过小而怨,是不可矶也。愈疏,不孝也;不可矶,亦不孝也。矶,音机。○矶,水激石也。不可矶,言微激之而遽怒也。孔子曰:'舜其至孝矣,五十而慕。'"言舜犹怨慕,小弁之怨,不为不孝也。○赵氏曰:"生之膝下,一体而分。喘息呼吸,气通于亲。当亲而疏,怨慕号天。是以小弁之怨,未足为愆也。"

宋牼将之楚,孟子遇于石丘。牼,口茎反。○宋,姓;牼,名。石丘,地名。曰:"先生将何之?"赵氏曰:"学士年长者,故谓之先生。"曰:"吾闻秦、楚构兵,我将见楚王说而罢之。楚王不悦,我将见秦王说而罢之。二王我将有所遇焉。"说,音税。○时宋牼方欲见楚王,恐其不悦,则将见秦王也。遇,合也。按庄子书:"有宋钘者,禁攻寝兵,救世之战。上说下教,强聒不舍。"疏云:"齐宣王时人。"以事考之,疑即此人也。曰:"轲也请无问其详,愿闻其指。说之将何如?"曰:"我将言其不利也。"曰:"先生之志则大矣,先生之号则不可。徐氏曰:"能于战国扰攘之中,而以罢兵息民为说,其志可谓大矣,然以利为名则不可也。"先生以利说秦、楚之王,秦、楚之王悦于利,以罢三军之师,是三军之士乐罢而悦于利也。为人臣者怀利以事其君,为人子者怀利以事其父,为人弟者怀利以事其兄,是君臣、父子、兄弟终去仁义,怀利以相接,然而不亡者,未之有也。乐,音洛,下同。先生以仁义说秦、楚之王,秦、楚之王悦于仁义,而罢三军之师,是三军之士乐罢而悦于仁义也。为人臣者怀仁义以事其君,为人子者怀仁义以事其父,为人弟者怀仁义以事其兄,是君臣、父子、兄弟去利,怀仁义以相接也,然而不王者,未之有也。何必曰利?"王,去声。○此章言休兵息民,为事则一,然其心有义利之殊,而其效有兴亡之异,学者所当深察而明辨之也。

  孟子居邹,季任为任处守,以币交,受之而不报。处于平陆,储子为相,以币交,受之而不报。任,平声。相,去声,下同。○赵氏曰:"季任,任君之弟。任君朝会于邻国,季任为之居守其国也。储子,齐相也。"不报者,来见则当报之,但以币交,则不必报也。他日由邹之任,见季子;由平陆之齐,不见储子。屋庐子喜曰:"连得间矣。"屋庐子知孟子之处此必有义理,故喜得其间隙而问之。问曰:"夫子之任见季子,之齐不见储子,为其为相与?"为其之为,去声,下同。与,平声。○言储子但为齐相,不若季子摄守君位,故轻之邪?曰:"非也。书曰:'享多仪,仪不及物曰不享,惟不役志于享。'书周书洛诰之篇。享,奉上也。仪,礼也。物,币也。役,用也。言虽享而礼意不及其币,则是不享矣,以其不用志于享故也。**为其不成享也。"**孟子释书意如此。**屋庐子悦。或问之。屋庐子曰:"季子不得之邹,储子得之平陆。"**徐氏曰:"**季子**为君居守,不得往他国以见**孟子**,则以币交而礼意已备。**储子**为**齐**相,可以至**齐**之境内而不来见,则虽以币交,而礼意不及其物也。"

淳于髡曰:"先名实者,为人也;后名实者,自为也。夫子在三卿之中,名实未加于上下而去之,仁者固如此乎?"先、后、为,皆去声。○名,声誉也。实,事功也。言以名实为先而为之者,是有志于救民也;以名实为后而不为者,是欲独善其身者也。名实未加于上下,言上未能正其君,下未能济其民也。**孟子曰:"居下位,不以贤事不肖者,伯夷也;五就汤,五就桀者,伊尹也;不恶污君,不辞小官者,柳下惠也。三子者不同道,其趋一也。一者何也?曰:仁也。君子亦仁而已矣,何必同?"**恶、趋,并去声。○仁者,无私心而合天理之谓。杨氏曰:"**伊尹**之就**汤**,以三聘之勤也。其就**桀**也,**汤**进之也。**汤**岂有伐**桀**之意哉?其进**伊尹**以事之也,欲其悔过迁善而已。**伊尹**既就**汤**,则以**汤**之心为心矣;及其终也,人归之,天命之,不得已而伐之耳。若**汤**初求**伊尹**即有伐**桀**之心,而**伊尹**遂相之以伐**桀**,是以取天下为心也。以取天下为心,岂圣人之心哉?"**曰:"鲁缪公之时,公仪子为政,子柳、子思为臣,鲁之削也滋甚。若是乎贤者之无益于国也!"公仪子**,名休,为鲁相。**子柳**,泄柳也。削,地见侵夺也。髡讥**孟子**虽不去,亦未必能有为也。**曰:"虞不用百里奚而亡,秦穆公用之而霸。不用贤则亡,削何可得与?"**与,平声。○**百里奚**,事见前篇。**曰:"昔者王豹处于淇,而河西善讴;绵驹处于高唐,而齐右善歌;华周、杞梁之妻善哭其夫,而变国俗。有诸内必形诸外。为其事而无其功者,髡未尝睹之也。是故无贤者也,有则髡必识之。"华,去声。○王豹,卫人,善讴。淇,水名。绵驹,齐人,善歌。高唐,齐西邑。华周、杞梁,二人皆齐臣,战死于莒。其妻哭之哀,国俗化之皆善哭。髡以此讥孟子仕齐无功,未足为贤也。曰:"**孔子为鲁司寇,不用,从而祭,燔肉不至,不税冕而行。不知者以为为肉也,其知者以为为无礼也,乃孔子则欲以微罪行,不欲为苟去。君子之所为,众人固不识也。**"税,音脱。为肉、为无之为,并去声。○按史记:"孔子为鲁司寇,摄行相事。齐人闻而惧,于是以女乐遗鲁君。季桓子与鲁君往观之,怠于政事。子路曰:'夫子可以行矣。'孔子曰:'鲁今且郊,如致膰于大夫,则吾犹可以止。'桓子卒受齐女乐,郊又不致膰俎于大夫,孔子遂行。"孟子言以为为肉者,固不足道;以为为无礼,则亦未为深知孔子者。盖圣人于父母之国,不欲显其君相之失,又不欲为无故而苟去,故不以女乐去,而以膰肉行。其见几明决,而用意忠厚,固非众人所能识也。然则孟子之所为,岂髡之所能识哉?○尹氏曰:"淳于髡未尝知仁,亦[1]未尝识贤也,宜乎其言若是。"

孟子曰:"五霸者,三王之罪人也;今之诸侯,五霸之罪人也;今之大夫,今之诸侯之罪人也。赵氏曰:"五霸:齐桓、晋文、秦穆、宋襄、楚庄也。三王,夏禹、商汤、周文、武也。"丁氏曰:"夏昆吾,商大彭、豕韦,周齐桓、晋文,谓之五霸。"**天子适诸侯曰巡狩,诸侯朝于天子曰述职。春省耕而补不足,秋省敛而助不给。入其疆,土地辟,田野治,养老尊贤,俊杰在位,则有庆,庆以地。入其疆,土地荒芜,遗老失贤,掊克在位,则有让。一不朝,则贬其爵;再不朝,则削其地;三不朝,则六师移之。是故天子讨而不伐,诸侯伐而不讨。五霸者,搂诸侯以伐诸侯者也,故曰:五霸者,三王之罪人也。**朝,音潮。辟,与闢同。治,去声。○庆,赏也,益其地以赏之也。掊克,

---

〔1〕 "亦"原作"而",据清仿宋大字本改。

聚敛也。让,责也。移之者,诛其人而变置之也。讨者,出命以讨其罪,而使方伯连帅帅诸侯以伐之也。伐者奉天子之命,声其罪而伐之也。搂,牵也。五霸牵诸侯以伐诸侯,不用天子之命也。自入其疆至则有让,言巡狩之事;自一不朝至六师移之,言述职之事。**五霸,桓公为盛。葵丘之会诸侯,束牲、载书而不歃血。初命曰:'诛不孝,无易树子,无以妾为妻。'再命曰:'尊贤育才,以彰有德。'三命曰:'敬老慈幼,无忘宾旅。'四命曰:'士无世官,官事无摄,取士必得,无专杀大夫。'五命曰:'无曲防,无遏籴,无有封而不告。'曰:'凡我同盟之人,既盟之后,言归于好。'今之诸侯,皆犯此五禁,故曰:今之诸侯,五霸之罪人也。**歃,所洽反。籴,音狄。好,去声。○按春秋传:"僖公九年,葵丘之会,陈牲而不杀。读书加于牲上,壹明天子之禁。"树,立也。已立世子,不得擅易。初命三事,所以修身正家之要也。宾,宾客也。旅,行旅也。皆当有以待之,不可忽忘也。士世禄而不世官,恐其未必贤也。官事无摄,当广求贤才以充之,不可以阙人废事也。取士必得,必得其人也。无专杀大夫,有罪则请命于天子而后杀之也。无曲防,不得曲为堤防,壅泉[1]激水,以专小利,病邻国也。无遏籴,邻国凶荒,不得闭籴也。无有封而不告者,不得专封国邑而不告天子也。**长君之恶其罪小,逢君之恶其罪大。今之大夫,皆逢君之恶,故曰:今之大夫,今之诸侯之罪人也。"** 长,上声。○君有过不能谏,又顺之者,长君之恶也。君之过未萌,而先意导之者,逢君之恶也。○林氏曰:"邵子有言:'治春秋者,不先治五霸之功罪,则事无统理,而不得圣人之心。春秋之间,有功者未有大于五霸,有过者亦未有大于五霸。故五霸者,功之首,罪之魁。'孟子此章之义,其亦若此也与?然五霸得罪于三王,今之诸侯得罪于五霸,皆出于异世,故得以逃其罪。至于今之大夫,其得罪于今之诸侯,则同时矣;而诸侯非惟莫之罪也,乃反以为良臣而厚礼之,不以为罪

---

[1]"泉"原作"水",据清仿宋大字本改。按说文:"泉,水原(源)也。""壅泉"即下文"专小利","激水"即下文"病邻国"。

而反以为功，何其谬哉！"

鲁欲使慎子为将军。慎子，鲁臣。孟子曰："不教民而用之，谓之殃民。殃民者，不容于尧、舜之世。教民者，教之礼义，使知入事父兄，出事长上也。用之，使之战也。一战胜齐，遂有南阳，然且不可。"是时鲁盖欲使慎子伐齐，取南阳也。故孟子言就使慎子善战有功如此，且犹不可。慎子勃然不悦曰："此则滑釐所不识也。"滑，音骨。○滑釐，慎子名。曰："吾明告子。天子之地方千里；不千里，不足以待诸侯。诸侯之地方百里；不百里，不足以守宗庙之典籍。待诸侯，谓待其朝觐聘问之礼。宗庙典籍，祭祀会同之常制也。周公之封于鲁，为方百里也；地非不足，而俭于百里。太公之封于齐也，亦为方百里也；地非不足也，而俭于百里。二公有大勋劳于天下，而其封国不过百里。俭，止而不过之意也。今鲁方百里者五，子以为有王者作，则鲁在所损乎？在所益乎？鲁地之大，皆并吞小国而得之。有王者作，则必在所损矣。徒取诸彼以与此，然且仁者不为，况于杀人以求之乎？徒，空也，言不杀人而取之也。君子之事君也，务引其君以当道，志于仁而已。"当道，谓事合于理；志仁，谓心在于仁。

孟子曰："今之事君者曰：'我能为君辟土地，充府库。'今之所谓良臣，古之所谓民贼也。君不乡道，不志于仁，而求富之，是富桀也。为，去声。辟，与闢同。乡，与向同，下皆同。○辟，开垦也。'我能为君约与国，战必克。'今之所谓良臣，古之所谓民贼也。君不乡道，不志于仁，而求为之强战，是辅桀也。约，要结也。与国，和好相与之国也。由今之道，无变今之俗，虽与之天下，不能一朝居也。"言必争夺而至于危亡也。

白圭曰："吾欲二十而取一，何如？"白圭，名丹，周人也。欲更税法，二十分而取其一分。林氏曰："按史记：白圭能薄饮食，忍嗜欲，与童仆同苦乐。乐观时变,人弃我取,人取我与,以此居积致富。其为此论,盖欲以其术施之国家也。"孟子曰:"子之道,貉道也。貉,音陌。○貉,北方夷狄之国名也。万室之国,一人陶,则可乎?"曰:"不可,器不足用也。"孟子设喻以诘圭,而圭亦知其不可也。曰:"夫貉,五谷不生,惟黍生之。无城郭、宫室、宗庙、祭祀之礼,无诸侯币帛饔飧,无百官有司,故二十取一而足也。夫,音扶。○北方地寒,不生五谷,黍早熟,故生之。饔飧,以饮食馈客之礼也。今居中国,去人伦,无君子,如之何其可也?无君臣、祭祀、交际之礼,是去人伦;无百官有司,是无君子。陶以寡,且不可以为国,况无君子乎?因其辞以折之。欲轻之于尧、舜之道者,大貉小貉也;欲重之于尧、舜之道者,大桀小桀也。"什一而税,尧、舜之道也。多则桀,寡则貉。今欲轻重之,则是小貉、小桀而已。

白圭曰:"丹之治水也愈于禹。"赵氏曰:"当时诸侯有小水,白圭为之筑堤,壅而注之他国。"孟子曰:"子过矣。禹之治水,水之道也。顺水之性也。是故禹以四海为壑,今吾子以邻国为壑。壑,受水处也。水逆行,谓之洚水。洚水者,洪水也,仁人之所恶也。吾子过矣。"恶,去声。○水逆行者,下流壅塞,故水逆流。今乃壅水以害人,则与洪水之灾无异矣。

孟子曰:"君子不亮,恶乎执?"恶,平声。○亮,信也,与谅同。恶乎执,言凡事苟且,无所执持也。

鲁欲使乐正子为政。孟子曰:"吾闻之,喜而不寐。"喜其道之得行。公孙丑曰:"乐正子强乎?"曰:"否。""有知虑乎?"曰:"否。""多闻识乎?"曰:"否。"知,去声。○此三者,皆当世之所尚,而乐正子之所短,故丑疑而历问之。"然则奚为喜而不寐?"丑问也。曰:"其为人也好善。"好,去声,下同。"好善足乎?"丑问也。曰:"好善优于天下,而况鲁国乎?优,有余裕也。言虽治天下,尚有余力也。夫苟好善,则四海之内,皆将轻千里而来告之以善。夫,音扶,下同。〇轻,易也,言不以千里为难也。夫苟不好善,则人将曰:'訑訑,予既已知之矣。'訑訑之声音颜色,距人于千里之外。士止于千里之外,则谗谄面谀之人至矣。与谗谄面谀之人居,国欲治,可得乎?"訑,音移。治,去声。〇訑訑,自足其智,不嗜善言之貌。君子小人,迭为消长。直谅多闻之士远,则谗谄面谀之人至,理势然也。〇此章言为政,不在于用一己之长,而贵于有以来天下之善。

陈子曰:"古之君子何如则仕?"孟子曰:"所就三,所去三。其目在下。迎之致敬以有礼,言将行其言也,则就之;礼貌未衰,言弗行也,则去之。所谓见行可之仕,若孔子于季桓子是也。受女乐而不朝,则去之矣。其次,虽未行其言也,迎之致敬以有礼,则就之;礼貌衰,则去之。所谓际可之仕,若孔子于卫灵公是也。故与公游于囿,公仰视蜚雁而后去之。其下,朝不食,夕不食,饥饿不能出门户。君闻之曰:'吾大者不能行其道,又不能从其言也,使饥饿于我土地,吾耻之。'周之,亦可受也,免死而已矣。"所谓公养之仕也。君之于民,固有周之之义,况此又有悔过之言,所以可受。然未至于饥饿不能出门户,则犹不受也。其曰免死而已,则其所受亦有节矣。

孟子曰:"舜发于畎亩之中,傅说举于版筑之间,胶鬲举于鱼盐之中,管夷吾举于士,孙叔敖举于海,百里奚举于市。说,音悦。〇舜耕历山,三十登庸。说筑傅岩,武丁举之。胶鬲遭乱,鬻贩鱼盐,文王举之。管仲囚于士官,桓公举以相国。孙叔敖隐处海滨,楚庄王举之为令尹。百里奚事见前篇。故天将降大任于是人也,必先苦其心志,劳其筋骨,饿其体肤,空乏其身,行拂乱其所为,所以动心忍性,曾益其所不能。曾,与增同。〇降大任,使之任大事也,若舜以下是也。空,穷也。乏,绝也。拂,戾也,言使之所为不遂,多背戾也。动心忍性,谓竦动其心,坚忍其性也。然所谓性,亦指气禀食色而言耳。程子曰:"若要熟,也须从这里过。"**人恒过,然后能改;困于心,衡于虑,而后作;征于色,发于声,而后喻。**衡,与横同。〇恒,常也。犹言大率也。横,不顺也。作,奋起也。征,验也。喻,晓也。此又言中人之性,常必有过,然后能改。盖不能谨于平日,故必事势穷蹙,以至困于心,横于虑,然后能奋发而兴起;不能烛于几微,故必事理暴著,以至验于人之色,发于人之声,然后能警悟而通晓也。**入则无法家拂士,出则无敌国外患者,国恒亡。**拂,与弼同。〇此言国亦然也。法家,法度之世臣也。拂士,辅弼之贤士也。**然后知生于忧患而死于安乐也。"**乐,音洛。〇以上文观之,则知人之生全,出于忧患,而死亡由于安乐矣。〇尹氏曰:"言困穷拂郁,能坚人之志,而熟人之仁,以安乐失之者多矣。"

孟子曰:"教亦多术矣,予不屑之教诲也者,是亦教诲之而已矣。"多术,言非一端。屑,洁也。不以其人为洁而拒绝之,所谓不屑之教诲也。其人若能感此,退自修省,则是亦我教诲之也。〇尹氏曰:"言或抑或扬,或与或不与,各因其材而笃之,无非教也。"

孟子集注卷十三

尽心章句上 凡四十六章。

孟子曰:"尽其心者,知其性也。知其性,则知天矣。心者,人之神明,所以具众理而应万事者也。性则心之所具之理,而天又理之所从以出者也。人有是心,莫非全体,然不穷理,则有所蔽而无以尽乎此心之量。故能极其心之全体而无不尽者,必其能穷夫理而无不知者也。既知其理,则其所从出,亦不外是矣。以大学之序言之,知性则物格之谓,尽心则知至之谓也。存其心,养其性,所以事天也。存,谓操而不舍;养,谓顺而不害。事,则奉承而不违也。殀寿不贰,修身以俟之,所以立命也。"殀寿,命之短长也。贰,疑也。不贰者,知天之至。修身以俟死,则事天以终身也。立命,谓全其天之所付,不以人为害之。○程子曰:"心也、性也、天也,一理也。自理而言谓之天,自禀受而言谓之性,自存诸人而言谓之心。"张子曰:"由太虚,有天之名;由气化,有道之名;合虚与气,有性之名;合性与知觉,有心之名。"愚谓尽心知性而知天,所以造其理也;存心养性以事天,所以履其事也。不知其理,固不能履其事,然徒造其理而不履其事,则亦无以有诸己矣。知天而不以殀寿贰其心,智之尽也;事天而能修身以俟死,仁之至也。智有不尽,固不知所以为仁,然智而不仁,则亦将流荡不法,而不足以为智矣。

孟子曰:"莫非命也,顺受其正。人物之生,吉凶祸福,皆天所命,然惟莫之致而至者,乃为正命,故君子修身以俟之,所以顺受乎此也。**是故知命者,不立乎岩墙之下。**命,谓正命。岩墙,墙之将覆者。知正命,则不处危地以取覆压之祸。**尽其道而死者,正命也。**尽其道,则所值之吉凶,皆莫之致而至者矣。**桎梏死者,非正命也。**"桎梏,所以拘罪人者。言犯罪而死,与立岩墙之下者同,皆人所取,非天所为也。○此章与上章盖一时之言,所以发其末句未尽之意。

孟子曰:"**求则得之,舍则失之,是求有益于得也,求在我者也。**舍,上声。○在我者,谓仁义礼智,凡性之所有者。**求之有道,得之有命,是求无益于得也,求在外者也。**"有道,言不可妄求。有命,则不可必得。在外者,谓富贵利达,凡外物皆是。○赵氏曰:"言为仁由己,富贵在天,如不可求,从吾所好。"

孟子曰:"**万物皆备于我矣。**此言理之本然也。大则君臣父子,小则事物细微,其当然之理,无一不具于性分之内也。**反身而诚,乐莫大焉。**乐,音洛。○诚,实也。言反诸身,而所备之理,皆如恶恶臭、好好色之实然,则其行之不待勉强而无不利矣,其为乐孰大于是。**强恕而行,求仁莫近焉。**"强,上声。○强,勉强也。恕,推己以及人也。反身而诚则仁矣,其有未诚,则是犹有私意之隔,而理未纯也。故当凡事勉强,推己及人,庶几心公理得而仁不远也。○此章言万物之理具于吾身,体之而实,则道在我而乐有余;行之以恕,则私不容而仁可得。

孟子曰:"**行之而不著焉,习矣而不察焉,终身由之而不知其道者,众也。**"著者,知之明;察者,识之精。言方行之而不能明其所当然,既习矣而犹不识其所以然,所以终身由之而不知其道者多也。

孟子曰:"**人不可以无耻。无耻之耻,无耻矣。**"赵氏曰:"人能耻己之无所耻,是能改行从善之人,终身无复有耻辱之累矣。"

孟子曰:"耻之于人大矣。耻者,吾所固有羞恶之心也。存之则进于圣贤,失之则入于禽兽,故所系为甚大。为机变之巧者,无所用耻焉。为机械变诈之巧者,所为之事皆人所深耻,而彼方且自以为得计,故无所用其愧耻之心也。不耻不若人,何若人有?"但无耻一事不如人,则事事不如人矣。或曰:"不耻其不如人,则何能有如人之事。"其义亦通。〇或问:"人有耻不能之心如何?"程子曰:"耻其不能而为之可也,耻其不能而掩藏之不可也。"

孟子曰:"古之贤王好善而忘势,古之贤士何独不然?乐其道而忘人之势。故王公不致敬尽礼,则不得亟见之。见且由不得亟,而况得而臣之乎?"好,去声。乐,音洛。亟,去吏反。〇言君当屈己以下贤,士不枉道而求利。二者势若相反,而实则相成,盖亦各尽其道而已。

孟子谓宋句践曰:"子好游乎?吾语子游。句,音钩。好、语,皆去声。〇宋,姓。句践,名。游,游说也。人知之,亦嚣嚣;人不知,亦嚣嚣。"赵氏曰:"嚣嚣,自得无欲之貌。"曰:"何如斯可以嚣嚣矣?"曰:"尊德乐义,则可以嚣嚣矣。乐,音洛。〇德,谓所得之善。尊之,则有以自重,而不慕乎人爵之荣。义,谓所守之正。乐之,则有以自安,而不殉乎外物之诱矣。故士穷不失义,达不离道。离,力智反。〇言不以贫贱而移,不以富贵而淫,此尊德乐义见于行事之实也。穷不失义,故士得己焉;达不离道,故民不失望焉。得己,言不失己也。民不失望,言人素望其兴道致治,而今果如所望也。古之人,得志,泽加于民;不得志,修身见于世。穷则独善其身,达则兼善天下。"见,音现。〇见,谓名实之显著也。此又言士得己、民不失望之实。〇此章言内重而外轻,则无往而不善。

孟子曰:"待文王而后兴者,凡民也。若夫豪杰之士,虽无文王犹兴。"夫,音扶。〇兴者,感动奋发之意。凡民,庸常之人也。豪杰,有过人之才智者也。盖降衷秉彝,人所同得,惟上智之资无物欲之蔽,为能无待于教,而自能感发以有为也。

孟子曰:"附之以韩、魏之家,如其自视欿然,则过人远矣。"欿,音坎。○附,益也。韩、魏,晋卿富家也。欿然,不自满之意。尹氏曰:"言有过人之识,则不以富贵为事。"

孟子曰:"以佚道使民,虽劳不怨;以生道杀民,虽死不怨杀者。"程子曰:"以佚道使民,谓本欲佚之也,播谷乘屋之类是也。以生道杀民,谓本欲生之也,除害去恶之类是也。盖不得已而为其所当为,则虽咈民之欲而民不怨,其不然者反是。"

孟子曰:"霸者之民,驩虞如也;王者之民,皞皞如也。皞,胡老反。○驩虞,与欢娱同。皞皞,广大自得之貌。程子曰:"驩虞,有所造为而然,岂能久也? 耕田凿井,帝力何有于我? 如天之自然,乃王者之政。"杨氏曰:"所以致人驩虞,必有违道干誉之事;若王者则如天,亦不令人喜,亦不令人怒。"杀之而不怨,利之而不庸,民日迁善而不知为之者。此所谓皞皞如也。庸,功也。丰氏曰:"因民之所恶而去之,非有心于杀之也,何怨之有? 因民之所利而利之,非有心于利也,何庸之有? 辅其性之自然,使自得之,故民日迁善而不知谁之所为也。"夫君子所过者化,所存者神,上下与天地同流,岂曰小补之哉?"夫,音扶。○君子,圣人之通称也。所过者化,身所经历之处,即人无不化,如舜之耕历山而田者逊畔,陶河滨而器不苦窳也。所存者神,心所存主处便神妙不测,如孔子之立斯立、道斯行、绥斯来、动斯和,莫知其所以然而然也。是其德业之盛,乃与天地之化同运并行,举一世而甄陶之,非如霸者但小小补塞其罅漏而已。此则王道之所以为大,而学者所当尽心也。

孟子曰:"仁言,不如仁声之入人深也。程子曰:"仁言,谓以仁厚之言加于民。仁声,谓仁闻,谓有仁之实而为众所称道者也。此尤见仁德之昭著,故其感人尤深也。"善政,不如善教之得民也。政,谓法度禁令,所以制其外也。教,谓道德齐礼,所以格其心也。**善政民畏之,善教民爱之;善政得民财,善教得民心。**"得民财者,百姓足而君无不足也;得民心者,不遗其亲,不后其君也。

孟子曰:"人之所不学而能者,其良能也;所不虑而知者,其良知也。良者,本然之善也。程子曰:"良知良能,皆无所由;乃出于天,不系于人。"**孩提之童,无不知爱其亲者;及其长也,无不知敬其兄也。**长,上声,下同。○孩提,二三岁之间,知孩笑、可提抱者也。爱亲敬长,所谓良知良能者也。**亲亲,仁也;敬长,义也。无他,达之天下也。"**言亲亲敬长,虽一人之私,然达之天下无不同者,所以为仁义也。

孟子曰:"舜之居深山之中,与木石居,与鹿豕游,其所以异于深山之野人者几希。及其闻一善言,见一善行,若决江河,沛然莫之能御也。"行,去声。○居深山,谓耕历山时也。盖圣人之心,至虚至明,浑然之中,万理毕具。一有感触,则其应甚速,而无所不通,非孟子造道之深,不能形容至此也。

孟子曰:"无为其所不为,无欲其所不欲,如此而已矣。"李氏曰:"有所不为不欲,人皆有是心也。至于私意一萌,而不能以礼义制之,则为所不为、欲所不欲者多矣。能反是心,则所谓扩充其羞恶之心者,而义不可胜用矣,故曰如此而已矣。"

孟子曰:"人之有德慧术知者,恒存乎疢疾。知,去声。疢,丑刃反。○德慧者,德之慧。术知者,术之知。疢疾,犹灾患也。言人必有疢疾,则能动心忍性,增益其所不能也。**独孤臣孽子,其操心也危,其虑患也深,故达。"**孤臣,远臣;孽子,庶子,皆不得于君亲,而常有疢疾者也。达,谓达于事理,即所谓德慧术知也。

孟子曰:"有事君人者,事是君则为容悦者也。阿殉以为容,逢迎以为悦,此鄙夫之事、妾妇之道也。**有安社稷臣者,以安社稷为悦者也。**言大臣之计安社稷,如小人之务悦其君,眷眷于此而不忘也。**有天民**

者,达可行于天下而后行之者也。民者,无位之称。以其全尽天理,乃天之民,故谓之天民。必其道可行于天下,然后行之;不然,则宁没世不见知而不悔,不肯小用其道以殉于人也。张子曰:"必功覆斯民然后出,如伊、吕之徒。"**有大人者,正己而物正者也。**"大人,德盛而上下化之,所谓"见龙在田,天下文明"者。○此章言人品不同,略有四等。容悦佞臣不足言。安社稷则忠矣,然犹一国之士也。天民则非一国之士矣,然犹有意也。无意无必,惟其所在而物无不化,惟圣者能之。

孟子曰:"君子有三乐,而王天下不与存焉。乐,音洛。王、与,皆去声,下并同。**父母俱存,兄弟无故,一乐也**。此人所深愿而不可必得者,今既得之,其乐可知。**仰不愧于天,俯不怍于人,二乐也**。程子曰:"人能克己,则仰不愧,俯不怍,心广体胖,其乐可知,有息则馁矣。"**得天下英才而教育之,三乐也**。尽得一世明睿之才,而以所乐乎己者教而养之,则斯道之传,得之者众,而天下后世将无不被其泽矣。圣人之心所愿欲者,莫大于此,今既得之,其乐为何如哉?**君子有三乐,而王天下不与存焉**。"林氏曰:"此三乐者,一系于天,一系于人。其可以自致者,惟不愧不怍而已,学者可不勉哉?"

孟子曰:"广土众民,君子欲之,所乐不存焉。乐,音洛,下同。○地辟民聚,泽可远施,故君子欲之,然未足以为乐也。**中天下而立,定四海之民,君子乐之,所性不存焉**。其道大行,无一夫不被其泽,故君子乐之,然其所得于天者则不在是也。**君子所性,虽大行不加焉,虽穷居不损焉,分定故也**。分,去声。○分者,所得于天之全体,故不以穷达而有异。**君子所性,仁义礼智根于心。其生色也,睟然见于面,盎于背,施于四体,四体不言而喻**。"睟,音粹。见,音现。盎,乌浪反。○上言所性之分,与所欲所乐不同,此乃言其蕴也。仁义礼智,性之四德也。根,本也。生,发见也。睟然,清和润泽之貌。盎,丰厚盈溢之意。施于四体,谓见于动作威仪之间也。喻,晓也。四体不言而喻,言四体不待吾言,而自能晓吾意也。盖气禀清明,无物欲之累,则性之四德根本于心,其积之盛,则发而著见于外者,不待言而无不顺也。程子曰:"睟面盎背,皆积盛致然。四体不言而喻,惟有德者能之。"○此章言君子固欲其道之大行,然其所得于天者,则不以是而有所加损也。

孟子曰:"伯夷辟纣,居北海之滨,闻文王作兴,曰:'盍归乎来!吾闻西伯善养老者。'太公辟纣,居东海之滨,闻文王作兴,曰:'盍归乎来!吾闻西伯善养老者。'天下有善养老,则仁人以为己归矣。辟,去声,下同。大,他盖反。○己归,谓己之所归。余见前篇。五亩之宅,树墙下以桑,匹妇蚕之,则老者足以衣帛矣。五母鸡,二母彘,无失其时,老者足以无失肉矣。百亩之田,匹夫耕之,八口之家足以无饥矣。衣,去声。○此文王之政也。一家养母鸡五,母彘二也。余见前篇。所谓西伯善养老者,制其田里,教之树畜,导其妻子,使养其老。五十非帛不暖,七十非肉不饱。不暖不饱,谓之冻馁。文王之民,无冻馁之老者,此之谓也。"田,谓百亩之田。里,谓五亩之宅。树,谓耕桑。畜,谓鸡彘也。赵氏曰:"善养老者,教导之使可以养其老耳,非家赐而人益之也。"

孟子曰:"易其田畴,薄其税敛,民可使富也。易、敛,皆去声。○易,治也。畴,耕治之田。食之以时,用之以礼,财不可胜用也。胜,音升。○教民节俭,则财用足也。民非水火不生活,昏暮叩人之门户,求水火,无弗与者,至足矣。圣人治天下,使有菽粟如水火。菽粟如水火,而民焉有不仁者乎?"焉,于虔反。○水火,民之所急,宜其爱之,而反不爱者,多故也。尹氏曰:"言礼义生于富足,民无常产,则无常心矣。"

孟子曰:"孔子登东山而小鲁,登太山而小天下。故观于海者难为水,游于圣人之门者难为言。此言圣人之道大也。东山,盖鲁城东之高山,而太山则又高矣。此言所处益高,则其视下益小;所见既大,则其小者不足观也。难为水,难为言,犹仁不可为众之意。**观水有术,必观其澜。日月有明,容光必照焉。**此言道之有本也。澜,水之湍急处也。明者,光之体;光者,明之用也。观水之澜,则知其源之有本矣;观日月于容光之隙无不照,则知其明之有本矣。**流水之为物也,不盈科不行;君子之志于道也,不成章不达。**"言学当以渐,乃能至也。成章,所积者厚,而文章外见也。达者,足于此而通于彼也。○此章言圣人之道大而有本,学之者必以其渐,乃能至也。

孟子曰:"**鸡鸣而起,孳孳为善者,舜之徒也。**孳孳,勤勉之意。言虽未至于圣人,亦是圣人之徒也。**鸡鸣而起,孳孳为利者,蹠之徒也。**蹠,盗蹠也。**欲知舜与蹠之分,无他,利与善之间也。**"程子曰:"言间者,谓相去不远,所争毫末耳。善与利,公私而已矣。才出于善,便以利言也。"○杨氏曰:"舜、蹠之相去远矣,而其分,乃在利善之间而已,是岂可以不谨?然讲之不熟,见之不明,未有不以利为义者,又学者所当深察也。"或问:"鸡鸣而起,若未接物,如何为善?"程子曰:"只主于敬,便是为善。"

孟子曰:"**杨子取为我,拔一毛而利天下,不为也。**为我之为,去声。○杨子,名朱。取者,仅足之意。取为我者,仅足于为我而已,不及于人也。列子称其言曰,"伯成子高不以一毫利物",是也。**墨子兼爱,摩顶放踵利天下,为之。**放,上声。○墨子,名翟。兼爱,无所不爱也。摩顶,摩突其顶也。放,至也。**子莫执中,执中为近之,执中无权,犹执一也。**子莫,鲁之贤人也。知杨、墨之失中也,故度于二者之间而执其中。近,近道也。权,称锤也,所以称物之轻重而取中也。执中而无权,则胶于一定之中而不知变,是亦执一而已矣。程子曰:"中字最难识,须是默识心通。且试言一厅,则中央为中;一家,则厅非中而堂为中;一国,则堂非中而国之中为中,推此类可见矣。"又曰:"中不可执也,识得则事事物物皆有自然之中,不待安排,安排著则不中矣。"**所恶执一者,为其贼道也,举一而废百也。**"恶、为,皆去声。○贼,害也。为我害仁,兼爱害义,执中者害于时中,皆举一而废百者也。○此章言道之所贵者中,中之所贵者权。杨氏曰:"禹、稷三过其门而不入,苟不当其可,则与墨子无异。颜子在陋巷,不改其乐,苟不当其可,则与杨氏无异。子莫执为我兼爱之中而无权,乡邻有斗而不知闭户,同室有斗而不知救之,是亦犹执一耳,故孟子以为贼道。禹、稷、颜回,易地则皆然,以其有权也;不然,则是亦杨、墨而已矣。"

孟子曰:"饥者甘食,渴者甘饮,是未得饮食之正也,饥渴害之也。岂惟口腹有饥渴之害?人心亦皆有害。口腹为饥渴所害,故于饮食不暇择,而失其正味;人心为贫贱所害,故于富贵不暇择,而失其正理。人能无以饥渴之害为心害,则不及人不为忧矣。"人能不以贫贱之故而动其心,则过人远矣。

孟子曰:"柳下惠不以三公易其介。"介,有分辨之意。柳下惠进不隐贤,必以其道,遗佚不怨,厄穷不悯,直道事人,至于三黜,是其介也。○此章言柳下惠和而不流,与孔子论夷、齐不念旧恶意正相类,皆圣贤微显阐幽之意也。

孟子曰:"有为者辟若掘井,掘井九轫而不及泉,犹为弃井也。"辟,读作譬。轫,音刃,与仞同。○八尺为仞。言凿井虽深,然未及泉而止,犹为自弃其井也。○吕侍讲曰:"仁不如尧,孝不如舜,学不如孔子,终未入于圣人之域,终未至于天道,未免为半涂而废、自弃前功也。"

孟子曰:"尧、舜,性之也;汤、武,身之也;五霸,假之也。尧、舜天性浑全,不假修习。汤、武修身体道,以复其性。五霸则假借仁义之名,以求济其贪欲之私耳。久假而不归,恶知其非有也。"恶,平声。○归,还也。有,实有也。言窃其名以终身,而不自知其非真有。或曰:"盖叹世人莫觉其伪者。"亦通。旧说,久假不归,即为真有,则误矣。○尹氏曰:"性之者,与道一也;身之者,履之也,及其成功则一也。五霸则假之而已,是以功烈如彼其卑也。"

公孙丑曰:"伊尹曰:'予不狎于不顺。'放太甲于桐,民大悦。太甲贤,又反之,民大悦。予不狎于不顺,太甲篇文。狎,习见也。不顺,言太甲所为,不顺义理也。余见前篇。贤者之为人臣也,其君不贤,则固可放与?"与,平声。孟子曰:"有伊尹之志则可,无伊尹之志则篡也。"伊尹之志,公天下以为心而无一毫之私者也。

公孙丑曰:"诗曰'不素餐兮',君子之不耕而食,何也?"孟子曰:"君子居是国也,其君用之,则安富尊荣;其子弟从之,则孝弟忠信。'不素餐兮',孰大于是?"餐,七丹反。○诗魏国风伐檀之篇。素,空也。无功而食禄,谓之素餐,此与告陈相、彭更之意同。

王子垫问曰:"士何事?"垫,丁念反。○垫,齐王之子也。上则公卿大夫,下则农工商贾,皆有所事;而士居其间,独无所事,故王子问之也。孟子曰:"尚志。"尚,高尚也。志者,心之所之也。士既未得行公、卿、大夫之道,又不当为农、工、商、贾之业,则高尚其志而已。曰:"何谓尚志?"曰:"仁义而已矣。杀一无罪,非仁也;非其有而取之,非义也。居恶在?仁是也;路恶在?义是也。居仁由义,大人之事备矣。"恶,平声。○非仁非义之事,虽小不为;而所居所由,无不在于仁义,此士所以尚其志也。大人,谓公、卿、大夫。言士虽未得大人之位,而其志如此,则大人之事体用已全。若小人之事,则固非所当为也。

孟子曰:"仲子,不义与之齐国而弗受,人皆信之,是舍箪食豆羹之义也。人莫大焉亡亲戚、君臣、上下。以其小者信其大者,奚可哉?"舍,音舍。食,音嗣。○仲子,陈仲子也。言仲子设若非义而与之齐国,必不肯受。齐人皆信其贤,然此但小廉耳。其辟兄离母,不食君禄,无人道之大伦,罪莫大焉。岂可以小廉信其大节,而遂以为贤哉?

桃应问曰:"舜为天子,皋陶为士,瞽瞍杀人,则如之何?"桃应,孟子弟子也。其意以为舜虽爱父,而不可以私害公;皋陶虽执法,而不可以刑天子之父。故设此问,以观圣贤用心之所极,非以为真有此事也。孟子曰："执之而已矣。"言皋陶之心，知有法而已，不知有天子之父也。"然则舜不禁与？"与，平声。○桃应问也。曰："夫舜恶得而禁之？夫有所受之也。"夫，音扶。恶，平声。○言皋陶之法，有所传受，非所敢私，虽天子之命亦不得而废之也。"然则舜如之何？"桃应问也。曰："舜视弃天下犹弃敝蹝也。窃负而逃，遵海滨而处，终身䜣然，乐而忘天下。"蹝，音徙。䜣，与欣同。乐，音洛。○蹝，草履也。遵，循也。言舜之心，知有父而已，不知有天下也。孟子尝言舜视天下犹草芥，而惟顺于父母可以解忧，与此意互相发。○此章言为士者，但知有法，而不知天子父之为尊；为子者，但知有父，而不知天下之为大。盖其所以为心者，莫非天理之极，人伦之至。学者察此而有得焉，则不待校计论量，而天下无难处之事矣。

孟子自范之齐，望见齐王之子。喟然叹曰："居移气，养移体，大哉居乎！夫非尽人之子与？"夫，音扶。与，平声。○范，齐邑。居，谓所处之位。养，奉养也。言人之居处，所系甚大，王子亦人子耳，特以所居不同，故所养不同而其气体有异也。孟子曰：张、邹皆云羡文也。"王子宫室、车马、衣服多与人同，而王子若彼者，其居使之然也；况居天下之广居者乎？广居，见前篇。尹氏曰："睟然见于面，盎于背，居天下之广居者然也。"鲁君之宋，呼于垤泽之门。守者曰：'此非吾君也，何其声之似我君也？'此无他，居相似也。"呼，去声。○垤泽，宋城门名也。孟子又引此事为证。

孟子曰："食而弗爱，豕交之也；爱而不敬，兽畜之也。食，音嗣。畜，许六反。○交，接也。畜，养也。兽，谓犬马之属。恭敬者，币之未将者也。将，犹奉也。诗曰："承筐是将。"程子曰："恭敬虽因威仪币帛而后发见，然币之未将时，已有此恭敬之心，非因币帛而后有也。"恭敬而无实，君子不可虚拘。"此言当时诸侯之待贤者，特以币帛为恭敬，而无其实也。拘，留也。

孟子曰："形色，天性也；惟圣人，然后可以践形。"人之有形有色，无不各有自然之理，所谓天性也。践，如践言之践。盖众人有是形，而不能尽其理，故无以践其形；惟圣人有是形，而又能尽其理，然后可以践其形而无歉也。○程子曰："此言圣人尽得人道而能充其形也。盖人得天地之正气而生，与万物不同。既为人，须尽得人理，然后称其名。众人有之而不知，贤人践之而未尽，能充其形，惟圣人也。"杨氏曰："天生烝民，有物有则。物者，形色也。则者，性也。各尽其则，则可以践形矣。"

齐宣王欲短丧。公孙丑曰："为期之丧，犹愈于已乎？"已，犹止也。孟子曰："是犹或紾其兄之臂，子谓之姑徐徐云尔，亦教之孝弟而已矣。"紾，之忍反。○紾，戾也。教之以孝弟之道，则彼当自知兄之不可戾，而丧之不可短矣。孔子曰："子生三年，然后免于父母之怀，予也有三年之爱于其父母乎？"所谓教之以孝弟者如此。盖示之以至情之不能已者，非强之也。王子有其母死者，其傅为之请数月之丧。公孙丑曰："若此者，何如也？"为，去声。○陈氏曰："王子所生之母死，厌于嫡母而不敢终丧。其傅为请于王，欲使得行数月之丧也。时又适有此事，丑问如此者，是非何如？"按仪礼："公子为其母练冠、麻衣、缥缘，既葬除之。"疑当时此礼已废，或既葬而未忍即除，故请之也。曰："是欲终之而不可得也。虽加一日愈于已，谓夫莫之禁而弗为者也。"夫，音扶。○言王子欲终丧而不可得，其傅为请，虽止得加一日，犹胜不加。我前所讥，乃谓夫莫之禁而自不为者耳。○此章言三年通丧，天经地义，不容私意有所短长。示之至情，则不肖者有以企而及之矣。

孟子曰："君子之所以教者五：下文五者，盖因人品高下，或相去远近先后之不同。有如时雨化之者，时雨，及时之雨也。草木之生，播种封植，人力已至而未能自化，所少者，雨露之滋耳。及此时而雨之，则其化速矣。教人之妙，亦犹是也，若孔子之于颜、曾是已。有成德者，有达财者，财，与材同。此各因其所长而教之者也。成德，如孔子之于冉、闵；达财，如孔子之于由、赐。有答问者,就所问而答之,若孔、孟之于樊迟、万章也。有私淑艾者。艾,音乂。○私,窃也。淑,善也。艾,治也。人或不能及门受业,但闻君子之道于人,而窃以善治其身,是亦君子教诲之所及,若孔、孟之于陈亢、夷之是也。孟子亦曰:"予未得为孔子徒也,予私淑诸人也。"此五者,君子之所以教也。"圣贤施教,各因其材,小以成小,大以成大,无弃人也。

公孙丑曰:"道则高矣,美矣,宜若登天然,似不可及也。何不使彼为可几及而日孳孳也?"几,音机。孟子曰:"大匠不为拙工改废绳墨,羿不为拙射变其彀率。为,去声。彀,古候反。率,音律。○彀率,弯弓之限也。言教人者,皆有不可易之法,不容自贬以殉学者之不能也。君子引而不发,跃如也。中道而立,能者从之。"引,引弓也。发,发矢也。跃如,如踊跃而出也。因上文彀率,而言君子教人,但授以学之法,而不告以得之之妙,如射者之引弓而不发矢,然其所不告者,已如踊跃而见于前矣。中者,无过不及之谓。中道而立,言其非难非易。能者从之,言学者当自勉也。○此章言道有定体,教有成法;卑不可抗,高不可贬;语不能显,默不能藏。

孟子曰:"天下有道,以道殉身;天下无道,以身殉道。殉,如殉葬之殉,以死随物之名也。身出则道在必行,道屈则身在必退,以死相从而不离也。未闻以道殉乎人者也。"以道从人,妾妇之道。

公都子曰:"滕更之在门也,若在所礼。而不答,何也?"更,平声。○赵氏曰:"滕更,滕君之弟,来学者也。"孟子曰:"挟贵而问,挟贤而问,挟长而问,挟有勋劳而问,挟故而问,皆所不答也。滕更有二焉。"长,上声。○赵氏曰:"二,谓挟贵、挟贤也。"尹氏曰:"有所挟,则受道之心不专,所以不答也。"○此言君子虽诲人不倦,又恶夫意之不诚者。

孟子曰:"于不可已而已者,无所不已;于所厚者薄,无所不薄也。已,止也。不可止,谓所不得不为者也。所厚,所当厚者也。此言不及者之弊。其进锐者,其退速。"进锐者,用心太过,其气易衰,故退速。

○三者之弊，理势必然，虽过不及之不同，然卒同归于废弛。

孟子曰："君子之于物也，爱之而弗仁；于民也，仁之而弗亲。亲亲而仁民，仁民而爱物。"物，谓禽兽草木。爱，谓取之有时，用之有节。程子曰："仁，推己及人，如老吾老以及人之老，于民则可，于物则不可。统而言之则皆仁，分而言之则有序。"杨氏曰："其分不同，故所施不能无差等，所谓理一而分殊者也。"尹氏曰："何以有是差等？一本故也，无伪也。"

孟子曰："知者无不知也，当务之为急；仁者无不爱也，急亲贤之为务。尧、舜之知而不遍物，急先务也；尧、舜之仁不遍爱人，急亲贤也。知者、之知，并去声。○知者固无不知，然常以所当务者为急，则事无不治，而其为知也大矣；仁者固无不爱，然常急于亲贤，则恩无不洽，而其为仁也博矣。不能三年之丧，而缌小功之察；放饭流歠，而问无齿决，是之谓不知务。"饭，扶晚反。歠，昌悦反。○三年之丧，服之重者也。缌麻三月，小功五月，服之轻者也。察，致详也。放饭，大饭。流歠，长歠，不敬之大者也。齿决，啮断干肉，不敬之小者也。问，讲求之意。○此章言君子之于道，识其全体，则心不狭；知所先后，则事有序。丰氏曰："智不急于先务，虽遍知人之所知、遍能人之所能，徒弊精神，而无益于天下之治矣。仁不急于亲贤，虽有仁民爱物之心，小人在位，无由下达，聪明日蔽于上，而恶政日加于下，此孟子所谓不知务也。"

孟子集注卷十四

尽心章句下 凡三十八章。

孟子曰："不仁哉，梁惠王也！仁者以其所爱及其所不爱，不仁者以其所不爱及其所爱。"亲亲而仁民，仁民而爱物，所谓以其所爱及其所不爱也。公孙丑曰："何谓也？""梁惠王以土地之故，糜烂其民而战之，大败，将复之，恐不能胜，故驱其所爱子弟以殉之，是之谓以其所不爱及其所爱也。"梁惠王以下，孟子答辞也。糜烂其民，使之战斗，糜烂其血肉也。复之，复战也。子弟，谓太子申也。以土地之故及其民，以民之故及其子，皆以其所不爱及其所爱也。○此承前篇之末三章之意，言仁人之恩，自内及外；不仁之祸，由疏逮亲。

孟子曰："春秋无义战。彼善于此，则有之矣。春秋每书诸侯战伐之事，必加讥贬，以著其擅兴之罪，无有以为合于义而许之者。但就中彼善于此者则有之，如召陵之师之类是也。征者上伐下也，敌国不相征也。"征，所以正人也。诸侯有罪，则天子讨而正之，此春秋所以无义战也。

孟子曰："尽信书，则不如无书。程子曰："载事之辞，容有重称而过其实者,学者当识其义而已;苟执于辞,则时或有害于义,不如无书之愈也。"吾于武成,取二三策而已矣。武成,周书篇名,武王伐纣归而记事之书也。策,竹简也。取其二三策之言,其余不可尽信也。程子曰:"取其奉天伐暴之意,反政施仁之法而已。"仁人无敌于天下。以至仁伐至不仁,而何其血之流杵也?"杵,舂杵也。或作卤,楯也。武成言武王伐纣,纣之"前徒倒戈,攻于后以北,血流漂杵"。孟子言此则其不可信者。然书本意,乃谓商人自相杀,非谓武王杀之也。孟子之设是言,惧后世之惑,且长不仁之心耳。

孟子曰:"有人曰:'我善为陈,我善为战。'大罪也。陈,去声。○制行伍曰陈,交兵曰战。国君好仁,天下无敌焉。好,去声。南面而征北狄怨,东面而征西夷怨。曰:'奚为后我?'此引汤之事以明之,解见前篇。武王之伐殷也,革车三百两,虎贲三千人。两,去声。贲,音奔。○又以武王之事明之也。两,车数,一车两轮也。千,书序作百。王曰:'无畏!宁尔也,非敌百姓也。'若崩厥角稽首。书太誓文与此小异。孟子之意当云:王谓商人曰:无畏我也。我来伐纣,本为安宁汝,非敌商之百姓也。于是商人稽首至地,如角之崩也。征之为言正也,各欲正己也,焉用战?"焉,于虔反。○民为暴君所虐,皆欲仁者来正己之国也。

孟子曰:"梓匠轮舆能与人规矩,不能使人巧。"尹氏曰:"规矩,法度可告者也。巧则在其人,虽大匠亦末如之何也已。盖下学可以言传,上达必由心悟,庄周所论斲轮之意盖如此。"

孟子曰:"舜之饭糗茹草也,若将终身焉;及其为天子也,被袗衣,鼓琴,二女果,若固有之。"饭,上声。糗,去久反。茹,音汝。袗,之忍反。果,说文作婐,乌果反。○饭,食也。糗,干糒也。茹,亦食也。袗,画衣也。二女,尧二女也。果,女侍也。言圣人之心,不以贫贱而有慕于外,不以富贵而有动于中,随遇而安,无预于己,所性分定故也。

孟子曰："吾今而后知杀人亲之重也：杀人之父,人亦杀其父；杀人之兄,人亦杀其兄。然则非自杀之也,一间耳。"间,去声。○言吾今而后知者,必有所为而感发也。一间者,我往彼来,间一人耳,其实与自害其亲无异也。范氏曰："知此则爱敬人之亲,人亦爱敬其亲矣。"

孟子曰："古之为关也,将以御暴。讥察非常。今之为关也,将以为暴。"征税出入。○范氏曰："古之耕者什一,后世或收大半之税,此以赋敛为暴也。文王之囿,与民同之；齐宣王之囿,为阱国中,此以园囿为暴也。后世为暴,不止于关,若使孟子用于诸侯,必行文王之政,凡此之类,皆不终日而改也。"

孟子曰："身不行道,不行于妻子；使人不以道,不能行于妻子。"身不行道者,以行言之。不行者,道不行也。使人不以道者,以事言之。不能行者,令不行也。

孟子曰："周于利者,凶年不能杀；周于德者,邪世不能乱。"周,足也,言积之厚则用有余。

孟子曰："好名之人,能让千乘之国；苟非其人,箪食豆羹见于色。"好、乘、食,皆去声。见,音现。○好名之人,矫情干誉,是以能让千乘之国；然若本非能轻富贵之人,则于得失之小者,反不觉其真情之发见矣。盖观人不于其所勉,而于其所忽,然后可以见其所安之实也。

孟子曰："不信仁贤,则国空虚。空虚,言若无人然。无礼义,则上下乱。礼义,所以辨上下,定民志。无政事,则财用不足。"生之无道,取之无度,用之无节故也。○尹氏曰："三者以仁贤为本。无仁贤,则礼义政事,处之皆不以其道矣。"

孟子曰："不仁而得国者,有之矣；不仁而得天下,未之有也。"言不仁之人,骋其私智,可以盗千乘之国,而不可以得丘民之心。邹氏曰："自秦以来,不仁而得天下者有矣；然皆一再传而失之,犹不得也。所谓得天下者,必如三代而后可。"

孟子曰："民为贵，社稷次之，君为轻。社，土神。稷，谷神。建国则立坛壝以祀之。盖国以民为本，社稷亦为民而立，而君之尊，又系于二者之存亡，故其轻重如此。是故得乎丘民而为天子，得乎天子为诸侯，得乎诸侯为大夫。丘民，田野之民，至微贱也，然得其心，则天下归之。天子至尊贵也，而得其心者，不过为诸侯耳，是民为重也。诸侯危社稷，则变置。诸侯无道，将使社稷为人所灭，则当更立贤君，是君轻于社稷也。牺牲既成，粢盛既洁，祭祀以时，然而旱干水溢，则变置社稷。"盛，音成。〇祭祀不失礼，而土谷之神不能为民御灾捍患，则毁其坛壝而更置之，亦年不顺成，八蜡不通之意，是社稷虽重于君而轻于民也。

孟子曰："圣人，百世之师也，伯夷、柳下惠是也。故闻伯夷之风者，顽夫廉，懦夫有立志；闻柳下惠之风者，薄夫敦，鄙夫宽。奋乎百世之上。句。百世之下，闻者莫不兴起也。非圣人而能若是乎，而况于亲炙之者乎？"兴起，感动奋发也。亲炙，亲近而熏炙之也，余见前篇。

孟子曰："仁也者，人也。合而言之，道也。"仁者，人之所以为人之理也。然仁，理也；人，物也。以仁之理，合于人之身而言之，乃所谓道者也。程子曰："中庸所谓率性之谓道是也。"〇或曰："外国本'人也'之下，有'义也者宜也，礼也者履也，智也者知也，信也者实也'，凡二十字。"今按如此，则理极分明，然未详其是否也。

孟子曰："孔子之去鲁，曰：'迟迟吾行也。'去父母国之道也。去齐，接淅而行，去他国之道也。"重出。

孟子曰："君子之戹于陈、蔡之间，无上下之交也。"君子，孔子也。戹，与厄同。君臣皆恶，无所与交也。

貉稽曰："稽大不理于口。"貉，音陌。〇赵氏曰："貉姓，稽名，为众口所讪。理，赖也。"今按汉书无俚，方言亦训赖。孟子曰："无伤也。士憎兹多口。赵氏曰："为士者益多，为众口所讪。"按此则憎当从士，今本皆从心,盖传写之误。诗云:'忧心悄悄,愠于群小。'孔子也。'肆不殄厥愠,亦不陨厥问。'文王也。"诗邶风柏舟,及大雅绵之篇也。悄悄,忧貌。愠,怒也。本言卫之仁人见怒于群小。孟子以为孔子之事,可以当之。肆,发语辞。陨,坠也。问,声问也。本言太王事昆夷,虽不能殄绝其愠怒,亦不自坠其声问之美。孟子以为文王之事,可以当之。○尹氏曰:"言人顾自处如何,尽其在我者而已。"

孟子曰:"贤者以其昭昭,使人昭昭;今以其昏昏,使人昭昭。"昭昭,明也。昏昏,暗也。尹氏曰:"大学之道,在自昭明德,而施于天下国家,其有不顺者寡矣。"

孟子谓高子曰:"山径之蹊间,句。介然用之而成路。句。为间不用,则茅塞之矣。今茅塞子之心矣。"介,音戛。○径,小路也。蹊,人行处也。介然,倏然之顷也。用,由也。路,大路也。为间,少顷也。茅塞,茅草生而塞之也。言理义之心,不可少有间断也。

高子曰:"禹之声尚文王之声。"尚,加尚也。丰氏曰:"言禹之乐,过于文王之乐。"孟子曰:"何以言之?"曰:"以追蠡。"追,音堆。蠡,音礼。○丰氏曰:"追,钟纽也。周礼所谓旋虫是也。蠡者,啮木虫也。言禹时钟在者,钟纽如虫啮而欲绝,盖用之者多,而文王之钟不然,是以知禹之乐过于文王之乐也。"曰:"是奚足哉?城门之轨,两马之力与?"与,平声。○丰氏曰:"奚足,言此何足以知之也。轨,车辙迹也。两马,一车所驾也。城中之涂容九轨,车可散行,故其辙迹浅;城门惟容一车,车皆由之,故其辙迹深。盖日久车多所致,非一车两马之力能使之然也。言禹在文王前千余年,故钟久而纽绝;文王之钟,则未久而纽全,不可以此而议优劣也。"○此章文义本不可晓,旧说相承如此,而丰氏差明白,故今存之,亦未知其是否也。

齐饥。陈臻曰:"国人皆以夫子将复为发棠,殆不可复。"复,扶又反。○先时齐国尝饥,孟子劝王发棠邑之仓以振贫穷。至此又饥,陈臻问言齐人望孟子复劝王发棠,而又自言恐其不可也。孟子曰:"是为冯妇也。晋人有冯妇者,善搏虎,卒为善士。则之野,有众逐虎。虎负嵎,莫之敢撄。望见冯妇,趋而迎之。冯妇攘臂下车。众皆悦之,其为士者笑之。"手执曰搏。卒为善士,后能改行为善也。之,适也。负,依也。山曲曰嵎。撄,触也。笑之,笑其不知止也。疑此时齐王已不能用孟子,而孟子亦将去矣,故其言如此。

孟子曰:"口之于味也,目之于色也,耳之于声也,鼻之于臭也,四肢之于安佚也,性也,有命焉,君子不谓性也。程子曰:"五者之欲,性也。然有分,不能皆如其愿,则是命也。不可谓我性之所有,而求必得之也。"愚按:不能皆如其愿,不止为贫贱,盖虽富贵之极,亦有品节限制,则是亦有命也。仁之于父子也,义之于君臣也,礼之于宾主也,智之于贤者也,圣人之于天道也,命也,有性焉,君子不谓命也。"程子曰:"仁义礼智天道,在人则赋于命者,所禀有厚薄清浊,然而性善可学而尽,故不谓之命也。"张子曰:"晏婴智矣,而不知仲尼。是非命邪?"愚按:所禀者厚而清,则其仁之于父子也至,义之于君臣也尽,礼之于宾主也恭,智之于贤否也哲,圣人之于天道也,无不吻合而纯亦不已焉。薄而浊,则反是,是皆所谓命也。或曰"者"当作否,"人"衍字,更详之。○愚闻之师曰:"此二条者,皆性之所有而命于天者也。然世之人,以前五者为性,虽有不得,而必欲求之;以后五者为命,一有不至,则不复致力,故孟子各就其重处言之,以伸此而抑彼也。张子所谓'养则付命于天,道则责成于己'。其言约而尽矣。"

浩生不害问曰:"乐正子,何人也?"孟子曰:"善人也,信人也。"赵氏曰:"浩生,姓;不害,名,齐人也。""何谓善?何谓信?"不害问也。曰:"可欲之谓善,天下之理,其善者必可欲,其恶者必可恶。其为人也,可欲而不可恶,则可谓善人矣。有诸己之谓信。凡所谓善,皆实有之,如恶恶臭,如好好色,是则可谓信人矣。○张子曰:"志仁无恶之谓善,诚善于身之谓信。"充实之谓美,力行其善,至于充满而积实,则美在其中而无待于外矣。充实而有光辉之谓大,和顺积中,而英华发外;美在其中,而畅于四支,发于事业,则德业至盛而不可加矣。**大而化之之谓圣**,大而能化,使其大者泯然无复可见之迹,则不思不勉、从容中道,而非人力之所能为矣。张子曰:"大可为也,化不可为也,在熟之而已矣。"**圣而不可知之之谓神**。程子曰:"圣不可知,谓圣之至妙,人所不能测,非圣人之上又有一等神人也。"**乐正子,二之中,四之下也。**"盖在善信之间,观其从于子敖,则其有诸己者或未实也。张子曰:"颜渊、乐正子皆知好仁矣。乐正子志仁无恶而不致于学,所以但为善人信人而已;颜子好学不倦,合仁与智,具体圣人,独未至圣人之止耳。"○程子曰:"士之所难者,在有诸己而已。能有诸己,则居之安,资之深,而美且大可以驯致矣。徒知可欲之善,而若存若亡而已,则能不受变于俗者鲜矣。"尹氏曰:"自可欲之善,至于圣而不可知之神,上下一理。扩充之至于神,则不可得而名矣。"

孟子曰:"逃墨必归于杨,逃杨必归于儒。归,斯受之而已矣。墨氏务外而不情,杨氏太简而近实,故其反正之渐,大略如此。归斯受之者,悯其陷溺之久,而取其悔悟之新也。**今之与杨、墨辩者,如追放豚,既入其苙,又从而招之。**"放豚,放逸之豕豚也。苙,阑也。招,罥也,羁其足也。言彼既来归,而又追咎其既往之失也。○此章见圣贤之于异端,距之甚严,而于其来归,待之甚恕。距之严,故人知彼说之为邪;待之恕,故人知此道之可反,仁之至,义之尽也。

孟子曰:"有布缕之征,粟米之征,力役之征。君子用其一,缓其二。用其二而民有殍,用其三而父子离。"征赋之法,岁有常数,然布缕取之于夏,粟米取之于秋,力役取之于冬,当各以其时;若并取之,则民力有所不堪矣。今两税三限之法,亦此意也。尹氏曰:"言民为邦本,取之无度,则其国危矣。"

孟子曰:"诸侯之宝三:土地,人民,政事。宝珠玉者,殃必及身。"尹氏曰:"言宝得其宝者安,宝失其宝者危。"

盆成括仕于齐。孟子曰:"死矣盆成括!"盆成括见杀。门人问曰:"夫子何以知其将见杀?"曰:"其为人也小有才,未闻君子之大道也,则足以杀其躯而已矣。"盆成,姓;括,名也。恃才妄作,所以取祸。徐氏曰:"君子道其常而已。括有死之道焉,设使幸而获免,孟子之言犹信也。"

孟子之滕,馆于上宫。有业屦于牖上,馆人求之弗得。馆,舍也。上宫,别宫名。业屦,织之有次业而未成者,盖馆人所作,置之牖上而失之也。或问之曰:"若是乎从者之廋也?"曰:"子以是为窃屦来与?"曰:"殆非也。夫子之设科也,往者不追,来者不距。苟以是心至,斯受之而已矣。"从、为,并去声。与,平声。夫子,如字,旧读为扶余者非。○或问之者,问于孟子也。廋,匿也。言子之从者,乃匿人之物如此乎?孟子答之,而或人自悟其失,因言此从者固不为窃屦而来,但夫子设置科条以待学者,苟以向道之心而来,则受之耳,虽夫子亦不能保其往也。门人取其言,有合于圣贤之指,故记之。

孟子曰:"人皆有所不忍,达之于其所忍,仁也;人皆有所不为,达之于其所为,义也。恻隐羞恶之心,人皆有之,故莫不有所不忍不为,此仁义之端也。然以气质之偏、物欲之蔽,则于他事或有不能者,但推所能达之于所不能,则无非仁义矣。人能充无欲害人之心,而仁不可胜用也;人能充无穿窬之心,而义不可胜用也。胜,平声。○充,满也。穿,穿穴;窬,逾墙,皆为盗之事也。能推所不忍,以达于所忍,则能满其无欲害人之心,而无不仁矣;能推其所不为,以达于所为,则能满其无穿窬之心,而无不义矣。人能充无受尔汝之实,无所往而不为义也。此申说上文充无穿窬之心之意也。盖尔汝人所轻贱之称,人虽或有所贪昧隐忍而甘受之者,然其中心必有惭忿而不肯受之之实。人能即此而推之,使其充满无所亏缺,则无适而非义矣。士未可以言而言,是以言餂之也;可以言而不言,是以不言餂之也,是皆穿窬之类也。"餂,音忝。○餂,探取之也。今人以舌取物曰餂,即此意也。便佞隐默,皆有意探取于人,是亦穿窬之类。然其事隐微,人所易忽,故特举以见例,明必推无穷窣之心,以达于此而悉去之,然后为能充其无穷窣之心也。

孟子曰:"言近而指远者,善言也;守约而施博者,善道也。君子之言也,不下带而道存焉。施,去声。○古人视不下于带,则带之上,乃目前常见至近之处也。举目前之近事,而至理存焉,所以为言近而指远也。君子之守,修其身而天下平。此所谓守约而施博也。人病舍其田而芸人之田,所求于人者重,而所以自任者轻。"舍,音舍。○此言不守约而务博施之病。

孟子曰:"尧、舜,性者也;汤、武,反之也。性者,得全于天,无所污坏,不假修为,圣之至也。反之者,修为以复其性,而至于圣人也。程子曰:"性之反之,古未有此语,盖自孟子发之。"吕氏曰:"无意而安行,性者也。有意利行而至于无意,复性者也。尧、舜不失其性,汤、武善反其性,及其成功则一也。"动容周旋中礼者,盛德之至也;哭死而哀,非为生者也;经德不回,非以干禄也;言语必信,非以正行也。中、为、行,并去声。○细微曲折,无不中礼,乃其盛德之至。自然而中,而非有意于中也。经,常也。回,曲也。三者亦皆自然而然,非有意而为之也,皆圣人之事,性之之德也。君子行法,以俟命而已矣。"法者,天理之当然者也。君子行之,而吉凶祸福有所不计,盖虽未至于自然,而已非有所为而为矣。此反之之事,董子所谓"正其义不谋其利,明其道不计其功",正此意也。○程子曰:"动容周旋中礼者,盛德之至。行法以俟命者,'朝闻道夕死可矣'之意也。"吕氏曰:"法由此立,命由此出,圣人也;行法以俟命,君子也。圣人性之,君子所以复其性也。"

孟子曰:"说大人,则藐之,勿视其巍巍然。说,音税。藐,音眇。○赵氏曰:"大人,当时尊贵者也。藐,轻之也。巍巍,富贵高显之貌。藐焉而不畏之,则志意舒展,言语得尽也。"堂高数仞,榱题数尺,我得志弗为也;食前方丈,侍妾数百人,我得志弗为也;般乐饮酒,驱骋田猎,后车千乘,我得志弗为也。在彼者,皆我所不为也;在我者,皆古之制也,吾何畏彼哉?"榱,楚危反。般,音盘。乐,音洛。乘,去声。○榱,桷也。题,头也。食前方丈,馔食列于前者,方一丈也。此皆其所谓巍巍然者,我虽得志,有所不为,而所守者皆古圣贤之法,则彼之巍巍者,何足道哉!○杨氏曰:"孟子此章,以己之长,方人之短,犹有此等气象,在孔子则无此矣。"

孟子曰:"养心莫善于寡欲。其为人也寡欲,虽有不存焉者,寡矣;其为人也多欲,虽有存焉者,寡矣。"欲,如口鼻耳目四支之欲,虽人之所不能无,然多而不节,未有不失其本心者,学者所当深戒也。程子曰:"所欲不必沉溺,只有所向便是欲。"

曾晳嗜羊枣,而曾子不忍食羊枣。羊枣,实小黑而圆,又谓之羊矢枣。曾子以父嗜之,父殁之后,食必思亲,故不忍食也。公孙丑问曰:"脍炙与羊枣孰美?"孟子曰:"脍炙哉!"公孙丑曰:"然则曾子何为食脍炙而不食羊枣?"曰:"脍炙所同也,羊枣所独也。讳名不讳姓,姓所同也,名所独也。"肉聂而切之为脍。炙,炙肉也。

万章问曰:"孔子在陈曰:'盍归乎来!吾党之士狂简,进取,不忘其初。'孔子在陈,何思鲁之狂士?"盍,何不也。狂简,谓志大而略于事。进取,谓求望高远。不忘其初,谓不能改其旧也。此语与论语小异。孟子曰:"孔子'不得中道而与之,必也狂狷乎!狂者进取,狷者有所不为也'。孔子岂不欲中道哉? 不可必得,故思其次也。"狷,音绢。○不得中道,至有所不为,据论语亦孔子之言。然则孔子字下当有曰字。论语道作行,狷作狷。有所不为者,知耻自好,不为不善之人也。孔子岂不欲中道以下,孟子言也。"敢问何如斯可谓狂矣?"万章问。曰:"如琴张、曾晳、牧皮者,孔子之所谓狂矣。"琴张,名牢,字子张。子桑户死,琴张临其丧而歌。事见庄子。虽未必尽然,要必有近似者。曾晳见前篇。季武子死,曾晳倚其门而歌,事见檀弓。又言志异乎三子者之撰,事见论语。牧皮，未详。"**何以谓之狂也？**"万章问。**曰："其志嘐嘐然，曰'古之人，古之人'。夷考其行而不掩焉者也。**嘐，火交反。行，去声。○嘐嘐，志大言大也。重言古之人，见其动辄称之，不一称而已也。夷，平也。掩，覆也。言平考其行，则不能覆其言也。程子曰："曾晳言志，而夫子与之。盖与圣人之志同，便是尧、舜气象也，特行有不掩焉耳，此所谓狂也。"**狂者又不可得，欲得不屑不洁之士而与之，是獧也，是又其次也。**此因上文所引，遂解所以思得獧者之意。狂，有志者也；獧，有守者也。有志者能进于道，有守者不失其身。屑，洁也。**孔子曰：'过我门而不入我室，我不憾焉者，其惟乡原乎！乡原，德之贼也。'" 曰："何如斯可谓之乡原矣？"**乡人，非有识者。原，与愿同。荀子"原悫"，字皆读作愿，谓谨愿之人也。故乡里所谓愿人，谓之乡原。孔子以其似德而非德，故以为德之贼。过门不入而不恨之，以其不见亲就为幸，深恶而痛绝之也。万章又引孔子之言而问也。**曰："'何以是嘐嘐也？言不顾行，行不顾言，则曰：古之人，古之人。行何为踽踽凉凉？生斯世也，为斯世也，善斯可矣。'阉然媚于世也者，是乡原也。"**行，去声。踽，其禹反。阉，音奄。○踽踽，独行不进之貌。凉凉，薄也，不见亲厚于人也。乡原讥狂者曰：何用如此嘐嘐然，行不掩其言，而徒每事必称古人邪？又讥狷者曰：何必如此踽踽凉凉，无所亲厚哉？人既生于此世，则但当为此世之人，使当世之人皆以为善则可矣，此乡原之志也。阉，如奄人之奄，闭藏之意也。媚，求悦于人也。孟子言此深自闭藏，以求亲媚于世，是乡原之行也。**万子曰："一乡皆称原人焉，无所往而不为原人，孔子以为德之贼，何哉？"**原，亦谨厚之称，而孔子以为德之贼，故万章疑之。**曰："非之无举也，刺之无刺也，同乎流俗，合乎污世，居之似忠信，行之似廉洁，众皆悦之，自以为是，而不可与入尧、舜之道，故曰德之贼也。**吕侍讲曰："言此等之人，欲非之则无可举，欲刺之则无可刺也。"流俗者，风俗颓靡，如水之下流，众莫不然也。污，浊也。非忠信而似忠信，非廉洁而似廉洁。**孔子曰：'恶似**

而非者:恶莠,恐其乱苗也;恶佞,恐其乱义也;恶利口,恐其乱信也;恶郑声,恐其乱乐也;恶紫,恐其乱朱也;恶乡原,恐其乱德也。'恶,去声。莠,音有。○孟子又引孔子之言以明之。莠,似苗之草也。佞,才智之称,其言似义而非义也。利口,多言而不实者也。郑声,淫乐也。乐,正乐也。紫,间色。朱,正色也。乡原不狂不獧,人皆以为善,有似乎中道而实非也,故恐其乱德。君子反经而已矣。经正,则庶民兴;庶民兴,斯无邪慝矣。"反,复也。经,常也,万世不易之常道也。兴,兴起于善也。邪慝,如乡原之属是也。世衰道微,大经不正,故人人得为异说以济其私,而邪慝并起,不可胜正,君子于此,亦复其常道而已。常道既复,则民兴于善,而是非明白,无所回互,虽有邪慝,不足以惑之矣。○尹氏曰:"君子取夫狂獧者,盖以狂者志大而可与进道,獧者有所不为,而可与有为也。所恶于乡原,而欲痛绝之者,为其似是而非,惑人之深也。绝之之术无他焉,亦曰反经而已矣。"

孟子曰:"由尧、舜至于汤,五百有余岁,若禹、皋陶,则见而知之;若汤,则闻而知之。赵氏曰:"五百岁而圣人出,天道之常;然亦有迟速,不能正五百年,故言有余也。"尹氏曰:"知,谓知其道也。"由汤至于文王,五百有余岁,若伊尹、莱朱则见而知之;若文王,则闻而知之。赵氏曰:"莱朱,汤贤臣。"或曰:"即仲虺也,为汤左相。"由文王至于孔子,五百有余岁,若太公望、散宜生,则见而知之;若孔子,则闻而知之。散,素亶反。○散,氏;宜生,名,文王贤臣也。子贡曰:"文、武之道,未坠于地,在人。贤者识其大者,不贤者识其小者,莫不有文、武之道焉。夫子焉不学?"此所谓闻而知之也。由孔子而来至于今,百有余岁,去圣人之世,若此其未远也;近圣人之居,若此其甚也,然而无有乎尔,则亦无有乎尔。"林氏曰:"孟子言孔子至今时未远,邹、鲁相去又近,然而已无有见而知之者矣,则五百余岁之后,又岂复有闻而知之者乎?"愚按:此言,虽若不敢自谓已得其传,而忧后世遂失其传,然乃所以自见其有不得辞者,而又以见夫天理民彝不可泯灭,百世之下,必将有神会而心得之者耳。故于篇终,历序群圣之统,而终之以此,所以明其传之有在,而又以俟后圣于无穷也,其指深哉!〇有宋元丰八年,河南程颢伯淳卒。潞公文彦博题其墓曰:"明道先生。"而其弟颐正叔序之曰:"周公殁,圣人之道不行;孟轲死,圣人之学不传。道不行,百世无善治;学不传,千载无真儒。无善治,士犹得以明夫善治之道,以淑诸人,以传诸后;无真儒,则天下贸贸焉莫知所之,人欲肆而天理灭矣。先生生乎千四百年之后,得不传之学于遗经,以兴起斯文为己任,辨异端,辟邪说,使圣人之道涣然复明于世。盖自孟子之后,一人而已。然学者于道不知所向,则孰知斯人之为功? 不知所至,则孰知斯名之称情也哉?"

附 录

四书章句附考序

朱子之注四书也,毕生心力于斯,临没前数日,犹有改笔。但其本行世早,而世之得其定本者鲜,此注本所以有异也。又有因传写而异者,亦未免焉。定本如大学"欲其必自慊",后为"欲其一于善"而定也;论语"行道而有得于心",后为"得于心而不失"而定也,此类是也。传写而异,如论语"卫大夫公孙拔",误为公孙枝;孟子"自武丁至纣凡九世",误为"七世"之类耳。传写之误,固注疏家之常事,若夫注是书而毕生心力于斯,没前有改笔,则朱子之注四书也,其用心良苦,其用力独瘁矣。

夫朱子之意,必欲精之又精,以造乎其极,亦何为也哉?立志于为圣贤,在自得躬行,而不在于注之有定本也;用以治国平天下,在体诸身,施于政,亦不在于注之有定本也;即以讲论四书经文,亦在于大本大源,而不在于一句一字之间也。然则我子朱子之苦心瘁力于斯者,何为也哉?盖以四子之书为两间至精之理,为孔门至精之文。为之注者,必至当而不可易,乃与斯文为无所负焉耳,此子朱子之意也。况有非朱子原文,为传写所误者耶?况不惟注也,经文历汉以来,授受既远,亦不免有传写之误者耶!

英自癸卯而后,困于棘闱者二十余年。此二三十年间,颇亦手不释卷,而于朱子注之异同处不暇详也。未尝不研摩于朱子文集及朱门诸子集中语录,然于其自论注处则置之。未尝不涉历于朱子仪礼经传通解、东发黄氏日抄,然于其中学、庸注则置之。何也?以为通经致用之学不系此也。十三经经义之未通而求通者,汲汲不暇,而奚暇于此也!

慨自丁卯,英与儿志忠偕入省,未数日,母病信至,与儿偕返,已抱恨终天。自是每闻人言乡试则心痛,尽弃所业,而就业名山。忠儿感予心之摧伤,亦不乐习帖括。今岁,忠遍觅借古本四书及疏释四书之书,以求朱子章句集注最后改定本及传写未误者,别录一部,而私记考证附于后。有疑则折衷于予,然不能多得善本,予惧其折衷之犹未当,命付梓以广其就正有道之峡。斯役也,固幼学壮行者所不屑为之事也。乡使英于屡蹶场屋之年,即得所愿,则儿当亦相从于青云之路,求所谓通经致用之学而学焉,又奚暇为此学?乃今而英之所遇可谓穷矣,穷况及于家人,非听儿之不自量而为此迂远也。四方诸君子见其书而教正其中之缪讹,尚其哀英之遇,而谅忠之情也夫!

嘉庆辛未重阳日,吴邑吴英序

四书章句集注定本辨

吴邑吴英伯和氏撰

辛未夏,儿志忠学辑四书朱子注之定本,句考之而有所疑,折衷于予。此非易事也,得不尽心焉!定本句有不待辨者,有犹待辨者,有不可不辨者。

不待辨者维何?如大学诚意章"故必谨之于此,以审其几焉",为定本;其初本则曰:"慊与不慊,其几甚微。"如此之类是也。犹待辨者维何?如大学圣经章"欲其必自慊",此初本,非定本;其定本则曰:"欲其一于善。"论语为政章"行道而有得于心也",此初本,非定本;其定本则曰:"得于心而不失也。"如此之类是也。不可不辨者维何?如中庸首章"盖人知己之有性,而不知其出于天;知事之有道,而不知其由于性;知圣人之有教,而不知其因我之所固有者裁之也。故子思于此首发明之,而董子所谓道之大原出于天,亦此意也",此实非定本,其定本则曰:"盖人之所以为人,道之所以为道,圣人之所以为教,原其所自,无一不本于天而备于我。学者知之,则其于学知所用力而自不能已矣。故子思于此首发明之,读者所宜深体而默识也。"如此之类是也。

所以一为不待辨,一为犹待辨,一为不可不辨,何哉?吾苏坊间所行之本,多从永乐大全本。相习既久,人情每安于所习,而先入者常为主。诚意章"故必谨之于此,以审其几焉",凡所习坊本既与之相合矣,久而安之矣,此固宜不待辨矣。若夫圣经章"一于善"句、为政章"得于心"句,二者虽有善本可证,又有朱子及先儒之说,然皆与坊本不合,所以犹待辨也。"盖人之所以为人"一段,既与所习熟之坊本不合,为见闻所骇异,而善本及先儒疏释本又但从定本而无所辨说,而又为小儒之所訾,得毋益甚其骇异?所以不可不辨也。

今试辨之:所以知"人之所以"一段之为定论者,我朝所栞刻宋淳祐版大字本原自如此,即此可知其为定本而无疑矣。朱子仪礼经传通解全载学、庸注,其于此段,亦原自如此。朱子之子敬止跋云:"先公晚岁所亲定,为绝笔之书,未脱稿者八篇。"则殁后而书始出也。殁而始出,则学、庸注岂非所改定者乎?于此又可知其为定本而无疑矣。是则此段之为定本,得斯二者,正可以决然从焉而不必有旁求矣;而况又下及纳兰氏翻刻西山真氏四书集编亦如是。集编惟学、庸为真氏所手定。真氏亲受业于朱子,而得其精微者也,则其手定学、庸集编,安有不从最后定本而遽取未定本以苟且从事者乎?于此又益可知其为定本而无疑也。格庵赵氏四书纂疏亦如是。赵氏,其父受业于朱子之门人,故以所得于家庭者溯求朱门之源委而作纂疏,又岂有不从最后定本者?于此又益可知其为定本而无疑也。东发黄氏所著日钞,亦全载学、庸注,而此段亦如是。黄氏亦渊源朱子而深有得者,日钞皆其著作,而乃载章句,岂苟然哉?此其为定本又益可无疑也。云峰胡氏四书通,此段亦如是。自南宋至前明,为朱子注作疏解者多矣,若四书通,可谓最善,而通于此段亦如是,但惜无辨说。然以他处有辨者推之,此其为定本又益可无疑也。旁求之,复有如此,何不可决之坚矣,而坊本则皆作"知己之有性"云云。考其缘由,则惟辑释之故;而穷究其源,则自四书附录始也。辑释者,元新安倪氏士毅所作也;附录者,宋建安祝氏洙所作也。今坊本四书注,皆仍明胡氏广永乐大全本。大全只剿袭辑释,学、庸尤无增减,虽谓永乐大全即倪氏之书可耳,其于胡氏又何责焉?故论坊本所从之缘由,不谓大全而谓辑释也。倪氏之师,定宇陈氏栎也。陈氏著四书发明,惟主祝氏附录而已。倪氏惟师是从,亦惟主附录而已。故穷究坊本所从之源,则惟在祝氏之附录也。诸儒或多从祝氏者,只以其父讳穆,字和父,为朱子母党,尝受业于朱子。然迹和父所著方舆胜览一书,则其人近于风华淹雅,未必内专性学者。今祝氏四书附录虽未见其全书,而即辑释所载引诸说以观之,是直不知有定本,已为四书通道之矣。四书通曰:"如为政章祝本作'有得于心',则已改作'得于心而不失',祝未之见也。"通之说有如此,仍倪氏后生不能择善以从,而因阿其师以及祝氏。至颠倒是非,即朱子口讲指画之言,而亦弗之信焉,何其无识欤?而祝本之为非定本可以决然矣。然犹可委者,曰"源略远,派亦分矣";乃祝本之为非定本,更有即出于朱子后嗣之人之言为祝氏微辨者,即出于信从祝氏之人自呈破绽者。倪氏辑释引陈氏四书发明之言曰:"文公適孙鉴书祝氏附录本卷端云:'四书元本,则以鉴向得先公晚年绝笔所更定而刊之兴国者为据。'"按此语:曰"元",宗之也;曰"则以"、曰"所"、曰"者",别有指之辞也;曰"得",则已失也。子明题祝本也如是,则是明明谓祝本与子明所得之本不合矣,明明谓祝本非刊之兴国之本矣,明明谓祝本非绝笔更定之本矣。朱子之家犹自失之而觅得之,况祝氏何从得乎?其不直告以此非定本,必自有故,不可考矣。然其辞其意则显然也,而祝氏不达。陈氏信祝本而载之于发明,而倪氏又述之于辑释,皆引之以为祝本重,亦未达也。又何其并皆出于卤莽耶?而祝本之为非定本更可以决然矣。祝本如此,则其相传以至于辑释,亦如此矣;辑释如此,则其脱胎于此之大全,亦如此矣;大全如此,则从大全之坊本,亦如此矣。总之不知朱子改笔之所以然尔。

今取此段而细绎之,熟玩之,即其所以必改之旨有可得而窥见者。"人之所以为人,道之所以为道"二句,浑括"天命之谓性,率性之谓道"二句,不复分贴,以首节三句,原非三平列也。道从性命而来,性命从天而来。"修道之谓教",即道中之事,即天命中之事也。其不曰"性之所以为性"者,以经义系于明吾人之有道,而不系于明性也。"人之所以为人,道之所以为道,圣人之所以为教"三句,一气追出"原其所自,无一不本于天而备于我"二句来,方才略顿,使下文"学者知之,则其于学知所用力而自不能已矣"二句,直腾而上接也。"本于天而备于我",与此章总注"本原出于天,实体备于己"恰相针对,虽总注多"不可易"、"不可离"两层,然"不可易"即"出于天"足言之耳,"不可离"即"备于己"足言之耳,非有添出也。即此"无一不本于天而备于我"一句之中,亦已具有"不可易"、"不可离"之意。性、道、教无一非不可易,无一非不可离也。次节经文,特从首节三句中所蕴含之意抽出而显言之,使首次二节筋络相联耳。"学者知之,则其于学知所用力而自不能已矣",此二句正为此节经文推原立言之所以然处,正得子思吃紧启发后学心胸之旨。此节注要义在此,故下文"子思于此首发明之"二句,十分有力。一部中庸,其使学者知所用力自不能已之意居其半也。"读者所宜深体而默识也",乃是勉励之辞。改本之精妙如此。若初本"知己之有性"云云,尚觉粗浅而未及精深,况三平列,亦依文而失旨,虽似整齐,而仍于第一句遗"命"字,于第三句遗"道"字,文亦未能尽依。董子所谓"道之大原"云云,为知言则可矣;若引来证中庸此节,则为偏重"本于天"意,而未及"备于我"意,则是仍未免遗却亲切一边意矣。定本与未定本相较,虽皆朱子之笔,而尽善与未尽善县殊。朱子岂徒为好劳?岂乐人之取其所舍而舍其所取耶?乃辑释反为引陈氏之言曰:"元本含蓄未尽,至定本则尽发无余蕴。"是粗浅则得解而以为尽发,精深则不得解而以为含蓄,似为无学。又引史氏之言曰:"'学者知之,则其于学知所用力而自不能已矣',不过称赞子思勉励学者之言,不复有所发明于经。"是以钩深致远之言,仅视为称赞而勉励,似为无见。又引陈氏之言曰:"'知己有性'六句,义理贯通,造语莹洁,'所以为人'三句,未见贯通之妙。至'无一不本于天而备于我',其义方始贯耳。"是讨寻章句而仅乃用其批评帖括之笔,似为无知。此所以缪从祝本,而致令圣经贤传传授心法之文,大儒毕生尽心力而为之以成其至粹者,千百阙其一二,故曰不可不辨也。

"欲其一于善而无自欺也"一句,四书通曰:"初本'必自慊',后改作'一于善'。朱子尝曰:'只是一个心,便是诚;才有两,便自欺。'愚谓易以阳为君子,阴为小人,阳一而阴二也。一则诚,二则不诚。改'一于善',旨哉!"通之说如此,则"一于善"为定本无疑也。诚其意者,自修之首,故提善字,以下文"致其知"句方有知为善以去恶之义,而此节后言致知,先言诚意,不比下节及第六章皆承致知来也。"一于"二字,有用其力之意,正与第六章注"知为善以去其恶,则当实用其力",恰相针对也。若作"必自慊",则终不如"一于善"之显豁而缜密也。改本之胜于初本又如此,而辑释顾乃又引陈氏之言曰:"'一于善',不若'必自慊'对'毋自欺',只以传语释经文,尤为痛快该备。"夫传本释经,何劳挹注?以用传释经为快,不如不注,而但读传文矣。圣经三纲领犹必言善,若注自修之首而不提善字,何以反谓该备耶?"得于心而不失也"一句,四书通曰:"初改本云:'行道而有得于心。'后改本云:'得于心而不失。'门人胡泳尝侍坐武夷亭,文公手执扇一柄,谓泳曰:'便如此扇,既得之而复失之,如无此扇一般。'所以解'德'字用'不失'字。"通之所引如此,则"不失"为最后定本无疑也。政者,正也;德者,得也。得字承上"为政"二字来。得于心者,心正也。心正而后身正,身正而后朝廷正,朝廷正而后天下正,所谓"正人之不正"者,此也。不失者,兢兢业业,儆戒无虞,罔失法度也。不失,便是不已无息也。若作"行道",则上文既言"政之为言正也,德之为言得也",则"得于心"句正宜直接,而于此复加以"行道"二字,岂不赘乎?初本是"行道而有得于身",次改"身"作"心"而仍未去"行道"二字者,沿古注而未能尽消镕耳。况不失,则道之行也自在其中而不待言矣。行道,则虽有得于心而未见其必不失也。最后改本之胜于初次二本又如此,而辑释顾乃又引陈氏之言曰:"此必非末后定本,终不如'行道而有得于心'之精当。'得于心而不失',得于心者何物乎?方解德字,未到持守处,不必遽云不失。'据于德'注'得之于心而守之不失',道得于心而不失,乃是自'据'字上说来。况上文先云德,则行道而有得于心者也;若遽云不失,则失之急。大学序谓'本之躬行心得',躬行即行道,心得即有得于心,参观之而祝氏定本为尤信。"是又皆缪证。夫大学序之言躬行也,上有"自王公以下至于庶人之子弟,自天子之元子、众子,以至公、卿、大夫、元士之適子,与凡民之俊秀"之文,下有"当世之人"之文,故其间不得不言躬行也。若为政以德,则其所为者即其所以。所为所以,非有异时,何得多添"行道"二字于其间乎?"据于德"注之言行道也,经文上有"志于道"之文。"据于德"德字原根道字来,故注德字不得不言行道也。若为政以德,德字即承政字来,何必增"行道"二字,反似政在行道之外乎?中庸说到"不显惟德",亦此德字,何得谓方解德字,未到持守处耶?又引史氏之言曰:"定宇谓得于心者何物?此说极是。大学释明德曰:'所得乎天。'便见所得实处。今但曰得于心,而不言所得之实,可乎?况不失为进德者言,为政以德是盛德,不失不足以言之。"是又缪议。不失二字即得字而足言之也。为邦章注曰:"一日不谨则法坏矣。"故必言不失以足之。岂盛德不可言不失耶?大学注谓"人之所得乎天",以见德非大人所独有;此节注不言行道,以见圣人之德所性而有,而乃妄以为罅漏也而议之耶?故曰犹待辨也。

若夫诚意章注,坊本与定本合,固不待辨矣。然祝本有诸处不合定本,而独于最后所改之诚意章"故必谨之于此,以审其几焉"无殊。夫此以年谱考之,是在没前三日所改者也,何以祝本反得与之合耶?陈氏信祝本为定本,以他本为未定本,而惟此无殊,陈氏亦自不解。即倪氏从陈氏,而倪氏亦自不解。然此亦易解也。子明之题祝本也,既曰"向得先公晚年绝笔所更定",则晚年所更必不能缕述,而绝笔所更必为之述于此,以扬先人之精勤。祝氏得此语,潜为改正,而秘其因题得改之由。自谓此本今而后人之见之者,皆以为晚年绝笔所更定之本矣,于是但述所云"四书元本"以下二十六字,示人谓此最后定本之证也。况朱子之疾,来问者众,殁前有改笔,及门必述传一时,祝氏因得闻而窃改。若其余诸处,安得尽闻之而改之乎？此所以他处多未定本，此处反得定本也。陈氏既不得其解，易年谱以就之。辑释引陈氏之言曰："'欲其必自慊而无自欺也'一句，惟祝氏附录本如此，他本皆作'欲其一于善'。年谱谓：'庆元庚申四月辛酉，公改诚意章句。甲子，公易箦。'今观诚意章，则祝本与诸本无一字殊，惟此处有'一于善'三字异，是其绝笔改定在此三字也。"倪氏又不得其解，亦疑年谱。于辑释摘录年谱而附其说于后曰："鉴有晚年改本之说，愚考之年谱，无一语及晚年改本之论，似为可疑。"信如陈氏、倪氏之言，是年谱有讹文也。夫惟知信祝本，而于其罅隙可疑之处，不能因疑生悟，而强断年谱之文为有讹，抑何愚乎！不待辨者，窃更有所解如此，若不可不辨者甚多，不能尽记。

予有健忘之疾，恐尽忘而无以请正于先生朋友也，故姑取其尤要者记焉。忠所学附考粗就，因命忠刻此以弁于卷首。